Les Grandes Religions POUR LES NULS

Jean-Christophe Saladin
Historien et philosophe

Ouvrage dirigé par Laurence Brunel

FIRST Editions

Les Grandes Religions pour les Nuls

ISBN : 978-2-7540-6584-9
Dépôt légal : mars 2015

Direction éditoriale : Marie-Anne Jost-Kotik
Édition : Laure-Hélène Accaoui
Préparation de copie et relecture : Isabelle Chave
Illustrations : Marc Chalvin
Couverture et mise en page : Catherine Kédémos
Indexation : Muriel Mékiès
Production : Emmanuelle Clément

Imprimé en Italie par «La Tipografica Varese Srl» Varese

Éditions First
12 avenue d'Italie
75013 Paris – France
Tél. : 01 44 16 09 00
Fax : 01 44 16 09 01
E-mail : firstinfo@efirst.com
Internet : www.editionsfirst.fr

À propos de l'auteur

Jean-Christophe Saladin est philosophe et historien des idées, disciple du grand historien de l'Antiquité Pierre Vidal-Naquet (1930-2006). Il est spécialiste de l'histoire de l'humanisme et a publié *L'Éloge de la Folie* d'Érasme (2013) et *Le Cantique des cantiques* (2015) aux Éditions Diane de Selliers. Il est l'auteur de *La Bataille du grec à la Renaissance* (2000) et dirige la collection « Le Miroir des humanistes » aux Éditions des Belles Lettres, où il a coordonné en 2011 une édition complète bilingue en cinq volumes des *Adages* d'Érasme.

Remerciements

Je tiens à remercier pour leurs précieux conseils Leili Anvar, Laurence Brunel, Olivier Douville, Barbara Glowczewski, Dominique Gobert, Pierre Lafrance, Yoram Leker, Françoise Morin, Mélanie Mougin, Cléo Pianelli, Catherine Saladin, Elsa Saladin, Bernard Saladin d'Anglure, Marion Schaefer et Xie Ling Veyssière.

« Dieu a créé l'homme non pour la guerre, mais pour l'amitié,
non pour la destruction mais pour la sauvegarde,
non pour l'injustice mais pour la bienfaisance. »

ÉRASME, Adage 3001.

À la mémoire de toutes les victimes de l'intolérance religieuse.

Sommaire

Introduction

On peut s'intéresser aux religions pour de multiples raisons : quête de spiritualité, approfondissement des racines familiales, intérêt pour des cultures puissamment symboliques, mais aussi, plus prosaïquement, pour comprendre l'actualité. Cependant, la masse des informations qui circulent à leur sujet crée facilement un effet de saturation et de confusion.

Comment se reconnaître entre les innombrables Églises, confréries ou sectes chrétiennes, musulmanes ou bouddhistes ? Bien souvent, les croyants eux-mêmes s'y perdent. Poutine est-il orthodoxe et Barack Obama, protestant ? Gandhi était-il bouddhiste ou hindouiste ? Cela a-t-il des effets sur leurs choix politiques ou sociaux ?

Aujourd'hui, la mondialisation fait cohabiter des personnes provenant de toutes les régions de la planète, qui pratiquent des religions aussi diverses que leurs langues ou leurs cuisines. Or on a souvent peur de ce que l'on ne comprend pas. La méconnaissance entraîne l'incompréhension, qui dégénère facilement en méfiance puis en intolérance. Nous en avons connu des exemples dramatiques au cœur de l'Europe, et les guerres de religion qui ont jadis ensanglanté la France n'avaient rien à envier en cruauté à la *fitna* (guerre fratricide) qui déchire le monde musulman contemporain.

En revanche, dès qu'on se penche sans *a priori* sur les religions et leur histoire, on y découvre des trésors de spiritualité et de culture qui ont nourri les civilisations depuis des millénaires. Leur accès n'est pas toujours aisé, en raison de l'obstacle de la langue et du secret dont beaucoup d'entre elles s'entourent. Le propos de cet ouvrage est de lever un coin du voile.

À propos de ce livre

Il y a de nos jours presque autant de religions que de langues, c'est-à-dire plusieurs centaines. En y ajoutant celles qui ont disparu, elles seraient des milliers. Si on ne consacrait qu'une seule page à chacune d'entre elles, ce livre ressemblerait à une sorte d'énorme catalogue, assez rébarbatif.

Nous avons donc pris le parti de regrouper les religions, tant anciennes que modernes, selon leurs liens « généalogiques » - par grandes familles, en insistant sur leur environnement politique, social et culturel, qui seul permet de comprendre leur importance historique respective.

Les conventions utilisées dans ce livre

De nombreuses religions présentées dans cet ouvrage nous paraissent très lointaines, tant dans le temps que dans l'espace, et elles utilisent des noms et des termes empruntés à des langues non moins éloignées (sanskrit, grec, arabe, chinois, etc.). Pour résoudre cette difficulté technique, nous avons donc pris le parti suivant : lorsqu'une forme « francisée » traditionnelle du terme existe, nous l'avons conservée, telle que « calife » ou « Bouddha » ; dans les autres cas, nous avons systématiquement transcrit les noms étrangers sous la forme la plus proche de la phonétique française. Les seules exceptions concernent les termes chinois qui suivent l'orthographe *pinyin* et les mots japonais, l'orthographe commune.

L'emploi du mot « secte »

Tout au long de cet ouvrage, nous utiliserons le terme « secte » dans le sens que lui donnait le grand sociologue allemand Max Weber : une association volontaire de « virtuoses du spirituel », se séparant du groupe dominant pour former un groupe d'élus. La secte ne cherche pas à transformer le monde, mais plutôt à le fuir. De ce point de vue, elle n'est ni bonne, ni mauvaise.

Elle s'oppose à l'« Église », institution hiérarchisée à vocation d'encadrement de masse, considérée comme une « bureaucratie du salut ». Contrairement à la secte, l'Église recherche toujours le compromis avec l'État, afin de conserver une position dominante. On est donc généralement membre d'une Église par naissance et d'une secte par adhésion.

Ces définitions sont généralement utilisées dans les pays anglo-saxons. En France, en revanche, on nomme « secte » un mouvement qui se caractérise par la manipulation mentale de ses adeptes. Ainsi, la qualification de « secte » a immédiatement un sens péjoratif, alors que celle d' « Église » ou de « religion » est valorisée. Dans cet ouvrage, nous nous efforcerons de l'utiliser dans le sens wébérien.

À qui s'adresse ce livre ?

Il est destiné à tout lecteur désireux de s'informer, même s'il n'a aucune connaissance préalable sur le sujet. Les nombreux termes techniques (théologie ou rituels) sont systématiquement expliqués et chaque chapitre est illustré par des exemples concrets.

Comment ce livre est-il organisé ?

Nous avons choisi de commencer par le plus proche, c'est-à-dire le plus familier du lecteur français, pour élargir progressivement l'angle de vision. Notre parcours nous conduit ainsi du monde méditerranéen antique polythéiste à la famille monothéiste, puis vers les terres orientales, et enfin jusqu'aux mondes plus lointains pour nous d'Asie, d'Amérique et d'Afrique.

Première partie : Polythéismes et cultes antiques d'Occident

Notre itinéraire, guidé par le grand historien grec Hérodote, commence en Égypte pharaonique. Il se poursuit en Mésopotamie, puis en Grèce et à Rome. Il s'intéresse aux religions disparues de ces grandes civilisations, qui ont nourri notre culture humaniste classique et notre imaginaire. Les pratiques occultes, notamment les « Mystères », ne sont pas en reste.

Deuxième partie : Le judaïsme

Après un survol historique de l'histoire du peuple juif d'Abraham à nos jours, et un arrêt sur ses étapes marquantes, nous abordons les croyances et rites de la religion juive, matrice des deux autres religions de la grande famille monothéiste, ainsi qu'une initiation à la Bible, le « Livre des livres »...

Troisième partie : Le christianisme

Comment une branche minoritaire du judaïsme est-elle devenue la religion personnelle de l'empereur Constantin : le christianisme ? Comment s'est-elle développée dans ses grandes familles rivales orthodoxe et catholique, puis réformée ? La saga se poursuit avec ses repères clés, ses « schismes », ses dogmes, ses textes sacrés et ses pratiques.

Quatrième partie : L'islam

L'épopée du Prophète Mahomet débouche sur la lutte entre les grandes familles rivales sunnite et chiite. Elle nous interroge sur les liens tumultueux entre le religieux et le politique, entre charia et société. Quelle(s) lecture(s) faire du Coran ?

Cinquième partie : Le bouddhisme

Nous voici en Inde, au cœur spirituel de l'Orient. On rapporte la vie et les enseignements du Bouddha (l'Éveillé) et la fortune des trois grandes familles bouddhistes de la Doctrine des anciens (Theravada), du Grand Véhicule (Mahayana) et du Véhicule de diamant (Vadjrayana).

Sixième partie : Les polythéismes asiatiques

En Extrême-Orient, malgré l'expansion bouddhiste, on observe que les antiques religions hindoue, taoïste et shinto, dont les origines remontent peut-être à la préhistoire, restent vivaces. Allons à la rencontre de Krishna, de Maître Kong et de Lao Tseu.

Septième partie : Le monde des chamanes et de l'animisme

Pour terminer notre tour du monde des religions, nous découvrons les étonnantes religions précolombiennes aztèque et inca, disparues depuis cinq siècles, ainsi que les religions impérissables des peuples des périphéries des grands empires et l'immense famille du vaudou. Elles sont riches et singulières, mais leurs nombreux traits communs nous ont incité à les rassembler sous le signe de leurs « chamanes » et de leur pluralité !

Huitième partie : La partie des Dix

Vous vous posez encore des questions… et peut-être même plus qu'avant d'avoir ouvert ce livre ! C'est normal, et vous n'êtes pas seul(e) à vous interroger. Les plus grands philosophes y ont réfléchi, et leurs réponses ouvrent sur d'autres questions non résolues ! Dans ce domaine, l'ouverture d'esprit est essentielle.

Enfin, n'oubliez pas la complexité du « phénomène religieux ». Au coin de votre rue, on reste attaché à des formes religieuses considérées comme « mineures », mais pourtant très vivantes : la divination, le culte des morts, mais aussi la religion du Père Noël !

Les icônes utilisées dans ce livre

Tout au long de cet ouvrage, les icônes placées dans la marge attireront votre attention. Elles signalent une remarque, un personnage, un texte, une explication ou un questionnement qui mérite que vous vous arrêtiez un instant avant de reprendre votre lecture.

Des précisions sur un aspect du sujet traité sauront éveiller votre intérêt sur une curiosité, un point particulier qui vous avait peut-être échappé et vous fera réfléchir.

Un personnage historique ou légendaire se dessine et s'anime…

Revenez aux textes sacrés et découvrez les formules frappantes (mais pas toujours authentiques) attribuées à des personnages importants.

Certains mots ou notions nécessitent une explication, sinon on perd le fil !

Observer les autres aide à s'interroger sur soi-même !

Les choses ne sont pas toujours aussi simples qu'elles le paraissent…

Par où commencer ?

Ce livre peut se parcourir dans le désordre, bien qu'il soit composé de façon (presque) linéaire, en raison des enchaînements historiques. Des renvois permettent de retrouver les définitions techniques utiles, lorsqu'elles sont données dans les autres chapitres. Les encadrés sont généralement des « arrêts sur image » qui illustrent le propos par des exemples ou donnent des explications complémentaires.

Allez où votre curiosité vous mène car c'est le meilleur guide ! Et, sur un sujet aussi complexe que les religions, n'hésitez pas à faire des allers et venues, des relectures, des rapprochements, des retours en arrière et à prendre des chemins de traverse… Bonne route !

Première partie

Polythéismes et cultes antiques d'Occident

Dans cette partie...

Le terme « Occident » est utilisé ici dans son sens le plus large, pour le distinguer d'un Orient indien, chinois et japonais, que nous traiterons dans les cinquième et sixième parties. L'Occident dont nous parlons a son foyer dans le Croissant fertile, qui englobe les riches vallées du Nil et de la Mésopotamie. Dans ces régions sont nées les premières civilisations agricoles, les premiers villages et les premières cités, puis les premiers empires connaissant l'écriture.

Avec ces grands empires naissent aussi les religions d'État qui assurent le pouvoir des pharaons, des rois et des cités, et, bien sûr, des cultes « parallèles » cachés, plus ancrés dans les besoins de la vie quotidienne.

La religion égyptienne nous a laissé des monuments spectaculaires par leur richesse, témoins de la croyance en la résurrection des morts aussi bien que du culte d'Isis. En Mésopotamie, la construction des *ziggourats* et la pratique de la prostitution sacrée ont accompagné l'épopée mythologique du héros Gilgamesh en quête de l'immortalité. Plus près de nous, Grecs et Romains nous ont transmis leur religion foisonnante, dominée par les dieux de l'Olympe, qui occupent encore une place de choix dans notre culture.

Chapitre 1

La religion d'État des Égyptiens

Dans ce chapitre :

- Le témoignage d'un voyageur grec
- Les cultes funéraires
- Isis et Osiris

La religion des Égyptiens, avec ses temples immenses, ses statues monumentales, ses obélisques couverts d'inscriptions mystérieuses et son clergé innombrable, était considérée comme la plus antique de tout le Bassin méditerranéen. Elle était étroitement contrôlée par le pharaon et son clergé : elle peut donc être considérée comme une « religion d'État ».

Les plus anciennes inscriptions égyptiennes, vieilles de plus de cinq mille ans, sont des invocations religieuses gravées sur les murs des temples. Elles concordent pour l'essentiel avec le témoignage d'Hérodote, le fameux historien grec du ve siècle avant notre ère, ce qui prouve que les cultes se sont transmis sans changement majeur pendant trois millénaires.

« Les plus religieux de tous les hommes »

C'est par cette formule qu'Hérodote définit les Égyptiens dans le second livre de son *Enquête*.

Les prêtres d'Héliopolis, la capitale religieuse du pays située près de Memphis, ont expliqué à l'historien grec que :

- Les dieux des Égyptiens sont les mêmes que ceux des Grecs, sous d'autres noms. Par exemple, Isis et Osiris, qui règnent sur le royaume des morts, sont Déméter et Dionysos.
- Les Égyptiens pratiquent la circoncision, comme le font également les Éthiopiens, les Syriens, les Phéniciens et les Colchidiens (habitants de l'actuelle Géorgie).

- Les prêtres constituent une caste très puissante qui gère des multitudes de temples et possède des terres à travers tout le pays.
- Le porc est un animal impur (car, tout comme l'oryx, il est associé à Seth, le chaos), alors que la vache est sacrée.
- Ils embaument les morts, condition indispensable à leur résurrection dans le royaume d'Osiris, à la condition qu'ils parviennent à traverser des épreuves magiques très complexes.
- Ils élèvent des animaux sacrés (chats, chiens, faucons, crocodiles, hippopotames, ibis et même lions), qu'ils embaument à leur mort.

LE SAVIEZ-VOUS ?

Ces observations sont particulièrement intéressantes car elles donnent le regard d'un polythéiste sur une autre religion polythéiste.

Le pharaon divin

Les souverains d'Égypte, dieux incarnés, dirigeaient une religion d'État très centralisée qui légitimait leur pouvoir. Le pharaon était le prêtre suprême du dieu Amon-Rê (le dieu solaire). Il nommait les grands prêtres des principaux sanctuaires (Héliopolis, Hermopolis et Memphis), lesquels dirigeaient l'ensemble de la caste sacerdotale chargée de l'exécution des rituels quotidiens dans tout le pays, qui seuls garantissent que la barque du soleil traversera la nuit sans encombre pour reparaître le lendemain.

À MÉDITER

Akhénaton, premiers pas vers le monothéisme ?

Pendant plus de trois millénaires, la religion égyptienne a transmis son polythéisme foisonnant, riche de divinités animales. Pourtant, vers 1350 avant notre ère, un pharaon tenta d'imposer une réforme religieuse qui scandalisa profondément ses contemporains. Amenhotep IV – époux de la belle et célèbre Néfertiti – entra en conflit avec les prêtres de la capitale, Thèbes, gardiens du culte du dieu solaire Amon-Rê (« soleil de midi »).

Amenhotep IV prit le nom d'Akhénaton, signifiant : « Celui qui est utile à Aton ("soleil du soir") » et fonda une nouvelle capitale nommée Akhetaton (« l'horizon d'Aton »), actuelle Amarna. Il imposa le culte unique d'Aton, sous la forme du disque solaire, et persécuta les prêtres de Thèbes. Cependant, cette « hérésie » ne lui survécut pas car, après sa mort, son fils Toutankhamon rétablit les cultes traditionnels et rétablit Thèbes comme capitale. Le nom d'Akhénaton fut même martelé sur les monuments pour effacer sa mémoire. Certains archéologues ont pensé qu'il voulait faire disparaître les cultes des autres dieux.

Dans son ouvrage *L'Homme Moïse et le Monothéisme*, Sigmund Freud a imaginé que Moïse avait été un noble de la cour d'Akhénaton, fervent disciple de la nouvelle religion monothéiste. Après la mort du pharaon hérétique, il aurait été contraint à l'exil, entraînant avec lui les membres de la secte persécutée. ...

...

Le nom du nouveau dieu (Adonaï) serait ainsi directement dérivé de celui d'Aton. Ce serait aussi la raison pour laquelle les juifs, étant des Égyptiens émigrés, auraient conservé l'usage de la circoncision.

Enfin, un célèbre rappeur français a emprunté son nom au pharaon « hérétique ».

L'origine du monde selon les prêtres d'Héliopolis

La cosmogonie égyptienne, dont chaque grand sanctuaire raconte une version particulière, décrit le monde originel comme un océan-chaos primordial (Noun), dont sort le soleil (Aton-Rê), qui livre un combat quotidien contre le serpent des ténèbres (Apophis) pour que le jour succède à la nuit.

Qu'est-ce qu'une cosmogonie ?

C'est le récit de la naissance de l'univers, conçu comme une généalogie de divinités, généralement incestueuses, meurtrières et cannibales. Elle raconte la succession des générations des dieux, ainsi que la création des hommes et de tous les êtres qui peuplent le cosmos (astres, animaux, etc.).

Aton-Rê donne naissance au dieu du sec (Shou) et à la déesse de l'humide (Tefnout). De leur union incestueuse naissent le dieu terre (Geb) et la déesse ciel (Nout). Ces derniers s'unissent à leur tour et donnent naissance à Osiris et Isis, les premiers rois et reine d'Égypte, ainsi qu'à Seth et Nephtys. Leurs aventures incestueuses et meurtrières fourniront le cadre du grand mythe de la mort et de la résurrection.

Certains dieux égyptiens ont des formes animales : les plus célèbres sont la lionne Sekhmet, le chat Bastet, le chacal Anubis, le crocodile Kobek, le faucon Horus, l'ibis Thot, le scarabée Khéphri et le taureau Apis. Leur grand nombre laisse penser que la religion égyptienne a des origines totémiques.

Qu'est-ce qu'un totem ?

C'est un animal (parfois une plante) supposé être l'ancêtre d'un clan qui porte son nom et lui voue une vénération particulière. Il est généralement représenté sur des images ou des statues (voir chapitre 22).

Le voyage des morts

La complexité des rites funéraires égyptiens a beaucoup impressionné les contemporains.

L'embaumement

Lors du décès, selon les moyens de la famille, le cadavre est d'abord porté chez l'embaumeur, dont le travail dure plus de deux mois (soixante-dix jours selon Hérodote), sous la direction des prêtres.

Le cerveau est extrait du crâne avec un crochet. Puis on ouvre le corps et on extrait les viscères, les poumons, le foie et l'estomac, que l'on nettoie et place dans quatre vases rituels (canopes) consacrés aux fils d'Horus. Seul le cœur est laissé en place, pour la pesée de l'âme. Ensuite, on recouvre le corps d'une sorte de salpêtre (le natron) pour qu'il se dessèche. Pour finir, le corps est entouré de bandelettes de lin, le visage recouvert d'un masque mortuaire. On le dépose alors dans un sarcophage, entouré d'amulettes protectrices et de rouleaux de textes sacrés (tels que le *Livre des morts*), qui lui permettront d'affronter les épreuves du voyage.

Livre des morts des Égyptiens

C'est un recueil de formules magiques que le mort doit énoncer au cours de son voyage vers la Douat (le royaume des morts gouverné par Osiris). Elles sont copiées sur des bandelettes ou des papyrus qui entourent la momie. Le plus long mesure 37 mètres (papyrus Greenfield).

Le hiéroglyphe *ankh*, ci-contre, signifiant la vie, est très souvent représenté dans les tombes.

Les funérailles proprement dites commencent par la procession au cours de laquelle la famille apporte la momie dans la chapelle funéraire. Le prêtre exécute le rite d'« ouverture de la bouche », qui permettra au mort de répondre aux questions des juges au cours du voyage. Ensuite, la momie est descendue dans le caveau, qui sera définitivement inaccessible. La famille pourra continuer à honorer le mort dans la chapelle.

Le jugement de l'âme

Le mort est amené devant le tribunal où ses actions sont jugées par Osiris, Isis et Nephtys. Son cœur est déposé sur un des plateaux de la balance, la plume de la déesse Maât (la justice) sur l'autre. Le mort confesse alors la liste des péchés qu'il n'a pas commis durant sa vie. Si sa confession n'est pas satisfaisante et que les deux plateaux de la balance ne s'équilibrent pas, il est dévoré immédiatement par la Grande Dévoreuse (Amit : monstre crocodile-lion-hippopotame).

La vie future

En revanche, s'il passe l'épreuve avec succès, il renaîtra au royaume d'Osiris (Douat), qui n'est autre que la terre d'Égypte. On y sème et récolte. C'est pourquoi les riches prévoyants emportent dans leur tombeau des armées de figurines représentant leurs paysans (*chaouabtis*) qu'ils feront travailler à leur place dans l'Au-delà.

Pyramides funéraires

Les pharaons, dès les premiers temps historiques (près de trois mille ans avant notre ère), se sont fait construire d'énormes tombeaux en forme de pyramides. On en connaît plus d'une centaine. Les trois plus imposantes qui sont conservées jusqu'à nos jours, se trouvent à Gizeh, dans la banlieue du Caire.

LE SAVIEZ-VOUS ?

La pyramide de Khéops est le plus vaste monument funéraire du monde – seul le mausolée de l'empereur chinois Qin, avec ses huit mille guerriers de terre cuite, peut rivaliser avec lui.

Mythe d'Isis et Osiris

Parmi les innombrables divinités égyptiennes, le couple formé par Osiris et Isis (époux divins mais aussi frère et sœur) est au centre d'un vaste récit mythologique très populaire en Égypte, puisqu'il explique la complexité des rites funéraires.

Osiris, le dieu des morts

Hérodote, qui a séjourné plusieurs mois en Égypte, a sans doute été lui-même initié au culte d'Osiris car il dit à plusieurs reprises qu'il n'a pas le droit de nommer ce dieu.

De fait, le seul récit détaillé que nous possédions du mythe d'Isis et Osiris nous a été transmis par l'écrivain grec Plutarque, lui-même prêtre du sanctuaire de Delphes au Ier siècle de notre ère. Voici son résumé :

PORTRAIT

Osiris, le dieu ressuscité

Osiris est le fils aîné du dieu de la terre (Geb) et de la déesse du ciel (Noût). Il est le premier roi de l'Égypte antique. Il apporte paix et prospérité aux hommes, avec son épouse Isis, qui est sa sœur. Mais il séduit son autre sœur, Nephtys, qui est l'épouse de leur frère Seth. Seth se venge en tuant Osiris par ruse, puis il le jette dans le Nil. Isis, éplorée, part à la recherche de son époux. Le cercueil dérive à travers la Méditerranée et Isis finit par le retrouver à Byblos, en Phénicie. Elle le remporte en Égypte et le cache dans les marais. Mais Seth le découvre et le découpe en quatorze morceaux qu'il jette à l'eau. Isis parvient à les récupérer, sauf le pénis qui a été dévoré par des poissons. Dans chaque lieu où elle trouve un morceau du corps, elle fonde un culte d'Osiris où l'on célébrera de grandes fêtes. Grâce à des pouvoirs magiques qu'elle a dérobés à son grand-père, le dieu Rê, et aidée par Nephtys et son fils Anubis, elle reconstitue le corps de son mari et l'embaume, puis, sous la forme d'un oiseau de proie, elle s'unit à lui. Osiris, reprend vie et devient le roi du pays des morts (Douat).

Isis accouche de son fils Horus qu'elle allaite dans un lieu caché. Horus doit succéder à Osiris, mais Seth s'y oppose. Il s'ensuit un très long débat au tribunal des dieux. Horus est proclamé roi légitime, mais Seth le provoque dans un combat sous la forme d'hippopotames. Horus est encore vainqueur et il remet Seth à Isis qui le libère finalement.

Dans la croyance populaire, Osiris est aussi étroitement associé au grain qui meurt en hiver et ressuscite au printemps suivant. Sa fête se déroule au moment des semailles

Les « Mystères » d'Isis

Le culte secret d'Isis, à Rome, nous est connu par une anecdote savoureuse rapportée par l'historien juif Flavius Josèphe : une belle et riche matrone romaine, nommée Paulina, accomplit une retraite spirituelle dans le temple d'Isis. Pendant la nuit, elle reçut la visite du dieu Anubis en personne, sous l'apparence du grand prêtre du temple, qui lui déclara son amour et passa à l'acte. De fait, le dieu n'était autre qu'un jeune homme qui la courtisait en vain et avait soudoyé le grand prêtre pour prendre sa place. Le scandale remonta jusqu'à l'empereur Tibère qui fit crucifier les prêtres et fermer le temple – son successeur Caligula autorisa sa réouverture.

On a également un témoignage remarquable de la vogue du culte d'Isis par la littérature latine.

L'Âne d'or

Le célèbre roman picaresque *L'Âne d'or* d'Apulée (écrit au IIe siècle de notre ère) s'achève par une apparition d'Isis au héros Lucius. Ce dernier, au cours d'aventures érotico-magiques, a été transformé en âne. Après de nombreuses péripéties rocambolesques, il parvient au port de Corinthe. Il reçoit alors en songe la visite de la déesse Isis en personne qui lui annonce qu'il pourra retrouver sa forme humaine à condition de se faire initier aux mystères de sa religion. Lucius accepte évidemment. Apulée (dont on peut penser qu'il a été lui-même initié à ce culte) décrit alors la procession de consécration d'un bateau chargé d'offrandes et couvert d'inscriptions votives en hiéroglyphes, que les prêtres d'Isis envoient sur la mer.

Comme il lui est strictement interdit de raconter les secrets de son initiation, il se contente de dire qu'il a été transporté à travers les quatre éléments jusqu'aux confins de la mort et qu'il est revenu de la demeure de Proserpine (la déesse grecque des morts, fille de Déméter). Par la suite, notre héros se rend à Rome, où il se fait initier à deux degrés supplémentaires dans le temple d'Isis du Champ de Mars.

Après la conquête de l'Égypte par Alexandre, le culte d'Isis s'est largement répandu autour de la Méditerranée, sous l'influence des Grecs. On lui a élevé des temples au Liban, à Athènes et à Corinthe, elle en aura à Pompéi et à Rome sur le Champ de Mars. Deux statuettes d'Isis ont été découvertes à Paris et une à Metz.

Il est fort vraisemblable par ailleurs que la popularité de l'image chrétienne de la Vierge Marie donnant le sein à Jésus soit inspirée de celle d'Isis allaitant Horus.

Chapitre 2

Mythologie et religion de Mésopotamie

Dans ce chapitre :

- La tour de Babel
- Ishtar et la prostitution sacrée
- Gilgamesh, le héros

Le pays nommé Mésopotamie (en grec : « entre les fleuves », le Tigre et l'Euphrate) correspond à l'Irak actuel. Il a connu une civilisation aussi ancienne que celle d'Égypte. C'est dans cette région que se sont développés les très anciens royaumes sumérien, puis akkadien et babylonien, autour des puissantes cités-États de Sumer, Akkad, Our (au sud, patrie d'Abraham selon la Bible), Ourouk, Ninive (au nord), puis Babylone (à une centaine de kilomètres de Bagdad). Babylone est restée la ville la plus importante du Moyen-Orient jusqu'à la fondation de Bagdad par les califes abbassides (voir chapitre 12).

Des dieux parmi les hommes

Chaque ville honorait un dieu particulier : Ishtar à Ourouk, Mardouk à Babylone, Shamash à Our, Enlil à Nippour, etc. Les aventures de tous ces dieux parmi les hommes sont racontées dans des récits mythologiques tels que *Enouma Elish* (récit de la création), *La Descente d'Innana aux Enfers* ou *Le Mythe du Supersage*.

La famille cosmique

Le panthéon mésopotamien a sensiblement varié au cours de ses trois mille ans d'existence. Les anciens mythes sumériens racontent comment la mer primordiale Nammou eut trois fils : An (le ciel), Enlil (l'air), Enki (le sage et rusé) et une fille Ninhourshag (la terre). Enki épousa sa sœur et leurs enfants furent les dieux de la prospérité et de la civilisation. Ses principaux dieux astraux sont Shin (le dieu Lune), Shamash (le dieu Soleil) et Innana/Ishtar (la planète Vénus, la plus brillante du ciel nocturne).

Dans le mythe babylonien plus récent, Mardouk (dieu de la planète Jupiter) tue Tiamat (l'Océan féminin primordial) et découpe son corps en deux pour créer le ciel et la terre, puis les astres. Il fabrique ensuite les hommes en façonnant de l'argile et leur donne vie grâce au sang de Qingou (le chef des armées de Tiamat) qu'il a sacrifié. Ses pouvoirs sont renfermés dans sa *ziggourat* à Babylone, qui est donc le centre de l'univers.

LE SAVIEZ-VOUS ?

Le royaume des morts est gouverné par la terrible déesse Ereshkigal (sœur d'Ishtar) et son époux *Nergal*, qui vivent sous terre dans leur palais de lapis-lazuli. Mais, contrairement aux Égyptiens, les Mésopotamiens n'ont aucun espoir d'une résurrection dans un paradis quelconque.

LE SAVIEZ-VOUS ?

Les démons babyloniens sont innombrables et les pratiques d'invocations ou de protection tout aussi nombreux. Les plus connus sont la démone Lamashtou (identifiée à la Lilith du Talmud de Babylone), particulièrement menaçante pour les femmes enceintes et les nourrissons, ainsi que son époux Pazouzou (popularisé par Tardi dans *Les Aventures d'Adèle Blanc-Sec*).

Les « mages » chaldéens (de la région de l'embouchure du Tigre et de l'Euphrate) étaient réputés pour leur science « magique » et leur capacité à communiquer avec les démons de tout grade. Seuls les Égyptiens pouvaient rivaliser avec eux.

LE SAVIEZ-VOUS ?

Les *ziggourats* et la tour de Babel

Les rois firent construire d'énormes *ziggourats*, sortes de pyramides à étages, dont la forme évoque celle des pyramides mayas et aztèques. Elles n'ont pas résisté à l'usure du temps car elles étaient construites en briques crues (argile non cuite), contrairement aux pyramides égyptiennes construites avec des blocs de pierre. On a retrouvé les vestiges d'une vingtaine d'entre elles. Les bases de ces pyramides pouvaient mesurer jusqu'à cent mètres de côté, avec des escaliers monumentaux. Elles étaient revêtues de briques émaillées et ornées de frises. Il est vraisemblable que des temples étaient édifiés à leur sommet, afin d'accueillir les dieux séjournant parmi les hommes.

Les *ziggourats* favorisaient les observations astronomiques permettant de déterminer les dates des cérémonies. Les astronomes babyloniens étaient réputés pour la qualité de leurs observations. On leur doit ainsi la numération duodécimale dans la géométrie céleste (division du cercle en 360 degrés, en minutes et en secondes), dont est dérivée celle du temps (12 heures, 60 minutes, 60 secondes).

...

...

On pense que la *ziggourat* de Babylone, dédiée à Mardouk, a inspiré les auteurs de la Genèse pour leur récit de la tour de Babel : les hommes y construisent une grande tour en brique qui touche le ciel pour aller à la rencontre des dieux.

Hérodote a lui-même visité cette *ziggourat*, qu'il décrit ainsi : « Une tour massive, sur laquelle s'en élève une autre, puis encore une autre, si bien qu'on en compte jusqu'à huit. On a construit à l'extérieur un escalier tournant, par lequel on monte à chaque tour. Dans la dernière tour, il y une grande chapelle, où se trouve un lit richement orné ainsi qu''une table d'or. Le lit est destiné à une femme du pays, que le dieu a choisie, et qu'il vient rejoindre. » (*Enquête*, 1, 181)

Le culte d'Ishtar à Babylone

Les sanctuaires d'Ishtar, déesse de l'amour, abritaient des femmes consacrées au culte de la déesse, qui pratiquaient sans doute la prostitution sacrée.

La prostitution sacrée

On lit dans *L'Épopée de Gilgamesh* (voir plus bas) : « Ishtar réunit les prêtresses de son temple, qui offrent leur corps à tout homme en son honneur. »

Les temples d'Ishtar abritaient en effet des prêtresses prostituées, expertes en chant et en danses, qui attiraient les pèlerins. Leurs clients se considéraient comme des fidèles de la déesse et versaient leur rétribution au temple, à titre d'offrande.

Cette coutume a frappé les voyageurs antiques, notamment les Grecs qui y reconnaissaient leur pratique bien connue à Corinthe et à Chypre, hauts lieux du culte d'Aphrodite. Hérodote, qui a visité Babylone, en donne une description circonstanciée. Il assimile sans hésitation Ishtar, vénérée sous le nom de Mylissa, à l'Aphrodite grecque.

Certaines grandes fêtes étaient sans doute également l'occasion du « mariage sacré » (hiérogamie) au cours duquel le grand prêtre s'unissait à la grande prêtresse, point culminant d'une liturgie très complexe comportant chants, danses et récitations de textes sacrés.

Les fouilles archéologiques allemandes sur le site de Babylone ont permis de retrouver l'entrée monumentale du temple d'Ishtar, construite sur les ordres de Nabuchodonosor en – 580. Ce double porche est encadré de grandes tours entièrement recouvertes de briques émaillées, décorées sur un fond bleu turquoise. Il était l'aboutissement de la grande voie des processions à l'entrée nord de la ville. Il a été reconstitué au musée Pergamon de Berlin.

Un « livre » plus ancien que la Bible : L'Épopée de Gilgamesh

Le 3 décembre 1872, un savant anglais nommé George Smith (1840-1876) annonça qu'il venait de découvrir le plus ancien livre connu, plus ancien que la Bible elle-même, et « qui l'avait manifestement inspirée ».

Le « livre » en question était *L'Épopée de Gilgamesh*, rédigée en langue akkadienne sur des tablettes en écriture cunéiformes. Dans sa onzième tablette figure un récit du Déluge beaucoup plus détaillé que celui de la Bible ! Ce récit légendaire a connu une grande fortune dans l'Antiquité et fut traduit dans les diverses langues de Mésopotamie, mais on en avait perdu toute trace.

Gilgamesh, le roi d'Ourouk, est très présomptueux et violent. Les dieux décident de lui opposer un rival et ils créent l'homme sauvage Enkidou. Gilgamesh envoie à Enkidou la prostituée sacrée Shamat qui le séduit et le civilise, puis l'emmène à la ville. Mais Enkidou apprend que Gilgamesh exerce un droit de cuissage sur toutes les fiancées le soir de leurs noces, et il décide de l'en empêcher. Les deux héros se battent, sans qu'aucun soit victorieux. Ils deviennent les meilleurs amis du monde.

Gilgamesh propose à son nouvel ami d'aller combattre le diable Houmbaba qui vit dans les monts du Liban. Ils le tuent et reviennent victorieux à Ourouk.

La déesse Ishtar tombe amoureuse de Gilgamesh qui la repousse et se moque d'elle. La déesse se plaint à son père Anou. Celui-ci crée pour elle le taureau céleste, qu'elle amène à Ourouk où il vide l'eau du fleuve et commence à détruire la ville. Gilgamesh et Enkidou tuent le taureau.

Les dieux condamnent Enkidou à mourir pour le punir des meurtres qu'il a commis (Houmbaba et le taureau) et de son ingratitude envers la prostituée Shamat. Il se repent mais meurt tout de même. Gilgamesh organise ses funérailles et lui fait élever une statue en or.

Mais Gilgamesh a maintenant peur de mourir lui aussi. Il prend l'apparence d'un homme sauvage et part à la recherche d'Outa-Napishti, l'homme qui a survécu au Déluge et est devenu immortel, pour lui demander le secret de l'immortalité. Après diverses épreuves, il rencontre Sidouri, la déesse de la bière, qui lui déconseille vivement d'entreprendre le voyage au pays des morts car personne n'en est revenu.

Gilgamesh poursuit néanmoins son chemin et arrive chez Our-Shanabi, qui était le pilote d'Outa-Napishti pendant le Déluge. Celui-ci lui fait construire un bateau et ils s'embarquent sur la mer des morts. Ils arrivent enfin chez Outa-Napishti. Celui-ci lui raconte le Déluge et lui explique que l'immortalité n'est pas faite pour lui. Il doit retourner à Ourouk.

Devant l'insistance de Gilgamesh, Outa-Napishti le met au défi de ne pas dormir pendant sept jours. Le héros n'y parvient pas, ce qui prouve bien qu'il ne pourra pas éviter la mort, qui est bien plus puissante que le sommeil. Gilgamesh retourne à Ourouk en compagnie d'Our-Shanabi et lui fait admirer la beauté de la ville.

UN PEU DE TECHNIQUE

Hiéroglyphes et cunéiformes

Ces signes, qui se lisaient par syllabes, ont été inventés à l'origine de l'écriture, vers 3 000 ans avant notre ère.

Les hiéroglyphes (dessins sacrés) sont des dessins stylisés représentant des objets, qu'on lit à la façon d'un rébus.

Les cunéiformes sont des marques en forme de coins (d'où leur nom) imprimées avec des poinçons sur de l'argile molle ou sculptées sur la pierre, constituant des milliers de combinaisons.

Ces deux systèmes d'écriture sont restés en usage dans les religions égyptiennes et mésopotamiennes jusqu'au temps de l'Empire romain.

Seul l'alphabet phonétique, inventé vers le xe siècle avant notre ère par les Phéniciens, permet de restituer n'importe quel mot de la langue, en combinant la vingtaine de signes qui reproduisent les sons élémentaires. Il sera le modèle des alphabets grec, hébreu, arabe, latin, etc.

Les plus anciens textes religieux cunéiformes sont rédigés en sumérien, une langue dont on ne connaît pas la provenance, qui fut ensuite remplacée par l'akkadien, puis par l'araméen, deux langues du groupe sémitique. Les noms des divinités ont été traduits, mais les cultes ont subsisté, ainsi que la riche littérature mythologique.

LE SAVIEZ-VOUS ?

En revanche, les prêtres ont continué à utiliser le sumérien pour les cérémonies, alors que la langue n'était plus utilisée dans le pays – comme le fut le latin en Europe.

À MÉDITER

Les langues sacrées

Le conservatisme inhérent aux rituels religieux entraîne que les langues sacrées sont souvent transmises pendant des siècles, voire des millénaires par les castes de prêtres, alors même qu'elles sont devenues incompréhensibles à la masse des fidèles. C'est également le cas de l'égyptien, de l'hébreu, du sanskrit, du latin et de l'arabe.

Chapitre 3

Le berceau religieux gréco-romain

Dans ce chapitre :

- Les Olympiens
- Les exploits sexuels de Zeus
- Une religion internationale, de la Bretagne à l'Afghanistan

La religion des Grecs et des Romains nous est beaucoup plus familière car elle irrigue toute la littérature et les arts de l'Occident depuis la Renaissance. Nous lisons les histoires des dieux d'Homère et des héros de Sophocle sur les bancs de l'école. Nos musées sont remplis de tableaux montrant les amours de Jupiter. Or les Romains pensaient que leurs propres dieux étaient les mêmes que ceux des Grecs, sous des noms différents (sauf Apollon qui garde le même nom dans les deux langues). Voici donc un aperçu de la religion « gréco-romaine ».

La divine tribu des Olympiens

À l'origine se trouvent les divinités infernales du monde souterrain (Chaos, Érèbe, Nuit). Des amours de Gaïa (la Terre) et Ouranos (le Ciel) naissent les géants : Cyclopes, Titans et Cronos. Mais Ouranos continue à féconder Gaïa, tout en empêchant ses enfants de naître. Pour se libérer, elle fabrique une serpe et la donne à Cronos qui va s'en servir pour châtrer son père. Le sang et le sperme d'Ouranos tombent dans la mer et donnent naissance à divers monstres et nymphes ainsi qu'à Aphrodite.

Cronos, à son tour, fait des enfants à sa sœur Rhéa, mais il les dévore dès leur naissance, par crainte qu'ils ne lui fassent subir ce qu'il a lui-même infligé à son père. Rhéa invente alors une ruse et, lorsqu'elle accouche de son fils Zeus, elle emmaillote une grosse pierre qu'elle fait avaler à Cronos comme si c'était le nouveau-né. Cronos vomit alors tous ses enfants, qui accordent la royauté à Zeus pour le remercier.

Les « Olympiens » sont les dieux de la famille de Zeus – sa femme et ses enfants légitimes. On les nommait ainsi parce qu'ils étaient censés habiter sur le mont Olympe, une haute montagne du nord de la Grèce. Ils gouvernent chacun un domaine particulier, mais leurs fonctions varient selon les sanctuaires. De plus, ils sont très ambivalents et châtient sévèrement quiconque leur manque de respect. Ils exigent de leurs prêtres et prêtresses des fêtes avec des processions, ainsi que des offrandes de plantes et des sacrifices d'animaux. Chaque cité se place sous la protection d'un dieu principal qui l'enrichit grâce aux offrandes des fidèles et des pèlerins.

La liste des « Olympiens » a évolué au cours du temps.

Nom grec	*Nom latin*	*Fonction principale*
Zeus	Jupiter	Le tonnerre
Héra	Junon	Épouse de Zeus
Poséidon	Neptune	L'océan
Déméter	Cérès	Les moissons
Hadès	Pluton	Roi du royaume des morts
Perséphone	Proserpine	Reine du royaume des morts
Apollon	Apollon	La musique
Artémis	Diane	La chasse
Arès	Mars	La guerre
Aphrodite	Vénus	L'amour
Hermès	Mercure	Messager des dieux, le commerce
Athéna	Minerve	La sagesse
Héphaïstos	Vulcain	Forgeron
Hestia	Vesta	Le foyer familial
Dionysos	Bacchus	Le vin
Asclépios	Esculape	La médecine

Les aventures des dieux entre eux et parmi les hommes ont été célébrées par les artistes du bassin méditerranéen pendant deux millénaires : dans des épopées (*L'Iliade* et *L'Odyssée*, *L'Énéide*), des pièces de théâtre (tragédies et comédies), des poésies, des romans, des peintures, des sculptures et des monuments (dans les temples, les palais et les édifices publics), sur les vases et d'innombrables figurines.

LE SAVIEZ-VOUS ?

Les juifs étaient horrifiés par l'inventivité de la mythologie gréco-romaine et sa sexualité omniprésente. Les chrétiens leur emboîteront le pas, si bien que toute la culture « païenne » sera finalement bannie de l'Empire romain au cours des règnes des successeurs de Constantin (272-337, voir p. 110), sous le prétexte d'être une invention diabolique. Il faudra attendre la « révolution humaniste » des XVe et XVIe siècles pour que l'immense littérature et les arts plastiques gréco-latins retrouvent droit de cité dans l'imaginaire européen.

LE SAVIEZ-VOUS ?

Les amours de Zeus

Zeus est resté le dieu de la sexualité masculine débridée. D'innombrables récits racontent comment il a séduit femmes et hommes, malgré la jalousie maladive de sa sœur-épouse Héra. Parmi ses conquêtes les plus célèbres, qui inspirèrent d'innombrables peintres et sculpteurs jusqu'à nos jours (Picasso et Miro), citons :

- la nymphe Métis, mère d'Athéna ;
- Léto (Latone), déesse de Délos, mère d'Apollon et d'Artémis ;
- Sémélé, princesse thébaine, mère de Dionysos ;
- Danaé, princesse argienne séduite par Zeus métamorphosé en pluie d'or, mère de Persée ;
- Europe, princesse syrienne séduite par Zeus métamorphosé en taureau ;
- Léda, princesse étolienne séduite par Zeus métamorphosé en cygne, mère de Castor et Pollux, d'Hélène et de Clytemnestre ;
- Io, prêtresse d'Héra, séduite par Zeus métamorphosé en taureau et métamorphosée en génisse par Héra ;
- Ganymède, prince troyen séduit par Zeus métamorphosé en aigle ;
- Callisto, nymphe séduite par Zeus métamorphosé en Artémis, puis elle-même métamorphosée en ourse ;
- Alcmène, reine de Thèbes séduite par Zeus métamorphosé en Amphitryon, son mari, mère d'Héraclès.

Une religion internationale

Certains dieux grecs ont connu une renommée internationale et on venait de très loin pour les visiter ou consulter leurs oracles. Leurs sanctuaires les plus importants abritaient, outre leur clergé attitré, d'importants services d'hôtellerie, d'interprétation de rêves ou d'oracles, de vente d'amulettes, d'ex-voto, d'images pieuses et d'élevage de victimes à sacrifier.

L'oracle d'Apollon à Delphes

Une prêtresse (la Pythie) entrait en transe et répondait par des formules énigmatiques aux questions des visiteurs. Les plus grands rois et généraux la consultaient à prix d'or. On connaît sa réponse fameuse au roi Crésus demandant s'il devait attaquer l'Empire perse : « Si tu attaques la Perse, un grand royaume sera détruit. » Le malheureux Crésus s'empressa d'attaquer, sans penser que le royaume en question serait le sien.

Le temple d'Asclépios à Épidaure

Ce sanctuaire était aussi important dans l'Antiquité que le pèlerinage de Lourdes chez les catholiques d'aujourd'hui. Les malades, parfois venus de très loin, dormaient à proximité de la statue du dieu-guérisseur qui leur indiquait, par des rêves énigmatiques, le traitement à appliquer. Le sanctuaire comprenait donc d'importants services de pharmacie et de consultations médicales.

Les Jeux olympiques

La légende veut que les premières compétitions sportives internationales dédiées à Zeus olympien aient été instituées par Hercule en personne en 776 avant notre ère. Ils furent pratiqués sans interruption jusqu'en 393 de notre ère, donc pendant plus de mille ans. Les empereurs chrétiens les interdirent, jugeant que le sport était immoral (surtout pratiqué nu). Il existait d'autres jeux religieux : isthmiques (à Corinthe) ou néméens (à Némée).

Le théâtre comme religion : la tragédie

Seuls dans le monde antique, les Grecs développèrent systématiquement le théâtre tragique et comique (imités plus tard par les Romains). À Athènes, les principales représentations se déroulaient, sous forme de concours, à l'occasion des fêtes de Dionysos au printemps. On jouait dans le grand théâtre, devant la statue du dieu et en présence de son grand prêtre.

La politique et la religion

Des cérémonies religieuses accompagnaient tous les actes importants de la vie civique (fêtes, décisions politiques, guerres). La moindre erreur dans l'exécution d'un rite pouvait entraîner des conséquences catastrophiques pour l'ensemble de la cité.

Bien plus graves encore, les actes d'impiété volontaires, s'ils n'étaient pas punis immédiatement, annonçaient des catastrophes certaines.

Le scandale des hermès d'Athènes

Un exemple célèbre est le « scandale des hermès » à Athènes. Précisons qu'à Athènes, chaque coin de rue était orné d'une borne à tête humaine, sur laquelle était sculpté un phallus en érection : représentation d'Hermès (Mercure), dieu protecteur des carrefours et des voyageurs. Or, en – 415, les Athéniens, en pleine guerre contre Sparte, décident d'envoyer une flotte attaquer Syracuse, accusée de soutenir l'ennemi. Quelques jours avant le départ de la flotte, on découvre que la plupart des hermès de la cité ont été mutilés. Les soupçons se portent sur Alcibiade, le général de la flotte (élève et amant de Socrate), qui s'était déjà moqué publiquement des mystères d'Éleusis. Malgré ce mauvais présage, l'expédition prend la mer, mais elle tourne au désastre car Alcibiade s'enfuit (à Sparte) pour échapper à la justice. La flotte athénienne est anéantie. Comment ne pas y voir une punition divine du sacrilège !

Cette affaire éclaire les démêlés que Socrate eut avec ses concitoyens. En effet, lors de son procès pour impiété, ses accusateurs ne manquèrent pas de lui reprocher d'avoir été le maître à penser d'Alcibiade, circonstance aggravante pour sa condamnation à mort.

Lors des conquêtes d'Alexandre le Grand (330 avant notre ère), la religion grecque se répandit à travers tout le Proche-Orient (on a trouvé des vestiges de temples jusqu'en Afghanistan). Les conquérants romains, qui pratiquaient sensiblement les mêmes cultes, l'étendirent jusqu'à l'Atlantique.

Aucun acte de la vie publique n'était concevable sans consultation d'un augure. Jules César ne manqua pas de se faire élire grand pontife (titre que reprendront les papes) et le resta pendant vingt ans jusqu'à son assassinat, ce qui lui donnait le contrôle de la religion de l'État.

Empereurs et dieux ?

Les empereurs romains poussèrent la logique du despotisme en encourageant la création d'un culte impérial, comme l'avaient fait les pharaons et les rois perses, puis les rois grecs après Alexandre le Grand. Cependant, même si le peuple « adorait » son empereur avec la même ferveur que les sujets de Louis XIV « adoreraient » leur monarque, tout le monde savait qu'ils n'étaient que des hommes mortels – certes très puissants et dangereux.

Chapitre 4

Les cultes « parallèles » antiques

Dans ce chapitre :

- Des récoltes et des dieux
- Quelques religions marginales
- Sectes philosophiques
- Philosophes « chamanes »
- Mages, devins et jeteurs de sorts

Les « grands dieux » des panthéons évoqués au cours des chapitres précédents sont généralement les divinités « officielles » des cités ou des souverains. Cependant, de nombreux autres dieux – parfois aussi prestigieux, sinon davantage – furent également objets de cultes et de dévotions importants. Ils étaient eux-mêmes accompagnés de cohortes de divinités de toutes sortes, tant bénéfiques que maléfiques, qui suscitaient elles aussi des croyances et des pratiques très profondément enracinées dans les populations.

Cultes agraires

Les dieux sont immortels, c'est leur qualité principale. Cependant, plusieurs sont réputés avoir été mis à mort dans des conditions violentes, puis avoir ressuscité. Ils font généralement l'objet de cultes annuels qui accompagnent les cycles agraires de fertilité. Dans les sociétés antiques, la symbolique de la germination des plantes est omniprésente : leur croissance, leur mise à mort violente lors de la récolte et leur consommation par les hommes, suivie de leur absence en hiver.

Ainsi, dans la croyance populaire, Osiris (voir chapitre 2) est étroitement associé au grain qui meurt en hiver et ressuscite au printemps suivant. En Égypte, sa fête se déroule au moment des semailles

Ces cultes connaissent un large développement autour de la Méditerranée dès le ve siècle avant notre ère.

Perséphone (Proserpine), la Sicilienne

Perséphone naît des amours de Zeus et de sa sœur Déméter, la déesse du blé et des moissons. Déméter élève sa fille en secret en Sicile. Mais le dieu des Enfers, Hadès (Pluton) – le frère de sa mère –, l'aperçoit en train de cueillir des fleurs et l'enlève pour l'épouser. La jeune fille se débat en criant. Déméter accourt, mais trop tard, puis la recherche sans succès pendant neuf jours. Elle décide alors de cesser de faire pousser la végétation tant que sa fille ne lui sera pas rendue. L'affaire est soumise au jugement de Zeus qui finit par proposer un compromis : Perséphone passera six mois par ans aux Enfers et les six autres sur la terre en compagnie de sa mère.

Perséphone est souvent nommée en grec *korè* (la fille), par opposition à *mètèr* (la mère).

Les Grecs identifient formellement Déméter à Isis. Perséphone et Déméter sont l'objet d'un culte « à mystère » très célèbre dans l'Antiquité, qui se déroule au mois de septembre à Éleusis, un village proche d'Athènes.

Les Mystères

Ce sont des cérémonies secrètes au cours desquels le « myste » (candidat à l'initiation) est soumis à divers rituels, souvent assez effrayants, à la fin desquels il devient un homme « nouveau », comme après une nouvelle naissance. Les rites (s'agit-il de représentations théâtrales, d'invocations, de consommations de substances hallucinogènes, de mariages sacrés ?) sont encadrés par un clergé spécialisé, dirigé par un hiérophante. La plupart des Mystères portent sans doute sur la révélation d'une vie après la mort. Ils sont généralement ouverts à toute la population sans discrimination, hommes, femmes et esclaves, ce qui explique leur vogue.

À Éleusis, les Mystères durent neuf jours. Ils débutent par une procession apportant les objets sacrés vers le sanctuaire de Déméter, sur l'Acropole d'Athènes. Les mystes se purifient par des bains dans la mer et jeûnent. Ensuite, une grande procession, guidée par la statue de Iacchos « porteur de torches », les emmène le long de la « Voie sacrée » jusqu'au *telestérion* d'Éleusis où se déroule l'initiation proprement dite.

Le secret des Mystères d'Éleusis a été si bien gardé que l'on ne sait pas en quoi consistaient les initiations, alors que des milliers de personnes y ont été initiées pendant près d'un millier d'années, y compris des personnages célèbres et des écrivains (Socrate, Platon, Cicéron et même Auguste).

Adonis, le Syrien

Adonis est célébré dans tout le Proche-Orient. En Mésopotamie, il se nomme Doummouzi, le berger aimé d'Ishtar (voir chapitre 2). En Phénicie et en Syrie, il se nomme Tammouz et son nom désigne encore le mois de juillet dans le calendrier juif.

Le bel Adonis

Chez les Grecs, on raconte qu'Adonis est le fils des amours incestueuses du roi de Chypre Cyniras et de sa fille Myrrha. Il est si beau qu'Aphrodite en tombe amoureuse. La déesse veut le mettre à l'abri des convoitises et l'envoie, enfermé dans un coffre, à Perséphone, la déesse du royaume des morts. Cette dernière tombe à son tour follement amoureuse du garçon et refuse de le rendre. Aphrodite demande à Zeus d'intervenir et celui-ci, sur les conseils de la muse Calliope, décide qu'Adonis restera un tiers de l'année auprès de Perséphone, un autre tiers avec Aphrodite, et le troisième avec qui il voudra. Il choisit de passer de dernier tiers auprès d'Aphrodite. Par la suite, un dieu jaloux (Arès ou Artémis) envoie un sanglier furieux qui tue le jeune homme. De son sang naît l'anémone.

Vers l'époque du solstice d'été (25 juin), les femmes sèment des graines dans divers récipients et les arrosent d'eau chaude pour les faire germer rapidement (les « jardins d'Adonis »). Les fleurs fanent au bout de quelques jours et les femmes poussent alors de grands cris de deuil sur la mort du dieu de la végétation (« Il est mort, le bel Adonis ! »)

L'auteur de comédies Aristophane s'est moqué du culte d'Adonis : « Eh bien ? Encore un de ces dévergondages de femmes en l'honneur d'Adonis, à grand renfort de tambourins, kyrielles de litanies et ululements hystériques sur les toits ! J'entendais ça un jour que j'étais à l'Assemblée. Pendant que Démostrate parlait en faveur de l'expédition de Sicile, sa femme scandait du talon : "Las, hélas, Adonis !" » (*Lysistrata*, vers 388-390).

Attis (Atys), le Phrygien

Ce dieu est représenté coiffé du célèbre bonnet « phrygien ». La Phrygie était un royaume montagneux du centre de la Turquie actuelle.

Attis naît de la masturbation de Zeus sur Cybèle, la « Grande Déesse » phrygienne. Il devient un berger tellement séduisant que la déesse en devient amoureuse et lui interdit d'en aimer une autre. Mais Attis séduit une nymphe et Cybèle le punit en le rendant fou. Il se châtre dans un accès de démence, puis veut se suicider. Cependant la déesse le transforme en pin.

Les récits de la castration et de la mort d'Attis sont nombreux et variés.

Attis est souvent représenté comme un jeune garçon vêtu d'un pantalon à la mode perse, laissant son sexe découvert. Son culte se déroule lors de l'équinoxe de printemps, à partir du 22 mars.

Le grand historien des religions Georges Frazer a émis l'hypothèse que les chrétiens avaient calé la fête de Pâques sur cette date pour bénéficier de l'enthousiasme religieux des fidèles d'Attis.

À Rome, les fêtes, nommées Sanguinaria duraient trois jours : le premier jour, on pleurait la mort d'Attis, on abattait un pin que l'on enveloppait d'un linceul et on le déposait dans le temple de Cybèle. Le deuxième jour, jeûne et tristesse, les fidèles se flagellaient et se tailladaient le corps. Les Galles (prêtres de Cybèle) se châtraient. Le troisième jour, après une nuit de « mariage sacré », on découvrait le corps d'Attis ressuscité, au milieu des cris de joie, des banquets et des réjouissances.

Dieux exotiques

Les dieux circulaient beaucoup dans le monde antique, mais on leur attribuait toujours une origine géographique. Ainsi, de nombreux dieux très populaires en Grèce et à Rome avaient leur sanctuaire principal dans des pays lointains.

Cybèle, la Syrienne

La Grande Déesse était phrygienne selon certaines traditions. Bébé, elle a été exposée aux bêtes sauvages, mais les panthères l'ont allaitée et elle a créé un culte, dont le clergé est formé de corybantes, qui pratiquent des danses orgiaques et entrent en transes.

Cybèle est représentée comme une femme d'âge mûr, assise sur un trône et coiffée d'une couronne ornée de tours. Elle a son temple principal à Pessinonte, au centre de la Turquie actuelle. Elle est adorée sous la forme d'une pierre noire (bétyle) que l'on dit être tombée du ciel.

LE SAVIEZ-VOUS ?

Le bétyle de Pessinonte

Un bétyle est une pierre (noire) que l'on dit « tombée du ciel ». Son nom sémitique signifie « maison du dieu » (Beth El). Ces pierres sont donc vénérées à l'instar des statues divines. Plusieurs ont acquis une grande célébrité : la Cybèle de Pessinonte et l'Omphalos (nombril) du temple d'Apollon à Delphes, la pierre Benben du temple de Rê à Héliopolis en Égypte, la pierre noire de la Kaaba de La Mecque.

Pendant les guerres puniques, les Romains, acculés à la défaite par Hannibal en – 204, consultent l'oracle d'Apollon à Delphes, qui leur recommande de faire venir la pierre noire de Pessinonte. La pierre sacrée est apportée en grande pompe, puis installée dans un temple sur le Palatin, qui est baptisé temple de la « Grande Mère » (*magna mater*). Son culte est assuré par les galles, les prêtres châtrés. À partir de l'empereur Claude, les citoyens romains obtiennent le droit de devenir galles.

L'écrivain satirique Lucien a donné une description très documentée des fêtes de Cybèle, auxquelles il a participé dans le sanctuaire de Byblos en Phénicie. Il associe la « Grande Déesse » à Héra et Attis à Bacchus.

CITATION

Voici comment il décrit la statue principale : « Héra offre aux regards une grande variété de formes, mais il y a chez elle des traits d'Athéna, d'Aphrodite, de la Lune, de Rhéa, d'Artémis, de Némésis et des Parques. Sa tête, couronnée de rayons, porte une tour » (*La Déesse syrienne*, 32).

Mithra, le Perse

Mithra, dieu assimilé au Soleil, est attesté en Iran dès le deuxième millénaire avant notre ère. Nous n'avons aucun texte direct le concernant, sauf les injures déversées contre lui par les anciens évêques chrétiens. En revanche, de nombreux vestiges archéologiques de ses sanctuaires ont été retrouvés. Le peu qu'on en connaît vient de ses représentations.

PORTRAIT

Mithra est habituellement figuré coiffé du bonnet phrygien, tenant un couteau dans sa main droite et une torche dans la gauche. Il naît d'une pierre et va s'abreuver à une source sacrée. Il coupe ensuite des fruits et des feuilles de l'arbre sacré, dont il se fabrique des vêtements. Il rencontre le taureau divin, le saisit par les cornes et l'enfourche. L'animal part au galop et le désarçonne, mais Mithra s'accroche aux cornes et ne lâche pas jusqu'à ce que la bête tombe d'épuisement. Le dieu charge alors le taureau sur les épaules et entreprend le voyage jusqu'à sa grotte.

Une fois arrivé, il reçoit la visite d'un corbeau, envoyé par le Soleil, qui lui demande un sacrifice. Mithra égorge alors le taureau, dont il sort du blé (de ses vertèbres) et du vin (de son sang). La Lune recueille le sperme de l'animal et en fabrique les animaux utiles aux hommes. Un chien vient manger le blé, pendant qu'un serpent boit le sang du taureau et qu'un scorpion dévore ses testicules.

Plutarque, grand spécialiste des religions car il était lui-même prêtre d'Apollon à Delphes, affirme que le culte de Mithra a été ramené à Rome par les soldats de Pompée lors de leur guerre contre les pirates de Cilicie en – 67. Il consiste en célébrations de Mystères, réservés aux hommes, pratiqués dans un *mithraeum* souterrain (grotte ou cave). Ce sanctuaire comporte, entre autres, une salle de banquet dont les murs sont décorés de scènes rituelles, telles que le sacrifice du taureau par le dieu, entouré du chien, du scorpion et du serpent.

Les cérémonies mithriaques consistent en un repas rituel où l'on consomme du pain et du vin. On sacrifie un taureau dont le sang doit asperger les participants. L'initié traverse une série de sept grades nommés : corbeau, fiancé, soldat, lion, Perse, messager sacré et enfin Père. La fête annuelle du dieu a lieu le 25 décembre, jour de sa naissance.

Les fresques du *mithraeum* de Capoue

Elles représentent sans doute une cérémonie d'initiation au culte de Mithra. Le myste est représenté nu, les yeux bandés. Il marche à tâtons, puis s'agenouille devant, semble-t-il, un soldat. Il est ensuite éprouvé par le feu d'une torche devant son visage, puis il s'agenouille près d'un glaive, les mains liées dans le dos, tandis que le père tient une couronne au-dessus de sa tête, etc.

Le mithraïsme connaît un grand succès dans l'Empire romain, particulièrement chez les militaires. On a découvert des vestiges de *mithraeum* à Londres et jusqu'au mur d'Hadrien, à la frontière de l'Écosse. L'empereur Commode (fin du IIe siècle de notre ère) est initié aux Mystères de Mithra.

Dionysos, l'Indien

Dionysos (également nommé Bacchus) est l'un des plus importants dieux du panthéon grec. Cependant, il a toujours été considéré comme original et inquiétant parmi la famille des Olympiens « classiques ». Son rapport avec l'Inde a fait penser qu'il n'est peut-être autre que Shiva.

Les aventures de Dionysos sont racontées de façon très détaillée par le grand auteur de tragédies Euripide dans *Les Bacchantes* : Dionysos naît des amours de Zeus avec Sémélé, une princesse de Thèbes. Mais Zeus, à la suite d'une manigance d'Héra, son épouse légitime, foudroie la jeune fille enceinte. Zeus recueille alors le fœtus et le coud dans sa cuisse jusqu'au terme. Il envoie le nourrisson en nourrice dans un pays lointain où il doit rester habillé en fille pour échapper à la vengeance d'Héra. Devenu adulte, Dionysos découvre la vigne et la fabrication du vin. Il fonde une confrérie de femmes, nommées bacchantes ou « ménades » (les folles). Il erre en Syrie et en Égypte, puis conquiert l'Inde. Il revient ensuite triomphalement en Grèce, monté sur un char orné de pampres et de lierre et tiré par des panthères. Il est accompagné par un cortège de satyres, de silènes (y compris le dieu Priape, dont le phallus est en érection permanente) et de bacchantes.

Arrivé dans sa ville natale, il convertit toute la population à son culte, y compris la reine Agavé, mère du roi Penthée et sœur de Sémélé. Penthée tente en vain de s'opposer à cette nouvelle religion. Il emprisonne le dieu qui s'empresse de faire écrouler sa prison. Dionysos entraîne alors toutes les femmes dans la montagne où elles entrent en transes et dévorent des animaux vivants. Penthée, impuissant, veut voir ce que font les femmes dans la montagne. Il se déguise en femme pour les épier incognito, perché dans un grand pin. Mais sa mère l'aperçoit et le prend pour un lion. Le dieu incline l'arbre et les femmes se jettent sur Penthée qu'elles déchiquettent. Finalement, Agavé rapporte la tête de son propre fils à Thèbes comme un trophée. Elle se réveille enfin de son délire et comprend la vengeance du dieu.

À part l'impressionnante tragédie d'Euripide, nous ne connaissons presque rien de la réalité des sociétés (thiases) des bacchantes. Un témoignage de Plutarque assure que des bacchantes sont montées sur le mont Olympe en plein hiver et qu'elles en sont revenues presque mortes de froid.

À Athènes, le culte de Dionysos a une importance particulière, puisque pas moins de quatre fêtes annuelles lui sont consacrées chaque année :

- Les Dionysies rustiques (en décembre) : on y mène une joyeuse procession où les jeunes filles portent des phallus dans des corbeilles. On offre des galettes de céréales.
- Les Lénéennes (janvier-février) comportent des orgies et des représentations théâtrales.
- Les Anthéstéries (fête des fleurs, vers février-mars) durent trois jours. On y ouvre les jarres de vin nouveau en l'honneur du dieu, dans un sanctuaire proche de la cité. Puis on organise le concours du plus gros buveur de vin. Le dieu est ensuite amené en joyeuse procession jusqu'à Athènes, sur un char en forme de bateau (devenu notre « carnaval »).

La femme du grand prêtre (archonte roi) est mariée au dieu en grande cérémonie. Le dernier jour, on cuit des graines d'orge dans des marmites et on les offre aux morts.

- Les Grandes Dionysies dure presque une semaine (mars-avril). Elles se déroulent dans le théâtre de Dionysos en présence de toute la population et sous la présidence du grand prêtre. C'est là que se déroulent les fameux concours de tragédie.

LE SAVIEZ-VOUS ?

Le scandale des Bacchanales romaines

Le culte de Dionysos/Bacchus connaît également une grande vogue chez les Romains, au point que, peu après la deuxième guerre punique (en – 186), éclate le scandale des « Bacchanales romaines », qui aboutit à l'arrestation et à l'exécution de plusieurs centaines de femmes et d'hommes, y compris de la plus haute société, accusés d'avoir participé à des orgies et à des cérémonies secrètes mettant en danger la sécurité de la République.

LE SAVIEZ-VOUS ?

La tradition dite « orphique » rapporte un mythe selon lequel Dionysos est le fils de Zeus et de Perséphone. Héra, jalouse, demande aux Titans de tuer l'enfant à sa naissance. Les Titans s'en emparent donc, le découpent en morceaux et le font cuire dans une marmite, puis le dévorent. Zeus les punit aussitôt en les foudroyant. La race humaine est formée à partir de leurs restes fumants. Athéna récupère le cœur de Dionysos et le rend à Zeus qui en féconde Sémélé. Les poèmes « orphiques » en tireront l'idée que la race humaine a hérité des tendances monstrueuses des Titans, tempérées par une parcelle d'âme divine (provenant de Dionysos), ainsi qu'une symbolique de la réincarnation après la mort.

Sectes philosophiques

Nous avons l'habitude de séparer nettement la religion de la philosophie. Chez les anciens Grecs, il en allait différemment. Le même terme *aïrésis* désignait indifféremment une secte religieuse et une école philosophique (pythagoriciens, stoïciens, épicuriens, etc.).

Pythagoriciens et chamanes

Nous avons très peu de documents à propos philosophes qui ont vécu avant Socrate (les « présocratiques »). En revanche, il circulait à leur sujet des récits qui leur attribuaient des exploits ressemblant beaucoup à ceux des chamanes (voir chapitre 22), tels que voyages initiatiques, transes ou sorties hors de son corps.

Pythagore vit en Sicile au VIIe siècle avant notre ère. Tel un grand chamane, il affirme avoir déjà vécu une dizaine de vies humaines au cours desquelles il a appris la sagesse. Il nomme son esprit qui se réincarne « démon » (en grec : *daïmôn*) et non pas *psyché*.

C'est par ce même terme – *daïmôn* – que Socrate désignera son « génie » personnel.

Avant Pythagore, plusieurs sages semi-légendaires ont déjà été initiés par les prêtres d'un Apollon « hyperboréen », c'est-à-dire d'Asie centrale. Le plus célèbre d'entre eux est le Crétois Épiménide qui a montré ses capacités à sortir de son propre corps en se mettant en état de sommeil pendant cinquante-sept ans dans une grotte.

De même, il est possible que le légendaire Orphée ait été un chamane d'origine nordique (thrace), comme en témoigne sa capacité à charmer les animaux par sa musique, ainsi que son excursion au pays des morts d'où il tente (sans succès) de ramener sa fiancée Eurydice.

Empédocle, l'un des disciples les plus brillants de Pythagore, sera l'un des derniers sages à avoir été à la fois poète, magicien, philosophe et chamane : « Il s'habillait de vêtements de pourpre avec une ceinture d'or, des souliers de bronze et une couronne delphique. Il portait des cheveux longs, se faisait suivre par des esclaves, et gardait toujours la même gravité de visage. Quiconque le rencontrait croyait croiser un roi » (Favorinus d'Arles).

Pythagore fonde à Crotone une secte ouverte aux femmes et aux étrangers. Ses membres mènent une vie d'ascèse.

Qu'est-ce que l'ascèse ?

C'est un ensemble de techniques par lesquelles le sage (ou le saint) parvient à contrôler son corps et son esprit pour accéder à des états de conscience supérieure. Les techniques les plus couramment utilisées sont les méditations, les répétitions de formules hypnotiques, le contrôle respiratoire et les mortifications (jeûne, abstinence sexuelle, suppression du sommeil et autres souffrances corporelles).

Après un concours d'admission, l'aspirant donne tous ses biens à la communauté et devient « néophyte » pendant trois ans, puis « auditeur » pendant cinq ans, autorisé à écouter en silence les enseignements du maître qui est caché derrière un rideau. Le régime de la communauté pythagoricienne est très strict, comportant de nombreuses règles et tabous (notamment sur la consommation de la viande).

L'enseignement pythagoricien comprend une importante formation mathématique qui débouche sur l'étude de l'astronomie et de la musique et permet non seulement des spéculations sur les valeurs harmoniques mathématiques, mais provoque des états d'exaltation spirituelle, car le chant est supposé conduire l'âme vers le monde éternel des astres.

Pythagore enseigne la transmigration des âmes. Le satiriste Lucien se moque de lui en le représentant réincarné dans un coq.

Plotin et les néo-platoniciens

Originaire d'Égypte, Plotin (205-270) fonde une école platonicienne à Rome (que l'on nommera « néo-platonicienne »). Il y expose comment l'homme doit chercher à s'unir avec l'Un suprême, origine du monde supérieur des idées, dont le monde terrestre n'est que l'image dégradée.

Son disciple Porphyre dit que Plotin a atteint quatre fois l'union mystique avec dieu.

La philosophie de Plotin exerce une influence majeure sur les premiers « Pères » de l'Église chrétienne, alors qu'il est lui-même totalement opposé aux chrétiens.

Voici une anecdote très parlante sur les rapports des philosophes avec la religion :

« Un prêtre égyptien vint à Rome et fut présenté à Plotin par un ami. Il voulut lui démontrer ses pouvoirs en lui proposant d'évoquer une manifestation sensible du *daïmôn* personnel de Plotin. Celui-ci accepta volontiers et l'évocation fut faite au temple d'Isis, le seul lieu pur, dit-on, qu'il pût trouver à Rome. À l'appel, une divinité apparut, qui n'était pas de la classe des *daïmôn* et l'Égyptien s'écria : "Tu es singulièrement favorisé, car ton *daïmôn* n'est pas du degré inférieur, mais un dieu" » (Porphyre, *Vie de Plotin*).

Proclus et la théologie platonicienne

Deux siècles plus tard, alors que les chrétiens luttent âprement pour la domination sur l'Empire romain, le philosophe Proclus (412-485) développe jusqu'à son point extrême un néo-platonisme systématique dans sa *Théologie platonicienne,* en utilisant une logique mathématique fondée sur des démonstrations de théorèmes.

Magiciens, sorcières et charlatans

Les religions « officielles » répondent aux grands besoins psychologiques et politiques de la collectivité des fidèles : assurer la cohésion du groupe, la stabilité des institutions et la victoire à la guerre. En revanche, elles répondent rarement aux angoisses du quotidien (maladie, chagrins d'amour et autres « accidents de la vie ») qui n'intéressent pas les « grands » dieux.

La religion pratique des rites collectifs et réguliers, alors que la magie consiste en rites individuels et occasionnels. C'est pourquoi les prêtres des cultes officiels méprisent les magiciens. Cependant, les uns comme les autres s'appuient sur les mêmes mythologies. Dans les rites, la force de la parole, de l'écrit (invocation ou malédiction) et des gestes est identique. Souvent, le magicien utilise de façon inversée les rites religieux, surtout lorsqu'il s'adresse à des divinités maléfiques.

Magiciens et sorcières

Toutes les classes de la société font appel aux services des magiciens, qui sauront vendre des amulettes ou des formules magiques pour obtenir le succès dans les affaires ou en amour, ou pour se protéger contre le mauvais œil.

UN PEU DE TECHNIQUE

Mages, magie et magiciens

Les Grecs nomment *magoï* les prêtres iraniens, réputés experts en affaires surnaturelles. Leur nom est *magis* en persan.

Mais on a également recours aux jeteurs de sorts, nécromants ou sorcières, auxquels on demande des malédictions contre les voleurs, les rivaux en amour ou les concurrents dans les paris sportifs sur les courses de char. Cicéron raconte qu'un avocat, sujet à des trous de mémoires, s'est cru victime d'un maléfice.

LE SAVIEZ-VOUS ?

On a retrouvé des milliers de tablettes (généralement de plomb, donc faciles à graver) portant des inscriptions magiques et percées de clous. Elles invoquent la plupart des divinités grecques, latines, phéniciennes, égyptiennes ou babyloniennes qui vivent sous la terre et possèdent donc des pouvoirs particulièrement maléfiques. En voici un exemple datant du IVe siècle de notre ère, trouvé en Égypte. Certaines de ses formules (composées ici en italiques) proviennent d'une langue magique sans doute imaginaire :

« Je dépose auprès de vous cet envoûtement, dieux souterrains, Pluton et Koré *yessemeigadon, kouré* Perséphone Ereshigal et Adonis, qu'on appelle Barbaritha ou Hermès souterrain Thoouoth *phokensepseu éaréktathou misonktaich* et Anubis puissant *psériphta*, lui qui a les clés de l'Hadès [...] lie Kopria, fille de Taésis, dont tu as les cheveux pris à sa tête, pour Ailourion. Qu'elle ne puisse être pénétrée ni par-devant, ni par-derrière, ni donner du plaisir à un autre garçon, etc. »

Les formules les plus efficaces sont rédigées (et récitées) dans des langues mystérieuses telles que l'égyptien, l'akkadien ou l'hébreu. On pensera à notre fameux « Abracadabra » qui signifie en hébreu : « Parole sainte » (*Ha barak ha dabra*)

Outre les tablettes, les magiciens fabriquent et vendent d'innombrables amulettes, porte-bonheur et figurines transpercées ou torturées dans des buts évidents d'envoûtement.

Alexandre ou le faux prophète

Le monde antique fourmille de religions diverses qui cohabitent comme sur un marché où chacun peut choisir ses dieux et ses cultes en toute liberté. Cependant, la liberté d'expression et de pensée permet aussi bien des critiques très violentes à l'égard de toutes les sectes philosophiques et religieuses, considérées comme des « attrape-gogos ». Dès l'époque d'Alexandre le Grand, Diogène et les « cyniques » dénoncent les imposteurs et les charlatans qui fourmillent dans les institutions religieuses et s'enrichissent grâce à la crédulité des fidèles de toute classe sociale et de toute nationalité.

Par chance, nous avons conservé un petit roman datant du IIe siècle de notre ère, qui décrit par le menu les hauts faits d'un de ces charlatans. Son auteur est le grec Lucien, natif de Samosate (ville d'Asie mineure), qui a fait une assez belle carrière d'avocat au temps de l'empereur Marc Aurèle. Le livre se nomme : *Alexandre ou le faux prophète*.

Qu'est-ce qu'un prophète ?

Dans l'Antiquité, ce mot grec ne désigne pas « celui qui prédit l'avenir », comme c'est le cas aujourd'hui. Il signifie précisément : « celui qui parle à la place de quelqu'un », en l'occurrence, à la place d'un dieu. C'est un « porte-parole ».

Tous les sanctuaires à oracles utilisaient les services de nombreux « prophètes », qui transmettent ou traduisent les messages divins – contre rémunération naturellement.

Alexandre ou le faux prophète raconte comment un aventurier, du nom d'Alexandre, dissimule dans un temple d'Asclépios (le dieu guérisseur) des tablettes de bronze sur lesquelles il a écrit que le dieu va bientôt apparaître dans la ville d'Abonotique, en Asie mineure. Les tablettes sont opportunément découvertes et les habitants, prévenus par la rumeur, s'empressent de construire un temple pour le dieu annoncé. Alexandre s'y rend à son tour, « arborant une longue chevelure, aux boucles pendantes, revêtu d'une tunique de pourpre à rayures blanchâtres, sur laquelle il a jeté un manteau immaculé, et il joue du sabre à l'imitation du héros Persée, dont il assure descendre par sa mère ». Pendant la nuit, il cache sur le chantier du temple un œuf d'oie dans lequel il a introduit un bébé-serpent. Le lendemain, il se rend sur la grand-place et tient un discours halluciné au milieu duquel on entend « Apollon » et « Asclépios » puis il emmène les badauds au temple où il feint de découvrir l'œuf qu'il y avait caché. Il annonce ensuite au peuple ébahi que le dieu va tenir des oracles à telle date. Pour inspirer confiance, il demande que les questions soient posées dans des lettres dûment cachetées à la cire, qu'il rendra intactes après avoir transmis la réponse du dieu. Une fois seul dans le temple, il décolle la cire des cachets et les recolle après lecture. Ainsi, il peut donner à chaque consultant une réponse adaptée, quoique toujours énigmatique, pour le cas où…

Le faux prophète vend ses oracles à bon prix si bien qu'il fait rapidement fortune. Pour impressionner les sceptiques, il bricole un système de tuyaux par lesquels son acolyte fait résonner une grosse voix qui semble sortir de la bouche du serpent (lequel est entre-temps devenu énorme) qu'il a emmailloté comme une divinité. L'argent rentre à flot et il peut rémunérer des rabatteurs qui vont faire sa publicité dans les grandes villes de l'empire. Sa réputation s'étend jusqu'à Rome et un sénateur fait même le voyage pour le consulter.

Alexandre organise des Mystères et joue le « mariage sacré » avec une prostituée qu'il a fait auparavant épouser par le sénateur. Il institue un collège religieux pour de jeunes garçons destinés à devenir ses « enfants de chœur », dans un but évidemment pédérastique. Enfin, malgré les tentatives de l'auteur pour le dénoncer, l'imposteur fait fructifier son commerce jusqu'à l'âge de soixante-dix ans, où il meurt de maladie.

LE SAVIEZ-VOUS ?

Le serpent du charlatan

Le serpent exhibé par le faux prophète Alexandre impressionne la foule car il est l'animal totem du dieu médecin Asclépios (Esculape) – deux serpents enroulés autour d'un bâton sont encore l'emblème de nos pharmacies. Il rappelle que l'imposteur cherche surtout sa clientèle parmi les malades. Pendant toute l'Antiquité, les sanctuaires des dieux guérisseurs connurent des fortunes extraordinaires. On venait du bout de la Méditerranée pour consulter Asclépios à Épidaure ou Artémis à Éphèse.

Deuxième partie

Le judaïsme

Dans cette partie…

Notre parcours nous conduit à la « famille » des grandes religions monothéistes, qui se sont violemment opposées aux polythéismes présentés dans la partie précédente. On nomme ces trois religions « abrahamiques » et « du Livre », car elles partagent une révélation reçue par le même patriarche fondateur, Abraham, et relatée dans un livre : la Bible. Dans cette famille, l'antériorité du judaïsme est reconnue par les chrétiens autant que par les musulmans. On ne peut donc rien comprendre au christianisme ni à l'islam si l'on ne connaît pas les origines et l'histoire du judaïsme.

Les juifs, qui se considèrent comme le peuple choisi par Dieu, transmettent une histoire plusieurs fois millénaire. Elle est, pour ses parties les plus anciennes, mythique et légendaire, mais elle contient aussi des chroniques tout à fait vérifiables, qui croisent celles des grands États antiques du Croissant fertile. Nous présentons ensuite les prescriptions religieuses auxquelles les juifs sont si attachés – y compris lorsqu'ils sont dispersés dans la diaspora –, puis la Bible et ses principaux commentaires (Talmud et Kabbale), leurs langues, leurs auteurs et leurs lecteurs.

Chapitre 5

Histoire des juifs

Dans ce chapitre :

- L'histoire des juifs d'Abraham à nos jours
- Racines de l'antisémitisme
- Le judaïsme politique

Le judaïsme se fonde sur un récit mythique des origines qui remonte à la création du monde, puis vient se mêler progressivement à des chroniques historiques de l'époque des grands empires du Proche-Orient (Égypte, Mésopotamie, Grèce, Rome). Pour les périodes les plus anciennes, la seule source en est la Bible, car les données archéologiques concordantes sont quasiment inexistantes.

UN PEU DE TECHNIQUE

Hébreux, Israélites, Juifs et Sémites

Le nom « Hébreu » (*ivrit* en hébreu) provient de *'ibrhê* en akkadien, langue de Mésopotamie dont Abraham est originaire. Ce mot désigne les gens « de l'autre côté du fleuve ». Il est surtout utilisé pour les périodes archaïques et légendaires, ainsi que pour désigner la langue sacrée de la Bible.

Le nom « Israélite » désigne spécifiquement les habitants du royaume d'Israël (du Nord) et « Juif », ceux du royaume de Juda (du Sud) à partir du VIIIe siècle avant notre ère.

Par la suite, les trois dénominations deviennent à peu près équivalentes dans l'usage courant.

Le terme « Sémite » signifie « descendant de Sem ». Sem est dans la Bible l'un des trois fils de Noé, seuls survivants du Déluge (voir ci-dessous). Il est l'ancêtre mythique de la plupart des peuples du Proche-Orient.

Les philologues qualifient de sémitiques les langues du groupe akkadien-hébreu-araméen-arabe, très voisines par leur grammaire et leur vocabulaire.

Enfin, les idéologues racistes « antisémites » se sont emparés de ce terme pour imaginer – vieille rengaine coloniale – une prétendue « race » sémite (représentée principalement par les juifs) destinée à être dominée par les envahisseurs nordiques « indo-européens ».

Ce grand récit sert aussi de référence au christianisme et à l'islam, ce qui lui a assuré une énorme diffusion. Nous allons évoquer ses principaux épisodes et ses repères chronologiques fiables, accompagnés de leur signification religieuse.

Enfin, au cours de l'histoire, ce mythe a alimenté divers projets politiques, dont le plus récent est le sionisme, au cœur des conflits actuels du Proche-Orient.

De la création du monde…

Selon la Genèse, premier livre de la Bible (voir chapitre 7), existait à l'origine l'abîme primordial et « l'esprit d'Élohim planait au-dessus des eaux ». Dieu (Élohim) crée en six jours le monde tel que nous le connaissons, puis il se repose le septième jour, ce qui donne l'origine sacrée du repos du jour du *shabbat* (terme qui signifie « septième »).

Voici comment se déroule la création :

- Premier jour : Élohim sépare le jour de la nuit.
- Deuxième jour : il sépare les eaux d'En-haut des eaux d'En-bas.
- Troisième jour : il sépare la terre de la mer et fait pousser les plantes.
- Quatrième jour : il crée les astres « qui serviront de signes pour les saisons, pour les jours et pour les années » (donc pour le repérage astronomique des fêtes religieuses).
- Cinquième jour : il crée les animaux marins et les oiseaux.
- Sixième jour : il crée les animaux terrestres, puis l'homme « mâle et femelle, à sa ressemblance ».

Le Paradis terrestre

Le jardin d'Éden est situé géographiquement à l'embouchure du Tigre et de l'Euphrate, les grands fleuves de Mésopotamie. Ce jardin est si magnifique que Dieu (maintenant nommé Yahweh, voir chapitre 6) y descend pour se promener « à la brise du soir » (Genèse, 3, 8). Le premier homme (Adam) et la première femme (Ève) y vivent immortels et nus, sans connaître la honte.

Adam et Ève : le goût du fruit défendu

Dieu permet à Adam et Ève de goûter à tous les fruits du jardin, sauf à celui de « l'arbre de la connaissance du bien et du mal ». Or le Diable se présente à Ève sous la forme d'un serpent qui lui conseille de manger le fruit de l'arbre, afin de devenir « comme des dieux ». Ève se laisse tenter et mange le fruit, puis le fait manger à Adam. Immédiatement, ils s'aperçoivent qu'ils sont nus et se cousent des vêtements pour cacher leur sexe. Dieu arrive alors dans le jardin et fait avouer les coupables. Adam et Ève sont chassés du Paradis et deviennent mortels. L'homme est condamné à « gagner son pain à la sueur de son front » et la femme à « accoucher dans la douleur ».

Enfin, Dieu légitime la domination de l'homme sur la femme en affirmant que c'est elle qui est la source du désir sexuel : « Ton élan sera vers ton mari et lui, il te dominera. »

À MÉDITER

Une farce à quatre personnages

Cette scène fameuse est écrite comme une mini-pièce de théâtre (peut-être fut-elle jouée les jours de marché dans les villages du Proche-Orient ?), car ses dialogues sont rédigés au style direct. Elle met en scène Adam et Ève qui se cachent derrière un buisson lorsqu'ils entendent la voix de Dieu entrant dans le jardin. Dieu interroge Adam, qui se défend en accusant Ève, laquelle se défend en accusant le Serpent.

Ce récit est essentiel, car c'est sur lui que se fondent toutes les traditions religieuses affirmant l'infériorité morale radicale de la femme (seule source du désir sexuel) et la domination masculine qui en découle logiquement.

Le premier meurtre : Caïn et Abel

Adam et Ève ont deux fils : l'un est éleveur de bétail (Abel) et l'autre cultivateur (Caïn). Or Dieu accepte les offrandes d'Abel et refuse celles de Caïn. Celui-ci, jaloux, tue son frère. Dieu le chasse et instaure la loi de la *vendetta* en disant : « Quiconque tuera Caïn, Caïn en sera vengé sept fois. » Cinq générations plus tard, son descendant Lamech dira à ses femmes : « J'ai tué un homme pour ma blessure et un enfant pour ma plaie : c'est que Caïn sera vengé sept fois et Lamech soixante-dix-sept fois. »

Le Déluge et l'Arche de Noé

En ces temps mythiques, « les fils d'Élohim venaient vers les filles des hommes et elles enfantaient d'eux des héros qui furent jadis des hommes de renom » (Genèse, 6, 4). Dieu décide alors de punir les hommes de leur impiété en les noyant, à l'exception de Noé le juste. Il lui fait construire une « arche » et lui demande d'y faire entrer un couple de chaque espèce animale, puis « il ouvre les écluses des cieux » et inonde la terre. Noé est sauvé ainsi que ses trois fils Sem, Cham et Japhet, qui sont les ancêtres de toute l'humanité. Noé est également l'inventeur du vin.

La tour de Babel

En ce temps-là, les hommes ne parlent qu'une seule langue. Ils décident de construire une tour « en briques cuites » qui monte jusqu'au ciel. L'édifice se nomme Babel (« la Porte du dieu »). Mais Dieu estime que « s'ils commencent à faire cela, rien désormais ne leur sera impossible ». Il crée donc la confusion entre leurs langues respectives, si bien que les hommes ne se comprennent plus et ne parviennent pas à achever la tour.

On voit que tous ces récits des origines sont imprégnés de mythologie polythéiste mésopotamienne.

...aux temps légendaires

Les pérégrinations mythiques des Hébreux des origines se situent dans l'espace du Croissant fertile, depuis les riches vallées du Tigre et de l'Euphrate (en Irak actuel) jusqu'à la non moins riche vallée du Nil, en passant par les plaines de Syrie et du Liban. La Palestine, terre des Philistins, est la zone tampon qui sépare les grands Empires de Mésopotamie et d'Égypte.

Abraham, père des juifs

Selon la Bible, les aventures du patriarche Abraham commencent vers 1800 avant Jésus-Christ. Dieu lui apparaît et lui fait quitter sa Mésopotamie natale pour aller s'installer au pays de Canaan, qui désigne approximativement la région située entre la Méditerranée et le Jourdain. Il lui promet, en échange de son culte exclusif, de lui faire engendrer une « grande nation », à qui il donnera ce pays (Genèse, 12). Mais Dieu ne se contente pas du culte exclusif. Il exige qu'Abraham se circoncise, ainsi que tous les mâles de sa famille.

Abraham le polygame, Sarah et Hagar

Âgé de 86 ans, Abraham est affligé de ne pas avoir de descendant car son épouse Sarah est stérile. Il engendre alors avec son esclave égyptienne Hagar un fils nommé Ismaël (« Dieu écoute »). Puis il conclut un pacte d'alliance avec Dieu, confirmé par sa circoncision et celle d'Ismaël. Mais Sarah devient jalouse et demande à son mari de chasser la mère et l'enfant. Dieu accomplit alors le miracle de rendre Sarah féconde et Abraham (âgé de 99 ans) lui fait un fils, que l'on nomme Isaac (« Il rit »). Il se marie encore à une femme nommée Qetourah.

Le sacrifice d'Isaac

Dieu veut mettre la foi d'Abraham à l'épreuve et lui ordonne de lui sacrifier Isaac, le fils qu'il a eu de sa première épouse, Sarah. Abraham s'exécute, la mort dans l'âme. Mais au moment fatidique, Dieu remplace miraculeusement, sur l'autel du sacrifice, l'enfant par un bélier.

Jacob et Ésaü

À son tour, Isaac a des problèmes de filiation, car son épouse Rebecca est également stérile. Dieu accomplit à nouveau le miracle et Rebecca est enceinte de jumeaux : Ésaü et Jacob. Ésaü naît le premier et il est donc l'héritier désigné. Mais Jacob, avec l'aide de sa mère, parvient à tromper son vieux père et à se faire reconnaître par la ruse héritier légitime à la place d'Ésaü – en échangeant son droit d'aînesse contre un plat de lentilles.

Les douze fils de Jacob

Jacob, que certains textes nomment Israël, a également une vie matrimoniale compliquée, car il est contraint (par la ruse de son beau-père) d'épouser deux sœurs, Léa et Rachel. Mais sa préférée Rachel est stérile. Jacob fait donc plusieurs fils à Léa, puis à Bilha, l'esclave de Rachel, et enfin à Zilpah, l'esclave de Léa. Finalement, un troisième miracle se produit et Rachel, guérie de sa stérilité, met au monde Joseph (le préféré), puis Benjamin. Les douze fils de Jacob deviendront les ancêtres des mythiques « tribus d'Israël ».

UN PEU DE TECHNIQUE

Les douze « tribus d'Israël »

Elles sont finalement treize et portent les noms de leurs ancêtres mythiques : Ruben, Siméon, Lévi, Juda, Issacar, Zabulon, Dan, Nephtali, Gad, Asher, Manassé et Éphraïm (les deux fils de Joseph) et Benjamin. Si on y ajoute une tribu de Joseph, cela fait un total de quatorze !

Certaines d'entre elles correspondent à des groupes de populations qui ont effectivement peuplé certaines régions de Palestine. Le royaume de Juda (au Sud) aurait été le territoire des tribus de Juda et de Benjamin. Les autres auraient constitué le royaume du Nord (Samarie). La tribu de Lévi aurait constitué la caste des prêtres, sans territoire propre.

Après la déportation des habitants du royaume du Nord en Assyrie, les dix tribus du Nord ne sont plus attestées, ce qui a accrédité la légende des « tribus perdues d'Israël » que certains ont cru retrouver jusqu'en Amérique en 1492.

Joseph et l'émigration en Égypte

Les trois générations de la tribu nomade d'Abraham vivent pacifiquement dans la région, mêlées aux populations locales, jusqu'à ce que la famine les fasse émigrer en Égypte où le jeune Joseph, après des aventures très romanesques, devient le grand vizir du pharaon. Les Hébreux s'installent dans les riches terres d'Égypte pour plusieurs siècles (430 ans selon *Exode*, 12, 40). Au bout de ce temps, les pharaons se montrent hostiles à leur égard et les réduisent en esclavage.

Moïse et la sortie d'Égypte

Moïse est un enfant hébreu miraculeusement sauvé par la fille du pharaon, après que sa mère l'a placé dans une corbeille qu'elle dépose sur le Nil. Il est élevé à la cour comme un Égyptien.

Un bébé dans un panier flottant sur le fleuve

L'histoire de Moïse n'est pas unique en son genre : en Mésopotamie, des tablettes akkadiennes du IIIe millénaire avant notre ère racontent que le roi Sargon Ier, fils secret de la grande prêtresse, fut déposé dans l'Euphrate dans une corbeille de roseaux et recueilli par un serviteur de la déesse Ishtar.

Un jour, Dieu lui apparaît au sommet d'une montagne et lui ordonne de délivrer son peuple (les Hébreux) de leur esclavage et de les ramener jusqu'à la « Terre promise », c'est-à-dire en Palestine.

Moïse doit surmonter l'opposition farouche du pharaon à ce projet, mais Dieu accomplit divers miracles qui permettent aux Hébreux de traverser la mer Rouge à pieds secs et de rejoindre le désert du Sinaï.

Les Tables de la loi

Dieu apparaît à nouveau à Moïse sur le mont Sinaï et il lui transmet les Tables de la Loi, sur lesquelles sont gravées toutes les prescriptions de la Torah (la « Loi », voir chapitre 6). Elles sont déposées dans un coffre (l'Arche d'alliance), sur un chariot sacré que les Hébreux emmèneront au cours de leurs pérégrinations. Mais les Hébreux n'acceptent pas de se plier à la révélation, si bien que Dieu les fait attendre quarante ans dans le désert, jusqu'à la mort de Moïse.

L'entrée dans la « Terre promise »

Finalement, guidés par Josué, les Hébreux entrent en Palestine (le pays des Philistins, nommé Canaan par la Bible).

Le pays est conquis par la violence car ses habitants résistent. Suivent deux siècles de luttes pendant lesquels le peuple hébreu est dirigé par des « juges », à la fois chefs de guerre et chefs religieux.

Les rois et le temple

Cette période est cruciale pour l'imaginaire juif car c'est celle des grands rois David et Salomon, qui auraient régné sur Jérusalem et son temple, capitale d'un puissant royaume de Palestine. Leur mémoire a nourri les rêves de restauration politique et de messianisme en Terre promise jusqu'à nos jours.

La royauté

Un prophète, Samuel, sacre Saül comme premier roi d'Israël en lui versant l'huile sacrée sur la tête. Mais Saül, vaincu par les Philistins, se suicide et Samuel lui donne comme successeur le jeune David, qui s'était couvert de gloire en tuant d'un coup de fronde Goliath, le géant philistin.

David conquiert Jérusalem et y établit sa capitale. Selon la Bible, c'est l'apogée de la puissance des Hébreux.

LE SAVIEZ-VOUS ?

David et Bethsabée

Le roi David n'est pas un modèle de vertu. Il aperçoit Bethsabée, la belle femme de son général Urie, le Hittite, nue dans son bain et décide de la séduire. Pour parvenir à ses fins, il expédie le général à l'endroit le plus dangereux du front pour qu'il s'y fasse tuer.

Ce thème a inspiré les peintres religieux modernes en veine d'érotisme extraconjugal.

PORTRAIT

Le roi Salomon est le fils de David et Bethsabée. Il aurait régné de 967 à 928 avant J.-C. avec le faste d'un pharaon (disposant de pas moins de 700 épouses et 300 concubines !). Il traite d'égal à égal avec les monarques égyptiens et mésopotamiens, voire avec la mythique reine de Saba.

Le temple de Salomon

Salomon fait construire un temple d'une magnificence inégalée. La tradition veut que les fondations de ce temple se trouvent sous celles du temple d'Hérode, lui-même enfoui sous la mosquée du Rocher de Jérusalem. Cependant, cette construction extraordinaire n'est peut-être qu'un rêve car l'archéologie a montré que la ville de Jérusalem de l'époque en question n'était qu'un gros village de montagne.

LE SAVIEZ-VOUS ?

Les prêtres du temple de Jérusalem

Les prêtres du temple de Jérusalem forment une caste recrutée dans la tribu des Lévites (de Lévi, fils de Jacob), l'une des douze tribus d'Israël. On nomme le prêtre *cohen*. Cette fonction a été créée par Moïse pour son frère Aaron ; elle est héréditaire. Les prêtres sont soumis à de nombreuses prescriptions de pureté. Ils doivent être mariés.

On célèbre Salomon pour ses vertus et sa sagesse (ses « jugements » sont restés proverbiaux, y compris chez les chrétiens et les musulmans).

Israël contre Juda

À sa mort, le royaume se divise en deux États concurrents : Israël au nord, dont la capitale est Samarie ; Juda au sud, dont la capitale est Jérusalem. Leurs sanctuaires respectifs sont en constante rivalité, chacun prétendant détenir la version authentique des textes sacrés.

LE SAVIEZ-VOUS ?

La Bible raconte que les rois d'Israël sont régulièrement des impies maudits par Dieu (par exemple la reine Athalie), alors que ceux de Juda sont vertueux, surtout Ézéchias et Josias.

Conquête de Samarie et déportation

Samarie est conquise par l'Assyrien Sargon II en – 721. Son sanctuaire est démantelé et les élites du Nord sont déportées à Babylone. Le royaume de Juda, libéré de son rival, continue d'être dirigé par des descendants de David.

La Deuxième Loi

Les rois de Jérusalem Ézéchias, puis Josias (entre – 640 et – 609) entreprennent d'imposer la religion de Yahweh et d'éliminer du pays le culte juif samaritain rival ainsi que les cultes polythéistes de Baal, Astarté, Dagon, Moloch, etc. Josias affirme avoir découvert un « Livre de la Loi » dans le temple de Jérusalem. C'est sans doute une façon imagée d'annoncer qu'il a fait rédiger une loi unique, connue sous le nom de Deutéronome, c'est-à-dire « deuxième loi » (voir chapitre 7).

Conquête de Jérusalem et déportation

Jérusalem est conquise à son tour en – 597 par Nabuchodonosor, roi de Babylone. Le temple est détruit. C'est la fin du royaume de Juda. L'élite du pays est déportée à Babylone, où elle séjournera pendant deux générations.

LE SAVIEZ-VOUS ?

Pendant cette période, beaucoup d'exilés s'acclimatent à leur nouvelle vie à Babylone car on y parle araméen, une langue très proche de l'hébreu. Les juifs s'imprègnent de la culture babylonienne et la communauté juive de Babylone restera l'une des plus prospère de la diaspora jusqu'au milieu du Moyen Âge.

Le second Temple

En 539 avant J.-C., le roi perse Cyrus s'empare de Babylone. Il autorise les populations déportées à retourner dans leur pays. Environ cent ans plus tard, le scribe Esdras (Ezra) puis le haut fonctionnaire Néhémie (nommé vice-roi par le roi de Perse) partent dans la province de Juda, avec les moyens financiers de reconstituer un État solide, appuyé sur une religion unifiée. En 428 avant J.-C., les murailles de Jérusalem sont relevées, ainsi que celle du temple, que l'on nommera le « second Temple ». La Torah est lue dans son intégralité. Pour ceux qui avaient oublié l'hébreu dans leur exil, elle est traduite en araméen (voir chapitre 7). C'est la renaissance du royaume de Juda.

Guerres intestines et révoltes…

La domination perse dure deux siècles, jusqu'à la conquête d'Alexandre le Grand (– 330) qui étend sa domination de l'Égypte à l'Afghanistan, en passant par Jérusalem et la Palestine. À sa mort, chacun de ses généraux se proclame roi d'une province. La Judée tombe rapidement dans la zone d'influence des Ptolémée, rois grecs d'Égypte.

La période de « paix grecque » prend fin lorsque le roi grec de Syrie Antiochos III conquiert la Judée et Jérusalem (– 198).

De la révolte des Macchabées…

En 176 avant J.-C, la famille juive intégriste des Macchabées se révolte au nom du retour aux principes de la religion traditionnelle. Son prétexte immédiat est le pillage du temple de Jérusalem par Antiochos IV en – 169 et le projet qu'on lui attribue d'y célébrer le culte de Zeus. Mais les révoltés dénoncent également leurs coreligionnaires qui adoptent les mœurs des Grecs et ne circoncisent plus leurs fils (le garçon circoncis a honte de se montrer nu dans les gymnases pour participer à la brillante vie sociale hellénique). Ainsi, la revendication politique (révolte contre l'oppression étrangère) s'appuie sur celle de l'intégrisme religieux. Le succès des révoltés leur fait penser que Dieu les soutient dans cette juste lutte, à tel point que leur chronique est intégrée dans la Bible des Septante (les deux livres des Macchabées, voir chapitre 7). Cet épisode marque le triomphe d'un judaïsme traditionaliste, opposé à toute assimilation avec les coutumes païennes. Les descendants des Macchabées mettent fin à la domination grecque et restaurent une monarchie juive à Jérusalem qui se maintiendra pendant un siècle, jusqu'à la conquête romaine par Pompée en – 63.

...à celle des zélotes

Les Romains installent à Jérusalem des rois dociles, mais certains groupes de Juifs se révoltent à nouveau, bien que les Romains aient une politique tolérante vis-à-vis de la religion juive. Les zélotes (en grec : « ceux qui montrent leur zèle » pour Dieu) constituent des groupes armés clandestins et s'attaquent à quiconque entretient de bonnes relations avec l'occupant romain. Selon l'historien Flavius Josèphe (voir ci-dessous), ils s'en prennent au clan royal, à la caste des prêtres du temple (sadducéens) et aux commentateurs de la Loi (pharisiens).

Le temple de Jérusalem est agrandi magnifiquement par le roi Hérode le Grand, protégé par des Romains.

LE SAVIEZ-VOUS ?

Le fameux Mur des lamentations, qui est aujourd'hui visité par les pèlerins, est un mur de soutènement du temple d'Hérode.

L'attente du Messie

L'idée qu'un Messie envoyé par Dieu va revenir, tel un nouveau David, pour libérer le peuple juif de la servitude et restaurer le royaume, apparaît sous forme d'allusions chez quelques prophètes au temps de la déportation à Babylone. Cette espérance deviendra pour les juifs une compensation évidente à leur soumission aux puissances étrangères qui se succèdent en Palestine : assyrienne, babylonienne, perse, puis grecque et romaine, et enfin arabe puis ottomane. Cette croyance sera associée, dans certains groupes mystiques, à celle de la fin des temps et de la résurrection des morts, lors du Jugement dernier.

Qu'est-ce qu'un Messie ?

« Messie » est la transcription du mot hébreu *meshiah* signifiant « celui qui a reçu l'onction », c'est-à-dire l'huile sainte, de la main d'un prophète reconnu. Le Livre des Rois raconte comment le prophète Samuel (dont le nom signifie « Nom de Dieu »), attaché au temple de Silo, verse de l'huile sainte sur la tête de Saül, pour lui signifier que Dieu l'a choisi comme roi légitime. Il fera de même pour David lorsque Saül, devenu pécheur, sera abandonné par Dieu. L'un et l'autre sont nommés *meshiah*. Dans la Septante (la Bible traduite en grec, voir chapitre 7), ce terme a été traduit par le mot *khristos*, devenu *christus* en latin.

Jésus, roi des Juifs

Au temps de l'empereur Tibère, Jésus de Nazareth (dont le nom hébreu est Yoshouah, comme Josué, le conquérant mythique de la Terre promise), est désigné puis baptisé comme Messie par le prophète Jean (Baptiste). Parmi ses fidèles, de nombreux zélotes, qui pensent avoir trouvé en lui le chef de la résistance anti-romaine. Il aura beau se défendre de toute critique contre les Romains (« Rendez à César ce qui est à César et à Dieu ce qui est à Dieu », Matthieu, 22, 21), ces derniers l'arrêtent et l'exécutent en tant que meneur de rébellion. Pire, ils inscrivent sur sa croix comme motif de sa condamnation : « Jésus de Nazareth, roi des Juifs ».

Les Romains prenaient très au sérieux l'espérance messianique de restauration de la royauté chez les juifs.

La guerre des Juifs

Un nouveau soulèvement éclate sous le règne de Néron. En 66, des bagarres religieuses entre Juifs et Syriens dégénèrent en émeutes à Césarée. Les gouverneurs romains réagissent avec une telle maladresse que les émeutes deviennent révolution. Néron expédie une légion qui est vaincue par les insurgés. Il envoie alors son général Vespasien à la tête de vingt-cinq mille hommes pour réprimer l'insurrection. Celui-ci reprend le contrôle de la Palestine pendant que les diverses factions juives s'entre-tuent. À la mort de Néron (69), Vespasien est proclamé empereur par ses troupes et revient à Rome. Son fils Titus achève le siège de Jérusalem en 70.

La destruction du temple

Titus fait détruire le temple et interdire qu'on le rebâtisse. Cette destruction entraîne une transformation radicale du culte juif car toutes les cérémonies collectives importantes s'y déroulaient (sacrifices, pèlerinages) : commence alors l'époque rabbinique qui donne au culte judaïque sa forme de pratique actuelle.

Il n'y a plus de prêtres et les sacrifices d'animaux, pratique fréquente dans l'Antiquité, cessent totalement. Les rabbins, deviennent les seuls dépositaires de la tradition, des textes sacrés et de leur interprétation. Ils président aux cérémonies dans les synagogues (terme grec qui désigne un lieu de rassemblement – en hébreu : *beit Knesset*) qui contiennent, au milieu de la salle de prières, un chandelier à sept branches (*ménorah*) et le tabernacle où sont rangés les rouleaux de la Torah.

LE SAVIEZ-VOUS ?

Qu'est-ce qu'un rabbin ?

Un rabbin est l'autorité religieuse de sa communauté. Il doit avoir étudié la Bible et le Talmud dans une école talmudique. Jusqu'à la fin de l'Empire romain, il est consacré par le Sanhédrin, la haute assemblée religieuse. En France, depuis Napoléon, les rabbins sont contrôlés par une assemblée représentative : le Consistoire.

Jérusalem perd alors son statut de capitale religieuse au profit des grands centres de population juive qui sont dispersés à travers le monde, avec leurs propres synagogues, rabbins et écoles talmudiques (*yeshivot*), notamment à Babylone, puis dans le monde arabe et en Europe.

Un millier de zélotes se retranchent dans la forteresse de Massada, près de la mer Morte. Ils résistent pendant trois ans et sont finalement défaits après une résistance héroïque – les derniers survivants se seraient suicidés.

LE SAVIEZ-VOUS ?

Flavius Josèphe

Un récit très circonstancié de la guerre des Juifs a été rédigé par l'un des chefs de la rébellion, le prêtre Joseph, fils de Matthias. À l'issue du siège de Yotapata, en Galilée, il se rend aux Romains qui lui laissent la vie sauve, parce qu'il a prophétisé à leur général Vespasien qu'il deviendrait empereur. Vespasien, impressionné, l'emmène à Rome, où il rédige en grec *La Guerre des Juifs* et *Les Antiquités juives*, pour expliquer que les Romains sont l'instrument de la vengeance divine. Ses coreligionnaires le considèrent comme un traître. Les Français écrivent son nom « Josèphe » afin de le distinguer de Joseph le charpentier, père de Jésus.

Ce suicide des zélotes est l'un des mythes fondateurs de l'État d'Israël, du juif héroïque qui préfère mourir plutôt que de se rendre aux Romains. Il y a aussi Samson, le héros, qui se suicide en faisant écrouler sur lui le temple des Philistins.

La guerre de Kitos

Pendant que l'empereur Trajan mène la guerre en Mésopotamie contre les Parthes en 115, les communautés juives de la région de Babylone se révoltent contre l'occupation romaine, bientôt soutenues par celles d'Alexandrie et de Chypre. Plusieurs meneurs se font appeler Messie et mènent des groupes sectaires judéo-chrétiens à la bataille. Trajan doit battre en retraite et il envoie son général Lusius Quietus (Kitos en grec) mater l'insurrection.

Bar Kokhba, fils de l'Étoile

Vingt ans plus tard, sous le règne d'Hadrien, c'est en Palestine qu'une insurrection éclate, menée par Simon Bar Keziva. Il est désigné comme Messie par le célèbre rabbin Akiva, qui le surnomme Bar Kokhba (Fils de l'Étoile). Le rebelle organise une armée puissante qui tient une légion romaine en échec. Il tente de créer un État indépendant et fait battre monnaie : ses tétradrachmes portent l'image du temple de Jérusalem surmonté d'une étoile. Il ne faudra pas moins de douze légions pour venir à bout de sa résistance. Hadrien fait alors expulser les juifs de Jérusalem et détruire la ville. Une colonie nommée Ælia Capitolina est construite sur les ruines.

La province de Judée elle-même est rebaptisée Syrie-Palestine.

Diaspora et persécutions au Moyen Âge

L'attachement à leurs fortes pratiques communautaires permet aux juifs de maintenir leur cohésion au cours des deux millénaires qui suivent la destruction du temple.

Après l'écrasement de Bar Kokhba, les juifs perdent durablement l'espoir de reconstruire un royaume en Palestine. Jérusalem, vidée d'une partie de sa population, devient une ville d'importance secondaire et les plus grandes communautés juives se trouvent désormais en Mésopotamie (Babylone) et en Égypte (Alexandrie). La dissémination (*diaspora* en grec) des juifs s'étend à l'ouest jusqu'aux confins de l'Empire romain et à l'est jusqu'en Perse et en Inde. Chaque ville importante compte désormais sa communauté, sa synagogue et ses rabbins.

Babylone

Dans le monde romain, les juifs se trouvent rapidement en butte à la rivalité des chrétiens qui leur disputent la légitimité monothéiste. La conversion de l'empereur Constantin (313), puis de ses successeurs au christianisme provoque des conflits interreligieux très violents, notamment à Rome et à Alexandrie. Le centre religieux du judaïsme passe à Babylone où s'épanouissent les grandes écoles talmudiques.

Le monde sépharade

La conquête arabo-musulmane aux VIIe et VIIIe siècles provoque l'arabisation de fait de la majorité du monde juif, depuis l'Irak jusqu'au Sud de la France. Les juifs arabophones se désignent comme sépharades (« Espagne » en hébreu). Leurs importantes communautés d'Orient et du Maghreb prospéreront jusqu'au XXe siècle. Celles d'Espagne sont décimées par la *reconquista* catholique qui s'achève en 1492. La plupart des émigrés d'Espagne (1492) et du Portugal (1506) cherchent refuge dans le monde arabe.

Dans la région de la mer Rouge, divers chefs de tribus et des princes locaux se convertissent au judaïsme par souci d'indépendance. C'est le cas de la dynastie himyarite qui gouverne le Yémen du IIIe siècle jusqu'à la conquête musulmane.

LE SAVIEZ-VOUS ?

Les Falachas du nord de l'Éthiopie (*Beta israel*) ont conservé jusqu'à nos jours des rites abandonnés par les autres juifs (tel le sacrifice de l'agneau pascal). La plupart d'entre eux ont émigré en Israël depuis 1975.

Le monde ashkénaze

Bien que le nom *ashkénaz* soit emprunté à un patriarche biblique arrière-petit-fils de Noé, ce terme désignait l'Allemagne en hébreu médiéval, et par dérivation, les juifs d'Europe centrale parlant le *yiddish* (dialecte allemand).

Dans le monde chrétien médiéval du Nord (France, Angleterre et Allemagne), soumis à l'Église catholique romaine, les communautés juives se développent principalement après l'an mil. On les rencontre dans la plupart des grandes agglomérations commerçantes, c'est-à-dire le long des vallées des grands fleuves (Rhône, Rhin, Tamise, Danube).

Les juifs transmettent leur religion par tradition familiale. Cependant, il est souvent arrivé que des princes païens se convertissent au judaïsme, avec leurs peuples, pour échapper à la mainmise d'un État voisin trop envahissant.

LE SAVIEZ-VOUS ?

Le royaume khazar

Au milieu du VIIe siècle, des tribus turques nommées *khazars* (errants) fondent un royaume au nord de l'Empire byzantin, sur un territoire correspondant à l'Ukraine actuelle. Ses princes se convertissent au judaïsme et parviennent à s'étendre jusqu'à la mer d'Aral et à contrôler le commerce de la Volga. Ils jouent de l'alliance militaire avec Constantinople contre les califes, mais sont finalement vaincus par le prince Sviatoslav de Kiev en 965.

Certains historiens pensent que les Khazars sont à l'origine des premières communautés ashkénazes de Russie.

L'émigration vers l'Est

Au cours du Moyen Âge, de nombreux juifs d'Allemagne, surtout artisans et commerçants, suivent les courants de migrations en direction de l'Europe centrale. En effet, les princes polonais, lithuaniens ou russes, dont les populations paysannes sont soumises au servage, cherchent à développer leurs territoires en y attirant des populations à fortes compétences techniques et économiques. C'est la raison pour laquelle, jusqu'à nos jours, la langue commune de la plupart des juifs d'Europe centrale est restée le *yiddish*.

UN PEU DE TECHNIQUE

Le *shtetl*

On appelait traditionnellement *shtetl* les bourgades juives d'Europe centrale. Ce nom est simplement le décalque de l'allemand *Städtlein* (bourg).

LE SAVIEZ-VOUS ?

En Italie et dans l'Empire grec byzantin (chrétien « orthodoxe »), les communautés juives parlent italien ou grec.

Les intellectuels et les rabbins de l'ensemble du monde juif circulent beaucoup d'une communauté à l'autre, ce qui assure la diffusion des doctrines et des spéculations religieuses.

LE SAVIEZ-VOUS ?

Un racket religieux

Pendant tout le Moyen Âge, les juifs sont l'objet de vexations et de persécutions variées de la part des autorités du monde catholique :

- accusation de « déicide » (meurtre de Dieu), se fondant sur le texte des Évangiles selon lequel les juifs de Jérusalem auraient réclamé du préfet romain Ponce Pilate l'exécution de Jésus et la libération du bandit Barabbas, condamné à mort en même temps que lui (Matthieu, 27) ;
- accusations de « meurtres rituels » d'enfants chrétiens ou profanations d'hosties ou d'objets sacrés dans les églises, dont les coupables présumés finissent invariablement sur le bûcher ;
- obligation d'habiter dans des quartiers séparés (les ghettos) et de porter un signe distinctif sur leurs vêtements (la rouelle) ;
- expulsions, transformées *in extremis* en confiscations de leurs biens, sauf à payer de fortes amendes ;
- pillages dans les quartiers juifs, en représailles de crimes fantasmatiques, tels que l'empoisonnement des sources supposé être à l'origine de la peste en 1348.

L'Inquisition

À partir de la création de l'Inquisition au XIIIe siècle, la dénonciation des juifs devient une industrie lucrative car le dénonciateur partage les biens saisis avec l'Inquisition.

Les expulsions atteignent leur apogée en 1492, lors de la prise de Grenade par Isabelle la Catholique et Ferdinand d'Aragon, puis en 1506 au Portugal. Les rois catholiques imaginent restaurer la pureté fantasmatique du sang chrétien dans tout leur royaume reconquis.

LE SAVIEZ-VOUS ?

Conversos et *marranes*

De très nombreux juifs préfèrent rester en Espagne, quitte à se faire baptiser (*conversos*). Ils continueront d'occuper des places importantes dans la société, jusqu'à l'épuration finale, à la fin du XVIe siècle, où ils seront suspectés de « judaïser » clandestinement, c'est-à-dire d'être des *marranes* (« porcs » en espagnol).

Les messies modernes

La grande expulsion des juifs d'Espagne en 1492 a amené certains milieux de kabbalistes (voir chapitre 6) à se consoler en imaginant que cette catastrophe avait été voulue par Dieu pour annoncer la fin des temps prochaine, donc la venue du Messie.

Shabbataï Tsevi

L'année 1648, le chef cosaque Khmielnitski déclenche en Ukraine une révolte paysanne contre la noblesse polonaise qui asservit le pays. Plusieurs dizaines de milliers de juifs, accusés de profiter des exactions de la noblesse, sont massacrés.

Certains kabbalistes y voient la catastrophe qui annonce la fin des temps et l'arrivée du Messie.

La même année, Shabbataï Tsevi, un jeune juif de Smyrne raconte qu'il a eu des visions au cours desquelles les Patriarches lui annonçaient qu'il est le Messie. Les autorités rabbiniques le bannissent de la ville et il s'installe à Salonique où un prédicateur le reconnaît à son tour comme envoyé de Dieu. Il est à nouveau expulsé et se rend en Égypte, puis à Jérusalem où il est reconnu par le kabbaliste Nathan de Gaza, qui se prétend lui-même une réincarnation du prophète Élie. Nathan adresse des lettres aux principales communautés de la diaspora et fait lui-même une tournée qui l'amène jusqu'en Inde pour annoncer que le Messie viendra en 1666. Le mouvement prend de l'ampleur et Shabbataï Tsevi est reçu triomphalement à Alep et Smyrne. Il se rend enfin à Constantinople. Il reçoit le soutien enthousiaste de nombreuses communautés, jusqu'en Amérique. Ses fidèles cessent toute activité pour prier et se mortifier dans l'attente de la fin des temps. Ils sont si nombreux à le rejoindre que l'approvisionnent de l'Empire ottoman est menacé, pour cause de cessation d'activité des principaux négociants. Le sultan le fait alors emprisonner, mais il est traité comme un saint entouré de sa cour d'admirateurs. Le sultan le convoque en septembre 1666. On ignore ce qu'ils se disent, mais en sortant du palais, Shabbataï Tsevi apostasie publiquement et se convertit à l'islam. Il fonde la secte musulmane des Dönme, qui pratique un judaïsme clandestin et affirme que la conversion à l'islam hâte la venue du royaume de la Fin des temps.

Jacob Frank

Les disciples de Shabbataï Tsevi essaiment en Europe centrale.

Un siècle plus tard, en Pologne, Jacob Frank (1726-1791), le fils de l'un d'entre eux, se proclame sa réincarnation. Il ordonne à son tour la transgression maximum : la conversion au catholicisme. Il négocie avec les autorités catholiques la conversion de plusieurs centaines de ses fidèles. Convaincu de mensonge, il est emprisonné pendant treize ans, puis libéré par l'armée russe. Il est reçu avec tous les honneurs à la cour de Marie-Thérèse d'Autriche et finit sa vie à la tête de sa secte. Après sa mort, sa fille Ève devient la « sainte maîtresse » du culte.

La Haskalah et l'émancipation

Au XVIIIe siècle, de nombreux juifs citadins occidentaux rejoignent avec enthousiasme les philosophes des « Lumières ». Ils réclament l'éducation pour tous et dénoncent l'obscurantisme religieux. Ils adoptent le rationalisme de Spinoza, qui avait été excommunié de sa communauté d'Anvers pour avoir critiqué la « superstition » juive. Ils réclament la sortie des ghettos, l'assimilation et la citoyenneté.

L'amitié profonde qui unit l'écrivain catholique allemand Gotthold Ephraïm Lessing et le philosophe juif Moïse Mendelssohn en est le symbole.

L'écrivain et le philosophe

Lessing (1729-1781) est pour les Allemands, le symbole de l'émancipation et des Lumières. Il écrivit la tragédie *Nathan le sage* (publiée en 1779) qui explique l'étroite relation entre l'islam, le judaïsme et le christianisme, sous la forme d'une fable médiévale, dont l'action se déroule à la cour du sultan Saladin. Lessing admirait Spinoza et il échangea une longue correspondance avec le philosophe juif Mendelssohn (1729-1786), dont Kant disait qu'il était le seul véritable platonicien.

Ce mouvement, appelé Haskalah (éducation), se heurte à l'opposition des conservateurs juifs aussi bien que chrétiens. Il parvient néanmoins à faire triompher ses idées dans le sillage de la Révolution française et les juifs obtiennent leur émancipation civique dans la majeure partie de l'Europe au début du XIXe siècle.

Il n'en va pas de même en Europe centrale et orientale, ni dans l'Empire ottoman…

L'antisémitisme et ses conséquences

Après le temps des Lumières, les juifs furent moins inquiétés en raison de leurs convictions religieuses car les États européens étaient maintenant soucieux de limiter le pouvoir de l'Inquisition romaine. En revanche, ils se virent objets de persécutions redoublées en Europe centrale et orientale. Ils durent également faire face à l'apparition de l'antisémitisme, une idéologie nouvelle d'autant plus dangereuse qu'elle se masquait sous les apparences prétendument scientifiques.

Les pogroms

Au cours du XIXe siècle, après la Révolution française, les juifs occidentaux s'assimilent de plus en plus à la vie économique et politique des États-nations. En revanche, les communautés d'Europe centrale et orientale sont l'objet de violences très fréquentes de la part des populations chrétiennes, souvent avec la complicité des autorités policières. Ces violences régulières, accompagnées de meurtres et de pillages, sont qualifiées de *pogrom* (« émeute » en russe). Elles sont une des causes de l'émigration massive des juifs pauvres vers l'ouest et les États-Unis à partir de 1880.

Doctrines racistes et antisémites

L'émancipation des juifs en Occident amène nombre d'entre eux à des positions sociales et politiques éminentes (tels la famille des banquiers Rothschild ou Disraëli, leader du parti conservateur en Angleterre et Premier ministre à deux reprises). Le ressentiment à l'égard de leur succès fait éclore dans les dernières décennies du XIXe siècle deux types de doctrines, qui seront le fondement de la nouvelle idéologie « antisémite ».

- Aryens et Sémites : le fantasme d'une hiérarchie des races (comprises comme un mélange de langue, religion et types physiques) selon laquelle les « Aryens » supposés descendre de peuples iraniens antiques (ou germaniques, selon les auteurs) seraient, par nature, grands, forts, intelligents, honnêtes, sédentaires, travailleurs et courageux. Ils auraient jadis imposé leur civilisation à tout l'Occident (la culture gréco-romaine). Face à eux, des races inférieures, surtout sémitiques (arabes et juifs), petits, basanés, menteurs, incapables de haute philosophie, fainéants mais doués pour le commerce et généralement nomades. Malheureusement, les vertueux Aryens auraient été dépossédés de leur pouvoir par les agissements perfides des Sémites, particulièrement des juifs émancipés. Ce genre de théorie connaît une grande diffusion, notamment dans deux ouvrages : *Les Origines du XIXe siècle* de l'Anglais Houston Stewart Chamberlain (1855-1927) et *Le Mythe du XXe* siècle de l'Allemand Alfred Rosenberg (1893-1946). Elle est au centre de *Mein Kampf* d'Hitler.

- Conspiration : le fantasme d'une conspiration internationale des juifs, alliés avec les francs-maçons, pour prendre le pouvoir dans le monde entier. Cette idée est exposée explicitement dans un écrit rédigé dans les premières années du XXe siècle par la police secrète tsariste (Okhrana), sous le nom de *Protocole des sages de Sion*. Ce livre est largement diffusé par les Russes blancs pendant la Révolution bolchevik et dans l'Allemagne nazie. Il connaîtra un grand succès dans le monde arabe après la défaite de 1948 face à Israël.

Les nationalismes européens

Pendant la même période, les idées nationalistes rencontrent un soutien croissant dans les populations des Empires russe et austro-hongrois : Polonais, Tchèques, Hongrois, Serbes, etc., constituent des mouvements qui réclament un État indépendant pour chaque « peuple ».

Le journaliste hongrois Theodor Herzl (1860-1904) se trouve à Paris en 1896 au moment de l'affaire Dreyfus. Cette affaire lui révèle que les juifs ne se trouvent nulle part à l'abri des persécutions, même pas en France, pourtant considérée comme l'un des pays où ils sont le mieux assimilés.

L'affaire Dreyfus

En 1894, un espion nommé Esterhazy, qui opère à l'état-major de l'armée française pour le compte de l'Allemagne, se voit découvert et fait porter les soupçons sur Alfred Dreyfus, un capitaine juif, polytechnicien d'origine alsacienne. Le haut commandement condamne Dreyfus – le fait qu'il soit juif suffit à le désigner comme coupable et à l'envoyer au bagne. La famille de Dreyfus, soutenue par des intellectuels de renom (Péguy, Zola), parvient à faire éclater la vérité, mais l'Église catholique prend parti contre Dreyfus et organise de très violentes manifestations antisémites à travers le pays. Dreyfus n'est réhabilité qu'en 1906.

Le sionisme

Herzl en vient à penser que les juifs ne pourront se protéger qu'en créant un État indépendant. Il publie en 1896 *L'État juif* et parvient à réunir l'année suivante le congrès d'une « Organisation sioniste mondiale ». Il parcourt le monde pour obtenir des soutiens politiques et financiers, notamment en Angleterre auprès des Rothschild.

En 1902, il publie un roman utopiste intitule *Altneuland* (l'Ancien-Nouveau pays) dans lequel il imagine une Palestine transformée en État juif démocratique. Les Arabes (non juifs) y jouissent des mêmes droits que les juifs et occupent des postes importants dans le gouvernement. Sa crainte principale est l'arrivée de colons nationalistes qui chercheraient à exclure les non-juifs de la vie politique. Herzl meurt en 1904, alors que le sionisme est encore très mal reçu dans la plupart des communautés juives.

LE SAVIEZ-VOUS ?

De fait, jusqu'à la Première Guerre mondiale, l'organisation sioniste ne parvient pas à envoyer beaucoup de colons en Palestine. Malgré les pogroms, la grosse majorité des juifs d'Europe centrale n'imagine d'émigration que vers les États-Unis ou l'Europe occidentale.

Le foyer national juif

Les gouvernements français et anglais rêvent de s'approprier les restes de l'Empire ottoman, allié de l'Allemagne de Guillaume II. Dès 1917, l'armée anglaise occupe la Palestine. Par la déclaration du ministre Balfour, la Grande-Bretagne se déclare favorable à la fondation d'un « foyer juif national » en Palestine. Mais sa politique arabe l'empêche de tenir parole, car le colonel Lawrence (« d'Arabie ») a promis aux chefs arabes du Proche-Orient la création d'un grand royaume arabe indépendant à la fin de la guerre. En 1920, la Société des Nations confie à la Grande-Bretagne un mandat de protectorat sur la région.

La « Solution finale »

Les persécutions contre les juifs redoublent en Allemagne à partir de l'arrivée au pouvoir de Hitler en 1933. Le nazisme amalgame l'antisémitisme moderne avec la tradition antijuive chrétienne et l'humiliation de la défaite allemande de 1918, maintenant attribuée au « complot judéo-bolchevique ».

L'antijudaïsme chrétien

Depuis l'apôtre Paul, les chrétiens tiennent à se séparer absolument des juifs, et les Pères de l'Église rivalisent d'imagination théologique pour justifier leur condamnation. Cependant, à partir du Moyen Âge, une doctrine particulière voit le jour en pays catholique, puis chez les orthodoxes des pays slaves, amalgamant une série d'accusations fantasmatiques contre les juifs, propagées notamment par les ordres mendiants dominicains et franciscains : les juifs ont tué Jésus (« déicides ») ; ils profanent les hosties pendant leurs cérémonies ; ils enlèvent des enfants chrétiens pour les sacrifier le jour de la Pâque. Ces fantasmes mêlés à celui de « pureté du sang » des rois espagnols, alimentent régulièrement les innombrables persécutions, pillages, expulsions, pogromes, procès inquisitoriaux et lynchages de juifs jusqu'au XXe siècle.

L'extermination généralisée des « races inférieures » (juifs et tziganes), décidée en 1942, n'est que l'aboutissement des innombrables vexations, exclusions et spoliations mises en œuvre par le régime nazi allemand depuis 1933. On sait qu'elle se soldera par le massacre de cinq à six millions de juifs à travers l'Europe occupée.

UN PEU DE TECHNIQUE

Des noms pour l'innommable

Les dirigeants nazis déployèrent des trésors d'imagination pour cacher leurs activités criminelles sous des noms anodins. C'est ainsi qu'ils qualifièrent de « solution finale » l'extermination des juifs et des Tziganes ou « commando spécial » (*Sonderkommando*) ses exécuteurs.

Après la libération, les Américains utilisèrent le terme d'« holocauste », qui est le nom grec du sacrifice dans lequel la victime est brûlée entièrement.

Depuis le film de Claude Lanzmann sur ce sujet en 1974, l'usage est d'utiliser le terme *shoah*, qui signifie « cataclysme » en hébreu.

L'État d'Israël

Le mandat confié par la Société des Nations à l'Angleterre sur la Palestine expire en 1948. Les sionistes sont parvenus à y faire émigrer à cette date environ six cent mille juifs, face à une population arabe de 1,2 million d'habitants.

L'annonce de l'indépendance de l'Inde, conquise de haute lutte le 15 août 1947 contre les Anglais, encourage les sionistes à proclamer celle d'Israël l'année suivante, le dernier jour du mandat britannique (14 mai 1948). La proclamation est légalisée en droit international par un vote de l'ONU (le 29 novembre), qui prévoit la création simultanée d'un État arabe palestinien.

CITATION

La déclaration d'indépendance affirme que « l'État d'Israël assurera la plus complète égalité sociale et politique à tous ses habitants sans distinction de religion, de race ou de sexe ; il garantira la liberté de culte, de conscience, de langue, d'éducation et de culture ».

Elle annonce également la promulgation d'une Constitution, mais celle-ci n'a jamais vu le jour, en raison des dissensions entre religieux et laïcs. Les religieux considèrent que seule la Torah peut être la loi suprême. Cependant, des « lois fondamentales » à caractère constitutionnel empêchent qu'Israël soit une « théocratie ».

Depuis 1948, toutes les tendances et factions religieuses et politiques possibles coexistent en Israël. Cependant, la question de la « Terre promise » reste à l'ordre du jour. En effet, le gouvernement Begin a rendu le Sinaï à l'Égypte en 1979 ; Shimon Perès et Itzhak Rabin ont cédé du terrain dans les années 1990, mais les partisans de « ne jamais céder un pouce de la Terre d'Israël », menés par Benjamin Netanyahou, réussissent encore à s'imposer.

Aujourd'hui, les diverses tendances continuent à s'affronter parmi les juifs, mais le gouvernement israélien parvient généralement à faire accepter une politique militariste d'union nationale au nom de la défense contre les mouvements extrémistes arabes et musulmans des pays voisins.

Chapitre 6

Le judaïsme : croyances et rites

Dans ce chapitre :

- Principes du judaïsme
- Une religion fondée sur la pratique
- Réformateurs, orthodoxes et libéraux

Qu'est-ce qu'être juif ? Selon le récit de la Genèse (voir chapitre 5), le juif est un descendant d'Abraham, croyant au Dieu unique Yahwew-Élohim, qui doit être circoncis s'il est un mâle. L'appartenance au judaïsme n'est donc pas seulement une question de croyance. La tradition talmudique (voir chapitre 7) précise que le judaïsme se transmet par la mère, pour la raison évidente que l'on est toujours sûr de sa mère, alors qu'on peut douter de son père. Ainsi le judaïsme conserve-t-il des caractères très fortement familiaux et « ethniques ». Les « intégristes » refusent donc toute conversion des non-juifs et considèrent en revanche que les enfants de juifs, même incroyants font également partie du « peuple » juif. Les « libéraux » sont plus tolérants.

LE SAVIEZ-VOUS ?

Quoi qu'il en soit, l'existence historique d'Abraham étant loin d'être prouvée et sa descendance largement mythique, les juifs ont tendance, depuis l'Antiquité, à se définir par leur filiation maternelle directe.

UN PEU DE TECHNIQUE

Le monothéisme est, par définition, exclusif car il exige de ses croyants un rejet des autres religions. Cependant, pour sa part, le judaïsme est très peu prosélyte et ne cherche pas à convertir les *goys* (non-juifs).

Le terme hébreu *goyim* désigne tous les non-juifs. Les catholiques latins l'ont traduit par « gentils ».

LE SAVIEZ-VOUS ?

La tendance à l'isolement des juifs a souvent provoqué un sentiment d'incompréhension chez les non-juifs, si bien que les Grecs polythéistes de l'Antiquité qualifiaient les juifs de « misanthropes ».

Nous présenterons les principales croyances et rites (individuels ou collectifs) du judaïsme, réservant pour le chapitre 7 la présentation des textes sacrés.

Le dogme

Le judaïsme est une religion « dogmatique », dans la mesure où ses prêtres (les rabbins) considèrent que la vérité monothéiste est unique et inscrite dans le texte sacré révélé par Dieu (la Bible). Le dogme n'est pas sujet à discussion ni à interprétation.

En revanche, les textes de la Bible étant souvent obscurs, la tradition a réuni un très grand nombre de textes de commentaires (le Talmud) qui servent de base à la pratique réelle des juifs. On verra qu'il en va de même dans les autres religions monothéistes, et même pour le bouddhisme.

UN PEU DE TECHNIQUE

Le judaïsme, premier monothéisme

Ce terme, composé du grec *monos* (unique) et *théos* (dieu), affirme l'existence d'un Dieu unique à l'exclusion de tout autre. (Pour distinguer sans ambiguïté les désignations divines, on écrit « Dieu » avec une majuscule lorsqu'il s'agit d'une religion monothéiste et « dieu » avec une minuscule pour les religions polythéistes.)

Le judaïsme est la « matrice » des deux autres « religions du Livre » (le christianisme et l'islam), aussi bien historiquement que théologiquement. C'est pour cette raison qu'il est présenté avant le christianisme et l'islam, qui seront l'objet des parties suivantes.

Dieu

Le Dieu unique, juste mais irritable, est souvent nommé dans la Bible par des noms anciens (Élohim, Yahweh, Adonaï, El Shaddaï). Les noms Adonaï et Élohim sont des pluriels qui laissent transparaître une origine polythéiste du judaïsme, sachant que El est un très ancien nom de dieu sémitique.

Dieu est strictement invisible et inapprochable. Dans le premier récit de la création, il est une voix, parlant en hébreu. Sa présence se manifeste aux prophètes, par exemple à Moïse sous la forme du buisson ardent qui ne se consume pas. Mais, plus généralement, il se montre par des songes ou des visions, les plus célèbres étant ceux de Jacob, d'Ézéchiel et de Daniel. Il peut aussi se manifester aux prêtres, dans le cadre très sacré des cérémonies du Temple de Jérusalem.

Les mystiques affirment aussi qu'ils se rapprochent de Dieu par des méditations extatiques (Kabbale) ou des transes collectives (Hassidim).

Le nom de Dieu

Pour les juifs, les différents noms de Dieu ne sont pas équivalents. Ils peuvent écrire Élohim et Yahweh, mais il leur est strictement interdit de prononcer le second à haute voix, sous peine de sacrilège. Ce nom, qui comprend quatre lettres en hébreu (*iod, hé, wé, hé*), est nommé le « Tétragramme » (mot grec qui signifie : quatre lettres). La translittération « littérale » de l'hébreu serait donc : YHWH. Seul le grand prêtre a le droit de le prononcer, dans le temple de Jérusalem, tant il est sacré. Lorsqu'ils le trouvent écrit dans un texte (sous la forme hébraïque Yahweh), ils le remplacent dans la lecture à haute voix par un de ses attributs, généralement Adonaï.

Anges et démons

De nombreux passages de la Bible évoquent l'existence d'êtres surnaturels, bienveillants (les anges) ou néfastes (les démons), regroupés en « armées » (célestes ou infernales) très hiérarchisées. Cette conception est attestée très anciennement dans tout l'Orient, tant en Égypte qu'en Mésopotamie et en Palestine. Elle est l'un des fondements du zoroastrisme de la Perse antique et s'est fort bien accordée avec les spéculations philosophiques des néoplatoniciens.

Le mazdéisme ou zoroastrisme

Le mazdéisme fut la religion principale de l'Iran pendant douze siècles, depuis l'Empire perse achéménide (VIe siècle avant notre ère) jusqu'à l'invasion arabe (VIIe siècle de notre ère). On l'appelle parfois zoroastrisme, en référence au nom de son prophète Zoroastre (ou Zarathoustra), nom que les Grecs de l'Antiquité donnaient au prophète perse, en imaginant qu'il était composé de *zôros* (pur) *astrès* (astres). Son nom persan signifie, quant à lui, « celui qui possède de vieux chameaux ». Son existence est impossible à déterminer. Il aurait vécu au VIIe siècle avant notre ère et aurait réformé la religion polythéiste traditionnelle en interdisant les sacrifices d'animaux et l'usage de la boisson sacrée enivrante (*haoma*). Il aurait enseigné que seul Ahura Mazda (le Seigneur sage) est véritablement dieu, les autres (*daeva*) étant des divinités subalternes, anges ou démons selon leur subordination au dieu du Bien ou du Mal.

...

...

Le mazdéisme semble s'être développé à la cour des rois perses à l'époque de la grande déportation des juifs à Babylone. On peut donc supposer que c'est pendant cette période que des éléments mazdéens se sont introduits dans le judaïsme.

Le mazdéisme est souvent considéré comme la source du monothéïsme (voir chapitre 24).

Les anges

Leur nom grec (*angelos*) signifie « messager ». Ils sont susceptibles de se montrer sous une apparence humaine. Au niveau le plus élevé se trouvent les trois « archanges » (anges-chefs), nommés Raphaël, Gabriel et Michel. Au-dessous d'eux viennent les séraphins (représentés avec six ailes qui leur couvrent le corps) et les chérubins (tels ceux qui gardent l'entrée du Paradis). Les textes « apocalyptiques » les dénombrent par milliers.

Les démons

Leur chef est Satan, un ange rebelle qui a été précipité aux Enfers par Dieu avant la création du monde terrestre, pour cause de rebellion. Les musulmans le connaissent sous le nom arabe de *Shitane*. Certains kabbalistes lui ont associé Lilith, première épouse d'Adam (avant la création d'Ève), dérivée de la sumérienne Lilitou, dont le nom signifie « femme de la nuit ».

LE SAVIEZ-VOUS ?

Le nom d'ange de Satan était « Porteur de lumière » (Lucifer en latin).

La Loi

Les très nombreuses prescriptions que le judaïsme impose à ses fidèles sont consignées dans la Torah, principalement dans les livres nommés Lévitique, Nombres et Deutéronome (voir chapitre 7). Dans les premiers temps, on considérait que la Loi était résumée dans les « dix commandements » révélés par Dieu à Moïse sur le mont Sinaï.

Les dix commandements

« Moi, Yahweh, je suis ton Dieu qui t'ai sorti d'Égypte, de la maison des esclaves.

Tu n'auras pas d'autres dieux en face de moi. Tu ne feras pas d'idole, ni aucune image de ce qui est dans les cieux d'en haut, ou de ce qui est sur la terre en bas, ou de ce qui est dans les eaux sous la terre. [...]

Tu ne prononceras pas mensongèrement le nom de Yahweh. [...]

Souviens-toi du jour du Shabbat pour le sanctifier. Tu travailleras pendant six jours mais le septième jour est consacré à l'Éternel, ton Dieu. Tu ne feras aucun travail, ni toi, ni ton fils, ni ta fille, ni ton serviteur, ni ta servante, ni ton bétail, ni l'étranger qui est chez toi, car Dieu l'Éternel a créé en six jours le ciel, la terre, la mer et tout ce qu'ils renferment et Il a béni le septième jour et Il l'a sanctifié.

Honore ton père et ta mère afin que tu vives longtemps sur terre.

Tu ne tueras pas.

Tu ne commettras pas l'adultère.

Tu ne voleras pas.

Tu ne déposeras pas de faux témoignages.

Tu ne convoiteras pas la maison de ton prochain. Tu ne convoiteras pas la femme de ton prochain, ni son serviteur, ni sa servante, ni son bœuf, ni son âne, ni rien de ce qui appartient à ton prochain. »

La justice divine

Elle est directe : Dieu punit les méchants et récompense les justes pendant leur vie. Cependant, l'évidence du malheur qui frappe souvent les justes conduit à imaginer que « les voies de Dieu sont impénétrables » et que ce qui semble un malheur est peut-être un bonheur, compris à un autre niveau.

Tout le livre biblique de Job est consacré à discuter ce problème, dans des termes très proches du stoïcisme grec.

La vie après la mort

Selon la Torah, les morts disparaissent dans le Shéol, sous la terre.

Les Grecs l'ont identifié à leurs Enfers où vivent les pâles « ombres » des morts. La croyance à la résurrection des morts apparaît dans certains groupes pieux à l'époque de l'insurrection des Macchabées (IIe siècle avant notre ère).

Les prophètes

D'Abraham à Moïse (voir chapitre 5), l'existence des prophètes (*naviim*) est teintée de légende, car aucune source historique ne certifie leur existence. En revanche, dès l'époque des premiers royaumes juifs du Nord et du Sud (à partir du IXe siècle avant notre ère), le prophétisme est attesté soit chez des individus isolés qui reçoivent directement leur inspiration de Dieu, soit dans des confréries attachées à un lieu de culte ou à un temple.

LE SAVIEZ-VOUS ?

Les prophètes les plus célèbres sont Élie (emporté au Ciel sur un char de feu) et son disciple Élisée, habitant des grottes du mont Carmel (proche de Haïfa, au Nord d'Israël actuel). Ils légitiment l'autorité royale par l'onction sacrée ou la contestent, s'ils estiment que ce roi est mauvais – généralement lorsqu'il sacrifie aux autres dieux. Certains prophètes sont des femmes (Deborah, Houlda).

Le Messie

À partir de la déportation à Babylone (VIe siècle avant notre ère), mais surtout après la conquête grecque, deux siècles plus tard, se développe la croyance que le roi David (le Messie) va revenir pour délivrer le peuple juif de la servitude et restaurer sa gloire passée. Ce titre est attribué à certains prêtres, prophètes ou rois. Plusieurs chefs insurrectionnels se sont fait décerner ce titre (voir chapitre 5).

LE SAVIEZ-VOUS ?

L'idée du Mahdi musulman (voir chapitre 12) est très proche de celle du Messie juif.

Le judaïsme en pratique

Jusqu'à la destruction du temple de Jérusalem par Titus (en 70 de notre ère), l'autorité suprême du judaïsme était le grand prêtre de Jérusalem. Par la suite, cette autorité a été partagée entre les docteurs réputés les plus saints et les plus savants, qui se réunissaient en conciles pour préciser les points de doctrine difficiles et qui ouvraient des écoles pour former des disciples.

LE SAVIEZ-VOUS ?

Le culte n'étant plus assuré par le collège des prêtres du temple de Jérusalem, les cérémonies sont désormais menées par les rabbins de chaque communauté. Il n'existe donc pas dans le judaïsme de clergé centralisé comme en connaissent les Églises chrétiennes.

Les prescriptions

De toute antiquité, les juifs se sont distingués par l'importance des prescriptions (*halakha*) auxquelles ils doivent se conformer (voir le chapitre 7).

Halakha et *mitzvot*

Maïmonide, le grand philosophe juif égyptien du XIIe siècle écrivait : « Les juifs ont reçu 613 commandements (*mitzvot*), selon le Talmud, lesquels comportent 248 prescriptions positives (*mitzvot assè*) et 365 négatives (*mitzvot lo taassè*). Les premières correspondent aux parties du corps humain, les secondes au nombre des jours de l'année. »

Ces prescriptions concernent tant la vie religieuse proprement dite (cérémonies) que la vie « privée », familiale et personnelle : l'impératif *assè* signifie « Fais ! » et *lo taassè* « Ne fais pas ! ».

Manger *casher*

Les aliments sont soit purs (*casher*), soit impurs (*tamè*). Le tabou le plus connu est celui du porc, animal réputé impur (il est le refuge des diables).

Les seuls animaux autorisés à la consommation sont les mammifères herbivores ruminants à sabots fourchus, les oiseaux capables de voler et non charognards, les poissons à écailles et nageoires, les sauterelles. L'animal ne doit pas avoir été châtré (donc, pas de bœuf ni de chapon). Lors de l'abattage, l'animal ne doit pas être étourdi avant son égorgement et doit être totalement vidé de son sang.

Les aliments sont déclarés *casher* s'ils sont préparés par un juif selon les règles. Le vin en fait partie, car il est la boisson sacrée essentielle. La fabrication et le contrôle des aliments casher sont soumis à licence et impliquent donc des enjeux financiers considérables (voir chapitre 24).

Les attitudes de chaque individu à l'égard de ces prescriptions peuvent varier considérablement, depuis le ritualisme extrême de certains jusqu'au mépris des autres pour toutes ces coutumes jugées obscurantistes. Ainsi, comme dans toutes les religions, de nombreux juifs disent qu'ils se soumettent aux rites familiaux, uniquement « pour ne pas faire de peine aux parents ou aux grands-parents ».

Les prières

Le Talmud prescrit la récitation de cent prières chaque jour. Dans la pratique quotidienne, il y en a trois principales : le matin au lever, à midi et le soir. Les jours de fête comportent, bien sûr, des prières particulières.

La prière la plus connue est le *kaddish*, série de bénédictions qui appellent à la venue du Messie et à l'établissement du royaume de Dieu.

Le *kiddoush* est une formule qui permet le passage entre le temps profane et un jour sacré. Par exemple, celui du vendredi soir est récité par le père de famille pour l'entrée dans le *shabbat*. Il comprend :

- la récitation du passage de la Genèse sur le 7e jour de la création ;
- la bénédiction d'une coupe de vin ;
- la bénédiction du shabbat ;
- le lavage rituel des mains ;
- la bénédiction des deux « pains du shabbat » (brioches tressées).

La *havdala* est la formule inverse, qui permet de quitter le jour sacré pour entrer dans le temps profane.

Les fêtes

L'année juive est ponctuée de fêtes, au cours desquelles toute activité est interdite. Elles sont généralement introduites par des purifications (ablutions, jeûnes, abstinence sexuelle) et comprennent des repas rituels.

Les rites hebdomadaires tiennent également une grande place dans la vie familiale car elles sont des occasions de réunir toutes les générations.

Le *shabbat*

Chaque semaine, le *shabbat* commémore le repos de Dieu au septième jour de la création (*Genèse*, 1). Pendant toute sa durée, il est interdit d'allumer ou d'éteindre la lumière. On y fait, à la synagogue, la lecture psalmodiée en hébreu de la Torah, qui est divisée en 54 parties (*parasha*), permettant d'en faire la lecture complète au cours de l'année. On lit également un passage d'un prophète (*haftara*) correspondant.

Les fêtes juives sont réparties selon un calendrier qui suit l'année solaire. Certaines sont clairement liées aux cérémonies agraires saisonnières, d'autres sont des commémorations d'événements fondateurs de l'histoire juive, mythiques ou historiques. Elles sont généralement précédées par un jeûne de purification accompagné d'abstinence sexuelle.

- Fêtes d'automne
  - Le Premier de l'an (Rosh Hashana) commence le premier jour du mois de *tishri* (vers la mi-septembre) et dure deux jours. On y fait retentir des sonneries dans la corne de bélier rituelle (*shofar*).
  - Le Grand Pardon (Yom Kippour), qui a lieu le dixième jour du même mois, est consacré au jeûne et à l'expiation. Il est suivi d'un grand repas. On confesse (*viddouï*) ses fautes afin d'être inscrit par Dieu dans le « Livre de Vie ».
  - La fête des Tentes, ou des Cabanes, ou des Tabernacles (Soukkot) dure sept jours et rappelle les tentes où les Hébreux vivaient pendant la traversée du désert après leur sortie d'Égypte. C'est la fête des moissons. Chaque famille doit construire une cabane décorée de branches et de fruits.
- Fête d'hiver
  - Hanoukka dure huit jours au mois de *kislev* (vers la mi-décembre) et rappelle la victoire des Macchabées contre les Grecs et la réouverture du temple de Jérusalem (voir chapitre 5). On allume chaque soir l'une des bougies du chandelier à neuf branches (Hanoukiah) On mange des laitages et des pâtisseries, on offre des jouets aux enfants et on danse. C'est une fête de l'allégresse.
- Fêtes du printemps
  - Pourim a lieu au mois d'*adar* (vers mars) et célèbre l'héroïsme de la reine juive Esther, épouse du roi perse Assuérus, qui protégea le peuple juif contre les menées perfides du grand vizir Haman. On y lit des passages du livre d'Esther ; chaque fois que le nom de Haman est prononcé, les enfants doivent faire du bruit, en tapant des pieds ou en agitant des crécelles pour « effacer » son nom. On donne de l'argent aux pauvres et on s'échange des cadeaux. Les enfants se déguisent dans une ambiance de carnaval.
  - Pâque (Pessah), fête des Azymes, dure huit jours. C'est le retour du printemps et la commémoration de la « sortie d'Égypte » sous la direction de Moïse (voir chapitre 5). On y consomme le *seder*, repas de fête rituel au cours duquel on mange un agneau rôti. Le *seder* se déroule en quinze parties décrites dans la Aggada de Pâque.

Dans l'Antiquité, cet agneau était sacrifié rituellement au temple de Jérusalem.

- Pentecôte (Shavouot) : son nom vient du fait qu'elle a lieu sept semaines (*shavouot*) après la Pâque, c'est-à-dire le cinquantième jour. En grec, « cinquantième » se dit *pentekosto*. C'est la fête des moissons, qui rappelle la révélation des dix commandements à Moïse. On y fait la lecture du Livre de Ruth.

Les juifs fêtent aussi le premier jour de chaque mois (*rosh hodash*).

Qu'est-ce que le pain azyme ?

C'est du pain sans levain (en grec, *a-zymos* signifie « sans levain »), qui a donc l'aspect d'une galette mince et croquante. Les chrétiens l'ont conservé pour la fabrication des hosties, élément essentiel de l'eucharistie.

Les rites de passage

Des cérémonies ponctuent les grandes étapes de la vie de l'individu et de son intégration dans la communauté.

La circoncision

Elle est pratiquée lorsque le bébé a huit jours, sous la responsabilité du père et du rabbin.

Le grand philosophe juif « excommunié » Baruch Spinoza écrivait au XVIIe siècle : « Le signe de la circoncision me paraît d'une telle conséquence que je le crois capable d'être à lui tout seul le principe de la conservation du peuple juif » (*Traité théologico-politique*, 1670).

La bar mitzvah

Ce terme araméen signifie « fils de la prescription ». Il désigne l'initiation du garçon à l'âge de treize ans qui, à l'issue de son instruction religieuse (notamment l'apprentissage de la langue sacrée) portera pour la première fois les phylactères (*tefilim*) et le châle de prière (*talit*).

LE SAVIEZ-VOUS ?

Qu'est-ce qu'un phylactère ?

Ce mot grec signifie « amulette protectrice ». Pour les juifs, c'est une petite boîte contenant un morceau de parchemin sur lequel sont copiés des versets de la Torah. Les hommes le portent attaché au bras gauche (près du cœur) et sur le front (près du cerveau) pendant la prière du matin.

Le jeune garçon doit remplacer le rabbin au cours de la cérémonie à la synagogue, donc être capable de lire et de psalmodier les textes rituels en hébreu. L'initiation est interdite aux femmes.

Le mariage

Le mariage (*kiddushin*) est célébré par le rabbin à la synagogue. Le marié pose un voile sur la tête de la mariée, selon l'antique coutume mésopotamienne, puis il l'emmène sous un dais (*houpah*). Les époux boivent le vin dans une coupe commune et le marié passe un anneau à l'index de son épouse.

Après les prières d'usage, le marié casse un verre (sous un tissu) avec son pied.

LE SAVIEZ-VOUS ?

Cette coutume est sans doute un vieux rite de protection contre les mauvais démons. La cérémonie est suivie par un grand banquet.

Les funérailles

Lors d'un décès, on recouvre le visage du défunt d'un linge blanc. Le mort est revêtu de vêtements blancs et déposé dans un cercueil qui doit être enseveli dans la terre. Pendant la cérémonie, la famille déchire un vêtement qui sera conservé pendant les sept jours du deuil. Le rabbin récite un *kaddish* particulier pour le mort. Les personnes présentes jettent des poignées de terre sur le cercueil.

Les femmes et la sexualité

Les trois religions monothéistes tiennent les femmes en position d'infériorité essentielle, justifiée par le fameux récit de la Genèse (voir chapitre 7), mais sous-tendu par le tabou ancestral du sang menstruel. En revanche, le mariage des rabbins permet un apaisement relatif du rapport entre la religion juive et la sexualité.

Vie publique

La femme est réputée impure, donc inapte au sacré. Elle n'a pas non plus accès à l'école talmudique ni au rabbinat – quoique certaines communautés particulièrement « modernistes » l'acceptent depuis 1968.

Depuis le XVIIIe siècle et le temps des « Lumières » (Haskalah, voir chapitre 5), divers courants préconisent de réviser ces interdits pour émanciper les femmes et leur permettre notamment l'accès au rabbinat. Ils proposent une lecture métaphorique des prescriptions rituelles dans le sens de la piété et de l'ascèse morale, contrairement aux « orthodoxes » qui tiennent à l'application littérale des prescriptions bibliques et talmudiques.

À la synagogue traditionnelle, les femmes assistent aux cérémonies en arrière des hommes, séparées par un treillis (*mekhitsa*). Elles ne sont pas autorisées à toucher les livres sacrés et encore moins à les embrasser comme le font les hommes, sous peine de sacrilège.

Vie quotidienne

Les femmes doivent se soumettre à des prescriptions particulières de purification, telles que le bain rituel (*mikveh*) sous le contrôle du rabbin, lors de leurs règles et des accouchements.

Chez les intégristes, la femme est tellement impure qu'un homme ne peut avoir aucun contact physique (y compris serrer la main) avec une autre que son épouse. De là vient également la coutume de raser les cheveux de la femme mariée, qui portera une perruque – la chevelure étant le signe extérieur visible de la séduction sexuelle. L'impureté « native » des femmes est évidemment liée à leur rapport avec le sang et la vie (tabou sur la menstruation et l'accouchement). Cette conception s'exprime dans la prière du matin où l'homme remercie Dieu de ne pas l'avoir fait naître femme (ni esclave, ni *goy*).

Dans la Torah, la sexualité est strictement réglementée à la seule fin de la procréation à l'intérieur du mariage (les patriarches et rois légendaires sont tous largement polygames). De plus, l'arsenal juridique de la Torah relègue la femme en position de pécheresse et d'infériorité sociale absolue. Le chapitre 5 du livre des Nombres stipule par exemple que, si un homme est « visité par un esprit de jalousie » à l'égard de sa femme, il doit l'emmener chez le prêtre qui lui fera boire un breuvage empoisonné, en guise d'ordalie. Si elle survit, c'est la preuve qu'elle n'a pas trompé son mari.

UN PEU DE TECHNIQUE

Qu'est-ce qu'une ordalie ?

C'est une preuve judiciaire fondée sur une technique magique : en l'absence de preuve matérielle ou de témoins, le prévenu est soumis à la torture ou à une peine mortelle (passage dans le feu, pendaison, noyade, empoisonnement, etc.) S'il survit, c'est que Dieu atteste son innocence. Ce système a été couramment utilisé en Europe jusqu'à la fin du Moyen Âge.

À MÉDITER

On ignore si de telles prescriptions ont été réellement appliquées dans l'Antiquité (elles ont d'ailleurs été vivement critiquées par de nombreux talmudistes). Cependant, le fait qu'elles figurent encore dans le canon du texte sacré pèse lourdement sur les représentations sexuelles véhiculées par les trois religions « du Livre ».

Les pèlerinages

Depuis des temps immémoriaux, les juifs sont friands de pèlerinages. Il en existe deux types principaux :

- Les trois antiques fêtes annuelles « de pèlerinage » sont les trois grandes fêtes (Pâque, Semaines et Tentes) qui se déroulaient au temple de Jérusalem avant sa destruction.
- *Hilloula* désigne les pèlerinages sur les tombeaux de saints personnages, rabbins ou fondateurs de confréries pieuses.

LE SAVIEZ-VOUS ?

Les plus spectaculaires ont lieu dans le monde juif arabophone, notamment au Maroc et en Palestine. Ils sont généralement annuels. Certains durent plusieurs jours et nuits et donnent lieu à des festivités importantes avec miracles (guérisons).

Les différents courants du judaïsme

Le judaïsme, comme toutes les religions monothéistes, a toujours été parcouru par des courants divers, parfois très contradictoires. Au final, malgré l'intolérance de certains, la plupart d'entre eux ont coexisté tant bien que mal, y compris dans l'État moderne d'Israël.

Certaines contestations ont porté, dès l'Antiquité, sur l'autorité des textes sacrés et de leur transmission, sur la légitimité des prêtres et sur l'interprétation des prescriptions.

Les karaïtes (voir ci-dessous) ont purement et simplement refusé l'autorité des commentaires talmudiques, pour ne conserver que la lecture directe de la Bible.

Les Samaritains

Ce sont les communautés de l'ancien royaume du Nord (Israël), dont la capitale était Samarie. Leurs principaux sanctuaires étaient les temples de Bethel et de Dan, ainsi que celui du mont Garizim, près de Naplouse. Elles remontent à plusieurs millénaires et n'ont jamais accepté la mainmise de leur rivale du Sud (Jérusalem).

Les Samaritains conservent jusqu'à nos jours leurs cultes sur le mont Garizim mais ils ne sont plus guère qu'un millier. Ils ne reconnaissent comme sacrés que les cinq livres de la Torah et celui de Josué (voir chapitre 7). Ils refusent également les commentaires du Talmud. Par exemple, ils ne reconnaissent pas la filiation juive par la mère, car elle ne figure pas dans la Torah.

Les Samaritains étaient traditionnellement méprisés par les juifs de Jérusalem, comme en témoignent, dans les Évangiles, la parabole du « bon » Samaritain et l'épisode de la rencontre de Jésus avec la Samaritaine.

Jésus et les « bons » Samaritains

Jésus raconte une parabole (récit édifiant) pour dénoncer le manque de charité et l'hypocrisie des religieux orthodoxes : un voyageur est dépouillé par des brigands, qui le laissent pour mort sur la route. Passent un prêtre du temple et un lévite (membre de la caste sacerdotale), qui ne jettent pas un regard à la victime, car ils ont peur d'êtres souillés par le contact du cadavre. Arrive ensuite un Samaritain. Il s'arrête et porte secours à l'homme et règle même les frais de l'auberge où il le dépose (Évangile de Luc, 10).

De même, Jésus choisit, au risque de scandaliser ses disciples, de s'entretenir avec une Samaritaine qui le reconnaît comme le Messie (Évangile de Jean, 4).

Les esséniens

Plusieurs communautés juives décident de vivre suivant des règles d'ascétisme monastique et se retirent dans le désert, loin du culte officiel. On les nomme esséniens. Certains pratiquent le baptême par immersion dans l'eau. Leur existence est signalée par le grand philosophe juif Philon d'Alexandrie et par l'historien Flavius Josèphe, tous deux contemporains de Jésus.

Il est vraisemblable qu'une partie des textes découverts dans les « manuscrits de la mer Morte » (voir chapitre 7) proviennent de ces communautés.

Les karaïtes

Ils réfutent l'ensemble de la tradition écrite d'interprétation de la Bible, donc le Talmud. Ils refusent par exemple l'allumage des bougies et le lavage des mains pour le *shabbat*, de même que le bain de purification des femmes à la fin de leurs règles, parce qu'ils ne figurent pas explicitement dans la Torah. Le mouvement est né en Mésopotamie au Moyen Âge et il s'est progressivement déplacé vers l'Égypte (puis Israël) et la Russie.

Les karaïtes représentent l'un des deux pôles vers lesquels le judaïsme – comme toutes les religions – a toujours oscillé, entre la « lettre seule » et son « interprétation ».

La kabbale

Ce grand mouvement mystique ésotérique a des origines très anciennes, probablement aux premiers siècles de notre ère, dans les mouvements gnostiques polythéistes qui fleurissaient alors au Proche-Orient.

Gnostique ou ésotérique ?

Les gnostiques étaient des sectes philosophico-religieuses antiques, souvent influencées par le dualisme zoroastrien, qui proposaient une élévation de l'âme vers la divinité grâce à des exercices spirituels. En grec, *gnôsis* signifie connaissance.

Ésotérique, terme décalqué du grec, signifie : « destiné à l'intérieur », c'est-à-dire aux membres du groupe des initiés. Son contraire est : « exotérique », destiné à l'extérieur.

La plus ancienne mystique juive s'est formée autour de la vision du char (*merkava*) supportant le trône divin et entouré par la cour céleste, empruntée au premier chapitre du Livre d'Ézéchiel (voir chapitre 7). Une vaste littérature a décrit les différents lieux du palais, sous le terme de *hekhaloth* (chambres), réparties dans les sept sphères célestes et habités par des hiérarchies de « puissances » (anges). Le but du mystique est de parcourir le voyage initiatique à travers les *hekhaloth*.

Histoire de la kabbale

La kabbale (réception), proprement dite, naît au XIIIe siècle, dans le Sud de la France et en Espagne.

Abraham Aboulafia est natif de Saragosse. Il met au point, vers 1270, une méthode « kabbalistique », nommée la « science de la combinaison des lettres » (Hokhmath ha-Tseruf). Son principe est que toutes les choses existent seulement en vertu de leur degré de participation au grand Nom de Dieu, qui se manifeste dans toute la création. Sa méditation mystique porte sur les combinaisons de lettres du texte hébraïque de la création, technique qui ressemble à celle d'une musique dans laquelle l'alphabet prend la place de la gamme musicale.

La mystique des lettres et des nombres

Dieu a créé le monde par sa parole. Les mots qu'il a prononcés sont écrits dans la Bible. Ces mots ont donc un pouvoir divin caché. Or, en hébreu (comme en grec), les nombres s'écrivent à l'aide des lettres de l'alphabet. Ainsi, chaque combinaison de lettres, de mots ou de phrases se verra attribuer une valeur numérique, qui aura elle-même des vertus magiques – à condition d'avoir été calculée correctement, ce qui est une autre affaire.

Abraham Aboulafia ajoute à cet exercice un travail de contrôle respiratoire très proche du yoga. Les puissantes sensations aboutissent à l'extase mystique d'union avec le Créateur.

Le Zohar

Le *Livre de la splendeur* (*Sepher Ha-Zohar*), roman mystique, paraît en Castille à l'époque d'Aboulafia (fin du XIIIe siècle). En quelques générations, cet ouvrage connaît un tel succès qu'on le range au niveau de la Bible et du Talmud. L'auteur met en scène le fameux maître de la Mishna, rabbi Siméon Bar Yohaï, qui vécut en Palestine à l'époque romaine. Il discute avec ses disciples de *midrashim* dévoilant le sens caché de la Torah, du Cantique des cantiques et du Livre de Ruth. L'ensemble est constitué d'une collection de chapitres assez hétéroclites, souvent sous formes d'histoires et de saynètes très vivantes. Le fait qu'il soit rédigé en araméen, comme le Talmud de

Babylone, lui donne un lustre supplémentaire. Le *Zohar* a probablement été composé par Moïse de Léon.

Le *Zohar* enseigne que le monde divin est constitué de deux parties :

- l'En-Sof, profondément caché, imperceptible et inintelligible, sauf à Dieu.
- les dix *sephiroth*, attributs divins fondamentaux, qui sont aussi les étages (parfois appelés « sphères ») à travers lesquels la vie divine va et vient.

La grande expulsion des juifs d'Espagne en 1492 entraîne l'émigration des kabbalistes vers la Palestine. Les principaux sont les espagnols Moïse Cordovero (1522-1570) et Isaac Louria (1534-1572), qui fondent une école à Safed en Palestine dans la seconde moitié du XVIe siècle. Sous leur influence, la kabbale sort des cercles ésotériques et se répand dans la population juive, y compris dans le monde ashkénaze. Louria, traumatisé par la punition divine de 1492, élabore la doctrine du Tikkoun, selon laquelle le plus grand bien sortira du plus grand mal. Les kabbalistes commencent à annoncer la venue du Messie, qui permettra la rédemption prochaine du peuple juif. Cette attente prendra corps avec l'épopée tragicomique de Shabbataï Tsevi en 1666 (voir chapitre 5).

Les premiers humanistes chrétiens qui s'intéressent au judaïsme à la fin du XVe siècle sont fascinés par la kabbale, qui leur permet d'imaginer une généalogie de la culture occidentale remontant à la Bible, à travers Jésus et Platon. À la Renaissance, le philosophe florentin Pic de la Mirandole étudie l'hébreu au grand scandale des théologiens catholiques. Il affirme que Moïse a été l'inspirateur de Platon – il sera condamné en 1486 par l'Inquisition à faire amende honorable. Son ami l'humaniste allemand Jean Reuchlin, proche d'Érasme, va encore plus loin en affirmant que la kabbale fournit la clé du vrai christianisme et que les théologiens catholiques devraient étudier le Bible en hébreu. Il n'évitera le bûcher que grâce à la protection du pape Léon X.

Les courants modernes

Face aux recherches mystiques ésotériques, réservées par définition à des intellectuels de haut niveau, de puissants courants de piété populaire d'inspiration kabbalistique se sont développés, notamment en Europe centrale.

Les hassidim

Au XVIIIe siècle, un rabbin surnommé Baal Shem Tov (Maître du Bon Nom, 1698-1760) récuse l'intellectualisme de ses maîtres kabbalistes et s'installe dans les Carpates, au milieu d'une population de paysans arriérés. Il fonde ensuite à Medzhybizh (en Ukraine) une école qui acquiert vite une grande renommée en dispensant un enseignement fondé sur l'illumination et la joie (notamment en cultivant le chant et la danse). Ce mouvement se heurte à de fortes résistances de la part des autorités rabbiniques, mais parvient à s'étendre dans tout le monde juif ashkénaze. Il est connu pour la richesse de ses traditions musicales.

Les loubavitch

Cette branche du hassidisme, très prosélyte, est également nommée Habad. Elle se développe à partir du *shtetl* (village) de Lyoubavitch, à l'ouest de la Russie et est dirigée par une dynastie de rabbins de la famille Schneur, devenus Schneurson (les fils de Schneur). Elle s'oppose fortement au mouvement des Lumières (Haskalah, voir chapitre 5), mais accepte de nombreuses formes de la vie moderne afin d'attirer les jeunes.

Les haredim

Ces « ultra-orthodoxes » refusent toute modernité. Ils vivent isolés et refusent notamment la laïcité affichée par l'État d'Israël. Leur nom signifie « ceux qui tremblent » (à l'idée de violer l'une des six cent treize prescriptions !).

Les « modernistes »

Depuis la Haskalah et le temps des Lumières, de nombreux courants du judaïsme ont tenté de s'affranchir du littéralisme et du rigorisme des anciens. Ils préconisent l'émancipation des femmes et l'adaptation du judaïsme à la science et à la société actuelles. On les nomme généralement « libéraux » en France. Aux États-Unis, ils seront *reconstructionists* (inspirés par Spinoza) ou *renewal* (inspirés par Martin Buber) ou *secular humanistic*.

Chapitre 7

La Bible hébraïque

Dans ce chapitre :

- Bible, Torah, Talmud
- Des auteurs et des recompositions multiples

On enseignait traditionnellement que la Bible avait été écrite par Moïse. Il suffit pourtant de l'ouvrir pour comprendre qu'il n'en est rien et que c'est même impossible. En effet, la plupart des livres de la Bible parlent d'événements postérieurs à Moïse.

Quant à la Torah, qui désigne les cinq premiers livres de la Bible hébraïque, le dernier chapitre de son cinquième livre raconte la mort de Moïse. Elle ne peut donc pas avoir été écrite entièrement par lui !

Le grand philosophe d'origine juive Spinoza en a fait l'observation dès le XVIIe siècle, ce qui lui a valu d'être exclu de sa communauté comme « hérétique », c'est-à-dire pour déviation doctrinale.

La Bible, livre des livres

De quel livre parle-t-on ? Juifs, chrétiens et musulmans affirment, chacun pour leur part, posséder un Livre révélé par Dieu lui-même : respectivement la Bible, les Évangiles et le Coran. Ils considèrent ces livres comme absolument sacrés et les utilisent comme fondement de leur enseignement et de la plupart de leurs rites.

L'usage est de ne nommer « religions du Livre » que le judaïsme, le christianisme et l'islam.

Dans ce chapitre, seuls les trente-neuf livres de la Bible sont présentés. Ils correspondent à l'appellation chrétienne d'« Ancien Testament ».

Ancien ou Nouveau Testament ?

Le terme « Bible » désigne communément deux groupes de livres très distincts. Le premier n'est autre que la Bible des juifs, alors que le second rassemble les livres qui y ont été ajoutés par les disciples de Jésus, à savoir : les quatre Évangiles, les Actes des apôtres, les Épîtres et l'Apocalypse (voir chapitre 11). Les chrétiens nomment le premier groupe « Ancien Testament », le second « Nouveau Testament » et l'ensemble des deux : Bible.

Pour les juifs, selon la tradition massorétique, les trente-neuf livres de la Bible se divisent en trois groupes :

- la Loi (Torah) : cinq livres ;
- les Prophètes (Nevi'im) : vingt et un livres ;
- les Écrits (Ketouvim) : treize livres.

Tanakh

Les juifs ont coutume de nommer la Bible par le terme « Tanakh », qui est l'acronyme de ces trois groupes (Ta – Na – Kh). Le nombre de trente-neuf livres peut être ramené à vingt-quatre si l'on réunit les douze petits prophètes en un seul livre, ainsi que les groupes Esdras-Néhémie, Samuel 1 et 2, Rois 1 et 2 et Chroniques 1 et 2.

Dans l'Antiquité, les livres étaient rarement désignés par un titre, comme c'est l'usage moderne. Les copistes les nommaient généralement par leurs premiers mots. Ainsi, la Genèse se nomme Bereshith en hébreu, ce qui signifie : « Au commencement ».

Les massorètes

C'est le nom que l'on a donné aux copistes de la Bible juive, regroupés dans des écoles de scribes, jusqu'à l'invention de l'imprimerie. En hébreu, *massorah* signifie « tradition ». Les *ba'aleï ha massora* (maîtres de la tradition) recopient de génération en génération les textes sacrés du judaïsme. Les plus connus sont la famille des Ben Asher, de Tibériade, vers le VIIIe siècle de notre ère. Le fait qu'ils connaissent pratiquement par cœur le texte qu'ils copient …

...

explique l'étonnante fidélité de la transmission. On a pu vérifier, lors de la découverte des manuscrits de la mer Morte (écrits au Ier siècle de notre ère), que des papyrus du livre d'Isaïe avaient été recopiés quasiment à l'identique pendant un millénaire, puisqu'ils ne différaient pratiquement pas des manuscrits du Xe siècle de notre ère. Les massorètes ont également inventé le système des signes « diacritiques » (traits et points qui entourent les lettres), permettant de préciser les voyelles brèves, dont l'absence rend la lecture des textes très incertaine (les copistes d'arabe ont dû résoudre le même problème pour le Coran).

La Loi (Torah)

Parmi ces trois groupes de livre, le premier (Torah) est considéré comme le plus important, une sorte de noyau sacré, car il contient la parole de Dieu lui-même, dans le récit de la création du monde (reproduisant les mots que Dieu lui-même a prononcés), ainsi que l'ensemble des lois que Moïse a reçues de Dieu (voir chapitre 5).

La Torah comprend cinq livres de styles et de contenus très différents. Les deux premiers sont des grands récits épiques racontant l'histoire du monde depuis sa création jusqu'à la sortie des Hébreux d'Égypte sous la direction de Moïse (voir chapitre 5).

LE SAVIEZ-VOUS ?

On y trouve également intercalés plusieurs petits romans très vivants et imagés, dans le style des contes populaires orientaux, tels que le roman de Jacob et celui de Joseph dans la Genèse.

La Genèse

Le premier livre de la Torah, la Genèse (Bereshit, « Au commencement ») recouvre les récits de la création, de la tour de Babel, du Déluge, l'histoire d'Abraham et des patriarches, jusqu'à l'installation de Joseph en Égypte.

L'Exode

Le second livre de la Torah, l'Exode (Shemot, « Noms ») retrace l'histoire de Moïse, de la sortie des Hébreux d'Égypte, de la révélation de la Torah et des pérégrinations des Hébreux dans le désert.

Les trois livres de prescriptions

La Torah énumère ensuite une succession de réglementations que les juifs doivent observer dans tous les domaines de la vie, tant privée que publique.

Les livres suivants sont ainsi rédigés dans un style juridique aride et répétitif :

- Le Lévitique (Vayiqra, « Et il appela ») dresse un exposé des prescriptions rituelles.
- Les Nombres (Bamidbar, « Dans le désert ») est une suite des prescriptions. Il raconte aussi la sortie du désert du Sinaï après la fuite d'Égypte. On y trouve notamment l'histoire du devin Balaam et de son ânesse qui avait le don de prophétie.
- Le Deutéronome (Devarim, « Paroles ») présente un nouveau corpus de prescriptions (en grec : « Deuxième Loi ») et se termine par le récit de la mort de Moïse.

Les Prophètes (Neviim)

Ce groupe se divise lui-même en deux sous-groupes : les six premiers prophètes puis les quinze derniers.

Les « premiers prophètes »

Les six « premiers » livres des prophètes (Neviim rishonim) sont des chroniques historiques. Il s'agit des livres suivants :

- Josué (Yehoshoua), récit de la conquête du pays de Canaan par Josué, de la prise de Jéricho, de la mort de Josué ;
- Juges (Shoftim), qui sont les chefs du peuple avant l'époque des rois. Le livre retrace aussi l'histoire de Samson et Dalila ;
- Samuel (Shemouel) 1 et 2, consacrés au récit de la vie de Samuel, puis des premiers rois de Jérusalem, Saül et David ;
- Rois (Melakhim) 1 et 2 : description de la fin du règne de David, du règne de Salomon, de la division en deux royaumes (Israël et Juda), jusqu'à la prise de Jérusalem par Nabuchodonosor.

Les « derniers prophètes »

Les quinze « derniers » livres des prophètes (Neviim aharonim), rédigés après le retour d'exil à Babylone. Ils concernent d'abord trois « grands prophètes » :

- Isaïe : il a vécu un siècle avant la prise de Jérusalem, mais la seconde moitié du livre évoque le retour de la déportation à Babylone.
- Jérémie et Ézéchiel : ils ont vécu la prise de Jérusalem par Nabuchodonosor. Le premier s'est réfugié en Égypte ; le second a été emmené à Babylone, d'où il a lancé ses violentes imprécations.

- Douze « petits prophètes » : Osée (originaire du royaume du Nord), Joël et Amos (originaire du royaume du Sud), Abdias (du temps du retour de Babylone), Jonas (célèbre pour son récit de son séjour dans le ventre du poisson, alors qu'il se rend à Ninive), Michée (contemporain d'Isaïe), Nahum (oracle contre Ninive), Habacuc, Sophonie (originaire du royaume du Sud), *Aggée, Zacharie* et *Malachie* (du temps du retour de Babylone).

UN PEU DE TECHNIQUE

Grands et petits prophètes

La distinction entre « grands » et « petits » prophètes n'a aucune signification religieuse. Elle provient simplement du système de classement des manuscrits dans l'Antiquité : pour la commodité du rangement, on classait les rouleaux de papyrus par ordre de longueur. On retrouvera le même principe de classement pour les livres du Nouveau Testament et pour les sourates du Coran. C'était celui de toutes les bibliothèques avant l'invention du livre à reliure (*codex*). Les livres des prophètes sont généralement écrits dans un style très soutenu et grandiloquent. Leurs auteurs parlent à la première personne.

Les « Écrits » (Ketouvim)

C'est le groupe « fourre-tout » de la Bible. On y trouve, dans le désordre des chroniques historiques, des hymnes religieux, des recueils de préceptes moraux et des romans édifiants :

- Chroniques historiques
  - Esdras : récit du retour de juifs de Babylone à Jérusalem.
  - Néhémie : mémoires du restaurateur du temple de Jérusalem.
  - Chroniques (Divreï Hayamim) 1 et 2 : reprise de l'histoire du monde depuis Adam jusqu'à l'édit de Cyrus renvoyant les juifs à Jérusalem.
- Hymnes religieux
  - Psaumes (Tehilim, « Louanges »), attribués au roi David
  - Lamentations (Eïkah, « Comme ! ») : déplorations attribuées au prophète Jérémie sur la ruine de Jérusalem, la destruction du temple et la déportation de sa population.
  - Cantique des cantiques (Shir Hashirim) : hymne de « mariage sacré », attribué à Salomon.

- Recueils de préceptes moraux
  - Proverbes (Mishleï), attribués à Salomon
  - Ecclésiaste (Qohélet, « Prédicateur »), attribué à un fils de David.
- Romans édifiants
  - Esther, histoire de la vertueuse juive, fille de Mardochée, qui devient reine de Perse et sauve son peuple de la perfidie du ministre Haman.
  - Daniel, histoire du jeune juif de Babylone qui est miraculeusement sauvé de la fosse aux lions où Nabuchodonosor l'avait fait jeter. Sa perspicacité lui permet ensuite de sauver la « chaste Suzanne » de la lubricité de deux vieillards. Il devient prophète et a des visions annonçant la fin prochaine de Nabuchodonosor.
  - Ruth, histoire de la belle veuve étrangère qui réussit à trouver un mari.
  - Job, dialogue sur la justice divine entre Job, l'homme vertueux soumis à l'épreuve, et ses trois amis.

Deux livres problématiques

Quelle que soit la variété des styles des divers livres de la Bible, ils ont tous des contenus profondément religieux et parlent sans cesse de Dieu, des prophètes et d'une histoire sacrée. En revanche, deux livres, appartenant au groupe des « Écrits » semblent totalement décalés par rapport à l'ensemble (et radicalement différents l'un de l'autre), car ils ne parlent jamais de religion : il s'agit du Cantique des cantiques et de l'Ecclésiaste.

Le Cantique des cantiques

Ce poème de 117 versets est un dialogue en termes très crus entre un amoureux et son amoureuse, accompagné de chœurs de jeunes filles qui célèbrent leur union.

Voici ses premiers vers :

« Qu'il me baise des baisers de sa bouche !
Tes caresses sont meilleures que le vin !
L'arôme de tes parfums est exquis !
Ton nom est un onguent qui s'épanche !
Voilà pourquoi les jeunes filles t'aiment ! »

Il fallut des siècles de discussions avant qu'il soit officiellement accepté dans la Bible, car son style est absolument profane (il ne contient aucun mot du registre religieux). C'est seulement au synode de Yavneh, vers l'an 90, que les rabbins, tiraillés entre leur puritanisme et le respect de la tradition (qui l'avait transmis comme texte sacré), s'accordèrent pour lui donner une interprétation allégorique : le Cantique des cantiques chantait l'amour réciproque de Dieu et de son peuple.

Comment expliquer que ce poème érotique soit parvenu dans la Bible ? Certains historiens ont supposé que ce poème accompagnait à l'origine une cérémonie du même type que le « mariage sacré » mésopotamien entre le roi et la grande prêtresse, du temps où les Hébreux étaient polythéistes. Le poème aurait été transmis alors même que le rite avait cessé.

L'Ecclésiaste

Ce petit livre est un traité de morale sceptique, contenant même des relents critiques de ton épicurien. Son auteur observe que les bons sont malheureux et les méchants heureux, ce qui ne s'accorde guère avec les enseignements bibliques. En revanche, ses dernières lignes, d'une parfaite orthodoxie, semblent avoir été ajoutées pour lui permettre d'être admis parmi les textes sacrés.

Les premiers mots de l'Ecclésiaste : « Vanité des vanités, tout n'est que vanité ! » sont devenus un proverbe.

Les langues de la Bible

La langue sacrée des juifs est l'hébreu, au même titre que l'arabe l'est pour les musulmans. C'est la langue dans laquelle Dieu s'exprime dans la Genèse ou chez les prophètes. Cependant, d'autres langues se sont introduites dans la Bible : l'araméen et le grec.

L'hébreu

Les livres de la Bible massorétique sont écrits en hébreu. Les plus anciens (récits des origines et hymnes) ont sans doute été transmis par tradition orale pendant plusieurs siècles avant d'être rédigés par des prêtres et des scribes, entre le VIIIe et le VIe siècle avant notre ère, dans les principaux sanctuaires juifs de Palestine.

Sous le règne du roi perse Cyrus, au VIe siècle avant J.-C., le scribe Esdras (Ezra), entreprend la tâche énorme de réunir toutes les versions des textes sacrés et de les unifier dans un seul corpus, qui deviendra la Bible officielle, sauf pour les Samaritains (voir chapitre 6) qui n'ont jamais accepté de renoncer à leur propre version.

L'araméen

Sous la domination perse, les élites juives (notamment celles qui sont restées à Babylone) parlent et écrivent en araméen, langue officielle de l'Empire achéménide. Cette langue sémitique proche de l'hébreu sera dorénavant celle de la plupart des textes religieux juifs, jusqu'au Moyen Âge.

Déjà dans la Bible massorétique, plusieurs parties des livres d'Esdras et de Daniel sont rédigées en araméen, ainsi que quelques mots de la Genèse et un verset de Jérémie. Par la suite, l'ensemble de la Bible est traduit en araméen sous le nom de Targum (traduction).

L'araméen sera également la langue des Talmud de Babylone et de Jérusalem.

Le grec et la Septante

Deux siècles après Cyrus, les armées d'Alexandre le Grand conquièrent la Palestine (– 331) et les monarchies grecques s'imposent dans tout le Proche-Orient. Le grec y devient la langue de culture et le restera pendant huit siècles, jusqu'aux invasions arabes. Les juifs eux-mêmes ne comprennent plus l'hébreu et réclament une traduction de la Bible en grec. Elle est réalisée vers le IIe siècle avant notre ère, à Alexandrie où réside une très importante communauté juive. On la nomme traditionnellement Septante, en raison de l'histoire édifiante qui entoure son origine.

Histoire de la Septante

La légende pieuse raconte que le roi grec Ptolémée voulut mettre dans la bibliothèque qu'il faisait construire à Alexandrie, les plus grands textes de la sagesse de tous les peuples. On lui apporta les livres sacrés des juifs, mais il ne put pas les lire car il ne connaissait évidemment pas l'hébreu. Il ordonna alors qu'on les traduise. Mais, comme il craignait que les erreurs de traduction ne dénaturent un livre aussi important, il fit rassembler les soixante-dix rabbins les plus savants du pays et les fit enfermer chacun dans une cellule jusqu'à ce qu'ils aient traduit complètement leur texte. Quand ils eurent achevé leur tâche, ils furent autorisés à sortir et on s'aperçut alors du miracle : toutes les traductions étaient identiques à un iota près (la plus petite lettre de l'alphabet grec). Il était clair que Dieu était intervenu pour guider la main des soixante-dix traducteurs. On nomma ce texte *Biblia* (Livres) et on le surnomma Septante (70), en raison du nombre de ses traducteurs légendaires. Cette jolie histoire est racontée dans un texte grec nommé *La Lettre à Aristée*.

Les livres écrits en grec

De plus, la Septante contient plusieurs livres qui ne figurent pas dans le corpus massorétique. Ce sont des textes plus tardifs, qui ont été nommés

« deutérocanoniques », d'après le terme grec signifiant « du second corpus » (le premier étant celui qui avait été fixé au temps d'Esdras). Il s'agit des livres suivants :

- Judith, histoire de l'héroïne (son nom signifie « la juive ») qui séduit le général assyrien Holopherne pendant le siège de Bétulie. Elle l'enivre et le décapite et sauve ainsi son peuple.
- Tobie, dont l'action se situe à Ninive au temps de la déportation. Le jeune Tobie rencontre l'ange Raphaël qui lui enseigne comment exorciser la femme qu'il doit épouser, puis comment rendre la vue à son père grâce à la magie.
- Les Macchabées (quatre livres), chronique des exploits de la famille des Macchabées qui s'est révoltée contre les rois grecs et a réussi à créer un État juif indépendant (IIe siècle av. J.-C.).
- La Sagesse, traité composé sans doute à Alexandrie et attribué à Salomon, qui est imprégné d'une philosophie proche du platonisme (Ier siècle av. J.-C.).
- L'Ecclésiastique (ou La Sagesse de Jésus, fils de Sirach), exposé de la sagesse juive à l'usage des païens d'Égypte de langue grecque (IIe siècle av. J.-C.).
- Baruch, secrétaire de Jérémie.
- Histoires de Suzanne et de « Bel et le Dragon » (dans le livre de Daniel) ; 18 psaumes de Salomon ; 1er livre d'Esdras.

UN PEU DE TECHNIQUE

La Septante connaît une grande diffusion et servira notamment de référence aux premiers chrétiens. Ainsi, les très nombreuses citations de la Bible insérées dans le Nouveau Testament proviennent de la Septante, ce qui explique certaines variantes. C'est également à la Septante que seront empruntés les titres des livres de la Bible encore en usage dans les traductions modernes (Genèse, Exode, Deutéronome, etc.), qui sont en fait leurs titres grecs. D'autres traductions en grec sont réalisées dans les siècles suivants, mais l'autorité de la Septante s'impose au point qu'elle est parfois considérée comme inspirée par Dieu.

LE SAVIEZ-VOUS ?

On nomme aussi souvent la Torah « Pentateuque », selon le terme grec qui signifie « cinq rouleaux ».

Les plus anciens manuscrits de la Bible

Le plus ancien manuscrit complet de la Bible massorétique date des environs de l'an mil (*codex* de Pétrograd). Quelques manuscrits incomplets remontent à deux siècles plus tôt. En revanche, on possède trois manuscrits grecs de la Septante, datant du IVe siècle (*codex* Vaticanus, Sinaiticus et Alexandrinus).

LE SAVIEZ-VOUS ?

Les manuscrits de la mer Morte

Entre 1947 et 1956, on découvre dans des grottes de Qumrân, en Jordanie, près d'un millier de manuscrits religieux en hébreu qui ont été cachés dans des jarres à l'époque de la guerre juive contre les Romains (70 de notre ère). La plupart de ces manuscrits sont en très mauvais état de conservation, mais on trouve parmi eux un rouleau d'Isaïe complet et de nombreux fragments des autres livres bibliques. Cette découverte permet de vérifier l'étonnante fidélité de la transmission massorétique.

La liste « officielle » et la composition des livres bibliques

La Bible est construite comme une accumulation de textes très disparates, dont la succession suit globalement l'ordre chronologique de leurs rédactions supposées. Le plus ancien seraient la Genèse (en hébreu) et le plus récent les Macchabées (en grec).

UN PEU DE TECHNIQUE

Depuis les temps les plus anciens, les prêtres, puis les rabbins, ont discuté pour établir la liste officielle des livres bibliques.

- La première liste – qui ne nous est pas connue avec certitude – est sans doute fixée à l'époque de Josias, roi du royaume du Sud, qui veut imposer un Dieu unique dans tout son royaume, à la fin du VIIe siècle avant notre ère.
- La deuxième est établie par Esdras, le premier scribe (voir ci-dessus) après le retour de la déportation à Babylone, vers 450 avant notre ère.
- La dernière est fixée par une assemblée de docteurs et de rabbins de l'école de Yavné, quelques décennies après la destruction du temple de Jérusalem par les Romains (en 70). Cette liste est restée celle de la tradition massorétique.

Collages de textes

Une lecture attentive de la Bible montre que plusieurs de ses livres sont eux-mêmes des collages de textes disparates. Le cas le plus frappant est celui de la Genèse.

À MÉDITER

Traduction = trahison

La Bible est l'un des livres les plus traduits et imprimés au monde. Cependant, une comparaison simple entre différentes traductions (par exemple, en français, Louis Segond, Bible de Jérusalem, Chouraqui ou Dhorme) incite à une grande prudence. En effet, pour des raisons de convictions religieuses personnelles, la plupart des traducteurs modifient (souvent de bonne foi) le sens du texte hébreu, afin de lui donner une allure cohérente et « lisse », c'est-à-dire qui ne présente pas de contradictions internes.

Qui ne connaît le fameux récit biblique de la création ? Dieu a créé le monde en six jours, puis il s'est reposé. Il a créé l'homme à partir de la terre (« Tu es poussière et tu redeviendras poussière ! ») et la femme à partir d'une côte de l'homme, puis le serpent a tenté Ève en lui faisant manger la pomme et nos premiers parents. Adam et Ève ont été chassés du Paradis. Le récit semble bien rodé depuis la nuit des temps.

À MÉDITER

La lecture de la *Genèse* montre qu'il n'y a pas un récit, mais deux qui, de plus, se contredisent formellement.

- La version « élohiste »

  Le premier récit se compose du premier chapitre, suivi des trois premiers versets du second. Il raconte comment Dieu (sous le nom d'Élohim) crée le monde en cinq jours, y compris les plantes et les animaux. Le sixième jour, il crée l'homme (Adam) « à son image, mâle et femelle » et lui donne la domination sur le monde. Puis Élohim se repose le septième jour.

  Le récit se conclut par ces mots : « Telle fut la genèse des cieux et de la terre quand ils furent créés. » Dans ce récit, il n'est donc pas question d'une création séparée de la femme, ni d'une quelconque tentation par le serpent. En revanche, chaque élément, y compris l'homme, est déterminé par le seul pouvoir de la parole divine. Dieu dit : « Que telle chose soit ! » et la chose existe immédiatement.

- La version « yahwiste »

  Au verset suivant commence un second récit : « Au jour où Yahweh fit la terre et les cieux, il n'y avait encore sur la terre aucun buisson des champs et aucune herbe n'avait encore germé… » Un peu plus loin : « Alors, Yahweh forma l'homme, poussière provenant du sol. »

LE SAVIEZ-VOUS ?

Le nom d'Adam

En hébreu, *adama* signifie « terre », *dam* signifie « sang » et *adom* « rouge ». Tous ces mots ont la même racine.

Suivent les fameux récits du Paradis, de l'interdiction de manger du fruit de l'arbre de la connaissance, de la création de la femme, de la désobéissance, puis de la condamnation de l'homme (« Tu travailleras à la sueur de ton front ! ») et de la femme (« Tu enfanteras dans la douleur ! »).

Ce second récit n'a aucun rapport avec le précédent. Dieu y porte un autre nom (le tétragramme *Yahweh*) et il est extrêmement anthropomorphique (Dieu descend dans son jardin pour profiter de la brise du soir).

UN PEU DE TECHNIQUE

Le récit se poursuit pendant trois chapitres avec l'histoire de Caïn et Abel. À partir du chapitre 5, Dieu se nomme de nouveau Élohim, et l'histoire reprend comme si Caïn et Abel n'avaient pas existé. Jusqu'à la fin de la Genèse, on trouve ainsi une alternance entre des chapitres « yahwistes » et « élohistes ». Il est clair que chacun des deux rédacteurs ignorait le texte de l'autre.

Des auteurs multiples

Il apparaît que la Bible est constituée de plusieurs textes d'origines diverses, visiblement assemblés à une époque tardive, de façon à donner l'apparence d'un texte unique. Si l'on examine de près les allusions géographiques et historiques des deux traditions principales, il est vraisemblable que le récit élohiste soit originaire du nord (Israël-Samarie) et le yahwiste du sud (Juda-Jérusalem). Quant aux « chroniqueurs » qui ont rédigé les transitions, ce sont probablement des scribes de Jérusalem d'une époque tardive, au temps de la déportation à Babylone.

Le Talmud

Peu de textes ont suscité autant de commentaires que la Bible. Les plus anciens nous viennent de Philon d'Alexandrie, philosophe juif de langue grecque, contemporain de Jésus. Il compose des interprétations allégoriques de la Torah, en suivant les méthodes des critiques homériques. Par ailleurs, il écrit de nombreux traités démontrant que le platonisme s'accorde avec la Bible.

Le plus important corpus de commentaires « autorisés » de la Bible est constitué par le Talmud, qui sert encore de référence à la plupart des rabbins modernes. Il comprend plusieurs centaines de volumes, mais personne ne connaît leurs auteurs, ni l'époque de leur composition. Les plus optimistes disent qu'ils ont été rédigés entre le Ier et le Xe siècle de notre ère. Ils sont écrits comme des transcriptions de dialogues entre docteurs juifs, traitant de façon contradictoire de tous les sujets possibles.

On les répartit habituellement en trois ensembles : Mishna, Guémara et Aggada. L'ensemble de la Mishna et de la Guémara constitue la Halakha (la voie).

Au cours du premier millénaire, les communautés juives de Mésopotamie l'emportent largement en importance sur celles de Palestine, si bien que la compilation la plus riche du Talmud est connue sous le nom de Talmud de Babylone. Sa concurrente, « de Jérusalem », rédigée en araméen elle aussi, est beaucoup moins développée.

Halakha

À partir de la destruction du temple de Jérusalem par Titus en 70 de notre ère, les communautés juives deviennent de plus en plus autonomes et certains de leurs chefs religieux (rabbins) entreprennent de consigner par écrit leurs discussions sur la Torah. La tradition de ces discussions est sans doute ancienne car la légende pieuse attribue à Moïse l'enseignement d'une seconde loi « orale », qu'il aurait interdit d'écrire, afin de ne pas concurrencer la Torah écrite.

Ces rabbins, nommés Tannaïm (les répétiteurs), regroupent leurs traités en six ensembles portant sur les semences (Zéra'im, c'est-à-dire l'agriculture), les fêtes (Mo'êd), les femmes (Nashim), les délits (Nézikin), les objets sacrés (Kodashim) et les puretés (Taharot).

On désigne ces commentaires par le terme générique de *midrash* (examen). L'ensemble est rédigé pendant trois siècles en hébreu mêlé d'araméen, sous le nom générique de Mishna (répétition). Les premiers tannaïm vivent à Jérusalem. Ils se déplacent ensuite à Yavné, où ils établissent la liste définitive des livres de la Bible vers la fin du Ier siècle de notre ère.

Très vite apparaissent des commentaires araméens de la Mishna, dont les auteurs se qualifient d'Amoraïm (répétiteurs). Ces commentaires sont nommés Guémara (complément).

Aggada

Outre ces textes portant sur les prescriptions, une abondante production plus littéraire a vu le jour pendant cette période : récits édifiants, proverbes, histoires ou contes. Ils ont été regroupés sous le nom de Aggada (récitation). Ces textes alimentent encore largement les arts populaires juifs de nos jours.

Le plus célèbre est la Aggada de Pâque, qui raconte la sortie des Hébreux d'Égypte sous la conduite de Moïse.

Les commentaires des commentaires

Les textes talmudiques sont souvent fort obscurs, y compris à cause du mélange des langues hébraïque et araméenne. Ils suscitent donc à leur tour des commentaires. Les plus célèbres sont ceux de Gershom de Mayence et de Rachi de Troyes au XIe siècle.

L'enseignement talmudique est fondamentalement oral. Il met en contradiction les avis des différents docteurs à propos de l'interprétation de n'importe quel passage des textes sacrés. Le maître provoque systématiquement les questions des élèves, fussent-elles les plus saugrenues.

La dérive est donc facile vers un pinaillage stérile, que l'on moque depuis le Moyen Âge sous le nom de *pilpoul* (poivre). Ce système de commentaire « à l'infini » ne fait pas l'unanimité.

Troisième partie

Le christianisme

Dans cette partie...

Une fois séparé du judaïsme, le christianisme (religion de Jésus, le Messie ressuscité) s'affirme par une théologie très particulière (la Trinité) et se scinde à son tour en de nombreuses Églises rivales. Les plus nombreuses, en termes de fidèles, se nomment catholiques et orthodoxes, puis protestantes.

Reprenant la formule du grand philosophe juif Baruch Spinoza (1632-1677), nous présentons la grande aventure « théologico-politique » du christianisme, puis les particularités de ses branches orthodoxe, catholique et protestantes (ou réformées). Les textes sacrés du Nouveau Testament et des Pères de l'Église sont présentés dans le dernier chapitre de la partie.

Chapitre 8

Deux mille ans de christianisme

Dans ce chapitre :

- Une secte juive
- Une multitude d'Églises rivales
- La religion personnelle d'un empereur
- L'invention du pape
- Les croisades
- Réforme et Contre-Réforme
- Et aujourd'hui ?

Dans les premiers temps, les Romains confondent les chrétiens avec les juifs. Après Constantin, la confusion n'est plus possible et le christianisme, religion impériale, est imposée aux peuples de la Méditerranée et du Proche-Orient. L'islam le repoussera d'Orient et du Maghreb, mais à partir de la Renaissance, les colonisations européennes lui procureront un second souffle dans les lointaines contrées d'Amérique puis, dans une moindre mesure, en Afrique et en Asie.

Naissance du christianisme

La religion chrétienne n'a pas été fondée par Jésus, mais par ses disciples après sa mort, lorsqu'ils ont cru qu'il était ressuscité et qu'il était donc le Messie attendu par les juifs.

La vie de Jésus

On ne connaît pas la date de naissance exacte de Jésus, pour la simple raison qu'il était de milieu modeste et que ses parents n'ont pas fait venir d'astrologue pour déterminer s'il aurait un avenir glorieux, comme le faisaient les parents des princes et des grands de ce monde.

LE SAVIEZ-VOUS ?

Une naissance exacte à dix années près

Les seuls textes qui mentionnent la date de naissance de Jésus sont les évangiles de Matthieu et de Luc. Le premier dit que Jésus est né aux jours du roi Hérode, c'est-à-dire au plus tard en l'an – 4 (date de la mort d'Hérode). Le second dit que ce fut au temps du recensement de la Palestine, lorsque Quirinus était gouverneur de Syrie. Or ce recensement eut lieu en l'an 6.

La vie de Jésus ne nous est connue que par les écrits de ses disciples et admirateurs, qui ont enjolivé sa biographie avec toutes sortes d'événements miraculeux, afin de convaincre leurs lecteurs (juifs en général) qu'il était bien le Messie. De plus, les évangélistes ont écrit au moins trente ans après sa mort. Nous n'avons strictement aucun autre document historique externe qui évoque sa vie ni son enseignement. Si l'on ôte les événements miraculeux rapportés par les évangiles, les données biographiques le concernant sont maigres.

PORTRAIT

La famille de Jésus vivait à Nazareth, un village du nord de la Palestine, situé à peu près à mi-chemin entre Haïfa et le lac de Tibériade. La tradition veut que son père, nommé Joseph, ait été charpentier de village. De sa mère, on ne sait rien, sinon qu'elle s'appelait Marie (Myriam).

Il n'a sans doute pas été à l'école et ses disciples étaient pour la plupart analphabètes car les auteurs des Évangiles disent qu'ils ont dicté leurs textes à des secrétaires qui écrivaient le grec.

Vers l'âge de trente ans, Jésus rejoint une secte juive dirigée par un prophète nommé Jean (le Baptiste) qui pratique le baptême. C'est ce dernier qui le reconnaît comme Messie.

LE SAVIEZ-VOUS ?

Jésus commence alors à prêcher la restauration d'un judaïsme débarrassé de ses dérives intellectualistes hypocrites (principalement incarnées pas le groupe des pharisiens) et de ses compromissions politiques avec l'occupant romain. Il réclame une religion spirituelle dégagée du ritualisme traditionnel. Il entraîne une foule avec lui et visite les villages de Palestine en prêchant dans les synagogues et en faisant des miracles, principalement en guérissant les malades – voire en ressuscitant des morts.

Quelques miracles notables de Jésus

- Marie, sa mère, conçoit son fils « par l'opération du Saint-Esprit », c'est-à-dire en restant vierge. C'est l'ange Gabriel qui en est le messager.
- Sa naissance est annoncée par le passage d'une comète.
- Des rois, « mages d'Orient », viennent lui apporter des cadeaux dans l'étable où il est né.

- Très jeune, il est capable de réfuter les docteurs du temple.
- Il transforme l'eau en vin à l'occasion d'un mariage (les noces de Cana).
- Il sauve une prostituée (Marie-Madeleine) que les juifs voulaient lapider.
- Il nourrit miraculeusement la foule de ses auditeurs en multipliant les pains et les poissons (la pêche miraculeuse).
- Il ressuscite Lazare, mort depuis quatre jours.
- Il chasse les démons qui habitent les possédés.

Après quelques années de prédication itinérante, Jésus se rend enfin à Jérusalem où il va contester directement le clergé du temple qu'il accuse de corruption et d'hypocrisie.

Il entraîne avec lui quelques disciples fidèles qui l'accompagnent au cours de ses déplacements. Ils prendront par la suite le nom d'« apôtres », terme grec (*apostolos*) qui signifie « missionnaires ».

Les douze apôtres

La tradition veut que Jésus ait réuni un cercle rapproché de douze disciples (comme les douze tribus d'Israël), mais c'est une reconstitution largement postérieure, car leur identité varie selon les témoignages. Selon Matthieu, il s'agit de : Matthieu lui-même, Pierre et son frère André ; Jacques, frère de Jésus, Jacques et son frère Jean (l'évangéliste), Philippe, Barthélemy, Thaddée, Simon le zélote et enfin Judas (qui livra Jésus).

Ses ennemis juifs le dénoncent alors aux Romains comme agitateur politique partisan des zélotes (voir chapitre 5) car il aurait affirmé qu'il était le roi des juifs. Des témoins racontent qu'il a été trahi par un de ses disciples nommé Judas.

Judas le traître

Ce personnage très littéraire est accusé de tous les maux. Il est le disciple qui a accepté l'argent des prêtres (dont Jésus avait dénoncé publiquement l'hypocrisie) et qui a trahi son maître « pour trente deniers ». C'est en embrassant Jésus au milieu de la foule qu'il l'aurait désigné aux sbires venus l'arrêter (le « baiser de Judas »). Matthieu dit que « pris de remords, il se pendit peu après sa trahison, non sans avoir rendu leurs trente pièces d'argent à ses commanditaires ». La tradition le décrit généralement comme roux (signe évidemment diabolique !).

Jésus est arrêté, jugé et condamné à mort par le procurateur romain Ponce Pilate, puis crucifié, comme le veut l'usage romain.

Les juifs déicides ?

Les rédacteurs des Évangiles, unanimes, veulent faire porter la responsabilité de l'exécution de Jésus aux juifs et non aux Romains. D'où le récit de la comparution de Jésus devant le tribunal juif du Sanhédrin. Le grand prêtre Caïphe l'accuse de blasphème et décide de le remettre à Ponce Pilate au motif qu'il se prétend roi des juifs. Mais Pilate, impressionné par la sainteté de l'accusé, refuse de le condamner et propose aux juifs de le gracier. Ceux-ci choisissent cependant de faire bénéficier de la grâce un autre condamné, nommé Barabbas. Jésus sera donc crucifié.

Il est peu vraisemblable qu'un gouverneur romain se soit laissé dicter sa conduite par la foule…

Ses disciples sont terrorisés et démoralisés, car la mort de leur maître signifie évidemment qu'il n'était pas le Messie.

La résurrection du « Christ »

Trois jours après son exécution, le jour de la Pâque, plusieurs femmes de son entourage – dont Marie-Madeleine – viennent dire aux disciples de Jésus qu'elles ont trouvé son tombeau vide et qu'un ange leur a annoncé qu'il était ressuscité. Du coup, les disciples reprennent courage, d'autant qu'il leur apparaît à plusieurs reprises avant de monter définitivement au ciel (l'« Ascension »).

Jésus-Christ

Rappelons que « Christ » n'est en aucune façon le nom de Jésus de Nazareth. Il se nommait Jésus, un nom très courant chez les juifs. Lorsque ses disciples l'ont cru ressuscité, ils ont pensé qu'il était le Messie, terme qui se dit en grec *khristos*.

Les disciples se sentent inspirés par Dieu. Ils décident de rester ensemble et organisent une petite communauté qui va maintenant annoncer la « Bonne Nouvelle » (*évangelia*) à leurs coreligionnaires. Ils se choisissent comme chefs les deux disciples les plus proches de Jésus, c'est-à-dire Jacques, son frère (peut-être son cousin), et Pierre, l'ancien pêcheur, à qui ils adjoignent des « anciens » pour les aider dans la gestion.

Les « juifs-chrétiens »

Les disciples de Jésus continuent à pratiquer scrupuleusement tous les rites juifs, notamment la circoncision, et ils envoient des missionnaires dans les villages de Palestine pour y répandre le message de Jésus et recruter des adeptes. Les historiens les désignent par le terme « judéo-chrétiens ».

Il est essentiel de se souvenir que les fondateurs du christianisme – Jésus et ses disciples – étaient tous, sans exception, des juifs pieux de Palestine. Ils étaient tous circoncis et pratiquaient l'ensemble des rites juifs, notamment les pèlerinages au temple de Jérusalem et les lectures de la Bible dans les synagogues le jour du *shabbat*.

Les nouveaux convertis doivent donner leurs biens à la communauté et, s'ils ne sont pas déjà juifs, ils se font circoncire. On accueille également des femmes pieuses et des veuves. Les autres juifs les nomment « chrétiens », c'est-à-dire *khristianoï*, ce qui signifie « disciples du Messie ». Jérusalem est sans conteste la capitale du christianisme naissant.

Saül devient Paul

Un nouveau venu, nommé Saül, rejoint la communauté vers l'an 40. C'est un riche juif, originaire de Tarse en Syrie. Il est citoyen romain, donc un notable, en raison de services que son père a rendus à l'occupant. L'homme devient rapidement un militant très actif. Il dit qu'il est un ancien ennemi des chrétiens et que Jésus lui est apparu pour le convaincre de se convertir (la fameuse apparition de Jésus « sur le chemin de Damas », voir chapitre 11) .

Il tient à occuper des responsabilités importantes et à compter au nombre des « apôtres », mais le petit cercle des disciples qui ont connu Jésus personnellement refuse de l'intégrer et ils l'envoient prêcher dans des pays lointains, vers la Grèce. Saül est obligé de se soumettre et effectue plusieurs voyages en Grèce, au cours desquels il parcourt les communautés juives. À son retour, il entre en conflit ouvert avec Pierre et Jacques car il affirme qu'il est possible de devenir chrétien sans se faire circoncire.

Comme il ne parvient toujours pas à se faire admettre comme chef de la communauté, il passe à l'offensive. Il abandonne son nom juif de Saül et le remplace par un nom romain (donc païen) de Paul. Il déclare que la prédication doit s'adresser prioritairement aux païens et non plus aux juifs. Il en vient même finalement à affirmer qu'il est déconseillé d'être juif si l'on veut devenir chrétien (Épître aux Hébreux).

On ne sait pas à quelle date sont morts les apôtres Pierre et Jacques, ni Paul. En revanche, ils n'ont sans doute pas connu la grande guerre des Juifs qui a abouti à la destruction du temple de Jérusalem (voir chapitre 5). L'écrasement de la révolte juive a sans doute sonné le glas de la communauté judéo-chrétienne et le christianisme (tout comme le judaïsme) a continué son existence dans les communautés de la diaspora, à travers l'Empire romain.

Expansion du christianisme

Après la destruction de Jérusalem, les premières communautés chrétiennes se sont formées là où il existait déjà des communautés juives, c'est-à-dire dans la plupart des villes de l'empire. Les villes les plus importantes se choisissaient un chef nommé « surveillant » (évêque). Les plus prestigieuses et les plus riches furent logiquement les communautés d'Alexandrie, d'Antioche, de Carthage et de Rome.

La langue commune des premiers chrétiens est le grec, car c'est la langue de culture de tout l'Empire romain et celle des juifs. De plus, ils peuvent lire en grec la Septante (voir chapitre 7). C'est la raison pour laquelle la totalité des termes techniques religieux des premiers chrétiens sont grecs.

Les premières Églises

Les chrétiens nomment leurs communautés « Églises » (du grec *ecclésia*). Chaque Église est jalousement indépendante des autres, celles des grandes capitales et leurs évêques exerçant évidemment leur autorité sur celles de leur région.

Pendant cette première période, les prédicateurs chrétiens, habités par le feu sacré de leur mission, se livrent à des polémiques très violentes contre les juifs et les païens, mais aussi contre toutes les communautés chrétiennes qui divergent avec eux sur tel ou tel point de doctrine, et qu'ils accusent donc d'hérésie en tout genre.

LE SAVIEZ-VOUS ?

Les Pères de l'Église

On nomme « Pères de l'Église » ces quelques dizaines de polémistes qui échangent lettres et traités incendiaires. Certains d'entre eux ont des plumes très acerbes et talentueuses (Irénée, Tertullien). Ils n'acceptent aucune autorité et passent leur vie à s'échanger insultes et menaces. Ils cherchent à obtenir le soutien des nobles romains, voire des empereurs. C'est de leurs rangs que sortiront les grands noms d'Ambroise de Milan, d'Augustin d'Hippone ou de Jérôme de Stridon, dont les écrits alimenteront les controverses des théologiens pendant deux millénaires. Ils sont presque tous de langue grecque.

Au terme de deux siècles d'existence, les chrétiens, quoiqu'encore très minoritaires, sont devenus une force qui compte dans l'Empire romain. Leur nombre atteint sans doute plusieurs millions, répartis en plusieurs centaines d'évêchés, depuis l'Angleterre jusqu'à la Perse et même l'Inde. Ils font désormais presque poids égal avec les juifs.

Qu'est-ce qui leur a permis d'acquérir une telle importance ? Le premier élément de réponse est un prosélytisme vigoureux.

Qu'est-ce que le prosélytisme ?

Ce terme grec était employé par les juifs du temps de Jésus pour désigner un nouveau converti à leur religion. Par extension, il désigne maintenant également celui qui déploie du zèle pour convertir les autres. On parle du prosélytisme d'un missionnaire.

Le second élément est un ensemble de pratiques qui assurent des revenus économiques considérables aux communautés :

- le versement d'une contribution annuelle du même type que celle que les juifs versent à leur communauté ;
- la donation obligatoire des biens personnels à la communauté, sous peine d'exclusion (au moins les premiers temps). Cette obligation est attestée sans équivoque par les Actes des apôtres pour la communauté de Jérusalem ;
- la valorisation de la virginité et du célibat, ainsi que l'incitation systématique des veuves à ne pas se remarier (contrairement aux usages juifs et romains), ce qui a pour effet de soustraire les héritages et les dots aux familles et d'en faire bénéficier la communauté.

Les chrétiens persécutés

Les chrétiens se trouvent rapidement confrontés au même problème que les juifs sous la domination impériale grecque puis romaine : comment refuser de participer aux cultes civiques polythéistes de l'État sans devenir de ce fait des opposants politiques ?

Plusieurs vagues de persécutions s'abattent sur eux, lorsque les empereurs estiment que l'unité de l'Empire est menacée, notamment sur ses frontières. En 250, après l'assassinat de l'empereur chrétien Philippe l'Arabe (qui avait traité avec le roi perse), son successeur Dèce fait vérifier par des commissions spéciales que tous les citoyens sacrifient au culte impérial. Les contrevenants sont emprisonnés, torturés et parfois exécutés. Valérien, puis Aurélien, seront également très hostiles aux chrétiens. Enfin Dioclétien (dont la femme et la fille sont chrétiennes) s'attaque d'abord aux manichéens (en 298), peut-être suspectés d'être des agents doubles des Perses, puis aux chrétiens (en 303). Il abdique en 305.

LE SAVIEZ-VOUS ?

Le manichéisme

Cette religion radicalement dualiste (les deux principes Bien et Mal se partagent la création) a été prêchée par un jeune mystique nommé Mani (216-276) qui avait été éduqué dans une secte proche des judéo-chrétiens. Il créa sa propre Église qui connut un immense succès au Moyen-Orient, malgré (ou à cause de) son rigorisme moral extrême. Il eut la révélation qu'il était la réincarnation de Jésus et parvint même à convertir l'empereur perse Shapour à sa doctrine. Cependant, le clergé impérial zoroastrien (voir chapitre 6) parvint à se débarrasser de lui. Il fut emprisonné, décapité, crucifié et écorché. Mais, au cours des siècles suivants, les missionnaires manichéens répandirent leur religion jusqu'en Chine, où Marco Polo rencontra des « évêques » manichéens à Zaitun, près de Quanzhou au XIXe siècle.

Après la conversion de Constantin

Les empereurs romains sont les souverains pontifes de la religion d'État polythéiste (voir chapitre 3). Cependant, chacun d'entre eux est parfaitement libre de devenir adepte d'une religion particulière, y compris exotique, s'il estime que sa divinité lui est particulièrement favorable. Ainsi Trajan rendait un culte à Hercule, Hadrien se fit initier aux Mystères d'Éleusis, Antonin fut dévot de Mithra et Marc Aurèle de Dionysos. Constantin, quant à lui, se déclara adepte du Dieu des chrétiens. Ce choix a changé la face du monde.

PORTRAIT

En 312, lorsque Constantin, maître de la Gaule, de l'Espagne et de l'Angleterre, entreprend de conquérir l'Italie, il n'est encore que l'un des quatre prétendants au pouvoir suprême dans l'Empire romain. En Orient, Licinius partage le pouvoir avec Maximin Daïa ; en Occident, Maxence tient l'Italie.

C'est au cours de sa campagne que Constantin se convertit au christianisme. Pendant la nuit qui précède la bataille décisive contre Maxence dans les faubourgs de Rome (au pont Milvius en 312), Constantin fait un rêve au cours duquel le Dieu des chrétiens lui promet la victoire s'il affirme publiquement sa nouvelle croyance. Il fait alors peindre sur les boucliers de ses soldats le « chrisme ». Le lendemain, sa victoire est sans appel.

Le chrisme

Ce symbole graphique est formé par les deux premières lettres grecques du nom du Christ (*khristos*) : X (*khi*) et P (*rhô*). Il sert aussi de protection contre les démons.

L'année suivante, en Orient, Licinius écrase Maximin. Les deux « Augustes » vainqueurs, Constantin et Licinius se rencontrent à Milan et décident d'un commun accord que les chrétiens seront traités dans l'ensemble de l'Empire avec les mêmes droits que les autres sujets polythéistes ou juifs.

Pendant dix ans, les deux parties de l'Empire connaissent la paix religieuse. Constantin tient à ce que sa religion personnelle soit honorée et ne manque pas une occasion d'exprimer son profond mépris à l'égard des « superstitions » des païens. Il ne prend cependant aucune mesure répressive contre la religion traditionnelle, sinon l'interdiction des sacrifices sanglants dans les cérémonies publiques.

UN PEU DE TECHNIQUE

Qu'est-ce qu'un païen ?

C'est un paysan (*paganus* en latin). Ce terme méprisant rappelle que les chrétiens ont d'abord recruté leurs adeptes dans les villes, et que les campagnes reculées ont constitué des bastions de résistance des cultes traditionnels (elles l'ont été pour toutes les religions).

En revanche, Constantin ne cesse de favoriser ses nouveaux coreligionnaires et protégés chrétiens notamment en les recrutant dans les hautes responsabilités de l'administration d'État.

Le concile de Nicée

Constantin se considère comme le chef spirituel et temporel de toutes les Églises.

UN PEU DE TECHNIQUE

Église ou église ?

L'institution que l'on nomme « Église » (avec une majuscule) comprend l'ensemble du clergé et des fidèles. En revanche, on nomme « église » (avec une minuscule) le bâtiment consacré où se déroule le culte chrétien. Les deux termes dérivent du même mot grec *ecclésia*, qui signifie « assemblée » (de même que « synagogue » pour les juifs).

Après sa victoire sur Licinius en 324, il décide de mettre fin aux divisions et rivalités incessantes entre les évêques – particulièrement ceux des grandes cités Antioche, Jérusalem, Alexandrie, Carthage et Rome.

L'année suivante, il convoque plusieurs centaines d'évêques – presque tous orientaux – à un « concile » chargé d'unifier les doctrines et les pratiques. Il leur impose de signer une déclaration en vingt-six points (souvent appelée « symbole de Nicée ») précisant les dogmes auxquels les chrétiens doivent croire, sous peine d'être excommuniés et chassés de l'Empire. Les récalcitrants sont exilés. En 324, Constantin réussit à éliminer Licinius. Il est maintenant le seul empereur. Il se fera baptiser sur son lit de mort.

LE SAVIEZ-VOUS ?

Le *Credo* de Nicée

Credo (« Je crois ») est le premier mot de la traduction latine du symbole de Nicée. Par extension, il désigne l'ensemble de la déclaration.

Le concile détermine également la liste des textes sacrés. Tous les individus ou les groupes qui refusent de s'y soumettre sont qualifiés d'hérétiques et expulsés sans ménagements. Certains « hérétiques » créent leur propre secte, qui devient parfois à son tour une Église — quelques-unes existent encore de nos jours.

Les chrétiens persécuteurs

Les trois fils de Constantin, qui se partagent le pouvoir après sa mort, sont des chrétiens dévots. Ils mènent des politiques ouvertement hostiles au polythéisme et s'emploient par tous les moyens à le faire disparaître : riches dotations financières et foncières aux sanctuaires chrétiens, confiscations des revenus et destructions des temples païens.

PORTRAIT

Julien l'Apostat (331-363)

En 360, Julien, neveu de Constantin, qui avait échappé au massacre de sa famille, est acclamé empereur par ses troupes. Il sera le seul successeur de Constantin à ne pas pratiquer la religion chrétienne. Malgré son éducation chrétienne, il est revenu à la religion traditionnelle dont il se fait dorénavant le champion. Une fois au pouvoir, il retire ainsi aux chrétiens tous leurs privilèges et rétablit le polythéisme officiel. Mais il est tué à la bataille contre les Perses et son successeur, le païen Sallustius, refuse le pouvoir.

À la mort de l'empereur Julien, l'armée porte au pouvoir Jovien, puis Valentinien, à qui succéderont son fils Gratien, puis Théodose. Tous sont chrétiens convaincus et s'emploient efficacement à annuler la restauration du polythéisme traditionnel entreprise par Julien.

Théodose publie en 392 un édit obligeant tous les sujets de l'Empire à être chrétiens sous peine de mort et tous les cultes païens sont interdits. Les temples doivent être détruits. Deux ans plus tard, Arbogast, son concurrent (païen et barbare) à l'Empire, est tué à la bataille de la Rivière-Froide.

Les traces du paganisme doivent être effacées dans tous les domaines de la vie publique et privée. Cela implique notamment la mutilation des innombrables statues, bas-reliefs et peintures qui ornent les édifices publics – puis privés. C'est la censure de toute la mythologie polythéiste qui alimente la culture antique (poésie, romans, théâtre, littérature, philosophie). Les dieux d'Homère et d'Euripide sont désormais des diables dont il faut débarrasser la culture. Jérôme et Augustin ont laissé des témoignages saisissants de cette schizophrénie qui les oblige à détruire en eux-mêmes la haute culture dont ils étaient si fiers. On détruit aussi les gymnases, hauts lieux de la pédérastie (de vieille tradition culturelle grecque, qui indignait violemment juifs et chrétiens), et les stades où les hommes se montrent nus. Les bibliothèques sont brûlées. Dorénavant, le pouvoir politique et la fortune appartiennent aux chrétiens. Qui veut faire carrière dans l'armée ou l'État a tout intérêt à se faire baptiser.

Le massacre d'Hypatia

Hypatia (370-415) est la fille d'un célèbre mathématicien. Elle dirige une école à Alexandrie où elle enseigne les sciences (notamment l'astronomie) et la philosophie platonicienne. Elle est tenue en haute estime par le préfet Oreste et tient tête aux chrétiens de la ville qui la massacrent en 415 à l'instigation de leur évêque Cyrille.

La politique volontariste de conversions porte ses fruits : au cours du IVe siècle, le nombre des évêchés quadruple. L'Académie platonicienne d'Athènes est fermée en 529 sur ordre de l'empereur Justinien, pour cause de paganisme.

Les derniers païens résistent clandestinement. On sait qu'en 580, le temple d'Apollon du mont Cassin est encore desservi, alors que Benoît de Nursie (saint Benoît) y a fondé son fameux monastère cinquante ans plus tôt.

L'Occident aurait pu ne pas devenir chrétien…

« L'avenir du christianisme a dépendu à ce moment de la décision d'une camarilla qui avait d'autres soucis. Les masses étant païennes ou indifférentes et le christianisme n'étant pas encore la religion coutumière de l'Empire, il aurait suffi à un empereur païen de ne plus interdire les sacrifices et de ne plus soutenir financièrement l'Église, cependant que les ambitieux auraient cessé de se convertir. Alors, le christianisme serait retombé au niveau d'une secte non illicite. »

Paul Veyne, *Quand notre monde est devenu chrétien*, p. 191.

L'Empire romain est définitivement gouverné par des chrétiens. Il faudra pourtant encore deux siècles pour que le christianisme soit imposé par la force dans la totalité de l'Empire.

Dès le temps de Constantin, plusieurs souverains de pays extérieurs à l'Empire romain se convertissent également au christianisme. C'est le cas, par exemple, des rois Ezana en Éthiopie, Tiridate en Arménie, Mirvan en Géorgie.

L'effondrement de l'Empire romain d'Occident

À partir de 330, l'Empire romain a deux capitales : Rome et Constantinople. L'immensité du territoire conduit les derniers empereurs à diviser l'Empire en deux parties : l'empereur de Rome régnera sur l'Occident et celui de Constantinople sur l'Orient. Constantinople est logiquement la capitale religieuse du christianisme, puisque Constantin l'a voulu ainsi.

Un siècle après Constantin, les « grandes invasions » font passer l'Empire d'Occident aux mains des rois « barbares » (qui sont devenus depuis longtemps les auxiliaires militaires indispensables des empereurs romains). Les Vandales, puis les Goths, les Alamans, les Burgondes et les Francs deviennent les nouveaux maîtres de l'Empire d'Occident, y compris en Afrique du Nord. Ils utilisent à leur profit les institutions impériales romaines, parmi lesquelles l'Église occupe une place de choix grâce au maillage serré que sa hiérarchie exerce sur l'ensemble des territoires. De plus, les membres du clergé (qu'on nomme « clercs ») sont généralement lettrés et peuvent éventuellement pallier les carences des fonctionnaires civils.

La parcellisation des États fait perdre durablement à Rome son statut de capitale de l'Occident, qu'elle ne retrouvera jamais. La Ville éternelle comptait près de deux millions d'habitants au temps de Constantin, elle n'en aura plus que trente mille au temps de Charlemagne. Constantinople régnera seule et avec faste sur la chrétienté, au moins jusqu'au XIIe siècle.

Catholiques et orthodoxes

Les chrétiens d'Occident, dont la langue liturgique est le latin, ont un gros complexe d'infériorité par rapport à la richesse et à la culture de leurs frères orientaux, dont la langue liturgique est le grec. Les évêques de Rome prennent le titre (grec) de « catholiques » (église « universelle ») et abandonnent aux Orientaux celui de la doctrine « juste » – « orthodoxes » (voir chapitre 9).

La quasi-totalité des rois « barbares », pour la plupart d'origine germanique, adoptent finalement le christianisme et font baptiser en masse leurs armées et leurs sujets, ce qui leur permet d'obtenir le soutien des évêques et des prêtres, fort utiles pour gouverner les territoires conquis.

Le baptême de Clovis

L'évêque Grégoire de Tours, raconte avec émerveillement au chapitre 31 de son *Histoire des Francs* comment, vers l'an 500, le roi germanique Clovis, après avoir gagné une bataille décisive à l'aide du Dieu de son épouse Clotilde, s'est fait baptiser, ainsi que ses trois mille soldats, des mains de l'évêque Rémi de Reims.

Les populations urbaines d'Occident se réfugient dans les campagnes où ils recherchent la protection des châteaux et des monastères fortifiés.

Le grand reflux d'Afrique et d'Orient

Trois siècles après Constantin, l'Église voit surgir l'Islam, la religion concurrente qui va lui arracher *manu militari* les deux tiers de ses fidèles, ainsi que ses provinces les plus riches en hommes et en blé (Andalousie, Maghreb, Égypte, Syrie).

Face à l'islam

En quatre générations, les califes imposent leur pouvoir et leur religion sur toute la rive sud de la Méditerranée, le Proche-Orient et la Perse. Ils ne sont arrêtés qu'en 732 près de Poitiers (voir chapitre 12). Les chrétiens se convertissent en masse à l'islam, sauf quelques minorités telles que les Coptes en Égypte ou les nestoriens et les Chaldéens en Syrie et en Irak.

LE SAVIEZ-VOUS ?

Il faudra huit cents ans aux rois chrétiens pour reconquérir l'Espagne. En revanche, sur le flanc oriental, l'avancée musulmane se poursuivra presque sans interruption jusqu'au XVIIe siècle, lorsque les Turcs seront arrêtés devant Vienne (pour la seconde fois) en 1683.

L'invention du pape

La victoire de Charles Martel sur les Arabes en 732 donne au roi franc un pouvoir considérable. Il peut se poser comme rival de l'empereur grec de Constantinople. De fait, son fils Pépin (le Bref) se fait sacrer à Saint-Denis par Étienne, l'évêque de Rome, à la suite de quoi il conquiert sur les Lombards vingt-deux villes italiennes de part et d'autre de Rome. L'État ainsi formé coupe l'Italie de la Méditerranée à l'Adriatique. Pépin le donne en fief à l'évêque de Rome. Cet État « pontifical », dont les terres sont particulièrement riches, sera dorénavant totalement indépendant de l'empereur de Constantinople. Il existera jusqu'en 1870. L'évêque de Rome exige d'exercer son autorité sur tous ses collègues occidentaux. Dorénavant, on ne le nommera plus que « pape », c'est-à-dire « père », pour signifier qu'il est le représentant de Dieu sur Terre.

UN PEU DE TECHNIQUE

La dîme, ressource d'un État

Les rois carolingiens Pépin le Bref puis Charlemagne ont soin de donner au nouveau souverain pontife romain les moyens de son rang. En échange de son couronnement comme empereur à Rome, Charlemagne cède au pape le droit de battre monnaie, de prélever l'impôt sur « ses » terres et de vendre les charges ecclésiastiques. Il lui garantit également des revenus considérables et permanents en instaurant l'impôt du 1/10e sur l'ensemble de la chrétienté (la dîme) – sauf sur les nobles. Enfin, le système de la vente des « bénéfices » ecclésiastiques assure une manne financière inépuisable.

La nouvelle puissance des États du pape permet à l'Église romaine de se placer en arbitre au milieu des princes féodaux d'Europe. En brandissant la menace d'excommunication, le pape peut refuser la légitimité à n'importe quel souverain (voire à tout prétendant ou usurpateur) chrétien et il ne manquera pas d'utiliser cette arme, notamment contre les empereurs germaniques, qui sont ses suzerains en Italie, au cours du Moyen Âge.

La puissance du pape lui permet aussi d'envisager de s'affranchir progressivement de l'insupportable tutelle de Constantinople (voir chapitre 9).

Le schisme d'Orient

L'évêque de Rome et le patriarche de Constantinople sont supposés, à l'instar des deux empereurs d'autrefois, se parler sur un pied d'égalité. Mais en 1045, le patriarche grec Michel Cérulaire fait montre d'un manque d'égards particulièrement insultant pour son collègue latin Humbert de Moyenmoutiers, légat du pape – qui le lui rend bien. On s'échange des injures, puis on en vient à l'excommunication réciproque.

La rupture des relations diplomatiques entraîne le schisme (coupure) qui séparera les Églises catholique (latine) et orthodoxe (grecque) jusqu'à nos jours.

Les croisades

Quarante ans après cette rupture spectaculaire, le pape Urbain II proclame la première croisade à Clermont-Ferrand (1095). Les nobles chrétiens sont sommés de participer à la guerre de libération du tombeau (présumé) du Christ que les Turcs seljoukides interdisent aux pèlerins depuis vingt ans. Quiconque mourra à la croisade sera assuré du Paradis. Quiconque refuse sera excommunié.

Les croisades seront une démonstration de force de Rome contre le monde orthodoxe autant que contre l'islam. Puisque les empereurs grecs et leurs patriarches ne sont pas capables d'imposer leur loi sur les Lieux saints de Palestine, les papes latins et les rois occidentaux vont le faire à leur place.

Les premières armées sont réunies dans une grande confusion. Certains groupes de croisés s'occupent d'abord de piller les communautés juives de la vallée du Rhin, car ils considéraient que les juifs étaient les « ennemis du Christ », et donc les soutiens clandestins de l'islam.

La conquête de Jérusalem

Jérusalem est prise en 1099, mais les croisés en seront chassés moins d'un siècle plus tard par le sultan Saladin. Le maintien d'un ordre féodal latin dans des contrées aussi éloignées de ses bases est une gageure. Les croisés devront progressivement abandonner leurs possessions en Palestine, malgré les participations de souverains puissants comme Richard Cœur de Lion, Philippe Auguste ou Frédéric Barberousse (suspecté d'avoir pactisé avec les ennemis musulmans).

La conquête de Constantinople

Les armées des croisés doivent nécessairement traverser l'Empire byzantin pour atteindre la « Terre sainte », ce qui provoque évidemment des tensions incessantes avec les empereurs grecs, soupçonnés (à juste titre) de manque de coopération. En 1204, les chefs de la quatrième croisade profitent de luttes de pouvoir chez les empereurs byzantins pour s'emparer de Constantinople. Les croisés y installent un royaume latin catholique qui mettra le pays en coupe réglée pendant deux générations. Les Grecs ne pardonneront jamais ces pillages et ces blasphèmes à leurs « frères » latins.

Les ordres militaires

Les nécessités de la guerre contre les musulmans en Palestine et en Espagne amènent à la création de plusieurs ordres militaires, ne dépendant théoriquement que de l'autorité du pape. Leurs actions se déploient pendant plusieurs siècles aux marges de l'humanitaire, du diplomatique, du militaire et de la finance internationale. Les plus connus sont les templiers, les hospitaliers et les chevaliers teutoniques.

- Les templiers

  À l'origine, les templiers soignent les malades et les blessés chrétiens à Jérusalem. Ils obtiennent le droit de former un ordre religieux militaire et deviennent rapidement les trésoriers de la papauté. Cela leur vaudra leur perte sous le règne de Philippe le Bel.

- Les hospitaliers

  Les chevaliers de Saint-Jean de Jérusalem, rivaux des templiers, sont expulsés de Palestine après l'écrasante défaite de Hattin (1187). Ils se replient à Chypre, puis à Rhodes et finalement à Malte (d'où leur nom actuel d'Ordre de Malte). Ils deviendront les dépositaires des biens des templiers après leur dissolution, ce qui leur assure une grande puissance financière.

- Les chevaliers teutoniques

  Initialement chargé de gérer l'hôpital des Allemands de Sainte-Marie de Jérusalem, l'Ordre des chevaliers teutoniques (allemands) devient militaire après la défaite de Hattin. Ils sont chassés de Palestine un siècle plus tard par les mamelouks (prise de la forteresse de Saint-Jean d'Acre en 1291) et se replient sur l'Allemagne. Ils se lancent dans la conquête de la Lituanie et de la Pologne, mais sont arrêtés par le prince russe Alexandre Nevsky. Cependant, ils obtiennent de l'empereur germanique le droit de fonder un État indépendant en Prusse, qui durera jusqu'au XVIe siècle.

Combien de croisades ?

Les historiens comptent huit croisades officielles jusqu'à la déroute de Louis IX (Saint Louis) devant Tunis en 1254. Plusieurs autres seront envisagées pendant les siècles suivants, mais elles sont surtout le prétexte à prélever des impôts nouveaux.

Les croisades contre les hérétiques

Dès les premiers temps de son existence, l'Église a lancé de très violentes condamnations contre tous les chrétiens accusés de « déviation » dogmatique (« hérésies » selon le terme grec traditionnel, voir chapitre 11). Le Moyen Âge a également connu de nombreux mouvements de contestations contre l'autorité religieuse romaine (révoltes millénaristes ou mouvements mystiques collectifs). Cependant, aucun n'est parvenu à résister à la formidable bureaucratie répressive de l'Église. En revanche, le catharisme, religion exotique prêchée par des missionnaires venus de Constantinople, a connu une grande diffusion à partir de la fin du XIIe siècle.

Les Albigeois « cathares »

Très proche du manichéisme (voir p. 110), la doctrine cathare affirme que le monde est dominé par un principe mauvais, que doivent combattre les « purs » (en grec : *katharoï*). Les cathares ont formé plusieurs Églises dans les Balkans (Bulgarie et Bosnie), puis en Italie, dans la vallée du Rhin et dans le Languedoc. Le succès de leur prédication inquiète les autorités catholiques au point que le pape Innocent III lance contre eux en 1209 la « croisade des Albigeois », accordant aux combattants les mêmes « indulgences » qu'à ceux qui combattent en Terre sainte. Rome utilise en première ligne contre les hérétiques les jeunes forces des dominicains et de l'Inquisition, créée pour la circonstance en 1231. Les combats et les dévastations durent plusieurs décennies et le catharisme en sortira durablement affaibli et clandestin.

La consolidation catholique romaine

À partir du XIIe siècle, les villes de l'Occident chrétien se renforcent et leurs bourgeoisies commencent à s'émanciper des tutelles féodales. Des mouvements de piété contestataires apparaissent dans les villes et les campagnes (vaudois, Pauvres de Lyon, cathares), contre lesquels les évêques manquent de moyens. Pour les combattre, Rome crée trois institutions, étroitement liées entre elles, destinées à assurer le contrôle des âmes : les universités, les ordres mendiants et l'Inquisition, qui dépendront directement du pape sans passer par la lourde bureaucratie du clergé traditionnel.

Les ordres mendiants

LE SAVIEZ-VOUS ?

Les ordres mendiants, principalement dominicain (fondé par l'espagnol Dominique de Guzman) et franciscain (fondé par l'italien François d'Assise), sont créés au début du XIIIe siècle. Ils vivent de la charité publique et ont pour mission d'aller prêcher dans les églises les jours de fêtes à la place des curés trop souvent ignares et incompétents. Leurs couvents sont installés au cœur des villes – contrairement aux bénédictins dont les monastères s'élèvent au milieu des campagnes – et ils circulent à travers toute l'Europe (voir aussi chapitre 9). Ils sont étroitement contrôlés par Rome et se voient confier deux missions spécifiques de surveillance des esprits : l'enseignement de la théologie dans les universités et la lutte contre les déviations doctrinales grâce à l'Inquisition.

Les universités

Ces « corporations de maîtres et d'étudiants » sont fondées à partir du XIe siècle dans une dizaine de grandes villes d'Europe. Les plus prestigieuses sont celles de Bologne, Paris, Oxford et Salamanque. Les ordres mendiants y reçoivent la charge des facultés de théologie qui contrôlent la légitimité des enseignements dispensés aux étudiants, parmi lesquels se recruteront nombre de grands fonctionnaires et de juristes, fort appréciés par les princes.

L'Inquisition

Elle est d'abord créée sous le nom d'« Inquisition de la perversité hérétique » pour lutter contre les cathares. Elle sera ensuite dirigée principalement contre les juifs, puis les réformés et les présumées sorcières. Selon les régions, elle est dirigée par les dominicains ou les franciscains.

LE SAVIEZ-VOUS ?

Lors des affaires trop délicates, les inquisiteurs demandent leur avis doctrinal aux facultés de théologie, notamment à celle de Paris, considérée comme la « mère » de toutes les autres.

Pendant tout le Moyen Âge, l'Église catholique sera critiquée pour son alliance avec les puissants, son luxe et l'immoralité de son haut clergé. Mais elle est si étroitement liée au pouvoir que les critiques sont immédiatement étouffées. De plus, les clercs peuvent difficilement dénoncer des pratiques telles que la vente des bénéfices ou la simonie (trafic des reliques) car elles sont la source de leurs propres revenus.

Papes et antipapes : le Grand Schisme d'Occident

Les papes jouent en permanence sur les rivalités entre les rois, mais l'inverse est tout aussi vrai, car les rois et les empereurs ne se privent pas d'intervenir dans les élections des papes pour soutenir les candidats qui leur seront les plus favorables. La nomination des cardinaux (futurs électeurs du pape) par le pape régnant se joue également sur le terrain des alliances politiques et financières.

Dès 1303, le puissant roi de France Philippe le Bel se débarrasse du pape Boniface VIII. Les sept pontifes qui lui succèdent sont tous des Français. Ils seront chassés de Rome par la population et s'installeront à Avignon, la cité « des Papes », qui appartenait aux États pontificaux.

Au plus fort de la guerre de Cent Ans, qui éclate trente ans plus tard, le roi d'Angleterre et ses alliés imposent l'élection d'un antipape romain contre celui d'Avignon. Ainsi, à partir de 1378, quatre papes successifs seront élus à Rome, pendant qu'autant le seront à Avignon (le concile de Pise en élira un troisième en 1409, sous la pression du roi de France Louis XII). En 1417, le concile de Constance finit par déposer les trois papes en faveur du romain Martin V. Les trois derniers papes d'Avignon résisteront jusqu'en 1430.

La chute de Constantinople

L'Empire chrétien d'Orient (byzantin), abandonné par ses « frères » catholiques, succombera finalement sous les coups des Turcs, qui prendront Constantinople en 1453.

LE SAVIEZ-VOUS ?

La « Troisième Rome » du Nord

Après la chute de Constantinople (1453), l'Église d'Orient se trouve presque entièrement sous domination musulmane. Plus au nord, les princes chrétiens de Kiev, puis de Moscou, étendent leurs possessions jusqu'à la Pologne. Sous Ivan le Terrible (1550), Moscou se baptise « Troisième Rome », affichant sa volonté de succéder à Constantinople à la tête du monde chrétien oriental. Tous les peuples soumis aux tsars russes se verront christianisés de gré ou de force – sauf ceux d'Asie centrale, qui resteront obstinément fidèles à l'islam.

La Réforme

Pendant tout le Moyen Âge, des mouvements de critique de l'Église ont fleuri en Occident. Les raisons de contestations ne manquaient pas : ambiguïtés doctrinales, débauche du clergé, trafics de bénéfices et de reliques.

Luther

Le 31 octobre 1517, le professeur de théologie de l'université de Wittenberg Martin Luther (1483-1546) annonce un débat public sur quatre-vingt-quinze thèses dénonçant le commerce des indulgences.

LE SAVIEZ-VOUS ?

Les indulgences

Pour faire face aux colossales dépenses du haut clergé et notamment à la construction de Saint-Pierre de Rome, les papes ont imaginé (on ignore à quelle date précise) de faire entrer de la trésorerie dans les caisses romaines par le système des indulgences.

Le principe en est simple : un fidèle (noble et riche de préférence) a commis un péché mortel (par exemple un meurtre, qui lui vaut l'Enfer s'il meurt sans être pardonné). L'évêque lui propose l'absolution (donc le Paradis éventuel) à condition qu'il accomplisse un pèlerinage. Le pécheur demande à son évêque de le dispenser du voyage (il a un commerce à tenir, sa femme à surveiller, une guerre urgente à mener...). L'évêque accepte et lui demande simplement de verser en échange l'argent équivalent à toutes les dépenses – si c'est un pèlerinage à Saint-Jacques de Compostelle ou à Jérusalem, la note sera très élevée.

Cette méthode a été érigée en système si bien qu'au début du XVIe siècle, les dominicains vendaient dans les églises des « indulgences » dûment signées et paraphées, traites par lesquelles les paroissiens achetaient quelques journées ou années de Purgatoire à l'intention de leurs proches défunts, morts en état de péché.

Luther s'appuie sur l'autorité d'Érasme (voir chapitre 10) pour dénoncer les abus de l'Église. Il est excommunié quatre ans plus tard et mis au ban de l'Empire germanique par Charles Quint, mais protégé par le prince-électeur Frédéric de Saxe qui le met à l'abri des poursuites. Il prend alors la tête d'une contestation dont l'importance mettra en péril l'existence même de l'Église catholique.

LE SAVIEZ-VOUS ?

Luther sera suivi par nombre d'autres « réformateurs », tels que Zwingli ou Calvin, et même par le roi d'Angleterre Henry VIII qui se proclamera réformé pour pouvoir divorcer de sa femme sans l'autorisation du pape (voir chapitre 10).

Le concile de Trente

La papauté, consciente de l'énorme popularité des idées d'Érasme et de Luther, réunit un concile pour tenter de faire barrage à la vague de contestation qui s'étend jusqu'au plus haut niveau de l'Église catholique. Un concile est réuni à grand-peine dans la ville de Trente (1545-1564). Il interdit de lire la Bible dans les langues originales (hébreu et grec) autant que dans les traductions en langues vernaculaires (français, anglais, allemand, etc.), sans l'autorisation de l'évêque. Cette interdiction ne sera levée que par Pie XII en 1943 (encyclique *Divino afflante spiritu*).

Le concile tente d'imposer aux curés la résidence dans leurs paroisses et un minimum de formation théologique. Il instaure en outre la congrégation de l'Index des livres interdits, qui censure la totalité de la production des imprimeries de la chrétienté. Luther, Érasme et tous les réformés, ainsi que nombre d'imprimeurs, y figurent en première classe.

Après le concile de Trente, il est clair qu'aucun compromis ne peut être trouvé entre Rome et les réformés. La guerre est donc ouvertement déclarée. Elle sera sans merci.

LE SAVIEZ-VOUS ?

Le modèle calviniste de réforme intégriste rencontre beaucoup de succès en France, notamment dans le Midi, puis à Genève. À partir de la mort du roi Henri II, qui coïncide avec la fin du concile de Trente, les partis extrémistes catholiques plongent le pays dans quarante années de « guerres de religion », la guerre civile la plus violente que la France ait connue. Au final, après le règne tolérant de Henri IV, les rois de France adopteront une position intransigeante qui amènera la fuite de la plupart des Réformés vers les pays d'Europe du Nord.

La Contre-Réforme

La rupture de Rome avec les luthériens et les milieux humanistes étant consommée, les guerres civiles religieuses se déchaînent en Europe pendant un siècle (guerres de Religion en France, guerre de Quatre-Vingts Ans aux Pays-Bas, guerre de Trente Ans en Allemagne).

L'Église catholique s'arc-boutera pendant quatre siècles sur les positions du concile de Trente, malgré les critiques de plus en plus radicales des Lumières, puis de la République laïque. Les historiens ont coutume de nommer cette nouvelle période de la vie de l'Église catholique la « Contre-Réforme », qui ne s'achèvera qu'avec le pape Jean XXIII et le concile de Vatican II (1962-1965).

Rome tente, elle, de faire pièce à la Réforme en la combattant également sur un terrain où les luthériens sont très efficaces : l'instruction publique.

L'Église encourage la formation d'ordres religieux nouveaux consacrés à l'éducation des enfants, tels que les oratoriens, les frères des Écoles chrétiennes, les frères maristes, et surtout les jésuites.

LE SAVIEZ-VOUS ?

Les collèges de jésuites

L'ordre des jésuites (Compagnie de Jésus) a été fondé en 1534 par un groupe de jeunes mystiques espagnols, de formation humaniste (Ignace de Loyola, François-Xavier, Diego Lainez, Jeronimo Nadal) contemporains de Calvin. Ils comprirent qu'une grande partie du succès de la Réforme dans les milieux de la bourgeoisie venait du fait que les luthériens fondaient beaucoup de collèges de haut niveau (avec une pédagogie moderne imaginée par Melanchthon, un disciple d'Érasme).

Ils proposèrent donc au pape de créer un réseau international de collèges calqués sur le modèle des luthériens. Le premier fut créé à Messine en 1555. Vingt-cinq ans plus tard, il y en avait cent quarante-quatre.

Les jésuites s'illustrent aussi dans les missions lointaines. Cependant, les relations très étroites qu'ils entretiennent avec les souverains et les milieux d'affaires les rendirent odieux aux philosophes des Lumières (l'opposant le plus virulent à Galilée fut le jésuite Orazio Grassi) autant qu'aux traditionalistes catholiques. L'ordre dissous par Rome en 1773 sera reconstitué quarante ans plus tard.

LE SAVIEZ-VOUS ?

Les jésuites ont adapté les dogmes et rites catholiques aux cultures orientales afin d'être acceptés par les brahmanes en Inde, les mandarins en Chine et chez les Indiens d'Amérique du Sud, ce qui leur vaut plusieurs brillantes réussites.

PORTRAIT

Matteo Ricci à la cour de l'empereur

En 1601, le savant jésuite italien Matteo Ricci (1552-1610) réussit à se faire inviter à la cour de l'empereur chinois Wanli, dont il devint le conseiller. Il lui expliqua que l'enseignement de Confucius concordait avec le catholicisme et parvint à convertir son ministre Xu Guangqi.

LE SAVIEZ-VOUS ?

Le pape actuel Jorge Mario Bergoglio (François) est un jésuite argentin. À l'époque de Che Guevara, il était proche de la « théologie de la libération » qui dénonçait la corruption généralisée des États d'Amérique latine, ainsi que l'exploitation éhontée des Indiens par les riches propriétaires terriens et les multinationales.

Dans la foulée de la colonisation

Bloqué à l'est et au sud par l'Islam, le christianisme accompagnera la colonisation victorieuse des Occidentaux à travers le reste du monde à partir du XVIe siècle.

L'Amérique « latine »

En 1492, Christophe Colomb implante au nom du Christ son premier fortin sur l'île de Cuba. Chaque nouvel établissement recevra le nom d'un saint (souvent celui du jour de sa découverte). Tous les habitants des Caraïbes sont contraints de se convertir au christianisme et les récalcitrants exterminés, car les souverains espagnols sont de fervents catholiques et ils tiennent absolument à ce que leurs nouveaux sujets soient baptisés.

En un demi-siècle, les Espagnols conquièrent les Empires aztèques, maya et inca et asservissent la quasi-totalité des populations qui leur étaient soumises. La politique des conquistadors est simple : destruction immédiate et radicale de toutes les religions locales, lieux de culte, statues, textes sacrés (chez les Mayas) ; interdiction de toutes les fêtes et de tous les rites.

Colomb, Cortès et Pizarro embarquent avec eux des moines qui se chargent de baptiser les indigènes et de faire construire des églises. Dès 1531, la Vierge espagnole de Guadalupe est importée au Mexique, où elle deviendra l'objet d'un culte national. Les conquistadors comprennent fort bien que la destruction des dieux locaux démoralise les vaincus et brise leurs velléités de résistance.

LE SAVIEZ-VOUS ?

La pratique généralisée des sacrifices humains chez les Aztèques leur fournit un motif d'indignation non feinte (voir chapitre 21).

Catholiques et protestants en Amérique du Nord

Le Nord de l'Amérique reçoit dès le XVIIe siècle des colons français et anglais, les premiers accompagnés par leurs prêtres catholiques et les seconds par leurs pasteurs protestants. Les rivalités coloniales se doubleront de guerres religieuses importées d'Europe (par exemple, entre Canadiens français catholiques et Canadiens anglais protestants).

L'émigration européenne vers l'Amérique s'accélérera au cours des XIXe et XXe siècles, si bien que les populations chrétiennes deviendront largement majoritaires dans tout le continent.

La constitution des États-Unis (1787), garantissant la liberté religieuse, fait du pays de George Washington une terre d'asile et d'opportunités pour de nombreux croyants persécutés dans leurs terres d'origine ou nés sur place.

L'Afrique déchirée

La pénétration coloniale européenne est beaucoup plus tardive en Afrique. Seule l'Afrique du Sud voit l'installation d'une colonie hollandaise à majorité calviniste dès le XVIIe siècle. Les Anglais (protestants), après s'être emparés du Bengale et de l'Inde au cours du XIXe siècle, coloniseront l'Afrique du Sud et de l'Est, laissant aux Français (catholiques) l'Afrique de l'Ouest et du Nord – et l'Indochine. En revanche, les Italiens (catholiques) échoueront en 1896 face aux armées du Négus Ménélik, empereur chrétien d'Éthiopie.

Ainsi, le christianisme africain présente une diversité impressionnante : les antiques Églises copte et éthiopienne ont peu de choses en commun avec les très récentes Églises catholiques et protestantes fondées par les missionnaires européens pendant la colonisation.

La mythique Église d'Éthiopie

Les Éthiopiens affirment fièrement que leur Église (Tewadeho), très proche de celle des Coptes d'Égypte, a été fondée par les apôtres Matthieu et Barthélemy - il est plus vraisemblable qu'elle ait été fondée au IVe siècle, ce qui lui confère néanmoins une ancienneté respectable. Elle a toujours été jalouse de son indépendance, refusant de se soumettre à l'autorité des patriarches orthodoxes autant qu'à celle des papes de Rome. Son clergé et ses huit cents monastères sont dirigés par son *katholicos* « autocéphale » (Matthias depuis 2013).

La liturgie éthiopienne est célèbre pour ses danses. Les prêtres et les chantres (*dabtaras*) psalmodient de longues mélopées, accompagnées de mouvements du corps rythmés par un bâton de prière (*meqwâmiya*) et un sistre. On joue du tambour (*qabaro*) à la fin des messes et lors des grandes fêtes.

Les *dabtaras* sont également connus comme astrologues, magiciens et « faiseurs de pluie » - à ne pas confondre avec les *tanqways*, qui pratiquent la magie noire (vengeances, empoisonnements, etc.).

L'Éthiopie est l'un des pays les plus peuplés d'Afrique (70 millions d'habitants) et le seul qui peut se vanter d'avoir réussi à écraser militairement les colonisateurs européens (les Italiens à la bataille d'Adoua). De ce fait, son Église, dont le clergé est entièrement africain, jouit d'un immense prestige dans tout le continent et auprès des Afro-Américains (voir plus bas).

Le christianisme blanc d'Afrique du Sud

Les premières communautés chrétiennes européennes en Afrique furent celles des calvinistes néerlandais *afrikaners* qui colonisèrent la région du Cap au XVIIe siècle, peu après que les *pilgrim fathers* ont débarqué en Amérique du Nord et pour les mêmes raisons (fuite des persécutions aux Pays-Bas). Ils furent rejoints au cours des siècles suivants par de nombreux émigrants anglais et des missionnaires anglicans, qui s'efforcèrent de leur ravir la prééminence.

La victoire finale (militaire) des Britanniques sur les colons néerlandais (les Boers) permit à la colonisation anglaise de s'étendre vers le nord, en traversant les colossalement riches régions minières et agricoles de Rhodésie, Tanzanie et Kenya, jusqu'au bassin du Nil (Soudan et Égypte).

Les missionnaires y jouèrent un rôle essentiel car, outre leur lutte contre les religions traditionnelles qui brisait les résistances des indigènes et détruisait leurs coutumes sociales (polygamie, esclavage, chefferie), ils ouvraient des écoles qui allaient faire pénétrer la langue et la culture britanniques chez les « élites » indigènes, c'est-à-dire ceux qui acceptaient de collaborer avec les occupants. Le prosélytisme religieux était donc pour eux une arme politique de première importance.

Cependant, même si les intérêts économiques et le pillage organisé guidaient largement les conquêtes coloniales (suivant les exemples de Stanley et de Cecil Rhodes), certains colonisateurs étaient d'authentiques philanthropes et luttèrent de toutes leurs forces contre l'esclavage (Livingstone) et les maladies endémiques (Albert Schweitzer).

Les Églises noires (bantoues) « sionistes » et « éthiopiennes »

Les colons blancs d'Afrique du Sud ne voulaient surtout pas se mélanger aux Noirs, que, néanmoins, ils baptisaient. Ils ont ainsi qualifié de « bantoues » les communautés chrétiennes composées de Noirs. Les cérémonies mystiques des méthodistes, baptistes ou pentecôtistes « sionistes » (baptême par immersion, chant, danse, transe extatique et possession) apparurent aux Africains des régions « bantoues » comme des alternatives crédibles à leurs cultes traditionnels. Cependant, en Afrique du Sud, la société resta radicalement divisée par l'Apartheid. Jusqu'en 1994, les Noirs convertis n'étaient pas autorisés à pénétrer dans les églises des Blancs.

Du coup, des pasteurs noirs créèrent très tôt des Églises dissidentes d'où les Blancs étaient exclus, telle l'Ethiopian Church, du méthodiste Mangena M. Mokone en 1890 ou l'African Presbyterian Church du presbytérien P. James Mzimba (1898), qui se sépara de l'Église écossaise et se répandit jusqu'au Zimbabwe et au Malawi. Le prophète baptiste Isaiah Shembe fonda à son tour l'Église zouloue de Nazareth (iBandla amaNazaretha) en 1911.

On compte de nos jours plus d'une centaine d'Églises pentecôtistes « sionistes », telle la Christian Apostolic Church in Zion, et autant d'« éthiopiennes ».

La qualification de « sioniste » est empruntée à la colline de Sion où fut bâtie Jérusalem, selon la Bible, mais elle n'a aucun autre rapport avec les mouvements du retour des juifs en Palestine (voir chapitre 5). De la même façon, les Églises « éthiopiennes » dont il est question n'ont aucun lien avec l'Éthiopie, mais se ditinguent par le fait que leurs fidèles et leurs clergés sont noirs (comme les Éthiopiens).

Les conversions de masse de William Harris

Au Liberia, William Wadé Harris, né dans une famille traditionnaliste glébo, a la révélation de son élection prophétique pendant un séjour en prison. Il prêche un christianisme extatique et exige la destruction radicale des cultes païens traditionnels. En 1913, il pénètre en Côte-d'Ivoire, accompagné de deux chanteuses de grand talent. Il convoque les féticheurs vaudous des villages pour des concours de miracles, dont il sort toujours victorieux et parvient à convertir cent mille personnes en dix-huit mois. Les missionnaires avouèrent qu'il avait obtenu à lui seul plus de conversions en deux ans qu'eux-mêmes pendant cinquante ans. Une grande partie du personnel politique de la Côte-d'Ivoire indépendante vient de son Église.

Une génération plus tard, au Dahomey, le yorouba Samuel Biléou Joseph Oshoffa (1909-1985), né de père musulman et de mère chrétienne, fonde l'Église du christianisme céleste (1947). Il a eu la révélation de son élection divine lors d'une éclipse de soleil, pendant qu'il était perdu dans la forêt. Interdite par les autorités coloniales, son Église sera autorisée par le Bénin indépendant et le Nigeria. Cette Église très intolérante se pose, elle aussi, en rivale directe de la religion vaudou, car elle pratique la possession extatique. Elle a aujourd'hui des paroisses à Londres, aux États-Unis, aux Antilles et en France et compterait près d'un million de fidèles.

Les catholiques de l'Ouest et du centre

L'expansion coloniale française, directement rivale de la britannique, se développa depuis la côte atlantique (Sénégal, puis Congo-Brazzaville) vers l'intérieur du continent. Bien que la République se proclamât laïque, elle encouragea l'implantation de missions catholiques qui prenaient en charge la scolarisation et de nombreuses tâches sociales auprès des populations indigènes.

CITATION

Message du gouverneur au missionnaire

Louis Alexandre-Antoine Mizon (1853-1899), adjoint de Savorgnan de Brazza au Congo, écrit en 1881 au Père Augouard, missionnaire de la congrégation du Saint-Esprit :

« Dès que j'aurai vu Brazza, je me rendrai à Brazzaville et je ferai tout ce qui sera possible pour vous faciliter l'établissement d'une mission dans le pays des Batékés, à l'endroit que vous me désignez dans votre lettre [...] Mon Père, vous travaillez pour le Dieu qui est le mien ; je travaille pour ma patrie qui est la vôtre ; nous réussirons à faire pénétrer la civilisation dans ces contrées et comme vous le dites, à y faire connaître et aimer le nom de notre France. »

Mais les catholiques eurent plus de mal que les protestants à faire abandonner aux Africains leurs cultes traditionnels, en raison de la méfiance séculaire de la papauté à l'égard de toute manifestation mystique incontrôlable.

Le roi des Belges Léopold, qui avait obtenu au congrès de Berlin (1885) le droit de coloniser le bassin du Congo, encouragea les missions catholiques (surtout les Pères blancs) pour les mêmes raisons que la République française. Elles s'implantèrent largement dans les pays des Grands Lacs, au Rwanda et au Burundi. Les missionnaires belges y légitimèrent d'abord la royauté tutsie grâce à la conversion du roi Mutara III (1912-1959). Le clergé local adopta alors les idéologies « racialistes » dominantes présentant les Hutus comme biologiquement inférieurs. Puis, à l'approche de l'indépendance, il dénonça la domination « féodale » tutsie, au point que de nombreux ecclésiastiques participèrent à l'extermination des Tutsis pendant le génocide de 1994.

Les religions des Blancs

La conversion à la religion des Blancs – tant catholique que protestante – resta jusqu'aux indépendances un signe de modernisme, facilitant grandement les carrières politiques, car elle permettait une reconnaissance par les milieux métropolitains – comme l'attestent les carrières de la plupart des premiers chefs d'États d'Afrique centrale et du Sud – y compris ceux qui s'affirmaient d'obédience socialiste ou communiste.

Guerres de religions ?

Lorsque les États perdent leur capacité à maintenir la cohabitation entre groupes ethniques et religieux, le champ est libre pour les mouvements se disant intégristes. En Afrique, ils se développent dans une large zone qui traverse le milieu du continent d'ouest en est. Ils se nomment Boko Haram (Nigeria), Armée révolutionnaire du Seigneur (Ouganda), Chebab (Somalie) et bien d'autres. Le premier et le dernier se réclament de l'islam, le deuxième, du christianisme.

LE SAVIEZ-VOUS ?

Les conversions spontanées étant très rares, les missionnaires, tant catholiques que protestants, ont recours aux vieilles méthodes d'éducation religieuse forcée dans les orphelinats (parfois aussi après l'enlèvement des enfants). Cependant, après un siècle de domination coloniale sur la quasi-totalité de la planète (1850-1950) et deux guerres mondiales, les Européens ont dû abandonner la plupart de leurs conquêtes en laissant une christianisation souvent superficielle. Après les indépendances, les populations indigènes converties au christianisme (en Asie surtout) ont fréquemment été victimes de représailles, au motif de collaboration avec les colons, et elles ont fourni de gros contingents de *boat people* émigrés vers l'Occident.

Le christianisme au XXIe siècle

Les grandes crises politiques et sociales que le monde a traversées depuis les derniers siècles (traite négrière, révolution industrielle, guerres mondiales, Shoah, décolonisation, émancipation des femmes, laïcité) ont profondément modifié les visages de la « famille » chrétienne dans toutes ses formes. Elle doit aujourd'hui faire face à des situations auxquelles elle n'est pas toujours préparée. Il est utile de rappeler quelques données historiques pour les comprendre.

L'impossible conversion du monde musulman

Malgré la *Reconquista* espagnole et la victoire navale de Lépante (1571) sur les Turcs, la chrétienté est restée pendant trois siècles sur la défensive face à l'islam. La prise de Constantinople avait certes débarrassé Rome de sa rivale orthodoxe détestée, mais la puissance ottomane a continué à s'étendre sur l'Europe jusqu'à la fin du XVIIe siècle. Les chrétiens ne sont plus parvenus à étendre leur influence que sur des territoires situés hors d'atteinte des Turcs : l'Amérique à l'ouest et la Russie au nord.

C'est seulement à partir 1683 (échec des Turcs devant Vienne) que les États chrétiens d'Occident ont commencé à regagner du terrain, d'abord en Europe centrale (récupération de la Hongrie en 1700) puis dans les Balkans et au Maghreb (1830 vit à la fois l'indépendance de la Grèce et la prise d'Alger par les Français).

La conquête russe du Caucase (1830-1860) et la mainmise anglaise sur l'Égypte après 1870 ont achevé de prendre l'Empire ottoman en étau entre des États se réclamant des principales confessions chrétiennes : catholiques (Français), protestants (Anglais) et orthodoxes (Grecs et Russes).

Cependant, les populations musulmanes conquises se convertissent rarement. La Grèce a opéré une « purification » religieuse et ethnique au lendemain de son indépendance. La Turquie lui a rendu la pareille après la Première Guerre mondiale. Au Maghreb français, le catholicisme est resté confiné aux milieux des colons. En Égypte, ni les musulmans, ni les chrétiens coptes n'ont éprouvé d'intérêt pour la religion des Anglais. Dans le Caucase et en Asie centrale, les populations musulmanes telles que les Tchétchènes ou les Kazakhs restent farouchement attachées à l'islam.

La déchristianisation moderne

À partir du Siècle des Lumières, les Églises chrétiennes se voient sévèrement critiquées pour leur intolérance et leur fanatisme. La collusion entre le clergé et la monarchie absolue choque les esprits des Lumières qui voient dans la « superstition » le moyen de maintenir le peuple dans l'ignorance et l'asservissement.

La fameuse formule de Karl Marx : « La religion, c'est l'opium du peuple » en est l'expression la plus frappante.

Le catholicisme contre la République

La première tentative de séparer radicalement le pouvoir politique du religieux a lieu pendant la Révolution française. En 1789, l'Église de France se voit dépossédée des immenses domaines qui fondaient sa puissance économique. La République entreprend également de créer des institutions d'enseignement public et des services sociaux (hôpitaux) qui échappent aux ordres religieux. L'expérience dure dix ans.

Il faudra attendre un siècle pour que la séparation de l'Église et de l'État soit officialisée en France (lois Combes, 1905).

Après 1870, l'unification italienne limite considérablement les États du pape (désormais réduits au Vatican). Le clergé catholique, affolé par l'essor des idées laïques et socialistes, se range largement aux côtés des idéologues les plus réactionnaires, notamment pendant l'affaire Dreyfus en France (1896-1902).

Le triomphe des bolcheviks en Russie (1917-1921) pousse de nombreux dignitaires de l'Église catholique à soutenir les régimes fascistes italien (Mussolini) puis allemand (Hitler) et espagnol (Franco), dans lesquels le pape voit le seul salut face à l'athéisme militant des communistes.

L'orthodoxie face au communisme

La « famille » orthodoxe se trouve pour sa part violemment combattue par les régimes communistes russe à partir de 1917, puis d'Europe centrale (à partir de 1948 dans les « démocraties populaires »). Le clergé orthodoxe y perd la plupart de ses prérogatives. Ses biens sont nationalisés et « collectivisés ». Cependant, le très fort enracinement national des Églises orthodoxes les conduit à prendre part à la résistance anti-allemande pendant la Seconde Guerre mondiale, en échange de quoi Staline leur permet de reprendre une existence officielle – dûment infiltrée par le KGB.

Depuis la chute du communisme (1989), les Églises orthodoxes ont retrouvé leur rôle de refuge symbolique pour les populations d'Europe centrale. En Russie, Vladimir Poutine soutient très officiellement les manifestations religieuses en les encourageant vers les dérives extrémistes nationalistes.

La perte des colonies

La quasi-totalité des colonies ont obtenu leur indépendance entre 1947 (Inde) et 1962 (Algérie).

Dans les régions où les missions chrétiennes avaient une implantation solide, telles que l'Afrique subsaharienne, le christianisme est souvent resté la religion officielle des classes (ou des ethnies) dirigeantes.

Notre-Dame de la Paix à Yamoussoukro

Le président ivoirien Houphouët-Boigny, catholique et grand protégé de la France, fait bâtir en 1990, dans sa ville natale (devenue capitale du pays), une basilique encore plus vaste que son modèle, Saint-Pierre de Rome.

En revanche, les populations s'estimant maltraitées par les nouveaux dirigeants, affichent leur attachement à l'islam, son rival ancestral, ou aux religions animistes.

Le concile catholique de Vatican II et l'Aggiornamento

Au lendemain des deux guerres mondiales et de la décolonisation, l'Église catholique se voit menacée par la désaffection de nombreux fidèles qui reprochent à Pie XII d'avoir soutenu ostensiblement les régimes fascistes et coloniaux. Elle a perdu son influence sur les milieux ouvriers, tandis que les idées socialistes et tiers-mondistes attirent les sympathies de la jeunesse.

Jean XXIII, successeur de Pie XII, réunit un ultime concile (Vatican II, 1962-1965) qui s'efforce de moderniser l'Église catholique (*Aggiornamento*). Le latin y perd son statut de langue liturgique, les laïcs sont invités à participer à la vie du clergé, les prêtres peuvent quitter la soutane et porter l'habit civil gris de *clergyman*. L'Église reconnaît ses torts dans l'intolérance à l'égard des juifs et des protestants. La congrégation de l'Index est supprimée et l'Inquisition devient Congrégation pour la doctrine de la foi. L'Église catholique se range ainsi, après quatre siècles, à plusieurs propositions des réformés.

LE SAVIEZ-VOUS ?

Un évêque français, Mgr Lefebvre (1905-1991), prend la tête des traditionnalistes opposés aux réformes de Vatican II. Il est excommunié par le pape Paul VI en 1976. Depuis cette date, ses partisans occupent par la force l'église parisienne de Saint-Nicolas du Chardonnet. Cependant son excommunication est levée par Benoît XVI en 2009.

Depuis son élection en 2013, le nouveau pape François semble décider à réformer l'Église en profondeur. L'avenir dira s'il y parvient.

Les nouveaux prosélytes évangélistes

Alors que les Églises catholiques et orthodoxes peinent à reconquérir leurs fidèles perdus, diverses Églises réformées développent depuis quelques dizaines d'années des prosélytismes très efficaces. Le nombre des conversions est difficile à chiffrer, mais très spectaculaire. Il s'agit principalement de sectes « charismatiques » qui proposent à leurs fidèles des rituels d'enthousiasme collectif très chaleureux, contrastant fortement avec l'austérité des liturgies catholiques et protestantes « classiques ». Les plus connus sont les pentecôtistes et les adventistes du septième jour. Ils enregistrent beaucoup de succès dans les milieux afro-américains, qui sont, depuis le temps de l'esclavage, friands de religions extatiques (comme le montre la tradition du gospel).

La « croisade » contre l'Axe du mal

Du côté des classes dirigeantes occidentales, des sectes fondamentalistes chrétiennes très combatives se constituent périodiquement. La plus célèbre est l'Opus Dei, secte fondée en 1928 par l'espagnol Jose Escriva Balaguer pour lutter contre le communisme et suspectée d'influencer en sous-main la politique du Vatican et d'infiltrer de nombreux milieux politiques occidentaux.

À MÉDITER

Dans des termes très semblables, la rhétorique de la lutte contre « l'Axe du mal » lancée par le président Bush et les « néo-conservateurs » en 2002 ravive les anciens fantasmes de guerre sainte chrétienne hérités du Moyen Âge.

Chapitre 9

Les familles orthodoxe et catholique

Dans ce chapitre :

- Débats doctrinaux « byzantins »
- La puissance du clergé
- Les techniques du salut
- Qui gouverne l'Église ?
- « Tu es Pierre… »

En 1045, le Grand Schisme sépare définitivement l'Église « grecque » d'Orient de l'Église « romaine » d'Occident (voir chapitre 8). Leur rivalité ancestrale portait sur des points très sophistiqués de doctrine, mais aussi sur l'importance de la mystique et surtout, sur l'autorité du pape.

Une rivalité millénaire

Plusieurs tentatives de réconciliation entre les deux Églises eurent lieu dans les siècles suivant le schisme. Elles échouèrent toutes. La plus spectaculaire a eu lieu au XVe siècle.

LE SAVIEZ-VOUS ?

La réunification de Florence

La menace ottomane se faisant de plus en plus pressante sur Constantinople, les empereurs byzantins n'ont d'autres choix que demander le secours des rois catholiques. Il leur est promis en échange de leur soumission religieuse à Rome. Le pape Eugène IV et l'empereur Jean VIII signent solennellement l'union des deux Églises au concile de Florence en 1439. À leur retour à Constantinople, les dignitaires orthodoxes sont hués par la foule et l'union ne sera jamais mise en œuvre. Quant à la croisade de secours promise, on l'attend encore. Constantinople est prise par les Turcs quinze ans plus tard, sans que les catholiques aient levé le petit doigt pour lui venir en aide.

LE SAVIEZ-VOUS ?

En 1948, un Conseil œcuménique des Églises a été fondé, pour favoriser l'union entre les chrétiens de toutes les confessions.

La plupart des Églises orthodoxes et réformées y adhèrent. L'Église catholique s'y refuse toujours, par crainte de s'y trouver minoritaire.

UN PEU DE TECHNIQUE

Que veut dire « œcuménique » ?

Le terme grec *oïkouménè* signifie : l'ensemble du monde habité. On a donc qualifié d'« œcuméniques » les conciles auxquels tous les évêques étaient invités, par opposition aux conciles nationaux ou régionaux. On désigne aussi aujourd'hui par ce terme les idées ou pratiques favorisant le dialogue entre les chrétiens des diverses Églises.

Cependant, toutes les Églises « orientales » ne sont pas « orthodoxes », car plusieurs d'entre elles se sont séparées de Constantinople dès les premiers siècles et ont donc été condamnées comme hérétiques par les premiers conciles.

Des désaccords chez les orthodoxes

Une dizaine d'Églises du Moyen-Orient, qui avaient déjà refusé de se soumettre à l'autorité des empereurs romains, ont jalousement conservé leur indépendance à l'égard du patriarche de Constantinople jusqu'à nos jours. On les rencontre au Liban, en Syrie, en Turquie, en Irak, en Iran et jusqu'en Inde. Ces Églises ne se considèrent pas comme faisant partie de la famille « orthodoxe » proprement dite. Ce sont les nestoriens, les jacobites, les Arméniens, les Coptes, les Éthiopiens et les Indiens syro-malabares, ainsi que les Maronites (qui sont restés attachés à l'autorité du pape de Rome).

En revanche, les Églises d'Europe orientale et géorgienne se considèrent comme orthodoxes.

Une pierre d'achoppement : le *filioque*

À quelques détails près, pourtant, les chrétiens orthodoxes et catholiques partagent les mêmes croyances et les mêmes rites. Leurs divergences portent sur des formulations théologiques très abstraites que très peu de leurs fidèles connaissent et qu'ils seraient bien en peine d'expliquer.

Le prétexte théologique de la rupture de 1045 est un mot latin du Credo (voir chapitre 11) : la doctrine traditionnelle de la Trinité stipule que le Saint-Esprit procède de Dieu le Père (selon la formule de l'Évangile de Jean, 15, 26 : « L'esprit de vérité qui procède du Père »). Or les Latins ajoutent qu'il procède également du fils (*filioque procedit*).

La question de l'autorité suprême

Pour les orthodoxes, chaque Église « autocéphale » est indépendante des autres et ils considèrent les cinq « grands » patriarches sur un pied d'égalité. Ce sont les patriarches de Rome (le pape), d'Antioche, d'Alexandrie, de Jérusalem et de Constantinople. En d'autres termes, il n'y a pas de pape chez les orthodoxes.

Pour les catholiques, en revanche, la question a été tranchée depuis le temps de Charlemagne, l'autorité suprême est le pape de Rome. Un concile (Vatican I), tenu en 1870 a même été jusqu'à déclarer que le pape était « infaillible » en matière de doctrine.

La garde tumultueuse des Lieux saints

Les différentes Églises se sont déchirées au cours des siècles dans des controverses théologiques. Elles partagent cependant la même vénération pour les lieux qui ont vu se dérouler les principaux événements de la vie de Jésus. Ces « Lieux saints » attirent des pèlerins et des fondations pieuses depuis les débuts du christianisme.

Personne ne connaît le lieu réel de la naissance de Jésus, ni celui de sa mort et encore moins de son ensevelissement. De nombreux sanctuaires ont pourtant été construits sur leurs emplacements supposés. Les deux principaux sont la basilique de la Nativité à Bethléem et celle du Saint-Sépulcre à Jérusalem. Leur gestion est traditionnellement partagée entre Grecs, Arméniens, Coptes, Éthiopiens et Latins.

LE SAVIEZ-VOUS ?

Les contestations entre eux sont si fréquentes (on s'injurie et on se bagarre à coups de chaises ou de cierges) que les autorités ottomanes ont imposé au milieu du XIXe siècle un règlement d'occupation, nommé *statu quo*, fixant les horaires de chacun à la minute près. Pour la même raison, le sultan Saladin a confisqué les clés du Saint-Sépulcre et les a confiées à deux familles musulmanes dont l'une est propriétaires des clés (la famille Joudeh), l'autre est chargée d'ouvrir la porte (la famille Nusseibeh).

La bataille des langues

Chaque patriarcat orthodoxe utilise une langue liturgique commune pour les populations de son ressort (parfois analphabètes jusqu'à une époque récente). La Bible et les textes sacrés (vies de saints, manuels de prière, etc.) sont traduits dans cette langue. Depuis les origines, l'une des tâches principales des moines dans les couvents consiste à copier et à conserver les précieux textes. Le clergé devient ainsi à la fois moteur et conservateur de l'identité culturelle. Il existe des Églises de langue araméenne (ou syriaque) et copte (la langue sacrée égyptienne des hiéroglyphes). Les Arméniens, Géorgiens et Éthiopiens créèrent également leurs liturgies dans leurs propres langues.

Cyrille et Méthode

Ces deux frères sont des moines grecs qui ont introduit l'alphabet (cyrillique), donc l'écriture, chez les populations slaves au IXe siècle. Leur liturgie en « vieux slavon » a été adoptée par la plupart des États chrétiens d'Europe orientale.

L'Église catholique est restée, pour sa part, très attachée à l'usage exclusif du latin dans la liturgie. Elle n'a accepté de passer aux langues modernes nationales que depuis le concile de Vatican II (1965).

Des clergés identiques

Le croyant, qu'il soit catholique ou orthodoxe, ne peut accéder directement au sacré. Il est obligé d'utiliser les services d'intermédiaires pour toutes les cérémonies. L'ensemble de ces intermédiaires forme le clergé (les « clercs »). Même lorsqu'il prie Dieu, la Vierge Marie ou un saint, la prière du fidèle reste à sens unique et il n'a pas la réponse.

Les objets sacrés (huile sainte, hostie) ne peuvent être manipulés que par un célébrant revêtu des habits rituels, à l'occasion de cérémonies entourées de gestes et d'invocations très précises. Les espaces consacrés sont strictement interdits aux profanes. Seul le prêtre homme a le droit de pénétrer dans le chœur de l'Église et de s'approcher de l'autel. Seuls les clercs sont autorisés à lire et à interpréter les textes sacrés.

LE SAVIEZ-VOUS ?

Dans les églises orthodoxes, l'espace sacré est complètement fermé par un mur (l'iconostase).

Le clergé séculier

C'est l'ensemble des clercs qui vivent « dans le siècle », c'est-à-dire au milieu de la population. Ils reçoivent l'onction sacrée de l'évêque au cours d'une cérémonie nommée « ordination » (par imposition des mains). Les femmes en sont strictement exclues. Ils portent une ample robe noire à manches (la soutane) décorée d'une croix. Les Orientaux portent une calotte de forme particulière. Chez les orthodoxes, les prêtres doivent être mariés avant leur ordination. Chez les catholiques en revanche, le célibat est exigé.

Les curés

Constantin a organisé son Église sur le modèle de l'administration impériale : son unité territoriale est la paroisse (village ou quartier), dirigée par un curé (un pope chez les orthodoxes). Chaque paroisse doit disposer d'un lieu de culte (l'église). Les paroisses sont regroupées en diocèses (cité ou province), dirigés par les évêques, les patriarches ou les métropolites.

Les évêques

Ce sont les interlocuteurs directs du pouvoir politique. Les plus importants sont naturellement choisis parmi les grandes familles aristocratiques, qui se montrent en retour généreuses pour l'Église.

Le clergé séculier est organisé hiérarchiquement comme une pyramide dont les prêtres sont la base, sous l'autorité des évêques, eux-mêmes soumis au pape.

Autrefois, l'ordination du prêtre était la septième et ultime étape d'un parcours initiatique débutant par les quatre « ordres mineurs » : portier, lecteur, exorciste et acolyte, complétés par les trois « ordres majeurs » : sous-diacre, diacre et prêtre.

Max Weber (grand sociologue allemand des religions) décrivait le clergé séculier comme « un corps de bureaucrates du salut, chargés d'encadrer la masse des croyants d'une Église ».

Le clergé régulier

Face au clergé séculier se constituent des groupes de « virtuoses de la spiritualité » (autre formule de Max Weber), difficilement contrôlables, car ils vivent en communautés très fermées, à l'écart des institutions. On les nomme clergé « régulier » (obéissant à une règle).

Comme le christianisme s'est d'abord développé dans les villes, ses partisans les plus extrémistes ont vite cherché à quitter cette société remplie de vices afin de préparer leur salut. Beaucoup d'entre eux ont choisi la voie de l'érémitisme, qui consistait à aller vivre complètement isolé dans une région inhabitée et hostile (désert, grotte, forêt).

Les ermites

Les ermites chrétiens ont deux grands modèles : Antoine l'Égyptien (251-356), célèbre pour les récits des tentations auxquelles le Diable l'a soumis au fond du désert de la Thébaïde, et Siméon le Stylite (392-459) qui a passé trente ans de sa vie au sommet d'une colonne dans le désert de Syrie.

Les ermites vivent dans la solitude, le jeûne, la chasteté, la prière, les mortifications et le travail manuel, afin de se rapprocher de Dieu dès cette vie terrestre.

UN PEU DE TECHNIQUE

Anachorètes et cénobites

Dans le vocabulaire religieux grec :

- un ermite est celui qui vit dans la solitude ;
- un anachorète, celui qui s'est retiré du monde ;
- un moine, celui qui vit seul ;
- un cénobite, celui qui vit en communauté.

C'est donc par une distorsion de sens que « moine » en est venu à désigner celui qui vit en communauté.

D'autres préfèrent se réunir en communautés suivant une règle de vie très stricte sous l'autorité d'un saint personnage, que l'on nommerait *gourou* en Inde. Les communautés de femmes sont très nombreuses.

Les moines

À l'issue d'une période de noviciat, pendant laquelle il peut changer d'avis et retourner à la vie « du siècle », le moine prononce les vœux perpétuels qui l'engagent pour la vie entière.

Les trois vœux du moine

- Pauvreté : don de tous les biens à l'ordre et interdiction d'exercer une profession rémunérée.
- Chasteté : abstinence sexuelle.
- Obéissance totale au supérieur de son couvent.

LE SAVIEZ-VOUS ?

Naturellement, les évêques soupçonnent les moines de toutes les déviations dogmatiques possibles car ils échappent à leur autorité. Ils constituent néanmoins des réservoirs d'hommes décidés (et souvent armés) qui viennent en cas de besoin fournir des troupes de renfort dans les émeutes contre les païens ou les hérétiques du moment.

LE SAVIEZ-VOUS ?

Les moines géorgiens « anti-gay »

En mai 2013, des cohortes de moines sont descendues en autocar depuis leurs monastères du Caucase pour perturber les partisans de la *gay-pride* de Tbilissi. Ils les ont dispersés à coup de pierres et de barres de fer, avec la bénédiction du *katholikos* (évêque) Élie qui avait dénoncé cette manifestation comme une « insulte à la nation géorgienne ».

Depuis Constantin, empereurs et patriarches encouragent la fondation de monastères sur les emplacements des lieux sacrés païens (temples, arbres, sources, montagnes) qui étaient les objets de dévotions populaires. Ils les consacrent dorénavant aux saints chrétiens qui y exercent leurs pouvoirs thaumaturgiques (de faire des miracles), notamment de guérisons.

Les monastères de Tabennèse et du mont Cassin sont emblématiques :

- En Égypte, Pacôme (292-346), contemporain d'Antoine, fonde le monastère de Tabennèse, ainsi qu'un monastère de femmes sur l'autre rive du Nil. Il reçoit d'un ange la révélation de la règle de la communauté, qui inspirera tous les moines orientaux.
- En Italie, Benoît de Nursie (480-547) au temps de Théodoric, fonde le monastère du mont Cassin, qui essaimera jusqu'en Irlande. Sa règle deviendra celle de l'ordre des bénédictins. Tous les autres ordres religieux occidentaux s'en inspireront.

Les laures

En Orient, les moines se regroupent souvent dans des communautés nommées « laures » qui combinent les deux systèmes de vie : ermites isolés pendant la semaine, ils se retrouvent en communauté pour les cérémonies du samedi et du dimanche.

La République du mont Athos

Le retrait ascétique dans les grottes, seul ou en communauté, est une spécialité des Grecs qui ont même créé la « République du mont Athos », avec ses vingt monastères.

Les pèlerinages

De nombreux monastères sont des centres de pèlerinages. Ils prospèrent grâce aux offrandes des pèlerins qui viennent prier et dormir à proximité des tombes ou des reliques des saints « spécialisés ». Les pèlerins se baignent dans les sources sacrées ou boivent leur eau miraculeuse. Ils payent pour des messes, des icônes et des ex-voto.

De nos jours, les plus prestigieux, donc les plus fréquentés sont Jérusalem (les « Lieux saints »), Rome (les sept basiliques), Kiev (la Laure de Petchersk), Saint-Jacques de Compostelle en Espagne, Fatima au Portugal, Lourdes en France, Rila en Bulgarie. La tradition se mêle à la modernité...

Ainsi au monastère de Rila, en Bulgarie, plusieurs dizaines de jeunes, avec casques de motos et tatouages, se bousculent devant un jeune pope à qui ils glissent des liasses de billets en échange de sa bénédiction, puis ils vont embrasser l'icône de la Vierge de l'iconostase.

La place des femmes

Les femmes sont clairement exclues des fonctions sacrées (sacerdoce), mais les couvents de femmes ont été encouragés depuis les premiers temps la chrétienté. Ils accueillaient (de gré ou de force) les veuves ou les filles de l'aristocratie que l'on ne parvenait pas à marier dans leur rang ou qui avaient « fauté ». Les coups d'États et les usurpations ont également conduit nombre de reines et de princesses à finir leur vie dans des couvents.

Les responsables des abbayes (abbés et abbesses) sont évidemment choisis parmi les familles les plus puissantes.

Les « techniques » orthodoxes du salut

Les Églises orientales ont toujours encouragé les approches mystiques de la religion, alors que l'Église catholique s'est toujours méfiée des « mystiques » car ils sont toujours considérés comme des dissidents potentiels. Même les célèbres Thérèse d'Avila ou Jean de la Croix ont eu affaire à l'Inquisition au XVIe siècle.

Les mystiques

Les mystiques pensent entrer en contact direct avec Dieu (la Vierge Marie ou les saints) au prix d'exercices spirituels très poussés ou bien lors de visions (rêves ou apparitions). Ils sont tenus en grande suspicion par les Églises car ils échappent à leur autorité (et comment savoir s'ils n'ont pas été mystifiés par le Diable, expert en métamorphoses). Lorsqu'ils sont reconnus comme « authentiques », ils deviennent à leur tour des guides spirituels et objet de vénérations. On pensera aux apparitions de la Vierge à Guadalupe, Lourdes, Fatima ou Medjugorge.

Les Églises orientales s'appuient en effet sur l'Évangile de Jean qui insiste beaucoup sur la méditation et la parole (*logos*), ainsi que sur la tradition des très nombreux ascètes orientaux du désert, des premiers temps du christianisme (Antoine d'Égypte ou Siméon le Stylite).

Les techniques hésychastes sont pratiquées depuis le moine égyptien Évagre le Pontique (IVe siècle). Elles ont été largement diffusées chez les mystiques d'Occident autant que d'Orient.

Qu'est-ce que l'hésychasme ?

L'hésychasme est un système de pratiques mystiques destinées à procurer à l'âme un détachement (*hésychia* signifie « tranquillité » en grec) qui lui permet de s'approcher de Dieu. L'une des plus populaires est la récitation continuelle d'une courte invocation nommée « Prière du cœur », également appelée « Prière de Jésus » : « Seigneur Jésus-Christ, fils de Dieu, fais-moi miséricorde, à moi pécheur. »

Au XIXe siècle, le *Récit candide d'un pèlerin à son père spirituel* raconte comment un mendiant voyagea à travers la Russie d'un monastère à l'autre et se fit enseigner par un *staretz* la « Prière du cœur ».

Qu'est-ce qu'un *staretz* ?

En Russie, les *staretz* (vieux) sont des guides spirituels charismatiques. Ils sont souvent supérieurs d'une communauté monastique.

On ne peut qu'être frappé par l'analogie entre ces techniques et les méditations des yogis hindous ou des soufis musulmans.

Le plus fameux guide de méditation orthodoxe est la *Philocalie*.

La Philocalie ou l'Amour du bien

Cette collection de prières choisies chez trente-six mystiques grecs a été publiée au XVIIIe siècle par Nicodème l'Hagiorite et Macaire de Corinthe. Traduite en slavon elle devint le livre de chevet des moines russes. Son titre signifie « l'amour du bien » (*Dobroloubyé* en slavon).

L'unique papauté romaine

Le seul véritable point de divergence entre orthodoxes et catholiques est que les premiers refusent absolument de se soumettre à l'autorité du pape. Les orthodoxes se considèrent comme les plus anciens chrétiens. Les catholiques soutiennent évidemment l'inverse.

Le souverain pontife

La légitimité du pape repose sur quelques principes :

- Le pape est le successeur de l'apôtre Pierre, qui a été désigné par Jésus comme chef de l'Église et qui a été le premier évêque de Rome (voir chapitre 7).

« Sur cette pierre je bâtirai mon Église »

La justification de la domination du pape de Rome sur l'ensemble de la chrétienté repose sur un jeu de mots de l'Évangile de Matthieu (16, 18) dans lequel Jésus dit à Pierre : « Tu es Pierre (Pétros) et sur cette pierre (*pétra*) je bâtirai mon Église. »

- Le pape porte le titre de *pontifex maximus* (souverain pontife), haute charge religieuse attribuée traditionnellement aux empereurs romains polythéistes. Ce titre le désigne donc comme leur successeur.
- Le pape gouverne l'Église catholique comme un empereur élu (l'empereur germanique par exemple). Les ordres religieux et congrégations ne relèvent que de son autorité directe.
- Les papes promulguent des lois et décrets connus sous le nom de « droit canonique ». La dernière édition de ce code date de 1983.

LE SAVIEZ-VOUS ?

À l'époque carolingienne, un texte intitulé *La Donation de Constantin* est mis en circulation à Rome. Il pastiche le style administratif romain et prétend que l'empereur Constantin aurait fait don de son empire au pape Sylvestre. La supercherie a été dévoilée au XVe siècle par le grand humaniste italien Lorenzo Valla. Son style et les erreurs historiques dont il est truffé prouvent en effet qu'il a été rédigé à l'époque carolingienne.

La Curie

Le pape est entouré d'une cour, nommée la « Curie » (*curia* était le nom du Sénat romain, puis des cours royales féodales) composée par les cardinaux qui éliront son successeur à sa mort (une démission, comme celle de Benoît XVI, est rarissime). Le nouveau pape sera donc nécessairement l'un des membres de la Curie. Ainsi, ni les fidèles ni le clergé n'ont leur mot à dire dans sa désignation.

L'élection

Selon le droit canonique, lorsque le pape meurt, les cardinaux se réunissent en « conclave » dans la chapelle Sixtine, dont ils n'ont pas le droit de sortir avant la fin du scrutin. Une fois les bulletins de vote dépouillés, si la majorité des deux tiers est atteinte, on brûle les bulletins dans un poêle qui émet une fumée blanche à l'extérieur. Un cardinal va alors au balcon annoncer à la foule sur la place Saint-Pierre : *Habemus papam* (« Nous avons un pape »).

Si la majorité n'est pas atteinte, la fumée est noire et les cardinaux devront rester enfermés jusqu'à ce que la majorité soit obtenue.

Les ordres religieux catholiques

L'un des soucis majeurs de la papauté est de maintenir l'Église catholique sous son autorité. Pour contrôler les ermites et des moines, toujours tentés par la sécession, elle les contraint à appartenir à des « ordres » religieux dûment agréés par Rome et placés sous la seule autorité du pape. Ainsi naîtront près de quatre cents « ordres » et « congrégations ».

On regroupe habituellement les ordres religieux selon leurs types de règle.

Ordres contemplatifs

Les moines vivent retirés du monde et partagent leur temps entre prière et travaux manuels. Les plus anciens sont les bénédictins, vivant dans de vastes monastères à la campagne. Certains ordres suivent des règles beaucoup plus sévères, tels que les trappistes, les carmes et carmélites (émigrés du mont Carmel, en Palestine, vers l'Europe après la reconquête du sultan Saladin).

Du Carmel proviennent de grands mystiques comme les espagnols Thérèse d'Avila et Jean de la Croix.

Ordres militaires

Fondés pendant les croisades, ils constituent des armées largement autonomes et souvent incontrôlables : hospitaliers, templiers, chevaliers teutoniques, ordre de Malte, de Rhodes, de Calatrava (voir chapitre 8). Ces ordres ont tous été finalement dissous.

Ceux qui ont pu subsister après le XVIe siècle (ordre de Malte) se sont reconvertis dans les activités humanitaires pacifiques.

Prêcheurs et mendiants

Ce sont les dominicains, les franciscains, les augustins. Les franciscains se divisent très tôt en deux branches rivales, les « observants », partisans d'une stricte obéissance à la règle de pauvreté de leur fondateur (François d'Assise) et les « conventuels », vivant dans de riches couvents.

Missionnaires

Pour pallier l'absence de clergé dans les colonies d'Amérique puis d'Afrique, Rome met à contribution les ordres dominicains, franciscain et jésuite. Viendront plus tard les maristes, pères blancs et plusieurs autres ordres chargés de l'enseignement et des orphelinats.

Chapitre 10

Les Églises protestantes ou réformées

Dans ce chapitre :

- Les « Pères fondateurs » du XVIe siècle
- Érasme a pondu les œufs…
- Pour ou contre la prédestination
- Persécutions et émigrations
- La Terre promise américaine

Les Églises « réformées » sont aujourd'hui très nombreuses, notamment dans le monde anglo-saxon. Elles s'accordent toutes pour refuser l'autorité du pape et pour vouloir réformer l'Église, mais demeurent très différentes entre elles. De nouvelles n'ont cessé de se former depuis le XVIe siècle jusqu'à nos jours. La plupart d'entre elles ont rejoint le Conseil œcuménique des Églises (voir chapitre 9).

Histoire de la Réforme

Les contestations de l'autorité romaine sont aussi anciennes que l'Église, mais Luther fut le premier à réussir à constituer une véritable Église durable, grâce à son habileté politique et au soutien de plusieurs princes allemands.

Les précurseurs de la Réforme

Dès le XIVe siècle – soit deux siècles avant Luther –, de nombreux théologiens critiquent déjà vertement les mœurs du clergé et de la curie romaine. Ils réclament que l'on traduise la Bible pour la mettre à la disposition du peuple. Mais aucun d'entre eux n'a suffisamment d'habileté politique pour résister frontalement à la puissance de Rome et de la papauté. Seul Érasme y parviendra, grâce à la subtilité de ses satires et à la protection des papes « humanistes » Léon X, Clément VII et Paul III.

John Wycliff

Ce prêtre anglais (1320-1384), docteur en théologie, dénonce la corruption du clergé. Il traduit la Bible en anglais (1378). Il nie la transsubstantiation (voir chapitre 11) et affirme qu'il n'est pas nécessaire d'obéir au pape et qu'il faut seulement se conformer à la Bible.

S'inspirant d'Augustin, il réclame le retour du clergé à la pauvreté évangélique de Jésus et de ses disciples. Les *lollards* (pauvres prêcheurs) distribuent ses écrits dans les campagnes et aliment une révolte paysanne qui est noyée dans le sang. Wycliff meurt en 1384. Le concile de Constance ordonne en 1405 que son cadavre soit déterré et brûlé. Ce sera fait en 1428.

Jean Hus

Ce prêtre tchèque (1369-1415) est professeur à l'université de Prague. Il est enthousiasmé par les idées de Wycliff et critique les indulgences (voir chapitre 8). Il est brûlé à Constance en 1415. Ses partisans prennent alors les armes contre l'Église et l'Empire. Pendant vingt ans, les « hussites », dirigés par Jan Ziska et le prêtre Procope se retranchent à Tabor, en Bohême du Sud. Ils écrasent la croisade que Rome a lancée contre eux (1431). Deux ans plus tard, le pape se résout à traiter avec les plus modérés d'entre eux. Il leur accorde la communion sous les deux espèces (que l'on nomme « utraquisme ») et la lecture en tchèque de l'Épître et de l'Évangile pendant la messe.

Les disciples de Jean Hus continueront pendant plusieurs siècles à se réunir dans diverses sectes, notamment les Frères moraves, qui se sont perpétués jusqu'à nos jours.

Érasme

En 1516, le célèbre humaniste natif de Rotterdam (1466-1536) publie à Bâle une traduction du Nouveau Testament (voir chapitre 11), bilingue grec-latin. C'est un scandale majeur car il démontre que la Vulgate (la Bible traduite en latin) en usage dans le monde catholique depuis un millénaire, est truffée de fautes. Le pape Léon X, qui a reçu une éducation humaniste, le protège mais cela n'empêche pas Érasme d'être partout dénoncé comme hérétique (il a même modifié la traduction du « Pater Noster » !).

LE SAVIEZ-VOUS ?

Il est vrai qu'il a déjà fait scandale en 1511 en publiant *L'Éloge de la folie*, un petit livre qui ridiculisait les moines, le clergé, le pape et toutes les autorités !

La réforme luthérienne

Luther reste jusqu'à nos jours le symbole de la résistance chrétienne au pouvoir de Rome et de la papauté. Tous les réformés se réclament de son enseignement. Cependant, il ne fut pas le premier à rompre avec Rome.

Zwingli

PORTRAIT

Ce prêtre suisse (1484-1531), disciple d'Érasme, dénonce dès 1516 (avant Luther) les offrandes faites par les pèlerins aux moines du sanctuaire d'Einsiedeln en Suisse. Nommé prédicateur de Zürich, il convainc le conseil de la ville de se détacher de Rome et de n'obéir qu'à la Bible. En 1522, il préconise le mariage des prêtres et la suppression du jeûne du Carême. Il renonce à sa propre pension ecclésiastique. Il s'attaque au culte des images (crucifix, etc.). Il est tué à la bataille de Kassel en 1530, mais la puissante ville de Zürich continue de suivre ses préceptes austères jusqu'à nos jours.

Luther

PORTRAIT

En 1517, Luther (1483-1546) publie quatre-vingt-quinze thèses dénonçant les indulgences. Il est condamné par l'Église et excommunié trois ans plus tard. Il compose une liturgie en langue allemande et traduit lui-même la Bible en allemand, à l'aide du grand humaniste Philip Melanchthon, ami d'Érasme. Reprenant une formule de l'Apocalypse, il dénonce l'Église comme la « putain de Babylone » et préconise l'enseignement du grec et de l'hébreu à l'école pour pouvoir lire la Bible dans le texte original.

Pour Luther, l'homme entre directement en contact avec Dieu par la lecture de la Bible et par la prière. Le clergé, les moines et le pape sont donc des obstacles à éliminer. Il demande que les fidèles de chaque communauté cessent de payer la dîme à Rome et élisent leur propre pasteur.

Tous ceux qui veulent se libérer de la lourde tutelle romaine le soutiennent. De nombreux prêtres et plusieurs très hauts dignitaires de l'Église catholique prennent le parti d'Érasme et de Luther. Leurs ennemis disent qu'Érasme a pondu les œufs que Luther a couvés.

LE SAVIEZ-VOUS ?

Luther demande à Érasme de le soutenir officiellement, mais le Rotterdamois refuse car il n'accepte pas la doctrine de la prédestination soutenue par Luther et affirme qu'il est possible de réformer l'Église sans la détruire.

Au sujet de la prédestination

La prédestination est la doctrine chère à Augustin, selon laquelle l'homme ne peut se sauver lui-même par ses vertus et ses bonnes actions. Il n'est sauvé que si Dieu l'a décidé depuis l'origine des temps.

Comme Érasme dénonce publiquement la prédestination, Luther se déchaîne contre lui. Du coup, Érasme se trouve pris entre deux feux et menacé par les deux partis.

Les anabaptistes

Le prêtre catholique Thomas Münzer pense que la révolte armée va accélérer la venue du Millenium (voir ci-dessous). Il adhère à la Réforme luthérienne et préconise le baptême des adultes (qui est donc un second baptême pour des chrétiens qui ont déjà été baptisés dans leur enfance, d'où leur nom d'anabaptistes qui signifie « baptisé deux fois »). Il devient l'idéologue de la révolte des paysans allemands et trouve la mort à la bataille de Frankenhausen en 1525.

L'anabaptiste Jacques

Au siècle des Lumières, les anabaptistes sont devenus les symboles de la tolérance, tel le brave anabaptiste Jacques dans *Candide* de Voltaire.

Melchior Hoffmann, un fourreur autodidacte proche des luthériens, annonce le retour du Christ à Strasbourg pour 1533. Il y meurt en prison en 1530. Ses disciples millénaristes se retrouvent à Münster (Westphalie) où ils fondent le « royaume de Dieu », dont le Hollandais Jan de Leyde est proclamé « roi de justice ». Ce dernier instaure la polygamie biblique (surtout pour lui-même) et une sorte de communisme. En 1535, les troupes de l'évêque prennent la ville et massacrent sa population.

LE SAVIEZ-VOUS ?

Le Millénium

Les mystiques chrétiens versés en numérologie ont souvent imaginé que le « Royaume de Dieu » annoncé par Jésus serait instauré par le retour du Messie pour une durée de mille ans – d'où son nom de Millénium (terme latin signifiant « mille ans »). Ce genre de croyance a parfois provoqué des mouvements de panique ou d'extases collectives, notamment en l'an 1000 ou lors de fléaux « apocalyptiques » tels que des épidémies, des famines ou des passages de comètes. Ces mouvements, qualifiés de « millénaristes », cristallisent l'anxiété des foules dans les périodes de crise et disparaissent généralement aussi rapidement qu'ils naissent.

Les anabaptistes armés sont exterminés, mais leur mouvement se poursuit sous des formes pacifiques aux Pays-Bas, sous l'impulsion de Menno Simons (ils y prendront le nom de mennonites), puis en Amérique un siècle plus tard, sous la direction de Jakob Amman (les amish).

L'Église anglicane

Le roi d'Angleterre Henry VIII, ne parvenant pas à avoir d'héritier mâle de sa femme (Isabelle, la fille du roi d'Espagne), demande au pape l'autorisation de divorcer pour épouser sa maîtresse Ann Boleyn. Elle lui est refusée et il quitte avec fracas l'Église catholique en 1530. Il cesse de payer à Rome les impôts ecclésiastiques, confisque les biens de l'Église et fonde une Église nationale anglaise avec son propre clergé.

Après sa mort, la reine Marie (fille de Henry VIII et d'Isabelle) rétablit le catholicisme au prix d'une répression féroce qui lui vaut le surnom de Bloody Mary : près de trois cents personnes sont brûlées vives.

La reine Élizabeth (fille de Henry VIII et d'Ann Boleyn) lui succède et restaure le pouvoir de l'Église « anglicane-épiscopalienne » fondée par son père, avec sa propre hiérarchie d'évêques. Elle promulgue en 1558 l'Acte de suprématie (l'instituant chef de l'Église), l'Acte d'uniformité et le Livre de la prière commune (instituant les obligations des fidèles et du clergé). Depuis cette date, le roi (ou la reine) d'Angleterre est seul « chef suprême de l'Église et du clergé d'Angleterre ».

LE SAVIEZ-VOUS ?

L'Irlande catholique

En 1541, Henry VIII prend le titre de roi d'Irlande et tente d'y imposer l'Église anglicane. La majorité des Irlandais résistent et font bloc autour du catholicisme, devenu symbole de l'opposition aux colonisateurs anglais. La situation se détériorera encore au temps de Cromwell. Cependant, malgré les pressions politiques (expulsion des catholiques du Parlement) et économiques (expropriations), le catholicisme restera un ferment de l'opposition nationaliste jusqu'à nos jours.

Les calvinistes

Malgré la violence de ses propos, Luther pensait qu'on ne pouvait trop exiger d'une population arriérée. Certains de ses disciples le dépassèrent largement en fanatisme et créèrent des Églises d'une intolérance radicale.

Jean Calvin à Genève

PORTRAIT

Natif de Noyon, Calvin (1509-1564) adhère à la Réforme luthérienne à Paris vers 1530. En 1534, une vague de répression (suite à l'affaire des Placards) le fait fuir à Strasbourg, puis à Genève. Il y obtient le poste de pasteur grâce à son ami Guillaume Farel et devient le véritable maître de la petite République. Quiconque le critique est expulsé. L'Espagnol Michel Servet, qui ose contester son interprétation de la Trinité est arrêté et brûlé en 1553. Son ancien ami Sébastien Castellion, qui défend la tolérance (il est l'auteur d'un *Traité sur le doute*), se réfugie à Bâle pour lui échapper.

Calvin gouverne Genève en véritable théocrate, selon un ordre moral très rigoureux. Ses *Ordonnances ecclésiastiques* établissent une organisation en quatre « ministères » qui rappelle celle des premiers chrétiens selon les Actes des apôtres :

- Les pasteurs, qui prêchent et administrent les sacrements.
- Les docteurs, qui enseignent à la jeunesse.
- Les diacres, qui s'occupent des malades et des pauvres.
- Les douze Anciens (nommé *presbytes* selon le modèle des premiers chrétiens), qui surveillent les mœurs des fidèles, y compris par la délation.

Ce système d'organisation sera le modèle des Églises dites « presbytériennes ».

John Knox en Écosse

Disciple de Calvin, John Knox (1514-1572) introduit le presbytérianisme en Écosse en 1560, alors que la dynastie des Stuart protège le catholicisme. Il publie *Le Premier Coup de trompette contre le monstrueux régime des femmes* (*The First Blast of the Trumpet Against the Monstrous Regiment of Women*).

LE SAVIEZ-VOUS ?

Après l'abdication de Marie Stuart, le presbytérianisme deviendra la religion principale d'Écosse et sera proclamé religion d'État un siècle plus tard (1688).

Les calvinistes aux Pays-Bas

Les prédicateurs calvinistes rencontrent beaucoup de succès aux Pays-Bas car la domination espagnole (catholique) y est ressentie comme une véritable colonisation étrangère. Après le concile de Trente (voir chapitre 8), des révoltes iconoclastes (pillages et destructions d'églises) éclatent dans les provinces du Nord. Le roi d'Espagne Philippe II envoie l'armée réprimer les troubles avec une rare violence, sous la direction du sinistre duc d'Albe et de l'Inquisition. La guerre de guérilla durera quatre-vingts ans. Cependant, dès 1581, les provinces du Nord se constituent en « République des Provinces-Unies ». Les calvinistes y jouent un rôle prédominant, mais les « remontrants » parviennent à y maintenir le principe de la tolérance religieuse, si bien que le pays attire des masses d'émigrants (juifs, anabaptistes ou huguenots) de toute l'Europe. Cela vaut à la République de devenir le foyer d'un essor capitaliste et d'une richesse sans précédent, comme l'a magistralement démontré le sociologue allemand Max Weber dans son ouvrage *L'Éthique protestante et l'Esprit du capitalisme* (1905).

Organisation des Églises réformées

Les Églises réformées rejettent l'autorité du pape et de la hiérarchie catholique. Elles ont néanmoins besoin d'organiser leurs communautés pour assurer leur pérennité matérielle et spirituelle. Elles ont donc élaboré des formes d'organisation très variées, qui vont de la plus « anarchique » (les quakers), jusqu'à la plus « dictatoriale » (les calvinistes), en passant par la plus « cléricale » (les anglicans).

De nouvelles formes de piété

La critique à l'égard de l'Église catholique ouvre rapidement la porte à des reproches tout aussi sévères envers les nouvelles Églises réformées : Luther et Calvin sont intolérants et dogmatiques ; Zwingli se compromet avec les autorités communales laïques ; Henry VIII et Élizabeth reconstituent un clergé identique à l'ancien.

Dès la fin du XVIe siècle, de nombreuses Églises dissidentes se constituent. Leur moralisme est toujours très austère (on reconnaît le protestant à son habit noir), mais elles posent des contraintes sociales et politiques très variées, depuis les plus rigoristes (les puritains) jusqu'aux plus ouverts (les baptistes). Elles s'organisent en communautés locales très indépendantes qui entretiennent une relation affective étroite avec leur pasteur.

Des formes de piété, qui avaient été jusque-là violemment combattues par l'Église catholique parce qu'elles échappaient à l'autorité du clergé, suscitent un nouvel engouement. Il s'agit principalement de pratiques mystiques collectives et charismatiques.

Protestants, évangéliques ou réformés ?

Strictement parlant, les « protestants » sont les princes allemands qui refusent de condamner Luther à la Diète de Spire en 1529. Ils « protestent devant Dieu et les hommes de leur refus d'admettre un décret qu'ils jugent contraire à Dieu, à sa sainte Parole, à leur bonne conscience et au salut de leur âme ».

Les « évangéliques » sont des fondamentalistes chrétiens qui refusent toute autorité autre que celle des Évangiles.

Les « réformés » appartiennent à une nouvelle Église débarrassée de ses errements passés, notamment de la toute-puissance du pape.

Dans la langue courante (française), on fait peu de cas de ces subtilités et on considère comme « protestant » tout chrétien qui n'est ni catholique ni orthodoxe.

Dissidences anglaises

Tout croyant réformé peut, suivant l'inspiration de sa conscience, proposer de nouvelles réformes de sa propre Église. C'est pourquoi les Églises se multiplient à travers l'Empire germanique et en terres anglaises. À partir du XVIIe siècle, elles auront également les opportunités d'émigrer vers les cieux plus cléments d'Amérique.

Les baptistes

Le prêtre anglican John Smyth (1570-1612) dénonce le formalisme de la liturgie anglaise. Expulsé de son pays, il fonde en Hollande une Église qui baptise les adultes et se rapprochera beaucoup des mennonites. Le mouvement s'implante ensuite en Angleterre, puis aux États-Unis.

Les puritains

Ces anglicans, déçus par la politique religieuse de la reine Élizabeth, qu'ils jugent trop tolérante, préconisent un radicalisme qui les rapproche des calvinistes. Persécutés au début du XVIIe siècle, beaucoup d'entre eux fuient vers le continent ou les États-Unis.

À bord du *Mayflower*

Les célèbres *pilgrim fathers* (pères pèlerins) du *Mayflower* qui abordent en 1620 en Nouvelle-Angleterre, s'unissent aux émigrants puritains pour former l'Église « unitarienne », devenue « congrégationaliste ».

Cromwell est lui-même un puritain convaincu et il instaure en Angleterre la « République des niveleurs » (1642-1658), selon leurs préceptes. À sa mort, la restauration monarchique les persécutera de nouveau.

Les quakers

George Fox (1624-1691) est un autodidacte d'origine modeste. Il fonde en 1648 la Société des amis, dissidente du puritanisme. Il s'oppose ouvertement à Cromwell car il refuse tout usage de la violence, ce qui lui vaut d'être plusieurs fois emprisonné. Chez ses disciples *quakers* (trembleurs), pas de Credo, de sacrements ni de clergé. Les quakers sont des sortes d'anarchistes religieux.

Le quaker William Penn (1644-1718) est le fils d'un amiral anglais. Persécuté pour ses convictions, il fonde en 1682 la colonie américaine de Pennsylvanie dont la constitution servira de modèle à celle des États-Unis. Cet État s'affirme un refuge pour tout monothéiste persécuté.

Les quakers sont féministes, anti-esclavagistes, anti-prédestination et anti-prosélytisme.

Les méthodistes

John Wesley (1703-1791), prêtre anglican, élabore une théologie de la rencontre personnelle avec Dieu. Il enseigne une religion de méditation personnelle dont il emprunte le modèle aux Frères moraves. Missionnaire infatigable (il aurait prononcé quarante mille sermons en Angleterre et en Amérique), il développe l'aide sociale aux classes pauvres et devient l'un des premiers abolitionnistes.

Nouvelles Églises nord-américaines

L'affirmation de la liberté de religion par le premier amendement de la Constitution américaine (1791) fait de ce pays la Terre promise de tous les fondateurs de religions.

La Révolution française adopte le même principe dès 1789, mais l'Église catholique occupait une place monopolistique sous l'Ancien Régime et elle parvient à la reprendre sous la Restauration. À part les calvinistes et les juifs, aucune autre religion (y compris réformée) n'a pu prendre pied durablement en France avant le xxe siècle.

Déclaration française des droits de l'homme et du citoyen

« *Article 10* – Nul ne doit être inquiété pour ses opinions, même religieuses, pourvu que leur manifestation ne trouble pas l'ordre établi par la loi. »

Les restaurationnistes

Parmi les nombreuses nouvelles Églises qui ont fleuri aux États-Unis, le groupe principal est constitué par les « restaurationnistes », qu'on nomme aussi « revivalistes ». Ces Églises empruntent aux diverses traditions protestantes et considèrent que les chrétiens ont apostasié après le temps des premiers apôtres (la « Grande Apostasie ») et qu'il faut revenir à une religion à la fois plus collective et plus mystique (exacerbant les éléments affectifs des croyances et des rites).

Apostat

Ce terme appartient au jargon juridique de l'Église catholique. Un apostat est celui qui abjure la « vraie » religion.

Les mormons

PORTRAIT

En 1820, un jeune garçon de quatorze ans, Joseph Smith, déclare avoir eu une vision de l'ange Moroni, qui lui indique l'emplacement d'un livre sacré, rédigé sur des tablettes d'or par un prophète hébreu nommé Mormon. Le livre est découvert en 1827. Il est sacré à l'égal de la Bible. En 1830, Joseph Smith fonde l'Église de Jésus-Christ des saints des derniers jours, dirigée par un conseil de douze apôtres. Mais les mormons sont très mal acceptés car ils sont sectaires et polygames. Leurs chefs sont lynchés en 1844. Leurs disciples émigrent alors vers les Montagnes rocheuses où ils fonderont l'État d'Utah, dirigé par Brigham Young.

Les textes sacrés des mormons sont les suivants : *Livre de Mormon, Doctrines et Alliances, La Perle de grand prix, Confession de foi.*

LE SAVIEZ-VOUS ?

Les mormons baptisent leurs ascendants rétroactivement (même après leur décès), c'est pourquoi ils ont une activité généalogique intense.

Les adventistes du septième jour

PORTRAIT

Le fermier autodidacte William Miller (1782-1849) devient pasteur baptiste. Très impressionné par la lecture des prophéties apocalyptiques du livre biblique de Daniel, il publie en 1834 un livre intitulé : *Évidences de l'Écriture et de l'histoire de la seconde venue de Christ, vers 1843.*

Plus de cent mille personnes attendent à la venue du Christ en 1843 (puis l'année suivante, suite à une rectification des calculs). Leur déception est considérable. Miller meurt quelques années plus tard après avoir été exclu de l'Église baptiste.

PORTRAIT

Suite à la « grande déception » de 1844, une jeune fille de 17 ans commence à avoir des visions. Elle annonce que l'année 1844 n'était pas celle du retour du Christ, mais du début de sa période d'enseignement, qui s'achèvera lors du Jugement dernier. Devenue Mrs Ellen White, elle fonde avec son mari l'Église adventiste à partir de 1860 et parcourt le monde en donnant des conférences. Ses visions se poursuivent toute sa vie et alimentent son enseignement. Ses livres les plus connus sont : *La Tragédie des siècles (la grande controverse entre Christ et Satan,* 1888) et *Le Meilleur Chemin* (1892).

Les témoins de Jéhovah

Charles Taze Russel (1852-1916), de famille presbytérienne, devient adventiste. Il crée le mouvement des « Étudiants de la Bible » et le journal *Watch Tower* (*La Tour de garde*). Après avoir revu les calculs prophétiques de Daniel, il annonce l'Armageddon de l'Apocalypse (la fin des temps) pour 1914. Il déploie une intense activité missionnaire, y compris grâce à la radio nouvellement inventée. Il accorde une grande importance à la propagande « audiovisuelle » et il projette, en janvier 1914, un *Photo-drame de la création*, combinant photos, discours et musiques enregistrés devant cinq mille spectateurs. Selon Russel, seuls cent quarante-quatre mille élus iront au Paradis le jour du Jugement. La fin de sa vie est assombrie par plusieurs accusations d'escroquerie (affaire du « blé miraculeux »).

Son successeur à la tête du mouvement, Rutherford (1869-1942), sera aussi suspecté d'enrichissement et de mœurs peu « chrétiennes ». À partir de 1931, le mouvement prend le nom de « témoins de Jéhovah ». Ses membres seront particulièrement persécutés par le régime nazi.

Les pentecôtistes

Le mouvement des pentecôtistes est héritier du méthodisme anglais. Leur nom est emprunté au récit de la Pentecôte dans les Actes des apôtres, où il est raconté que, ce jour-là, les apôtres reçurent la visite du Saint-Esprit qui leur donna le don de parler des langues qu'ils ne connaissaient pas (glossolalie).

Outre le baptême des adultes par immersion complète, les pentecôtistes connaissent le « baptême du Saint-Esprit » qui se manifeste par un état de transe, au cours de laquelle le fidèle se sent habité par l'Esprit et se met généralement à parler dans une langue incompréhensible.

Le mouvement s'est développé dans les premières années du XXe siècle au Kansas (Topeka, 1901) et en Californie (Los Angeles, 1906). Il s'est répandu dans les populations pauvres des Caraïbes et du reste du monde.

Autres Églises protestantes

Certaines Églises et sectes protestantes, nées en pleine révolution industrielle, ont affirmé, dès leur fondation, des préoccupations essentiellement sociales ou politiques.

Société de la science chrétienne (Christian Science Society)

Cette société est fondée en 1879 par Mary Baker Eddy (1821-1910). Elle pratique l'homéopathie et le mesmérisme (technique de guérison « magnétique » très en vogue à cette époque).

En 1866, Mary Baker Eddy fait une mauvaise chute sur un trottoir recouvert de glace et reste inanimée. Le médecin diagnostique une commotion cérébrale et une paraplégie consécutive à une dislocation de l'épine dorsale. Elle parvient à se guérir elle-même en recourant à Dieu et à la lecture de la Bible. Elle publie son best-seller : *Science et santé avec la clé des écritures* en 1875 et fonde son Église cinq ans plus tard.

Il ne faut pas confondre la Société de la science chrétienne avec la scientologie de Ron Hubbard, dont nous parlerons au chapitre 24.

L'Armée du salut

Fondée par le pasteur méthodiste anglais William Booth (1829-1912) en 1865, la Mission chrétienne de l'Est de Londres (le quartier ouvrier déshérité), qui deviendra L'Armée du salut en 1878, est organisée selon la hiérarchie militaire allant du « soldat » au « général ». Les salutistes créent à travers le monde des foyers d'aide aux pauvres.

La devise de l'Armée du salut est : *Soup, Soap, Salvation* (« Soupe, savon, salut »).

L'Église de l'unification (Moon)

Sun Myung Moon (1920-2012) voit apparaître Jésus le jour de Pâques 1935, en Corée du Nord, alors qu'il prie dans la montagne. Celui-ci lui demande d'être le nouveau Messie. Moon fonde l'Église de l'unification en 1954, après quatre ans passés en camp de travail communiste. En 1982, il fonde le *Washington Times* pour contrebalancer le *Washington Post*. Son Église s'est présentée comme l'avant-garde de la lutte anticommuniste et elle soutient ouvertement les milieux néoconservateurs américains.

Millénarismes modernes

Depuis l'expansion coloniale, des mouvements millénaristes (voir « Millénium » ci-dessus) chrétiens voient le jour dans des populations espérant se libérer de la misère à travers le fantasme de la venue d'un Messie, ce qui constitue une aubaine pour tous les chefs de bandes ou seigneurs de guerre qui savent exploiter ces attentes. En voici deux exemples particulièrement spectaculaires.

Les taïpings

Le plus important mouvement de ce type éclate en Chine au milieu du XIXe siècle. Son initiateur Hong Xiuquan, a des visions « célestes » après avoir été plusieurs fois recalé aux concours de fonctionnaires. Il rencontre le missionnaire baptiste américain Issachar Roberts qui lui fournit la clé de ses visions. Il se déclare alors le frère de Jésus, nouveau Christ investi de la mission de détruire la dynastie impériale mandchoue, incarnation du mal. Il crée une Société des adorateurs de Dieu (Baishangdihui) qui prend les armes sous le nom de Taïping (Paix universelle) et parvient à s'emparer de Nankin. Il y fonde un « Royaume céleste » où il applique des règles de moralité très strictes avec interdiction du polythéisme. La guerre civile dure vingt ans et fait au moins deux cent mille morts. Les taïpings sont finalement écrasés par une armée impériale épaulée par les troupes anglaises du général Gordon (qui trouvera la mort à Khartoum dans la guerre contre le Mahdi).

L'Armée de résistance du Seigneur

Cette armée (Lord's Resistance Army) se constitue entre le Nord de l'Ouganda et le Soudan en 1988 sous les ordres de Joseph Kony. Elle prétend créer un État théocratique fondé sur les dix commandements de la Bible. Elle se fait connaître en terrorisant les populations par les pillages, les viols systématiques et les enrôlements d'enfants soldats. Elle est responsable à ce jour de dizaines de milliers de morts civils et du déplacement de plus de deux millions de personnes.

Chapitre 11

Croyances, rites et textes sacrés du christianisme

Dans ce chapitre :

- Les dogmes
- Les rites
- Les textes sacrés

Malgré leurs divergences profondes, toutes les Églises chrétiennes partagent certaines croyances et certains rituels, fondés sur leurs textes sacrés, qui les distinguent des religions et des sectes non chrétiennes.

En ce qui concerne les rites, les réformés dénoncent vigoureusement le « polythéisme » des catholiques et des orthodoxes (culte de la Vierge Marie et des saints). Leurs cérémonies sont donc généralement très austères et réduites au message évangélique.

MISE EN GARDE

Pour cette raison, les rites évoqués dans ce chapitre appartiennent beaucoup plus souvent aux traditions catholique et orthodoxe qu'aux protestants.

Les croyances

Le christianisme, comme les autres monothéismes, est une religion dogmatique, car ses croyants doivent professer certaines croyances, sous peine de ne pas être admis aux rituels (messe, sacrements) et de se retrouver privés du salut éternel.

Qu'est-ce qu'un dogme ?

C'est une vérité qu'il faut croire sans preuve. Dans les sciences exactes, on la nomme « axiome » et, dans la vie sociale, « argument d'autorité ».

Cependant, la croyance en ces dogmes repose sur les récits des témoins (les Évangiles), dont la fiabilité peut être mise en doute par les historiens (absence d'autres sources) ou par les philologues (problèmes de traductions). Les croyances chrétiennes s'appuient donc également sur l'autorité des prêtres et des évêques, supposés successeurs des apôtres de Jésus, ainsi que sur les décisions prises lors de leurs conciles.

Le fondement du christianisme, accepté par toutes les confessions chrétiennes, se résume à deux croyances primordiales :

- Jésus est Dieu.
- Il est ressuscité.

La résurrection de Jésus est en effet la seule « preuve » de sa divinité, car ses autres actions (prédication morale, miracles) ne se distinguent en rien de celles des autres prophètes ou fondateurs de religions de toutes époques.

Ces deux croyances exigent cependant des explications très complexes, car les Évangiles présentent aussi Jésus comme le Messie des juifs, donc comme un homme, et comme le Fils de Dieu.

Les premiers chrétiens doivent donc construire des systèmes « théologiques » très complexes pour résoudre ces croyances en partie contradictoires. Pendant les premiers siècles, les diverses communautés se déchirent sur ces sujets et les accusations d'hérésie fleurissent (voir ci-dessous).

Le Dieu unique, mais triple

Le Dieu des chrétiens est d'abord celui des juifs, décrit comme un père éternel, tout-puissant et jaloux. Mais, avec Jésus, la situation se complique.

Un Dieu complexe : la Trinité

C'est l'affirmation paradoxale des chrétiens que Dieu est à la fois unique et triple. Il est composé de trois personnes : le Père, le Fils et l'Esprit saint. Dans les Évangiles, Jésus se présente clairement comme le Fils du Dieu de l'Ancien Testament. En revanche, l'Esprit saint y est rarement mentionné, sinon lors du baptême de Jésus par Jean et lors de la Pentecôte. On nomme traditionnellement les trois « personnes » de la Trinité « hypostases » (dans le sens platonicien d'émanations). La nature exacte de Jésus (homme ou dieu ?) prête donc à des discussions infinies. La discussion sur la nature du Saint-Esprit entérinera le schisme irréductible entre catholiques et orthodoxes.

Le *filioque* catholique

Ce mot ajouté au *Credo* latin au temps de Charlemagne signifie que le Saint-Esprit procède à la fois du Père et du Fils, alors que les orthodoxes affirment assez logiquement que le Saint-Esprit, en tant qu'instance par laquelle la Vierge Marie conçoit Jésus, procède du Père seul et non du Fils (voir chapitre 9).

La nature du Christ

Le huitième point du symbole de Nicée (voir chapitre 8) affirme que Jésus est « de même substance que le Père » (en grec *homoousios*).

UN PEU DE TECHNIQUE

Débats sur la nature du Christ

Arius (256-336) est prêtre à Alexandrie au temps de Constantin. Il enseigne que les trois personnes de la Trinité ne sont pas équivalentes : puisque le fils a été engendré par le père, il lui est subordonné en tant que créature. Son évêque lui interdit d'enseigner mais la discussion divise tout l'Orient. Constantin réunit le concile de Nicée pour condamner la doctrine d'Arius, qui est exilé. Mais l'empereur se ravise et se range au parti arien, qui restera dominant dans l'Empire romain pendant un siècle, avant d'être condamné.

Nestorius (381-451) est patriarche de Constantinople en 428-430 avant d'être condamné pour hérésie par Cyrille d'Alexandrie et le concile d'Éphèse (431). Il enseigne que Jésus a deux natures distinctes, l'une divine et l'autre humaine. Il récuse donc que Marie soit mère de Dieu (*théotokos* en grec). Ses partisans se réfugient en Perse sassanide, où ils fondent la fameuse école de traducteurs syriaque d'Édesse, qui émigrera à Bagdad au temps des Abbassides. Les nestoriens fondent des Églises jusqu'en Inde (Église malabare) et en Chine. L'invasion mongole leur donne un coup d'arrêt. Leurs patriarches (*katholikos*) appartiennent à la famille Mar Mamâ. Ils se nomment « assyriens ». Certains d'entre eux reconnaissent l'autorité de Rome et se nomment « chaldéens ».

Eutychès, moine grec (mort en 454), enseigne que la nature divine du Christ absorbe complètement sa nature humaine « comme la mer absorbe une goutte d'eau ». Il ne peut donc pas avoir été crucifié. Cette doctrine, qualifiée de « monophysite » (nature unique) est condamnée par le concile de Chalcédoine en 451. En revanche, elle est adoptée par les Églises copte, éthiopienne, arménienne, géorgienne et syrienne.

La Vierge Marie

Marie, la mère de Jésus est très tôt l'objet d'un culte. Les Évangiles (Luc, 1, 26-35) racontent qu'étant vierge, elle n'a pas eu de rapport sexuel avec son fiancé Joseph, mais que l'ange Gabriel lui a annoncé qu'elle deviendrait mère du « fils de Dieu » par l'intervention de Dieu (l'Esprit saint).

Son image maternelle et consolatrice est bientôt devenue l'objet privilégié de la vénération des chrétiens, succédant sans peine à Isis et aux déesses-mères des religions polythéistes (voir chapitre 1). En effet, si les chrétiens croient au Christ, leurs prières s'adressent le plus souvent à Marie.

Ce n'est certes pas un hasard si son culte a été officialisé au concile d'Éphèse en 431, sous le nom de *théotokos* (en grec : mère de Dieu) : Éphèse abritait un gigantesque sanctuaire de Diane-Mère. Ses pèlerinages sont innombrables et connaissent des fréquentations immenses.

L'Immaculée Conception

Cette doctrine, exclusivement catholique, ne signifie pas que la Vierge Marie a conçu son enfant (Jésus) sans commettre le « péché de chair » (sexuel), mais qu'elle a été elle-même conçue par ses parents sans la souillure du péché originel. Elle est élaborée par les franciscains à la fin du Moyen Âge et violemment combattue par les dominicains. Elle a finalement été imposée comme dogme à toute l'Église catholique par le pape Pie IX en 1854.

Les êtres surnaturels intermédiaires

Malgré leur condamnation du « polythéisme » catholique et orthodoxe, les réformés partagent avec eux la croyance aux puissances démoniaques, particulièrement développée dans le monde anglo-saxon. Elle explique la vogue de la littérature « gothique » depuis le XIXe siècle et des innombrables romans et films d'angoisse contemporains (*L'Exorciste*, etc.).

Le Diable et les démons

Les chrétiens ont emprunté les démons aux juifs (voir chapitre 6). Satan est le roi de l'Enfer et la tradition le représente en train de tourmenter les âmes des damnés au milieu des flammes. Son allure rappelle celle des satyres païens (cornes et pieds fourchus).

Satan est très présent dans les Évangiles. Il affronte en personne Jésus après son baptême, pendant sa retraite au désert. Jésus en parle souvent, ainsi que de Belzéboul, lorsqu'il chasse des démons. Il est un personnage central de l'Apocalypse, accompagné de toutes ses armées et puissances (bêtes maléfiques).

LE SAVIEZ-VOUS ?

Satan est l'ennemi principal du chrétien et l'exorciste devient très tôt un membre important du clergé. Les Églises réformées, très influencées par la théologie d'Augustin, accordent une grande importance au Diable.

Les anges

Les chrétiens les ont également empruntés aux juifs. Leur nom signifie messager (*angelos* en grec). Ils peuplent le ciel et apparaissent parfois aux hommes. Gabriel est, par exemple, celui de l'Annonciation et Michel, celui du Jugement dernier.

LE SAVIEZ-VOUS ?

Outre les grands anges bibliques et leur hiérarchie céleste, les chrétiens croient souvent aux « anges gardiens » qui ressemblent fort aux *daïmones* des Grecs (tel le célèbre « démon » de Socrate). Ils incarnent la conscience morale de l'individu.

Les saints

Ces personnages héroïques entourent Dieu au Paradis. Ils sont donc des intermédiaires très recherchés pour transmettre les prières des hommes. Certains sont parfaitement mythologiques (saint Georges, saint Christophe), d'autres sont des personnages historiques (dans les premiers temps, il s'agissait surtout des martyrs), dont les tombes sont devenues l'objet de véritables cultes.

UN PEU DE TECHNIQUE

Qu'est-ce qu'un martyr ?

Ce mot grec signifie « témoin ». Il s'agit d'une personne qui témoigne de sa foi, même au péril de sa vie. On nomme ainsi les victimes des persécutions, dont la mort héroïque leur garantit le salut éternel.

Le culte des saints (prières, offrandes, pèlerinages) s'accompagne d'innombrables récits des prodiges qu'ils ont accomplis pendant leur vie, ce qui leur donne un aspect nettement plus familier et « humain » que Dieu ou la Trinité. On les représente en images (les icônes). L'Église organise officiellement leur culte en mettant chaque jour de l'année sous le patronage d'un saint (chez les orthodoxes, leur nombre peut aller jusqu'à une vingtaine par jour). On donne leurs noms aux enfants lors de leur baptême et ils deviennent les protecteurs attitrés d'une famille ou d'un individu.

Certains saints ont des fonctions d'intercession particulières (saint Roch guérit de la peste, saint Antoine de Padoue fait retrouver les objets perdus). La messe du jour de leur fête leur est adressée. Les plus importants ont des sanctuaires dédiés, dont certains sont des lieux de pèlerinages (saint François-Régis à la Louvesc rend les femmes fécondes). Les fidèles leur font des offrandes, allument des cierges et prient devant leur icône ou leur statue. Parfois, ils leur offrent des messes. Certaines images sont réputées avoir des pouvoirs miraculeux, surtout de guérison.

Le Paradis et l'Enfer

Le chrétien pense qu'après sa mort, il ressuscitera et sera jugé par Dieu selon les mérites de sa vie :

- S'il est sauvé, il ira au Paradis (au « Ciel »), auprès de Dieu, des anges, des saints et des autres élus et il passera l'éternité à contempler Dieu.
- S'il est condamné, il ira en Enfer où il passera l'éternité à souffrir en compagnie des démons et des autres damnés. La tradition représente l'Enfer comme un lieu de flammes éternelles.

Pour être sauvé, il faut mourir en état de pureté totale, donc avoir été lavé de ses péchés, soit par le baptême (comme l'a fait Constantin sur son lit de mort), soit par la confession. C'est pour cette raison que les chrétiens craignent par-dessus tout la mort accidentelle (par exemple, lors d'un naufrage ou à la guerre), car le pécheur ne peut se confesser et il est donc automatiquement condamné à l'Enfer. Il en va de même pour les enfants morts en bas âge, avant d'avoir été baptisés, selon la doctrine du péché originel.

Le péché originel

Cette doctrine a été développée par le Père de l'Église Augustin d'Hippone, dont toute la théologie est très pessimiste (sans doute sous l'influence de ses années de jeunesse manichéistes, voir chapitre 8). Il affirme que la faute initiale d'Adam et Ève, qui leur a valu d'être chassés du Paradis, se transmet chez tous leurs descendants. Donc, le bébé est pécheur dès le jour de sa naissance, d'où la nécessité de baptiser les nouveau-nés, alors que les premiers chrétiens ne baptisaient que les adultes consentants.

La grâce et la prédestination

L'homme pécheur a-t-il en lui les forces morales nécessaires pour se corriger et atteindre le salut ? Augustin d'Hippone soutient que non et qu'il ne sera sauvé que si Dieu lui accorde sa grâce. Son adversaire Pélage soutient que oui, car Dieu a créé l'homme libre de ses idées et de ses actes. Cette question a été au centre de la controverse entre catholiques et réformés car Luther soutenait l'idée de la « prédestination », selon laquelle les « bonnes œuvres » ne servaient à rien pour « faire son salut ». Pour lui, seul Dieu en est juge. Calvin poussa le raisonnement à son terme en affirmant que Dieu avait décidé, depuis toute éternité, qui serait sauvé et qui serait damné. Pour lui, le seul problème était donc : comment déterminer qui fait partie des « élus ». Cette thèse a évidemment séduit nombre de sectes qui promettaient à leurs membres de faire partie des « élus ».

Le Jugement dernier

L'Église n'a jamais clairement établi si le jugement de l'âme du défunt avait lieu immédiatement après sa mort ou à la fin des temps (le Jugement dernier).

Le Purgatoire et les Limbes

Il est difficile de faire admettre aux croyants que Dieu punisse avec la même férocité le criminel invétéré (coupable de péchés « capitaux ») et le petit pécheur (coupable de péchés « véniels »). L'Église catholique élabore donc au cours du Moyen Âge la doctrine du Purgatoire, calquée sur la justice pénale : c'est une sorte d'Enfer à temps limité, d'où le pécheur sortira, une fois ses péchés expiés, pour rejoindre le Paradis.

De la même façon, l'idée de la damnation éternelle des petits enfants morts sans baptême a toujours scandalisé les parents chrétiens – surtout dans des temps anciens où la mortalité infantile « naturelle » avoisinait les 50 %. L'Église catholique a donc également élaboré la doctrine des « Limbes », définies comme une sorte de Paradis de degré inférieur, dans lequel les âmes ne sont pas torturées (comme elles le sont en Enfer), mais seulement privées de la vision de Dieu.

Les hérésies

Un hérétique est une personne dont les pensées sont considérées comme dangereuses par les autorités religieuses du moment. Certaines doctrines ont ainsi pu être jugées hérétiques à certains moments et orthodoxes à d'autres.

La fin de l'Antiquité gréco-romaine a vu un foisonnement d'écoles philosophiques et religieuses en tout genre, qui n'ont pas manqué d'influencer les chrétiens, dont les croyances étaient elles-mêmes souvent incertaines. Ainsi, les chefs des premières Églises n'ont pas manqué de se déchaîner contre quiconque enseignait une doctrine distincte de la leur. Certaines « hérésies » très populaires, sont aujourd'hui oubliées. D'autres se sont finalement transformées en véritables Églises indépendantes, dont certaines existent encore de nos jours. N'oublions pas que, pour l'Église catholique, tous les Réformés (voir chapitre 10) sont des hérétiques.

UN PEU DE TECHNIQUE

Hérésie, secte, école

Attention, les mots changent souvent de sens suivant les époques. Le mot *secta* est la traduction latine du mot grec *haïrésis* (préférence). L'un et l'autre étaient utilisés dans l'Antiquité pour désigner les écoles philosophico-religieuses. On nommait ainsi, par exemple, l'école des pythagoriciens, qui était une secte très fermée, mais aussi les écoles stoïcienne ou épicurienne, dont le recrutement était très ouvert. Sa dérivation vers le sens de « déviance » doctrinale contraire à l'orthodoxie est un usage chrétien.

Irénée de Lyon, l'un des premiers Pères de l'Église qui vécut au IIe siècle, est déjà connu pour son ouvrage en cinq volumes *Contre les hérésies*. Il y attaque le gnostique Simon le magicien, qui aurait vécu au temps de Jésus, mais aussi des sectes nommées ophites, ébionites, caïnites, encratites et de nombreuses autres.

Le célèbre Augustin d'Hippone (354-430) fut également un grand chasseur d'hérétiques, tout comme son contemporain et rival Jérôme. Parmi les centaines de maîtres hérétiques répertoriées à leur époque, citons : Arius, Nestorius, Mani, Origène, Pélage.

Rites et pratiques

Selon les Évangiles, Jésus n'institue pas de religion, donc pas de rites autres que ceux du judaïsme de son temps. Ses disciples, après la victoire des « pauliniens », se détachent du judaïsme et se recentrent sur deux « sacrements » principaux, le baptême et l'eucharistie, qui conditionnent l'appartenance au christianisme.

Cependant, la pratique chrétienne ne se résume pas aux sacrements. Elle contient une multitude de rites, allant de la grande fête avec procession jusqu'au geste quotidien, tel que le « signe de croix », auxquels les croyants et le clergé sont profondément attachés.

Le baptême

Ce rite signe l'admission du croyant dans la communauté. Il est la condition de son salut lors de la résurrection après la mort. Seuls les baptisés seront sauvés.

Le baptême reproduit celui que Jean a administré à Jésus dans le Jourdain. L'immersion doit être accompagnée de la formule : « Je te baptise au nom du Père, du Fils et du Saint-Esprit. » À l'origine, seuls les adultes sont baptisés. Le baptême des nouveaux nés est directement lié à la doctrine augustinienne du péché originel, selon laquelle l'enfant, à sa naissance, appartient aux forces du mal et seul le baptême peut l'en arracher. Les orthodoxes baptisent l'enfant par une triple immersion. Les catholiques se contentent de verser de l'eau bénite sur le front du nouveau-né.

Le péché originel

Augustin, fameux évêque (354-430) d'Hippone en Afrique du Nord, enseigne le « péché originel », notion d'inspiration très manichéenne : à sa naissance, l'âme de l'homme est emprisonnée dans son corps mauvais par nature (depuis le premier péché d'Adam et Ève qui leur a valu d'être chassés du Paradis). Un bébé qui meurt avant d'être baptisé ira donc directement en Enfer. L'immense autorité d'Augustin imposera cette conception terriblement culpabilisante au monde catholique.

L'eucharistie

La messe est la réunion principale des croyants dans le sanctuaire. Elle débute par des lectures de textes sacrés, des chants et des invocations. Elle culmine dans le rite de l'eucharistie (en grec : « remerciement »). Le célébrant y évoque le dernier repas de Jésus (la Cène), avant son arrestation et sa condamnation. Il tient le rôle de Jésus présentant le pain et le vin à ses disciples (représentés par les fidèles) en prononçant les paroles sacrées : « Ceci est mon corps, ceci est mon sang », puis il distribue le pain et le vin aux assistants qui les consomment (communion), à condition d'être purs (sans péché) et à jeun.

La transsubstantiation

Cette doctrine, inspirée de la théorie des substances d'Aristote, affirme que le pain et le vin utilisés lors du rite catholique de l'eucharistie deviennent « réellement » le corps et le sang de Jésus.

LE SAVIEZ-VOUS ?

Symboliquement, la communion joue un rôle très puissant pour le renforcement de la communauté, car les fidèles mangent le pain et boivent le vin comme s'il s'agissait du corps et du sang de Jésus. Ils pensent consommer ainsi Dieu lui-même au cours d'un repas, qui rappelle fortement les repas totémiques ou les sacrifices païens au cours desquels on mange la viande des animaux sacrifiés. Ce point suscitera une énorme controverse de la part de réformés qui considèrent que l'eucharistie n'est qu'une métaphore (un symbole). Les fidèles catholiques ne consomment que le pain (l'hostie).

À MÉDITER

Mort et culpabilité

L'eucharistie, rite central du christianisme, est un rappel insistant de la mort de Jésus et de la culpabilité des croyants pour qui il s'est sacrifié.

Le contrôle des convictions des fidèles s'exerce régulièrement par deux moyens.

Le Credo

Au début de chaque messe, le fidèle doit proclamer à haute voix devant la communauté les dogmes de son Église (« profession de foi »). Cette proclamation reprend pour l'essentiel le symbole de Nicée (voir chapitre 8).

La confession

Pour être admis à la communion, chaque fidèle doit se purifier en avouant ses péchés au prêtre, qui a le pouvoir de les pardonner au nom de Dieu.

LE SAVIEZ-VOUS ?

Dans les premiers temps, cette confession était publique. Au Moyen Âge, elle est devenue « auriculaire » (chuchotée à l'oreille du prêtre).

LE SAVIEZ-VOUS ?

Que signifie être excommunié ?

Il s'agit de l'exclusion d'un fidèle de la communauté, prononcée par l'évêque pour sanctionner son refus de se soumettre à l'autorité de l'Église. L'excommunié perd le droit de communier et d'être enterré en terre sacrée.

Le mariage

Il est nécessairement accompli dans l'église ou le temple et béni par le prêtre. Les futurs mariés échangent la promesse de rester unis jusqu'à leur mort. Dieu étant le garant de leur union, le divorce est interdit par la religion chrétienne.

Les funérailles

Le mourant doit confesser ses péchés et en être absous par le prêtre, sans quoi il est irrémédiablement condamné à la damnation éternelle. La présence d'un prêtre est donc indispensable à une « bonne » mort. Le prêtre pourra également verser de l'huile sainte (Saint Chrême) sur le front du mourant pour l'aider dans ce passage. L'incinération est proscrite, car le corps doit rester « intact » pour la résurrection après le Jugement dernier.

Le culte des images

Orthodoxes et catholiques se distinguent radicalement des juifs et des musulmans (et de la plupart des réformés) par l'omniprésence des images vénérées dans les sanctuaires aussi bien que dans les lieux publics et dans les maisons. Ces images représentant Dieu le Père, le Christ, la Vierge et les saints – les croix et les crucifix ayant une qualité apotropaïque particulière.

UN PEU DE TECHNIQUE

Apotropaïque

C'est ainsi qu'on désigne tout objet, geste ou invocation dont le but est de se protéger des puissances maléfiques. C'est par exemple le rôle des « Saint-Christophe » que les chauffeurs accrochent sur le pare-brise de leur voiture. On en dira autant de la « main de Fatma » des musulmans.

On trouve des images à profusion dans les églises et les monastères. Leur production et leur commerce sont de véritables industries. Le crucifix est une croix sur laquelle Jésus est représenté cloué.

LE SAVIEZ-VOUS ?

L'iconostase

C'est un élément architectural particulier aux églises orthodoxes, une icône était traditionnellement dressée face aux fidèles pour les séparer de la partie sacrée de l'édifice (le chœur) où se tiennent les célébrants. Les fidèles venaient l'embrasser pour recevoir une partie de sa sacralité. Au Moyen Âge, cette séparation est progressivement devenue une cloison (parfois un mur) recouverte d'icônes.

À quoi servent ces millions d'images ? Les croyants leur adressent leurs invocations ou leurs prières. Quand ils le peuvent, ils les baisent pieusement et pensent en recevoir une influence bénéfique. Ils payent fort cher les artistes qui les entretiennent.

À MÉDITER

En quoi la vénération rendue aux saints à travers le support de leurs images se distingue-t-elle du culte des images elles-mêmes ? La distinction est évidemment impossible à faire, d'autant que de nombreuses images sont supposées avoir des vertus miraculeuses par elles-mêmes (dans les lieux de pèlerinages par exemple). Juifs, musulmans et protestants dénoncent cette vénération comme une forme à peine déguisée d'idolâtrie, donc de polythéisme. On pourrait dire aussi qu'il s'agit de la croyance ancestrale au *mana* transmis par la divinité ou le saint à son image.

LE SAVIEZ-VOUS ?

La révolution iconoclaste

Quelques années après avoir repoussé les Arabes qui assiègent Constantinople en 717-718, l'empereur byzantin Léon III (717-741) ordonne la destruction de toutes les images religieuses des églises. Il fait retirer l'icône d'or du Christ qui surmonte les portes de bronze à l'entrée du grand palais. Plusieurs soldats, venus accomplir l'ordre de l'empereur, sont massacrés par la foule. Les réfractaires sont persécutés et l'iconoclasme (doctrine de la destruction des images) reste la doctrine officielle de l'Empire pendant plus d'un siècle (sauf pendant le règne de l'impératrice Irène). Les chrétiens d'Occident refusent catégoriquement de se plier à cette mesure. Certains témoins de l'époque ont pensé que Léon avait été effrayé par le présage d'une éruption volcanique en 726 sur l'île de Théra (à Santorin).

Le signe de croix

Toute communauté chrétienne signale ses lieux sacrés par une croix, rappelant la mise à mort de Jésus. On représente même Jésus crucifié (parfois de façon très réaliste) au-dessus de l'autel sur lequel le prêtre célèbre la messe.

La croix possède la vertu apotropaïque (voir ci-dessus) d'écarter les démons. Le « signe de croix », exécuté avec le bout des doigts de la main droite (côté bénéfique), possède la même vertu. On se « signe » en se touchant le front, la poitrine, l'épaule droite puis la gauche. Les orthodoxes serrent le pouce, l'index et le majeur pour signifier la trinité, tandis que l'annulaire et l'auriculaire sont repliés dans la paume pour rappeler le dogme de la double nature de Jésus.

Après le schisme de 1054, les catholiques ont inversé leur « signe de croix » en touchant l'épaule gauche avant la droite, et en gardant la paume ouverte.

Un signe de croix adressé cette fois en direction des fidèles accompagne aussi les bénédictions.

Les reliques

Les églises ne sont pas seulement des lieux de réunion de la communauté des fidèles, destinés à la prière et à la prédication – comme les synagogues ou les mosquées. Elles sont consacrées par un évêque lors de leur fondation et abritent une relique.

De plus, elles contiennent Dieu physiquement présent dans les hosties (*prosphora* en grec) qui n'ont pas été consommées par les fidèles lors de la communion précédente. Cette présence est signalée par une lampe allumée en permanence.

Les reliques ne représentent rien, mais sont sacrées par elles-mêmes. Elles sont réputées être des parties du corps d'un saint (voire de Jésus ou de la Vierge Marie) ou des objets ayant été en contact avec lui. Elles sont donc chargées d'une puissance sacrée exceptionnelle.

Les reliques de la Sainte-Chapelle

La magnifique Sainte-Chapelle de Paris a été construite sur ordre de Louis IX (Saint Louis) pour abriter une collection de reliques pillées par les croisés lors du sac de Constantinople et rachetées à prix d'or : un morceau de la croix, du lait et des cheveux de la Vierge Marie, etc.

Les autels sur lesquels les prêtres célèbrent l'eucharistie sont supposés contenir une relique. Les plus vénérées ont un rapport avec Jésus (bois de la croix, clous de la crucifixion, etc.), la Vierge et les apôtres. Elles ont été l'objet de commerces florissants.

L'une des reliques les plus célèbres est la tunique que la Vierge Marie a laissée tomber lorsqu'elle est montée au ciel. Elle est vénérée à la Laure de Kiev.

Le Saint Suaire de Turin

Cette étonnante relique est un grand drap (un linceul ?) sur lequel se voient comme en négatif les traces du corps d'un homme crucifié. Elle a sans doute été fabriquée par un artiste très habile au Moyen Âge, mais l'Église a toujours opposé tant d'obstacles à son analyse scientifique qu'aucune conclusion sérieuse n'a encore pu être proposée.

Les fêtes

Les Églises rivalisent de solennité dans la célébration de leurs fêtes (chants, images, ornements, encens, processions, étalage de la richesse des sanctuaires) qui ponctuent la vie des communautés et renforcent leur cohésion autour de leur clergé. Elles sont organisées selon deux cycles (hebdomadaire et annuel) qui se superposent.

Le cycle hebdomadaire

Le rite sacré de la semaine est la messe du dimanche à l'église, précédée par une journée de jeûne de purification deux jours plus tôt (le vendredi).

La messe du dimanche réunit toute la communauté à l'église. Mais elle ne remplit pleinement sa fonction que si les fidèles y communient, donc s'ils sont en état de pureté, c'est-à-dire s'ils se sont confessés et sont à jeun. Ces conditions étant très difficiles à réunir, l'Église n'exige de la masse des fidèles qu'une messe par an, à Pâques, précédée de la purification complète (jeûne du Carême et confession).

Le pain consacré par le prêtre est sans levain chez les catholiques (l'hostie). Chez les orthodoxes, c'est du pain avec levain.

Le cycle annuel (année liturgique)

L'année est ponctuée par douze fêtes qui donnent lieu à des messes solennelles et à des processions dans les plus importants sanctuaires. Ces fêtes commémorent les événements marquants de la vie de Jésus.

Les douze principales fêtes chrétiennes

- Naissance de Marie : 8 septembre.
- Fête de la Croix de Jésus : 14 septembre.
- Présentation de Marie au Temple : 21 novembre.
- Naissance de Jésus (Noël) : 25 décembre.
- Baptême de Jésus, (fête des Rois chez les catholiques) : 6 janvier.
- Présentation de Jésus au Temple (Chandeleur) : 2 février.
- Annonciation : 25 mars (soit neuf mois avant Noël).
- Entrée de Jésus à Jérusalem (les « Rameaux » chez les catholiques) : une semaine avant Pâques.
- Ascension de Jésus au ciel : 40 jours après Pâques.
- Pentecôte : 50 jours après Pâques.
- Transfiguration de Jésus sur le mont Thabor : 6 août.
- Dormition de Marie (« Assomption » chez les catholiques) : 15 août.

Cet ensemble de douze fêtes solennelles rythme l'année, autour de la fête de Pâques, fête principale du cycle, puisqu'elle commémore la résurrection de Jésus. La date de Pâques est fixée par des considérations astronomiques très sophistiquées.

Les dates des fêtes orthodoxes et catholiques ne coïncident qu'exceptionnellement car l'Église catholique a adopté depuis le XVIe siècle le calendrier « julien » qui retarde de treize jours sur le « grégorien » des orthodoxes.

Depuis les premiers siècles, les chrétiens tiennent absolument à ce que leurs « Pâques » soient fêtées un jour différent de celle des juifs.

Les quarante jours précédant Pâques sont une période de purification (jeûne et abstinence sexuelle) : le Carême. Le détail de ses règles varie selon les Églises. Dans les Églises orthodoxes, la plupart des fêtes sont précédées par des périodes de jeûne.

S'ajoutent à ces douze fêtes principales d'innombrables fêtes particulières des saints « individuels » (le saint patron dont le chrétien a reçu le nom lors de son baptême) ou les fêtes « patronales » (du « patron » de tel sanctuaire, de telle corporation ou de telle localité).

Les textes sacrés : le Nouveau Testament

Les textes sacrés propres aux chrétiens sont une « collection » de livres qu'ils nomment « Nouveau Testament ». Cependant, comme ils pensent que Jésus était le Messie annoncé par les prophètes juifs, ils considèrent que la Bible juive (qu'ils nomment Ancien Testament) est également sacrée. Ainsi, la plupart des Bibles chrétiennes contiennent deux parties : l'Ancien et le Nouveau Testament.

Le Nouveau Testament proprement dit contient :

- quatre récits de la vie de Jésus (les Évangiles) ;
- un récit de la vie des premiers chrétiens pendant une trentaine d'années après la mort de Jésus (les Actes des apôtres) ;
- vingt et une lettres envoyées par certains apôtres à diverses communautés chrétiennes (les Épîtres) ;
- l'Apocalypse, attribuée à l'apôtre Jean.

Tous ces textes sont écrits en grec, la langue commune des juifs cultivés de Palestine – il est toutefois vraisemblable que l'Évangile de Matthieu ait été d'abord rédigé en araméen, puis traduit en grec.

Les quatre Évangiles

Évangile signifie « bonne nouvelle » en grec. De quelle nouvelle s'agit-il ? De la venue du Messie attendu par les juifs (Jésus) et de sa résurrection.

Les auteurs des Évangiles sont quatre disciples de Jésus, mais qui ne l'ont pas tous connu personnellement .

Matthieu

Il se présente comme un disciple direct de Jésus, souvent témoin oculaire de ce qu'il rapporte. Il raconte qu'il était percepteur du fisc lorsque Jésus l'a recruté comme disciple à Capharnaüm. Son récit débute par une généalogie de Jésus remontant au roi David et à Abraham. Cette introduction montre que Matthieu ne s'adresse qu'aux juifs, car une telle généalogie n'aurait aucun sens pour un païen, qui ne connaît ni Abraham, ni David. Il suppose les usages juifs connus de ses lecteurs. Il écrit sans doute pour les « judéo-chrétiens » de Jérusalem (voir chapitre 5).

Marc

C'est le secrétaire de l'apôtre Pierre. Ses écrits sont donc de seconde main et visiblement destinés à des païens car Marc explique systématiquement les coutumes juives. Il émaille son texte d'expressions araméennes, qu'il traduit immédiatement en grec.

Luc

Il se présente comme le secrétaire de l'apôtre Paul. Ses écrits sont donc de troisième main, car Paul n'a pas connu personnellement Jésus. Il précise qu'il se fonde sur d'autres récits qu'il a lus. Il est également l'auteur des Actes des apôtres. Ses premiers mots sont une adresse à un certain Théophile, dont le nom grec signifie « ami de Dieu ».

Il est le porte-parole du groupe des « hellénisants » qui s'opposera violemment à Pierre et à Jacques, les judéo-chrétiens.

Jean

C'est un cousin de Jésus, fils d'un pêcheur du lac de Tibériade. Disciple de la première heure, il se qualifie de « disciple préféré » de Jésus. Son discours est essentiellement mystique. C'est l'évangile préféré des orthodoxes.

Les quatre textes ont été écrits largement après la mort de Jésus, mais avant la guerre des juifs et la prise de Jérusalem par Titus (voir chapitre 5), car aucun d'entre eux n'y fait allusion. L'Évangile de Jean est sans doute beaucoup plus tardif.

Pourquoi avoir conservé quatre récits de la vie de Jésus et non pas un seul ? Les quatre textes racontent sensiblement les mêmes événements, mais ils divergent parfois sur leur interprétation. Ils reflètent donc sans doute les doctrines des quatre principaux groupes de chrétiens qui ne sont pas parvenus à se mettre d'accord sur une version commune. Leur choix définitif a été officialisé par l'empereur Constantin au concile de Nicée (voir chapitre 8).

Récits de vie de Jésus

Les Évangiles ne sont pas des chroniques historiques, mais des récits édifiants visant à démontrer à leurs lecteurs que Jésus était bien le Messie attendu par les juifs. Ils fourmillent donc de citations de la Bible (Ancien Testament).

Principaux épisodes de la vie de Jésus

- Sa conception miraculeuse (l'« Annonciation ») par sa mère, restée vierge.
- Sa naissance à Bethléem (la « Nativité »).
- Sa circoncision le septième jour.
- Son baptême par Jean le Baptiste, qui sera exécuté par la suite sur ordre du roi Hérode.
- Sa retraite au désert et sa tentation par le Diable.
- Son enseignement (cinq grands discours, parmi lesquels le fameux « Sermon sur la montagne »), entrecoupé de nombreuses « paraboles » morales.
- Ses controverses avec les pharisiens.
- Ses miracles (transformation de l'eau en vin aux « noces de Cana », guérisons, résurrections de morts, exorcismes de possédés, pêche miraculeuse).
- Le recrutement de ses douze apôtres.
- Sa protection de la prostituée Marie de Magdala (Marie-Madeleine).
- Son entrée triomphale à Jérusalem (les « Rameaux »).
- Son dernier repas pascal (la « Cène »).
- Sa dénonciation pour blasphème (il se qualifie de Fils de Dieu) au Sanhédrin, le tribunal juif, par son disciple Judas.
- Sa livraison au gouverneur romain Ponce Pilate qui le condamne à mort pour s'être nommé roi des juifs.
- Sa crucifixion (la « Passion »).
- Sa résurrection le jour de la Pâque et ses apparitions aux apôtres.

Les Actes des apôtres

Luc les présente comme la suite de son Évangile, également adressée à son « cher Théophile ». Ils se divisent en deux parties à peu près égales, qui se chevauchent chronologiquement.

- La première partie (chapitres 1 à 15) raconte les vingt premières années de la vie de la communauté chrétienne de Jérusalem sous la direction de Pierre et de Jean. Voici le fameux récit de la conversion de Paul « sur le chemin de Damas » (voir aussi le chapitre 8).

La conversion de Paul

Saul était un juif extrémiste, qui parcourait le pays pour dénoncer les chrétiens aux autorités. Comme il était sur le chemin de Damas, « une lumière l'éblouit soudain et, tombant à terre, il entendit une voix qui lui disait : "Saul, Saul, pourquoi me poursuis-tu ?" Il dit : "Qui es-tu, Seigneur ?" Et lui : "Je suis Jésus, que tu poursuis !" » (Actes des apôtres, 9)

Après cette apparition terrifiante, Saul se convertit immédiatement et devint un prosélyte chrétien actif sous le nom de Paul.

- La seconde partie (chapitres 15 à 28) est centrée sur les activités de Paul pendant les années 40 à 61 : ses missions, ses conflits avec Jacques et Pierre, puis sa captivité à Rome.

Les Actes des apôtres adoptent totalement le parti de Paul, contre Jacques et Pierre.

Les Épîtres

Le mot *épîtres* signifie simplement « lettres ». Elles ont clairement été choisies par les partisans de Paul : sur les vingt et une lettres qui nous sont parvenues, quinze sont de sa main, contre une seule de Jacques et de Jude (les deux frères de Jésus), deux de Pierre et trois de Jean. Les tendances minoritaires n'y ont donc que la portion congrue. Elles contiennent des recommandations envoyées par les apôtres aux communautés qu'ils ont visitées.

L'Apocalypse

Elle est signée par l'apôtre Jean, exilé sur l'île de Patmos, au milieu de la Méditerranée, à la fin de sa vie et adressée à sept églises grecques d'Asie mineure. Il y raconte une vision de la fin du monde : guerres cosmiques entre l'ange Michel et Satan, entre la femme et le Diable, entre les hommes et les bêtes, annonçant la destruction de l'Empire romain (assimilé à Babylone).

L'Apocalypse est un genre de littérature religieuse qui a été très en vogue à l'époque de Jésus. On en connaît plusieurs, qui ont été rédigés dans diverses sectes gnostiques juives ou chrétiennes.

Son écriture est imprégnée de symboles prophétiques bibliques et de numérologie sacrée (sept églises, sept sceaux, sept trompettes, sept anges, le nombre 666 de la bête signifiant Néron, etc.).

Quatrième partie

L'islam

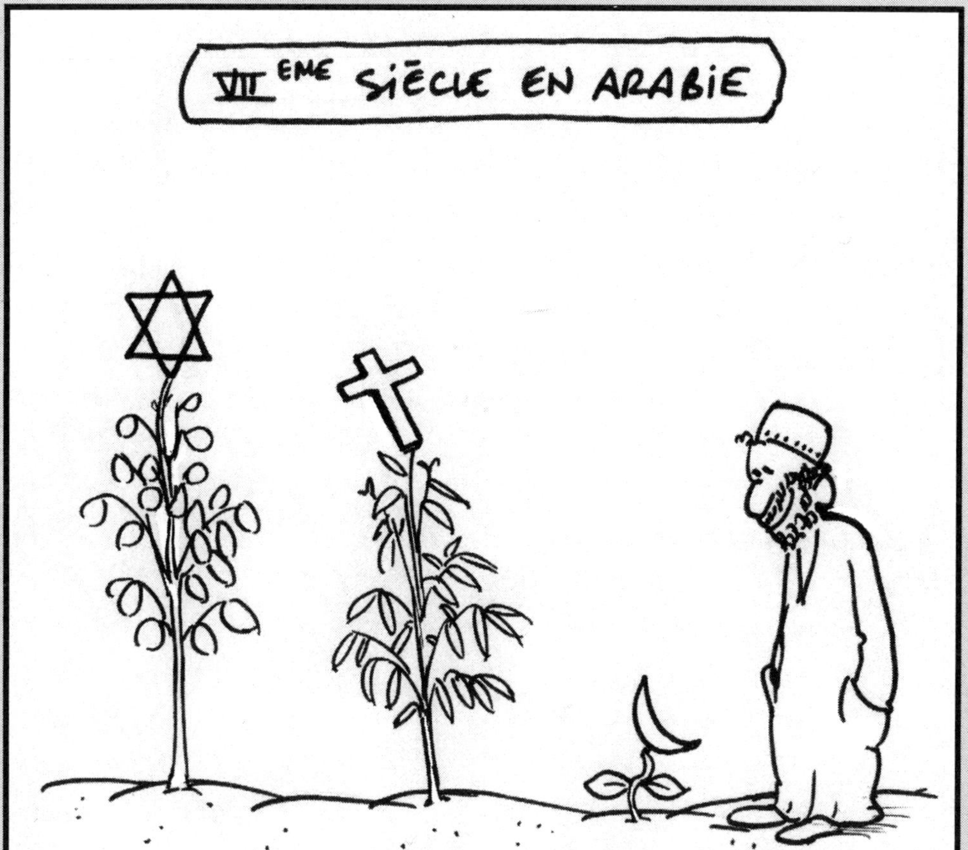

Dans cette partie…

La troisième grande religion de la famille monothéiste – l'islam – a connu un expansion remarquablement rapide, qui l'a entraînée fort loin de son Arabie d'origine. Elle s'est elle-même divisée dès ses premières années en plusieurs familles rivales – les plus connues sont les sunnites et les chiites – qui ont eu des destins divers.

Commençons ce nouveau parcours par un rappel des grandes étapes historiques de l'islam : l'Hégire, les conquêtes, les empires, le monde moderne. Nous poursuivrons par un tableau des principaux courants de l'islam, aussi nombreux et variés que ceux du christianisme ou du bouddhisme. Enfin seront présentées les grandes articulations des livres sacrés (Coran et *hadiths*) et de leurs commentaires juridiques (charia).

Chapitre 12

L'islam, des origines à nos jours

Dans ce chapitre :

- Du Prophète au califat, puis aux États modernes
- Les grandes étapes de l'expansion musulmane
- La complexité de l'islam moderne
- La *fitna*

En concluant, en 622, le « pacte de Médine », afin d'assurer la paix entre musulmans et non-musulmans, Mahomet a montré qu'il séparait le religieux du politique. Cependant, en raison du rôle à la fois spirituel et politique qu'il avait assumé, ses successeurs ont eu tendance à confondre les deux domaines - souvent pour mieux asseoir leur pouvoir. Toute l'histoire de l'islam se ressent de cette confusion.

Le Prophète

Dès le vivant de Mahomet (570-632), l'islam connaît une expansion remarquable, passant d'une poignée de disciples en milieu hostile à un État fortement armé et maître de deux cités (Médine et La Mecque) et d'un sanctuaire respecté.

Histoire de Mahomet

Le Coran fournit très peu d'indications sur la vie du Prophète. Ses plus anciennes biographies ont été rédigées deux siècles après sa mort. Elles s'inspirent de la tradition des récits transmis par ses compagnons (*sira*) et de ses propres « faits et dires » (*hadiths*), ce qui leur donne une large vraisemblance, bien que de nombreux points restent à l'étude chez les historiens.

LE SAVIEZ-VOUS ?

Les quatre biographes de Mahomet

Les plus anciennes biographies connues de Mahomet ont été rédigées plus d'un siècle après sa mort.

- Ibn Ishaq (mort vers 767) rédige une *Biographie du messager de Dieu* qui est perdue. Son élève Ibn Hisham (mort vers 834) en fait une adaptation abrégée.
- Ouaqidi (mort en 823) compose pour Haroun al-Rachid le *Livre des campagnes du Prophète.*
- Ibn Sa'd (mort en 845), secrétaire du précédent, compose huit volumes de biographies des personnalités célèbres de l'islam, dont les deux premiers sont consacrés à Mahomet.
- Tabari (mort en 923) publie *L'Histoire des prophètes et des rois*, qui contient une biographie détaillée de Mahomet. Il est la source principale à laquelle puisent les historiens.

Jeunesse

PORTRAIT

Mahomet, fils d'Abdallah et d'Amina, naît vers 570 à La Mecque dans un milieu de marchands caravaniers. La plupart de ses concitoyens sont polythéistes, mais également juifs et chrétiens. La ville est riche de son important marché et de son grand pèlerinage annuel au temple nommé la Ka'aba (le cube). Ce temple est entouré par les stèles ou les statues d'une dizaine de divinités, et il abrite la pierre sacrée noire. La tradition islamique veut qu'Abraham, venu rejoindre Agar et Ismaïl, ait bâti avec ce dernier la Ka'aba, dans laquelle il aurait déposé la pierre noire sacrée reçue de l'ange Gabriel.

LE SAVIEZ-VOUS ?

Mahomet refonde la Ka'aba en lui donnant une orientation strictement monothéiste, après avoir fait détruire les statues qui s'y trouvaient.

Mahomet est orphelin très jeune ; il est recueilli par son grand-oncle Abou Talib (père d'Ali), chef d'un clan des Beni Hachem (les Hachémites), de la tribu des Qorayshites. Il se fait embaucher vers l'âge de vingt-cinq ans par une riche veuve de la ville, nommée Khadidja. Il devient le patron de son entreprise commerciale et l'épouse. Certains historiens la disent chrétienne.

LE SAVIEZ-VOUS ?

Les enfants de Mahomet

Malgré ses nombreuses épouses, Mahomet n'a aucun héritier mâle en ligne directe. Il a, de sa première épouse Khadidja, quatre filles : Fatima, Zaynab, Rouqayya (morte en 624) et Oum Koultsoum (morte en 630) et deux fils (Qassim et Abdallah), ainsi qu'un fils de Maria la Copte (Ibrahim). Tous ses fils meurent en bas âge, ce qui aura des conséquences dramatiques pour sa succession.

Révélations

Vers l'âge de quarante ans, Mahomet prend l'habitude de se retirer sur le mont Hira, dans le désert, pour méditer. C'est alors qu'il reçoit une série de révélations au cours desquelles l'ange Gabriel lui dicte les enseignements de la « vraie » religion, qui est strictement monothéiste. Il sera le prophète qui restaurera la vraie foi que les juifs et les chrétiens n'ont pas su maintenir dans sa pureté initiale. Craignant d'être l'objet d'hallucinations, il se confie à son épouse qui lui confirme la véracité de ces révélations et lui conseille d'aller prêcher ce que l'ange lui dicte. Il convertit quelques proches qui deviennent les premiers musulmans : son cousin Ali (qui épousera sa fille Fatima), son serviteur Zaïd (un esclave qu'il avait affranchi) et Abou Bakr, chef important de la tribu des Qorayshites (dont il épousera la fille Aysha).

Les Qorayshites, pour qui le culte de la Ka'aba est extrêmement lucratif, résistent à sa prédication et menacent les premiers croyants. Vers 615, un groupe de musulmans de la première heure se réfugie en Éthiopie, auprès du Négus chrétien qui les accueille généreusement.

En 619, Khadidja et Abou Talib meurent. Le nouveau chef du clan, Abou Lahab, est ouvertement hostile au Prophète. Ce dernier, se sentant menacé, tente sans succès de s'installer à Taïf, dans la montagne, à une centaine de kilomètres.

L'Hégire (émigration)

Le 16 juillet 622, Mahomet quitte clandestinement La Mecque avec une centaine de disciples. Ils se réfugient cette fois à Yathrib (qui deviendra Médine), à quatre cents kilomètres au nord. Une partie importante de la population juive de la ville les accueille favorablement car Mahomet tient en haute estime les prophètes de la Bible.

Le pacte de Médine

Ce document nous est connu par l'historien Ibn Ishaq. On le nomme parfois « Constitution » ou « Traité ». Son titre complet est : *Le Pacte entre les émigrés et les Ansars et la réconciliation avec les juifs*. Il établit les droits et devoirs réciproques entre les « émigrés » (musulmans arrivant de La Mecque avec le Prophète), les Ansars (musulmans natifs de Médine), les juifs et les chrétiens. C'est un pacte de non-agression et d'assistance mutuelle entre tribus et clans monothéistes.

En réplique à des raids des Qorayshites, Mahomet lance plusieurs campagnes de razzias victorieuses contre ses compatriotes de La Mecque. Il devient un personnage important de Médine après sa victoire à Badr, en 624. En revanche, il est vaincu l'année suivante à Ouhoud par Abou Sofiane, son cousin et important chef de clan omeyade. Il continue à avoir des expériences surnaturelles, parmi lesquelles un voyage miraculeux à la ville sainte de Jérusalem sur le dos de la jument à tête de femme Bouraq.

Cependant, les juifs refusent absolument de le reconnaître comme leur nouveau prophète. Les relations se dégradent et passent à l'hostilité ouverte. Mahomet réussit à expulser deux de leurs tribus (Banou Nadir et Banou Qaynouqa). Il devient le maître de Médine, d'où il peut bloquer le trafic des caravanes entre la Syrie et La Mecque. La guerre de *djihad* (traduit communément par « guerre sainte ») prend forme, car Mahomet assure à ses combattants qu'ils iront directement au Paradis s'ils meurent au combat.

En 627, les Mecquois réunissent une coalition et assiègent Médine pendant un mois mais ils ne parviennent pas à prendre la ville (bataille du fossé). Les Banou Qourayza (tribu juive vivant aux environ de Médine), accusés d'avoir cherché à trahir, sont massacrés.

L'année suivante, Mahomet négocie en position de force avec les Mecquois et obtient le droit de venir en pèlerinage à la Ka'aba pour l'année suivante. Il entre triomphalement à La Mecque en 630. Les chefs de tribus qorayshites lui prêtent allégeance.

Mahomet meurt deux ans plus tard de maladie, sans avoir organisé sa succession politique, ni religieuse.

Les successeurs de Mahomet

Le jeune gendre de Mahomet, Ali, époux de Fatima, est – ainsi que son oncle Abbas – son plus proche parent masculin. De plus, il est son confident initié aux mystères de la Révélation et il se considère donc logiquement comme son successeur légitime. Cependant, les chefs de tribus qorayshites de La Mecque, convertis à l'islam, en jugent autrement et ils désignent les trois premiers successeurs de Mahomet : les califes.

Abou Bakr

Ils choisissent d'abord l'un d'entre eux, le vieil Abou Bakr (il a une soixantaine d'années), père d'Aysha, l'épouse préférée du Prophète. Abou Bakr gouverne et mène les armées arabes jusqu'au golfe Persique (632-634). Il meurt deux ans plus tard.

Omar

C'est alors Omar, le père de Hafsa, la quatrième épouse de Mahomet, qui est désigné. Son armée écrase les Byzantins (Yarmouk, 636) et les Perses sassanides (Qadissiya, 637 puis Néhavandand, 640). Il conquiert Jérusalem (638), la Syrie, l'Irak, la Perse et l'Égypte. Il est assassiné en 644, après douze ans de califat.

Othman

Le troisième calife choisi est alors Othman, qui avait précédemment épousé, Rouqayya, puis Oum Koultsoum, les deux filles de Mahomet. Il est violemment contesté par les partisans d'Ali, qui lui reprochent de s'enrichir avec le butin des conquêtes. En juin 656, il est assiégé pendant quarante jours dans sa maison de Médine puis assassiné.

Ali

Le gendre du prophète, Ali est enfin élu calife. Mais deux chefs qorayshites, Zoubayr et Talha, veulent venger Othman. Accompagnés par Aysha, ils conduisent une armée contre Ali, près de Basra. Aysha les encourage au combat depuis son palanquin sur son chameau. La bataille tourne cependant au profit d'Ali. Il capture Aysha et la renvoie à Basra.

En juillet 657, Mou'aouiyya, qui est gouverneur de Damas depuis le temps du calife Omar, lance à son tour son armée contre Ali. La bataille dure dix jours au bord de l'Euphrate, Mou'aouiyya, en pleine débâcle, ordonne à ses hommes de retourner au combat en accrochant des pages du Coran au bout de leurs lances - ce qui équivaut à une demande de négociations. Ali, pour éviter le blasphème, accepte la négociation, reconnaît que Mou'aouiyya était en droit de réclamer la vengeance du sang d'Othman et cherche une conciliation.

La vendetta des origines

La guerre de vengeance familiale débute immédiatement. Un certain nombre des partisans d'Ali entrent en rébellion, arguant du fait que ce n'est pas aux hommes de décider du choix du calife, mais à Dieu. Ce sont les kharedjites (« ceux qui sortent »). Ils assassinent Ali trois ans plus tard (661) et tentent d'assassiner Mou'aouiyya. Hassan, le fils aîné d'Ali et de Fatima, mourra à Médine dix ans plus tard, peut-être empoisonné sur les ordres de Mou'aouiyya.

Mou'aouiyya meurt à son tour en 680, après avoir instauré le califat héréditaire par la nomination de son fils Yazid, qui gouvernera de 680 à 683.

Le second fils d'Ali, Hosseyn, refuse de lui prêter allégeance. Yazid envoie une armée qui affronte Hosseyn à Kerbala, au bord de l'Euphrate alors qu'il rentre de La Mecque à Koufa. Hosseyn est exterminé avec toute sa famille et sa tête envoyée à Damas. Les chiites diront qu'il s'est sacrifié en connaissance de cause pour témoigner de la justice et œuvrer au salut de l'humanité.

Ce massacre est commémoré chaque année par les chiites lors de la fête de l'Achoura.

Le chef dissident Almouktar lève alors une armée pour venger Hosseyn. Il proclame que Mohammed Ibn Hanafia, le dernier fils encore vivant d'Ali, est le Mahdi annoncé par le Prophète pour la fin des temps, c'est-à-dire le personnage providentiel instaurant la paix universelle, équivalent du Messie pour les juifs (voir chapitre 13).

Leur rébellion est écrasée et Mohammed Ibn Hanafia prête serment d'allégeance au calife Abdel Malik. Il meurt en 700, mais certains de ses fidèles déclarent qu'il n'est pas mort, et qu'il est devenu un « imam » caché.

Dorénavant, le califat sera occupé par les Omeyades (pendant un siècle), puis par les Abbassides descendants de l'oncle de Mahomet. Leur règne sera interrompu par les invasions mongoles.

Sunnites, chiites et kharedjites

Les musulmans se répartissent en trois groupes principaux (voir chapitre 13) :

- Les sunnites, qui ont reconnu la légitimité de Mou'aouiyya et des Omeyades. Ils forment aujourd'hui la très grosse majorité des musulmans. Leur nom signifie qu'ils s'en tiennent à la Sunna (la tradition léguée par le Prophète).
- Les chiites, « partisans » d'Ali, qui refusent la légitimité de tout autre calife, en particulier de Mou'aouiyya et de ses successeurs. Ils représentent environ 15 % des musulmans et vivent surtout en Iran et en Irak.
- Les kharedjites, qui se sont opposés aux deux groupes précédents. Leur nom signifie : « ceux qui sont sortis ». Ils forment encore aujourd'hui quelques communautés, notamment dans le Sud algérien et en Oman.

L'irrésistible expansion musulmane

Les acteurs initiaux de la conquête musulmane sont des Arabes, vivant dans des régions désertiques au sud des deux grands Empires grec et perse.

Le grand historien arabe Ibn Khaldoun (1332-1406), qui a vécu au temps de Tamerlan, a très finement rendu compte de l'expansion politique de l'Islam en montrant qu'elle avait été menée par des tribus nomades de la périphérie des grands empires. L'ambition conquérante (*'asabiya*) qui les animait a trouvé, grâce à cette religion, l'occasion de s'unifier pour conquérir les immenses richesses des populations sédentaires (paysannes) et urbaines. Selon Ibn Khaldoun, la faiblesse du système réside dans ce que les vainqueurs se voient obligés de désarmer leurs propres troupes pour éviter les coups d'États et ils doivent alors faire appel aux nouvelles tribus périphériques pour constituer leurs armées. De ce fait, au bout de quelques générations, ils se retrouvent impuissants face à ces défenseurs nomades qui les attaquent à leur tour depuis les marges de leur propre empire.

Ainsi, l'islam met fin aux luttes religieuses entraînant Constantinople et la Perse dans des guerres incessantes, et amène une période de paix. Cette dynamique s'est appliquée au bénéfice de tribus turques à l'est et bédouines à l'ouest.

Les premières dynasties de califes établissent un espace d'échanges pacifié et relativement unifié. Cet espace musulman est encore plus vaste que ne l'était l'Empire romain, car il domine le Moyen-Orient et une partie de l'Asie centrale.

Très tôt, les provinces prennent leur indépendance politique, mais l'unité économique et culturelle (en particulier religieuse) entraîne un essor qui favorise les échanges avec le reste du monde. Les routes maritimes (dans l'océan Indien et le long de la côte est de l'Afrique) et caravanières (route de la soie vers la Chine et caravanes transsahariennes en Afrique) drainent des populations de négociants musulmans qui essaiment à l'est jusqu'en Chine, au sud jusqu'à Zanzibar et à l'ouest jusqu'au Tekrour (Sénégal actuel).

Les témoignages des voyageurs

Au milieu du xive siècle, le fameux voyageur marocain Ibn Battuta rencontre des musulmans à Sumatra (sultanat de Pasaï) aussi bien qu'au Mali, gouverné par le roi Suleiman Moussa.

Un siècle plus tard, le général chinois Zheng He, qui commande la flotte d'exploration de l'empereur Xuande jusqu'au Mozambique, est musulman.

La conquête musulmane présente l'avantage de mettre un terme aux diverses persécutions interreligieuses. Les sujets du nouvel empire sont libres de pratiquer leurs cultes et même d'appliquer leur propre droit privé, au prix d'un impôt spécial qu'ils versent au trésor.

La conquête des périphéries

Une fois maîtres du Proche-Orient, les musulmans se lancent à la conquête du Maghreb, puis de l'Espagne (711) avec des troupes berbères d'Afrique du Nord ralliées à l'islam. Ils ne seront arrêtés qu'à Poitiers en 732. D'autres conquérants se sont aventurés en Inde à la même époque.

Simultanément, ils se rendent maîtres de l'Asie centrale avec une armée recrutée au Khorassan oriental (Afghanistan actuel). Ils pousseront leur avance jusqu'en Chine (bataille de Talas en 751).

Les Omeyades parviennent à maintenir leur califat à Damas pendant un siècle, jusqu'à la révolution menée par leurs rivaux Abbassides.

Nouvelle capitale

Les Abbassides, descendants d'un oncle de Mahomet, donc partisans de la légitimité parentale comme les chiites, accusent les Omeyades d'avoir transformé le califat en monarchie profane et réclament un retour aux valeurs fondamentales de l'islam, autour du drapeau noir d'Abou Mouslim. Après leur victoire, ils transfèrent leur capitale à Bagdad, fondée par le calife Al Mansour en 762.

Bagdad rivalise de splendeur culturelle avec Constantinople en attirant les plus grands savants dans la fameuse Maison de la sagesse (Bayt al-Hikma).

Le calife abbasside y sera capturé et exécuté (1258) lors de l'invasion mongole.

Provinces indépendantes

Les survivants des Omeyades se réfugient en Espagne, où ils proclameront un califat indépendant à Cordoue.

Les principales provinces de l'empire prennent leur autonomie par rapport à Bagdad. Des Berbères venus de Kabylie et dirigés par des chefs arabes chiites « ismaéliens », conquièrent l'Égypte où ils installent la dynastie fatimide (voir chapitre 13). Ils fondent Le Caire en 969 et garderont le pouvoir pendant deux siècles jusqu'à la conquête du kurde (sunnite) Saladin (1171).

Les confédérations militaires du Maghreb

Le foyer du *djihad* (« guerre sainte ») se déplace maintenant vers le Sud saharien où des tribus berbères, almoravides et almohades, se convertissent à l'islam.

Les Almoravides

Au xe siècle, un chef de tribu berbère, revenant du pèlerinage à La Mecque, se lie avec le prédicateur marocain Abdallah Ibn Yassine pour fonder en Mauritanie un « couvent militaire » (*ribat*), dans lequel on mène une vie religieuse très austère et studieuse. La dynastie qui les regroupera sous son égide sera nommée « almoravide » (*Al Mourabitoun*). Vers 1070, ils lancent le *djihad* vers l'est (Ghana) et le nord, qui les mènera jusqu'en Espagne où les roitelets musulmans les avaient appelés à l'aide contre les chrétiens.

LE SAVIEZ-VOUS ?

Les Almoravides se veulent les champions de l'orthodoxie sunnite malikite (voir chapitre 13) dont les normes juridiques s'imposeront dans le Maghreb jusqu'à nos jours. Ils feront régner pendant deux siècles un ordre puritain sur une grande partie du Maghreb et de l'Espagne.

Les Almohades

Pendant que les Almoravides guerroient en Espagne contre les princes chrétiens, le marocain Ibn Toumart fonde à son tour une confédération tribale militaire, non moins intolérante, mais d'inspiration rationaliste *mout'azilite*. Il se proclame le Mahdi (voir chapitre 13). Ses sectateurs « almohades » (*Al Mouwahhidoun*, c'est-à-dire ceux qui proclament l'Unicité) conquièrent tout l'empire des Almoravides. Leur puissance décroîtra après leur défaite face aux princes chrétiens espagnols à Las Navas de Tolosa (1212).

Les croisades

Après plusieurs siècles de domination incontestée, les États musulmans, outre leurs guerres intestines, se voient menacés par trois importantes contre-offensives chrétiennes.

La première est menée par des dynastes grecs byzantins à la fin du xe siècle : Nicéphore Phokas reprend Antioche et Alep aux Abbassides. Son neveu Jean Tzimiskis parvient à reconquérir la Palestine sur les Fatimides. Cependant, leurs succès ne leur survivront pas.

Les croisés de Godefroy de Bouillon s'emparent de Jérusalem en 1099. Ils créent en Palestine plusieurs principautés féodales qui se maintiendront pendant quelques générations au prix d'efforts militaires et financiers démesurés, jusqu'à leur évacuation finale. Jérusalem est reprise par le sultan Saladin en 1187 et Saint-Jean d'Acre sera reprise par les Mamelouks en 1291.

En Espagne, en revanche, après la bataille de Las Navas de Tolosa, les chrétiens parviennent à reconquérir la plus grande partie de la péninsule. Seul l'émirat musulman de Grenade subsistera jusqu'en 1492. La reconquête chrétienne espagnole s'achève par la conversion forcée ou l'expulsion massive des « infidèles » juifs et musulmans, en 1492.

LE SAVIEZ-VOUS ?

Le fantasme de restauration de la « pureté du sang » (*limpieza de sangre*) chrétien par les rois catholiques apparaît comme le modèle des « purifications ethniques » qui séviront jusqu'au XXe siècle.

La diversité turque

Les peuples turcophones ont fourni aux califes, depuis les premiers temps de l'islam, des armées très combatives. Leurs généraux n'ont pas tardé à comprendre qu'ils pouvaient à leur tour soumettre les riches paysanneries du Moyen-Orient et d'Asie antérieure pour leur propre compte. Ce seront principalement les Seljoukides, les Mamelouks et les Ottomans.

Les Seljoukides

Originaires de Manchourie, les Turcs seljoukides soutiennent militairement les Abbassides, adoptent l'islam puis prennent le pouvoir dans tout le Moyen-Orient, ne laissant que le califat en titre à des Arabes à partir de 1055.

Les Mamelouks

Après l'invasion mongole (1250), c'est la caste militaire des Mamelouks, de culture largement turque et d'une discipline militaire proche de celle des Mongols, qui dominera l'Égypte, puis la Syrie et l'Arabie. Ses quarante-neuf sultans se succéderont à la tête de cet empire, jusqu'à sa conquête par les Ottomans en 1516.

Les Ottomans

Les tribus turques dites ottomanes s'étendent à partir de l'Anatolie (au centre de la Turquie actuelle) aux dépens de l'Empire chrétien byzantin. Constantinople est prise en 1453. Leurs sultans s'imposent au Proche-Orient. Ils chassent les Mamelouks d'Égypte en 1516, mais perdent le contrôle de l'Iran, dont les souverains safavides adoptent le chiisme. Les Ottomans conquièrent le Maghreb (Maroc excepté). Ils pénètrent ensuite la plaine du

Danube. Leur avance ne sera stoppée que devant Vienne, qu'ils assiégeront (pour la seconde fois) en 1683.

Le croissant viennois

La tradition raconte que, pour fêter la déroute des assiégeants turcs en 1683 (dont le drapeau était orné d'un croissant et d'une étoile), un pâtissier de Vienne eut l'idée de fabriquer des petits pains en forme de croissants. Leur succès ne se dément pas…

L'islam africain

L'islam se répand par le sud du Sahara, depuis la côte atlantique jusqu'au Nil, en suivant les voies caravanières, dans les principautés de l'Afrique de l'Ouest. Plusieurs royaumes et empires médiévaux seront gouvernés par des princes musulmans, tels que le Mali et l'Empire Songhaï.

Les musulmans sont également très nombreux sur la côte de l'océan Indien, de la Somalie jusqu'à Zanzibar.

L'islam en Inde

L'islam, déjà implanté dans la vallée de l'Indus, est importé en Inde par des tribus turques et afghanes, à partir du XIIIe siècle. La capitale de leur sultanat est Delhi qui occupe une position centrale dans le sous-continent indien. Il connaîtra son apogée aux XVIe et XVIIe siècles sous le règne des sultans dits « moghols » (ils se disaient descendants de Tamerlan).

Le sultan Akbar (1542-1605) est célèbre pour avoir tenté l'assimilation juridique, culturelle et même religieuse entre ses sujets musulmans et hindous. Son arrière-petit-fils Aurangzeb, dont l'empire s'étend du Pakistan au Bengale, se montrera en revanche intolérant.

Akbar et la « religion de Dieu »

Le jeune souverain indien Akbar, pieux musulman, réunissait à sa cour des représentants de toutes les religions, y compris des jésuites portugais. Très favorable à la tolérance des sikhs, il leur donna Amritsar comme capitale religieuse. Il conçut finalement une foi nouvelle, qu'il nommait « religion de Dieu », proche du soufisme, qui rassemblait les éléments communs à toutes les religions de son empire, y compris l'hindouisme.

L'islam extrême-oriental

L'islam ne s'est pas seulement répandu par le *djihad*, mais aussi par les échanges humains, notamment commerciaux, le long des routes terrestres (route de la Soie) et maritimes le long des côtes africaines et asiatiques (Malaisie, Indonésie, Chine).

Malaisie-Indonésie

Il est difficile de déterminer si l'islam a été diffusé dans le Sud asiatique depuis la Chine ou depuis l'Inde. Les contacts commerciaux à travers l'océan Indien sont en effet très anciens comme l'atteste la tradition littéraire (*Les Mille et une Nuits,* par exemple). La tradition javanaise évoque la venue de « neuf saints » musulmans (*Wali Sanga*) dont les tombes sont encore des lieux de pèlerinages.

LE SAVIEZ-VOUS ?

À l'heure actuelle, la majorité des populations de ces pays professe l'islam sunnite, tout en continuant à pratiquer de nombreux cultes hindous. Le sultanat de Brunei (à Bornéo) est le seul État d'Asie du Sud à appliquer officiellement la charia à ses ressortissants musulmans.

Chine

Les Ouïgours turcophones, vivent dans l'ouest de la Chine. Leur islamisation date de l'époque de Tamerlan (1400). Ils ont autrefois formé un royaume indépendant et sont aujourd'hui accusés par les gouvernements chinois de visées séparatistes.

L'islam anticolonial

Jusqu'au XVIIIe siècle, les chrétiens restent en position défensive face au monde musulman en raison de la pression militaire exercée par les Ottomans jusqu'au cœur de l'Europe. Le rapport de force militaire s'inversera véritablement lorsque les Anglais s'empareront du Bengale (1775) puis du sous-continent indien – jusqu'au Pakistan et à la Malaisie – et de l'Égypte (1882) - et lorsque les Russes s'approprieront la Sibérie et une partie de l'Asie centrale.

Les Français entreprennent la conquête de l'Algérie (1830), puis de l'Afrique de l'Ouest et centrale. En un siècle, les trois puissances coloniales se pensent invulnérables et la plus grande partie des musulmans sont désormais leurs sujets (les Indonésiens sont soumis aux colonisateurs néerlandais). C'est la revanche du « finistère » (confins de la terre) européen sur le « monde des steppes » qui le terrorisait depuis mille ans.

LE SAVIEZ-VOUS ?

Quelles que soient les différences entre les politiques pratiquées par les autorités coloniales, résistances et contestations se cristallisent souvent autour de la religion musulmane. Ses confréries, dirigées par leurs *cheiks* charismatiques (voir chapitre 13), deviennent de puissants vecteurs d'identification collective, car la rébellion politique frontale est évidemment réprimée avec la plus grande brutalité.

Les trois exemples suivants de résistances (armées, laïques, religieuses) montrent des similitudes frappantes, bien que leurs mouvements se soient développés dans des régions fort éloignées et contre des colonisateurs différents.

Résistances armées

Il est souvent difficile de distinguer entre mouvements religieux et rébellions armées car de nombreux chefs de tribus musulmanes, experts dans les arts de la guerre, étaient également les *cheiks* de confréries pieuses, comme le montrent les exemples d'Abdelkader, de Chamil et du Madhi soudanais.

Abdelkader

PORTRAIT

Dès les premières années de la conquête de l'Algérie (1830), Abdelkader (1808-1883) prend les armes à la tête d'une confédération de tribus rebelles de la région de Mascara. Or, il est le fils d'une importante famille soufie (voir chapitre 13). Il a accompagné à deux reprises son père en pèlerinage à La Mecque. À quatorze ans, il est *hafiz* (connaissant le Coran par cœur). Il dirige la confrérie Qadiriya (l'une des plus anciennes et plus puissantes) et composera un ouvrage mystique, le *Livre des Haltes* (*Kitab al-Mawaqif*), inspiré d'Al Ghazali et d'Ibn Arabi. Il ne sera vaincu par l'armée française en 1847 qu'après quinze années de guerre acharnée. Même après son exil en Syrie, il reste un guide spirituel de premier plan pour les musulmans. Il a protégé les chrétiens de Damas lors du grand massacre de 1860 perpétré par les fanatiques sunnites.

Chamil

PORTRAIT

Ce chef caucasien (1797-1871) mène une guerre de guérilla contre la colonisation russe exactement dans les mêmes années qu'Abdelkader en Algérie (1830-1850). Il est membre de la confrérie soufie Nashqbandiya et adopte le titre d'imam.

Le « Mahdi »

En 1881, alors que les Anglais occupent le Soudan, Muhammad Ahmad ibn Abdallah (1844-1885) se proclame « Mahdi » (voir plus haut) et déclenche une insurrection armée très puritaine, dont les membres se nomment « derviches ». Ses troupes prennent la capitale Khartoum et tuent le général Gordon (1885). La ville ne sera reprise par les Anglais qu'en 1898.

« Mad Mullah »

L'esprit du « mahdisme » soudanais a inspiré plusieurs révoltes anticoloniales en Afrique centrale (Cameroun, Sénégal, Mali, Nigéria) à la même époque. La plus importante a été menée en Somalie par Mohammed ben Abdallah Hassan, membre de la confrérie de la Salihiyah. Il s'est proclamé Mahdi en 1899 et a tenu les troupes britanniques en échec jusqu'à 1920. Ses adversaires le surnommaient « le fou » en raison de la violence et de l'audace de ses combats de guérilla.

Résistances politiques laïques

L'effondrement de l'Empire ottoman et la défaite turque lors de la Première Guerre mondiale ouvrent le Proche-Orient aux Français et aux Anglais qui se partagent les protectorats sur la Syrie et le Liban (France), la Palestine, la Jordanie et l'Irak (Angleterre). À cette date, la Turquie et l'Iran échappent à la colonisation européenne. Dans ces deux pays, des dirigeants autoritaires, appuyés sur les forces armées, instaurent par la force des régimes laïques. Ils se donnent comme objectif de moderniser économiquement et socialement leurs pays, malgré les résistances des autorités religieuses très conservatrices (sunnites en Turquie et chiites en Iran). Les principaux acteurs de ces révolutions sont Kemal Atatürk en Turquie et la famille Pahlavi en Iran.

Kemal Atatürk

Ce militaire (1881-1938) organise une révolution qui porte au pouvoir le premier gouvernement laïc d'un pays majoritairement musulman. Il proclame la République en 1923 et abolit le califat l'année suivante. Il s'attaque à tous les usages jugés rétrogrades, tels que l'enseignement religieux et le port du voile pour les femmes. Ce régime est encore au pouvoir aujourd'hui en Turquie, alors même que le parti majoritaire (AKP) s'affirme d'obédience religieuse.

En Turquie, le suffrage universel est imposé en 1934, y compris pour les femmes (dix ans avant la France !).

Le shah d'Iran

Le militaire Reza Shah (1878-1944) prend le pouvoir impérial à Téhéran en 1926. À l'instar d'Atatürk, il s'attaque aux traditions et interdit le port du voile pour les femmes. Il s'efforce également d'écarter le clergé de l'éducation et de la justice.

Son fils Mohamed Reza Pahlavi poursuivra la même politique, mais il sera chassé par le clergé conservateur, se proclamant révolutionnaire, lors de la révolution de 1979.

Dans les pays colonisés, Anglais, Français et Néerlandais ne peuvent empêcher les élites locales européanisées de constituer des partis politiques mais ils s'efforcent de les couper de la masse de la population « indigène ». Cependant, les leaders de ces partis, ayant étudié en Europe, ne manquent pas de revendiquer l'émancipation (l'égalité civique), qui débouchera fatalement sur l'indépendance. Tous proposent des programmes laïques, écartant les autorités religieuses de la conduite des affaires publiques. Les plus connus sont :

- la Ligue musulmane indienne, fondée en 1906 ;
- le Wafd fondé par Saad Zaghloul et la féministe Houda Sharaoui en Égypte (1926) ;
- le Destour fondé par Bourguiba en Tunisie (1926).

La révolution bolchevique devient aussi un modèle (et un soutien) pour les partisans de la lutte armée. Ce sera le cas notamment d'Abdelkrim (1882-1963) qui déclenche la guerre du Rif au Maroc (1921-1926) et ne sera vaincu que par une armée franco-espagnole de 500 000 hommes. En Algérie, le PPA de Messali Hadj, puis le FLN, suivront cet exemple.

Entre laïcité et islam

Après la Seconde Guerre mondiale, les États arabo-musulmans du Proche et Moyen-Orient accèdent à l'indépendance et retrouvent leurs fiertés nationales. Mais ils sont immédiatement confrontés à leur impuissance lors de leurs cuisantes défaites militaires face à Israël. Le pouvoir y est alors confisqué par des dictateurs s'appuyant sur des partis laïques, se réclamant d'un panarabisme de façade : l'Égypte nassérienne, la Syrie et l'Irak baasistes.

Vingt ans plus tard, l'OLP (Fatah) de Yasser Arafat s'imposera chez les Palestiniens sur un programme laïque.

Résistances religieuses

La grande agitation politique du monde musulman contemporain laisse parfois oublier que seules des minorités – généralement les classes moyennes des villes – sont concernées par les mouvements politiques officiels et tirent profit de l'indépendance. La masse des musulmans est constituée de paysans pauvres et analphabètes, dont le modèle est le *fellah* de Haute-Égypte qui vient maintenant peupler les bidonvilles. Ces populations se sentent abandonnées par les riches « occidentalisés » et fournissent un vivier inépuisable aux mouvements fondamentalistes et intégristes qui se constituent à partir des années 1930. Le mouvement le plus spectaculaire est celui des Frères musulmans.

Les Frères musulmans

L'instituteur Hassan El-Banna fonde en Égypte en 1928 l'organisation des « Frères musulmans » qui réclame rien moins que le retour à la charia et entre en opposition ouverte contre le Wafd, parti républicain démocrate. Après avoir commandité une série d'assassinats, El-Banna est à son tour liquidé par les services secrets en 1949. Nasser et l'armée égyptienne livreront aux « Frères » une guerre sans merci, qui dure jusqu'à nos jours.

En Syrie, le président baasiste Hafez el-Assad (père de Bachar) écrase en 1962 une révolte fomentée par les Frères musulmans à Hama, au prix de plusieurs dizaines de milliers de morts.

Sayyid Qotb, le théoricien égyptien du *djihad* armé, est pendu en 1966. L'année suivante, les Frères musulmans créent leur branche palestinienne sous le nom de Hamas.

Ayman Al-Zaouahiri, devenu le chef d'Al-Qaïda après la mort de Ben Laden, a été formé dans sa jeunesse chez les Frères musulmans au Caire.

Contraints à la clandestinité, les Frères musulmans deviennent le principal mouvement d'opposition en Égypte. Après le renversement de Moubarak lors du « printemps arabe », leur leader Mohammed Morsi est élu président de la République en 2012. Il sera renversé l'année suivante dans un bain de sang par l'armée, qui se pose en rempart de la laïcité.

L'islam aujourd'hui

En ce début de XXIe siècle, le monde musulman se trouve à un moment clé, qui rappelle ce que le monde chrétien a connu à la Renaissance. De nombreux croyants cherchent à retrouver l'accès à leurs textes sacrés, libérés des contraintes d'interprétation imposées par les autorités, comme le démontre magistralement le grand philologue tunisien Youssef Seddik, dans son ouvrage *Nous n'avons jamais lu le Coran*. Mais cette revendication, accompagnée par une grande liberté de discussion, inquiète tous ceux qui veulent maintenir leurs privilèges grâce au poids de la « tradition ». De ce fait, certains intégristes tentent (pas toujours consciemment) de projeter des représentations ou des dénominations archaïques sur le monde présent, ce qui les amène à des discours coupés de la réalité, mais capables d'attirer des ignorants vers leurs positions. La libre-pensée et la laïcité se heurtent à de violentes résistances en pays d'islam, comme le montre le cyber-dissident palestinien Waleed al-Husseini dans son autobiographie intitulée *Blasphémateur !*

On sait aussi que l'Occident a payé la liberté de critique religieuse et l'humanisme par des dizaines d'années de guerres de religions impitoyables aux XVIe et XVIIe siècles. La *fitna* (guerre fratricide, voir p. 205) qui déchire l'islam actuel en est une réplique.

Attention au vocabulaire !

Les Occidentaux ont souvent été les premiers à amalgamer les notions religieuses, ethniques et linguistiques, pour décrire caricaturalement le monde « oriental » de l'islam. Au Moyen âge, on se contentait généralement de dire « les Infidèles ». En Algérie « française », le gouvernement colonial distinguait rarement dans ses statistiques les « indigènes » des « musulmans » et des « Arabes ».

UN PEU DE TECHNIQUE

Bosniaques ou musulmans ?

En 1974, la République communiste yougoslave crée la nationalité « musulmane », à l'intention des habitants de la République fédérée de Bosnie-Herzégovine, au prétexte que leur majorité était de religion musulmane. Les Croates et les Serbes, respectivement catholiques et orthodoxes, en ont pris prétexte pour lancer les massacres qui firent plusieurs dizaines de milliers de morts entre 1992 et 1995, englobés par l'euphémisme de « nettoyage ethnique ».

Arabes ou musulmans ?

À la mort du Prophète, l'islam se confond totalement avec les tribus arabes qui l'ont rejoint, après leur conversion ou leur soumission de gré ou de force.

En revanche, dès la deuxième génération, les Arabes ne sont plus qu'une infime minorité parmi la masse des musulmans. Les populations les plus nombreuses soumises au califat omeyade sont de langue et de culture grecque, araméenne ou persane. Seront ensuite convertis des Berbères, des Turcs, des Slaves, sans compter les populations africaines et asiatiques.

Les califes abbassides confirment l'arabe comme langue administrative. Mais le persan et le turc entrent rapidement en concurrence avec l'arabe dans la politique, la littérature et les sciences.

L'arabe, langue de l'islam

Cependant, l'arabe reste jusqu'à nos jours la langue sacrée de l'islam, celle des prières, des rites et de la lecture du Coran. Les dizaines de millions de musulmans qui vivent au Sud du Sahara et à l'Est de l'Euphrate ne connaissent de l'arabe que la récitation des prières, l'appel du muezzin et la lecture du Coran.

Le vocabulaire, arme de l'intégrisme

Les termes « arabe » et « musulman » doivent être manipulés avec précaution si l'on veut éviter les confusions dangereuses : une chose est la langue, une autre est la religion. La culture se situe généralement à leur confluent.

Le terme « arabe » désigne une langue (l'arabe) et « musulman », une religion (l'islam). Ainsi, la grande majorité des musulmans ne sont pas des Arabes (mais par exemple des Iraniens, des Sénégalais ou des Indonésiens) et un grand nombre d'Arabes (arabophones) ne sont pas musulmans, mais chrétiens, juifs ou athées.

Les intégristes transposent cette confusion mentale et linguistique dans le domaine religieux, ce qui a pour effet de couper leur dogme de l'étonnante richesse de la culture et de l'histoire.

Des « pays » musulmans ?

La notion de « pays musulman » est un mythe – tout comme celle de « pays catholique » – visant à soumettre la population à ses dirigeants. Tout au plus peut-on observer qu'une majorité de la population se considère comme appartenant à une religion particulière (encore faudrait-il savoir pourquoi et comment elle la pratique).

En revanche, chaque État reconnu comme tel par la communauté internationale (l'ONU) affiche une position juridique par rapport aux religions. Ainsi, les constitutions de plusieurs États affirment leur appartenance à l'islam et réduisent parfois même leur identité à l'application de la charia (voir chapitre 14). Mais dans les faits, malgré ces déclarations de principes, depuis les premiers temps du califat, aucun État n'a pu se passer d'accommmodements avec d'autres sources juridiques (notamment du droit européen pour les États modernes) pour faire face aux besoins de la vie économique et sociale de sa population.

Seules les constitutions de la Tunisie et de la Turquie ne font aucune référence à la charia.

L'islam européen

Paradoxalement, la colonisation a provoqué un brassage de populations et de religions comme l'Europe n'en avait jamais connu. Les deux guerres mondiales ont fait affluer en France et en Angleterre des millions de travailleurs et de soldats originaires des colonies musulmanes (Maghreb, Inde) privés des droits civiques dont bénéficiaient les Européens. Beaucoup d'entre eux se sont finalement installés en « métropole » – ou bien s'y sont réfugiés après avoir été chassés de chez eux lors de l'indépendance.

Les « harkis » algériens en sont un exemple frappant : à l'origine, ils étaient des supplétifs indigènes (leur nom signifie « soldats volontaires ») de l'armée française en Algérie. Lors de la guerre d'indépendance (1954-1962), les autorités militaires leur ont juré que la défaite des indépendantistes était certaine et que, de toute façon, la France ne les abandonnerait jamais. Lorsque l'armée française a quitté le pays en 1962, les harkis et leurs familles se sont trouvés livrés sans défense aux représailles du FLN. Ceux qui n'ont pas réussi à s'enfuir en métropole ont été pour la plupart assassinés sur place.

Ainsi, depuis les années 1960, de nouvelles minorités religieuses, parfois fort nombreuses, sont apparues en Europe. En France, les musulmans d'origine maghrébine sont estimés à près de cinq millions de personnes, soit près de 10 % de la population, ce qui peut modifier en profondeur la société d'un pays qui était considéré traditionnellement comme « catholique ».

Intégration…

Les structures institutionnelles de l'islam, telle la mosquée de Paris datant des beaux jours de la colonisation (1925), ne sont absolument pas prévues pour encadrer une population si nombreuse, si bien que les prédicateurs liés aux mouvements intégristes financent leurs mosquées et leurs associations grâce au soutien de riches donateurs (moyen-orientaux notamment). Ils ont ainsi une grande liberté de manœuvre pour recruter et endoctriner leurs adeptes.

> **La laïcité en France**
>
> Les gouvernements français successifs sont tous convenus d'imposer les règles de la laïcité aux croyants de toutes les religions, en particulier l'interdiction d'arborer des signes vestimentaires dans les écoles et de voiler le visage des femmes dans les lieux publics (lois de 2004) qui ont déclenché l'ire de nombreux intégristes. Cette contrainte est imposée en échange de la promesse d'encourager la participation des immigrés et de leurs enfants aux acquis de la République.

...ou communautarisme

Hostiles au centralisme « jacobin » de la France, la plupart des gouvernements européens pratiquent un « communautarisme » (*communalism*) qui ouvre des « espaces identitaires » légaux fondés sur la couleur de la peau ou la confession religieuse, supposés favoriser la paix sociale entre les diverses communautés. Ce « multiculturalisme » repose sur l'évitement du devoir d'intégration : ce n'est plus à l'immigrant de s'adapter à la société d'accueil ni à celle-ci de l'y aider. Elle doit plutôt transformer ses institutions pour les accorder aux exigences de la « diversité ». Malheureusement, ce système n'a pas empêché les mouvements terroristes soi-disant religieux de frapper le Royaume Uni, les Pays-Bas et le Danemark.

Guerres fratricides

L'actualité est remplie de récits de massacres perpétrés entre communautés musulmanes au Proche-Orient – où elles coexistent pourtant depuis les origines de l'islam. Il est vrai que la lutte contre la *fitna* (voir ci-après) n'est parfois que la couverture commode du gangstérisme.

Chiites et sunnites

La guerre de vengeance entre chiites et sunnites a connu de nouveaux soubresauts pendant la guerre civile du Liban (1975-1990), où elle a été finalement canalisée tant bien que mal par les laborieuses tractations gouvernementales. En effet, le président de la République libanaise doit obligatoirement être chrétien maronite, le Premier ministre, sunnite et le président de l'Assemblée nationale, chiite. Chaque « confession » entretient des milices armées qui s'affrontent selon les rapports de forces entre les clans et entre les puissances étrangères qui les soutiennent.

Mais la vendetta a été directement réactivée, à la suite des attentats du 11 septembre 2001. Lorsque l'administration néo-conservatrice de George Bush a cru porter un coup fatal à « l'axe du Mal » en renversant en 2004 le régime dictatorial laïque de Saddam Hussein pour le remplacer par un gouvernement théoriquement « majoritaire », mais en fait communautariste confessionnel.

La population irakienne arabophone est chiite pour environ les deux tiers, contre un tiers sunnite, si bien que le résultat ne s'est pas fait attendre : l'armée irakienne et le parti Baas (parti laïque de Saddam Hussein) ayant été démantelés, les milices chiites ont pu mettre le pays en coupe réglée en arguant de la lutte contre la « main étrangère » (américaine).

Depuis 2011, l'extension de la guerre civile en Syrie, née d'une révolte contre la dictature, a été aggravée par la contagion de la vendetta religieuse irakienne, d'où est issu le groupe armé État islamique/Daesh.

La fitna

C'est la guerre civile, fratricide, entre musulmans, comme l'islam l'a connue aux premiers jours, lorsque les califes étaient assassinés pendant la prière et que Hosseyn était décapité et sa tête envoyée à Damas. Depuis l'invasion soviétique en Afghanistan (1979), puis américaine en Irak (2004), la *fitna* s'est installée durablement en pays d'islam. Elle est, par définition, très minoritaire, pour ne pas dire marginale, mais elle occupe le devant de l'actualité grâce aux médias et à Internet. On s'entre-tue, dit-on, entre sunnites et chiites, entre intégristes et djihadistes.

Depuis les vingt dernières années, la *fitna* se joue au Proche-Orient principalement entre quatre mouvements : les Frères musulmans et leurs émules d'Al-Qaïda, les wahhabites, les extrémistes chiites et les laïques (souvent militaires), sous le regard plus ou moins interventionniste des grandes puissances.

Le printemps arabe

Depuis la « Révolution du jasmin » en Tunisie au printemps 2011, des mouvements massifs de protestation (surtout dans la jeunesse) s'expriment dans divers pays arabes. Ils réclament la fin des dictatures, de la corruption et des inégalités. Sans être aucunement antireligieux, ils réclament la laïcité politique et soutiennent les revendications féministes d'égalité sociale. Cela angoisse et exaspère les intégristes.

Malgré les violentes répressions policières et militaires, les manifestants ont fait tomber les régimes de Ben Ali en Tunisie, de Moubarak en Égypte, de

Khaddafi en Libye (avec l'aide des forces de l'OTAN) et de Saleh au Yémen. Le mouvement s'étend jusqu'au Bahreïn et en Syrie.

Les gouvernements en place, affolés par la perspective de la victoire des mouvements démocratiques, sont désormais prêts à toutes les alliances pour se maintenir au pouvoir. Certains n'hésiteront pas à brandir l'épouvantail de la *fitna* (l'opposition est par exemple chiite au Bahreïn, mais sunnite en Syrie).

Chapitre 13

Foi et pratiques de l'islam

Dans ce chapitre :

- Les cinq piliers du culte
- Les soufis
- Une religion plurielle

L'islam se fonde évidemment sur le Coran révélé par Mahomet et transmis par lui. Cependant, ce texte est souvent allusif et mystérieux (voir chapitre 14). Ainsi, les prescriptions réelles auxquelles les musulmans se soumettent proviennent essentiellement des interprétations très variées – quand elles ne sont pas contradictoires – des commentaires « autorisés » et notamment des *hadiths* (propos du prophète ne faisant pas partie de la Révélation proprement dite, voir chapitre 14).

Nous ne présenterons donc ici que les dogmes et pratiques acceptés par la majorité des croyants.

Les rites de l'islam

Les rites de l'islam (*ibadat*), bien que peu nombreux, sont en revanche d'une grande complexité et ils remplissent une importante fonction de renforcement de la communauté (*Oumma*). En effet, toutes les invocations, récitations et lectures se font en arabe, ce qui réunit symboliquement des populations d'origines fort diverses.

Les « cinq piliers » de l'islam

Mahomet a toujours présenté l'islam comme un retour à la simplicité originelle supposée du monothéisme. Cette simplicité s'exprime de façon très frappante par les cinq pratiques qui fondent l'appartenance à l'islam. Elles ne sont pas mentionnées dans le Coran, mais dans les *hadiths* rassemblés par

Boukhari et Mouslim (voir chapitre 14). Elles mettent le croyant dans un état émotionnel intense de fusion avec la communauté.

La profession de foi

C'est l'affirmation fondamentale (*Shahada*) du monothéisme et de la prophétie : « Il n'y a d'autre Dieu que Dieu et Mahomet est le messager de Dieu. » Elle est prononcée en arabe et à haute voix et doit être précédée d'une ablution rituelle, sans laquelle elle perdrait son caractère sacré. Elle ponctue nombre de prières. En comparaison, le Credo des chrétiens est d'une complexité théologique déroutante (voir chapitre 11).

La tradition veut qu'on la murmure à l'oreille droite des nouveaux nés, ainsi qu'aux mourants.

La prière

La « prière » musulmane (*salat*) est une obligation quotidienne à caractère sacré qui ne ressemble en rien aux brèves prières habituelles des chrétiens, telles que le « Notre Père » ou le « Je vous salue Marie ». Tout en comportant certains appels à Dieu ressemblant à ceux du « Notre Père », elle est surtout acte de foi et se distingue du *doa*, prière improvisée d'imploration.

La *salat* comprend des postures, des gestes et des invocations en arabe dont l'accomplissement intégral demande environ un quart d'heure. Elle doit en effet être effectuée selon des règles très précises :

- L'enceinte sacrée

  Elle correspond à la zone séparée du monde extérieur, à l'intérieur de laquelle la prière va se dérouler. Aucune personne extérieure au rite ne doit y pénétrer. C'est généralement un petit espace délimité à l'intérieur d'un autre, public ou privé (par exemple par le tapis de prière). Mais l'espace le plus approprié est la mosquée. Il est fortement recommandé d'y pratiquer les prières du vendredi.

- Les ablutions

  La prière débute par des ablutions de purification qui sont, comme dans toutes les religions, une image de la purification spirituelle. Elle comporte neuf étapes préliminaires :

  1. Formuler intérieurement son intention et prononcer la formule appelée *Basmalah* (« Au nom d'Allah, Le Clément, Le Miséricordieux »).
  2. Laver ses mains trois fois jusqu'aux poignets en faisant passant de l'eau entre tous ses doigts.
  3. Se rincer la bouche trois fois et se nettoyer les dents avec son index si on ne l'a pas fait auparavant.

4. Se rincer le nez trois fois (on introduit de l'eau dans ses narines avec la main droite et on la rejette par expiration avec la main gauche).
5. Laver son visage trois fois du front jusqu'au-dessous du menton.
6. Prendre trois fois de l'eau dans la paume de sa main droite et la laisser couler jusqu'au coude en lavant avec la main gauche, puis laver son avant-bras gauche de la même façon.
7. Mouiller ses mains puis les passer sur ses cheveux en allant du front jusqu'à la nuque.
8. Nettoyer ses oreilles à l'intérieur et à l'extérieur.
9. Laver son pied droit, puis son pied gauche, jusqu'à la cheville en faisant attention de bien nettoyer entre les orteils.

Le fidèle peut alors réciter la Shahada.

LE SAVIEZ-VOUS ?

Les rôles bénéfiques du nombre 3 et du côté droit sont évidemment très antérieurs à l'islam. Le rituel de lavage triple de chaque main en utilisant la main opposée est très proche de l'ablution juive. Dans le christianisme, en revanche, l'ablution de purification à l'entrée d'une église est réduite à son minimum : tremper le bout des doigts de la main droite dans l'eau du bénitier et faire un « signe de croix ».

- La *qibla*

  C'est la direction dans laquelle le croyant doit se tourner pour faire ses prières. Elle indique la Ka'aba de La Mecque. Dans les mosquées, elle est matérialisée par une niche, appelée *mirhab*.

- Les *rak'at*

  Chaque prière se compose d'un certain nombre d'« unités » (*rak'at*) qui consistent à exécuter successivement :

  • une inclinaison du buste à partir de la station debout jusqu'à l'horizontale, les mains solidement posées sur les genoux ;

  • un redressement ;

  • une prosternation (le front et le nez sur le sol, les mains posées à plat de chaque côté du visage, les genoux et les pieds posés eux aussi au sol) ;

  • un redressement (en restant assis) ;

  • une nouvelle prosternation identique à la précédente ;

  • un redressement final.

  Chacune de ces postures est accompagnée de formules rituelles.

Les prières doivent être effectuées à cinq moments de la journée :

1. entre l'aube et le lever du soleil (deux *rak'at*) ;
2. vers midi (quatre *rak'at*) ;
3. au milieu de l'après-midi, lorsque toute chose a une ombre égale à sa propre longueur (quatre *rak'at*) ;
4. vers le coucher du soleil (trois *rak'at*) ;
5. en pleine nuit, avant le sommeil (quatre *rak'at*).

L'aumône

Elle ne consiste pas simplement à se montrer charitable en donnant de l'argent à un mendiant dans la rue. C'est une contribution (*zakat*) annuelle obligatoire récoltée par l'État musulman ou par une association reconnue fiable. Ce terme signifie « accroissement » et, par extension, « purification de la richesse ». Tout musulman dont les moyens sont supérieurs à un certain seuil (*nissab*) doit donner une partie de ses biens, qui seront redistribués aux pauvres de la communauté. Cette institution a pour but moral de purifier l'âme du croyant de l'avarice, de l'avidité et de la convoitise et de cultiver en elle l'esprit de partage et de sacrifice, tout en renforçant la solidarité entre les croyants.

Le jeûne

Pendant le neuvième mois de l'année lunaire (Ramadhan), le musulman doit s'abstenir de manger et de boire et de toute activité sexuelle de l'aube au coucher du soleil. Comme l'année lunaire est plus courte que l'année solaire d'une douzaine de jours, la date du Ramadhan « avance » d'un mois chaque année.

Pendant le Ramadhan, avant la prière de l'aube, on fait un repas (*sahour*), puis on jeûne jusqu'à la prière du coucher du soleil ; après quoi on fera le repas de « clôture du jeûne » (*iftar*). Généralement, la nuit comporte diverses prières et se passe en réjouissances familiales.

Le pèlerinage

Le pèlerinage à La Mecque (*hadjj*) est le sommet des rituels car le pèlerin s'y trouve réuni à l'humanité entière pendant une semaine – hommes et femmes mélangés. Mais seuls des privilégiés y ont accès en raison des efforts physiques et financiers qu'il impose. Ceux qui l'ont effectué acquièrent un prestige considérable auprès de leur communauté. Ils reçoivent le nom très valorisant de *Hadji*.

Autrefois, seuls les plus fortunés pouvaient faire face aux dépenses considérables d'un tel voyage (sans compter le manque à gagner dû à l'absence). De nos jours, les prix des transports ont considérablement diminué et un Français peut effectuer le pèlerinage pour environ 6 000 euros.

Le *hadjj* existait longtemps avant l'islam. Les pèlerins venaient de toute la péninsule arabique pendant le dernier mois de l'année (*dhou al-hidja*), pour adorer la pierre noire sacrée et les divinités abritées par la Ka'aba (voir chapitre 12).

Il existe aussi un « petit » pèlerinage (*oumrah*) qui peut être effectué à n'importe quel moment de l'année. Il ne comprend que les rites effectués à La Mecque : les sept tours autour de la Ka'aba et les sept allers-retours entre Safa et Maroua.

La majorité des pèlerins effectuent les deux lors du même voyage.

Le pèlerinage à La Mecque

Le déroulement du *hadjj* commémore une série d'épisodes miraculeux de la vie d'Agar et d'Ismaïl, pendant cinq jours, du 8 au 12 du mois, selon un enchaînement de rites très précis :

- Premier jour :
  - À l'entrée de l'espace sacré (*miqat*), à quelques kilomètres du sanctuaire, affirmer intérieurement par trois fois son intention de faire le pèlerinage par la formule rituelle (*niya*).
  - Se mettre en état de sacralisation (*irham*) : revêtir un vêtement blanc (les hommes uniquement), faire la « grande ablution » et se tailler les ongles et les cheveux.
  - Énoncer à haute voix son intention de faire le pèlerinage (*talbiya*) et le répéter jusqu'à son arrivée à La Mecque.
  - Arrivé à La Mecque, pénétrer dans la mosquée sacrée (*masdjid al-haram*) et tourner sept fois (*taouaf* ou circumambulations) autour de la Ka'aba, en s'efforçant d'embrasser la pierre noire au moins une fois.
  - Boire à la source sacrée de Zemzem, que Dieu aurait fait jaillir miraculeusement pour sauver Agar et Ismaïl de la soif.
  - Courir à sept reprises (aller et retour) entre Safa et Maroua (420 mètres dans un long couloir attenant à la mosquée). On commémore ainsi la course d'Agar cherchant de l'eau pour son enfant.
  - Rejoindre les autres pèlerins et marcher avec eux (environ trois heures) jusqu'à la plaine de Mina où l'on passe l'après-midi et la nuit suivante.
- Deuxième jour :
  - Après la prière du soleil levant, quitter Mina et se rendre au mont Arafat (à 20 kilomètres) pour y faire les prières de midi et de l'après-midi. Rester dans ce territoire jusqu'au coucher du soleil.

...

...

C'est là que Mahomet fit son discours d'adieu. Actuellement, c'est l'imam d'Arafat (grand mufti d'Arabie saoudite) qui y prononce le prêche solennel.

- Après le coucher du soleil, aller dans la plaine de Mouzdalifah et y passer la nuit dans un campement de tentes. Ramasser quarante-neuf cailloux, destinés à la « lapidation du Diable » du lendemain.

✔ Troisième jour :

- Après la prière du soleil levant, retourner à Mina et lancer ses cailloux, en prononçant le Takbir (*Allahou akbar !*) contre la grande stèle qui symbolise le Diable rencontré par Abraham lorsqu'il allait sacrifier son fils.
- Sacrifier un animal, commémorant le sacrifice d'Abraham.
- Revenir à La Mecque et courir à nouveau autour de la Ka'aba puis 7 fois entre Tafa et Maroua.

✔ Quatrième jour :

- Après le coucher du soleil, lancer sept cailloux sur chacune des trois stèles de Mina, en commençant par la plus petite.

✔ Cinquième jour :

- L'après-midi, lancer encore une fois sept cailloux sur les trois stèles de Mina.
- Quitter Mina et revenir à La Mecque pour une ultime *taouaf* marquant la sortie de l'état de sacralisation : pour les hommes, se couper les cheveux, se raser le crâne, pour les femmes, raccourcir la longueur des cheveux.

Les rites familiaux

Ces pratiques correspondent aux rites de passage marquant la naissance, la puberté, le mariage et la mort.

La circoncision

La circoncision des garçons n'est pas une coutume d'origine musulmane, puisqu'elle est attestée depuis la plus haute Antiquité en Égypte et chez les juifs. Elle n'est pas prescrite explicitement par le Coran mais les musulmans la justifient par le fait qu'elle a été imposée par Dieu à Abraham en signe de son alliance avec lui, comme le rapporte la Bible.

LE SAVIEZ-VOUS ?

Elle se pratique entre trois et sept ans, sauf en Iran où on circoncit les nouveau-nés.

Le mariage...

Comme chez les juifs, le mariage est essentiellement une fête familiale et il n'y a pas de rite particulier de mariage à la mosquée équivalant au mariage chrétien à l'église. Il s'agit principalement de l'établissement d'un contrat qui fixe le montant de la dot versée par le mari, en présence de l'imam ou du juge (*cadi*).

...et la polygamie

La polygamie était coutumière en Arabie à l'époque du Prophète. Après la mort de sa première épouse Khadidja, Mahomet s'est lui-même remarié avec de nombreuses femmes (au moins dix selon la tradition). Cependant, il n'en a jamais eu plus de quatre simultanément.

Il est écrit dans le Coran :

« Si vous craignez d'être injustes pour les orphelins, épousez deux, trois ou quatre femmes qui vous plaisent. Mais si vous craignez d'être injustes, une seule ou bien des captives de guerre. Cela vaut mieux pour vous que de ne pas pouvoir subvenir aux besoins d'une famille nombreuse » (sourate 4 « Les Femmes », 3).

L'enterrement

Le cadavre est vecteur d'impureté, comme dans le judaïsme. Il est donc l'objet de purifications très précises.

UN PEU DE TECHNIQUE

Après avoir fermé les yeux et la bouche du défunt, on pratique sa toilette rituelle de purification. Il est ensuite enveloppé dans un triple linceul (quintuple pour les femmes). L'imam (ou une autre personne) conduit la prière prescrite, qui n'est accompagnée d'aucune prosternation ni inclination.

LE SAVIEZ-VOUS ?

La crémation est interdite, en raison de la croyance en la résurrection des corps. Le défunt doit être enterré dans ses linceuls à même la terre. On l'étend sur le côté droit, le visage tourné vers La Mecque.

Les fêtes

Les fêtes musulmanes sont annuelles. Étant donné que le décompte des mois est lunaire, leur date recule d'une dizaine de jours chaque année par rapport à l'année (solaire) précédente.

Jour de l'an

C'est le début de l'année musulmane (*ras el-'am*, 1er jour du mois de *mouharram*) commémorant l'hégire.

Achoura

On y commémore l'accostage de l'Arche de Noé (10e jour du premier mois).

Pour les chiites, c'est la commémoration de la mort de Hosseyn à la bataille de Kerbala. En Iran, on y joue des représentations théâtrales de ce drame (*tazieh*). Quarante jours plus tard a lieu un grand pèlerinage à Kerbala, au mausolée de l'imam Ali.

Mouloud

C'est l'anniversaire de la naissance de Mahomet (12e jour du troisième mois)

La nuit de l'ascension

Laylat el-miradj, (27e jour du septième mois). On y commémore le voyage de Mahomet de La Mecque à Jérusalem sur la jument Bouraq, couronné par la visite des sept cieux, et la rencontre des prophètes Adam, Jésus (Issa), Jean-Baptiste (Yahia), Joseph (Youssef), Hénoch (Idriss), Aaron (Haroun), Moïse (Moussa) et Abraham (Ibrahim).

La nuit du destin

Pendant la dernière semaine du Ramadhan (neuvième mois) a lieu la « nuit du destin » (*laylat al-qadr*), qui commémore la révélation du Coran à Mahomet. La prière et la lecture du Coran au cours de cette nuit sont considérées comme particulièrement bénéfiques pour le croyant.

La rupture du jeûne

Le dernier soir du Ramadhan est la « Fête de la rupture » (*aïd al-fitr*), nommée « Petite Fête » (*aïd al-seghir*) en Afrique du Nord. C'est l'occasion de donner des sucreries aux enfants. Souvent, on se rend au cimetière sur les tombes de la famille.

L'Aïd

Le 10e jour du mois du pèlerinage (douzième mois) a lieu la « Grande Fête » (*aïd el kebir* ou *aïd el-adha*) : on sacrifie un mouton en commémoration du sacrifice d'Abraham et on distribue sa viande aux pauvres.

Naturellement, ces sacrifices sont vigoureusement dénoncés par les mouvements intégristes qui n'y voient que des survivances de pratiques païennes.

Les pèlerinages

Le pèlerinage à La Mecque étant d'accès assez difficile, les musulmans entretiennent leur besoin de contact avec le sacré en visitant de très nombreux lieux qui abritent les tombes de saints personnages, historiques ou légendaires. Les fêtes annuelles (*moussem*) y durent parfois pendant plusieurs jours et nuits, accompagnées de repas, chants, danses. On y reçoit, outre la *baraka* (bénédiction) du saint, des songes d'inspiration surnaturelle et parfois des guérisons miraculeuses.

Parmi les plus célèbres, on citera le *moussem* de Nabi Moussa (le tombeau du prophète Moïse), dans le désert proche de Jéricho, où les confréries soufies et les scouts nationalistes palestiniens défilent chaque année en grande pompe au son des tambours et des cornemuses – sous la surveillance étroite de l'armée israélienne.

Chez les chiites, les pèlerinages aux lieux saints irakiens de Kerbala (commémoration du massacre de la famille de Husseyn) et de Nadjaf (mausolée d'Ali) attirent chaque année des millions de pèlerins. Ils visitent aussi de nombreux mausolées locaux.

Le soufisme

La lourdeur des appareils juridiques (la charia) mis en place dès les premiers siècles de l'islam a rebuté nombre de musulmans et les a poussés à chercher des voies vers une spiritualité libre et émotionnelle, éloignée des querelles littéralistes et de pouvoir. Ils ont été attirés par le prestige de maîtres spirituels qui sont de véritables « virtuoses » de l'ascétisme (tels les *gourous* hindous et bouddhistes ou les moines chrétiens). Ils les rejoignent individuellement ou dans des confréries qui ont un goût prononcé pour l'ésotérisme.

LE SAVIEZ-VOUS ?

Le soufisme apparaît dès les premiers siècles de l'islam. Selon Ibn Khaldoun, l'origine de son nom est la laine (*souf*), c'est-à-dire le vêtement blanc grossier dont se couvraient les mystiques (telle la robe de bure des moines chrétiens). Certains pensent que ce terme est dérivé de la pureté (*safa*).

La voie initiatique

Les soufis se considèrent comme l'élite spirituelle, pratiquant le véritable *djihad*, c'est-à-dire le *djihad* intérieur (voir chapitre 14).

L'apprenti (*mourid*) se confie à la conduite d'un maître (*cheik* arabe ou *pir* iranien) dans une relation affective très étroite, généralement à l'intérieur d'une confrérie. Les chaînes initiatiques des maîtres les plus réputés remontent jusqu'au Prophète.

L'initiation comporte trois étapes dont chacune correspond à un état de conscience : la charia, la *tariqa* et la *haqiqa*.

Les soufis se sont très souvent vus reprocher leur mépris pour la loi musulmane traditionnelle (charia) qualifiée d'« exotérique ». Bien au contraire, ils s'efforcent d'en acquérir une connaissance irréprochable, tout en y voyant le reflet d'une loi cosmique plutôt qu'une aride liste d'obligations juridiques sclérosées.

Le cheminement (*tariqa*) soufi se donne pour but de dépasser l'apparence (*zahir*) du texte ou du rituel pour parvenir à son sens caché (*batyn*), qui permet d'approcher la suprême réalité (*haqiqa*). Mais ce sens caché est en transformation permanente, si bien que la recherche n'a pas de fin.

Le soufi accompli est l'homme qui est parvenu à la réalité, ce qui se traduit par son anéantissement en Dieu (*fana'*).

Le soufisme accorde une grande place aux femmes et en vient même à sacraliser le féminin. Certains *hadiths* rappellent que Mahomet recevait aussi la révélation dans les bras d'Aysha.

Les techniques extatiques

Elles comprennent deux aspects complémentaires :

1. la recherche de l'anéantissement extatique en Dieu (*fana'*) ;
2. le retour à l'état normal dans lequel le soufi est comme « transfiguré » (*baqa'*).

Elles se pratiquent soit seul, soit en groupe mixte (dans les confréries).

Chaque confrérie utilise ses techniques particulières, mais elles empruntent toutes à un fond commun. Les plus anciennes consistent en invocations répétées en boucle du nom divin (*dhikr*) et en litanies de ses quatre-vingt-dix-neuf attributs. Plus tard, dans les confréries, apparaîtront la musique (*sama'*) et la danse (*raqs*).

Toutes ces techniques, accompagnées de travail de respiration et de rythme, ont pour objet de purifier l'âme de ses préoccupations ordinaires afin de la mettre en état de recevoir la visite divine. Par exemple, la répétition des noms de Dieu (*Allah*) oblige à travailler le souffle à travers la prononciation de consonnes aspirées.

Ces techniques sont supposées créer le « silence intérieur », seul capable d'attirer la présence divine qui viendra imprégner le soufi en le dépouillant de son *ego*, qui n'est qu'illusion. Pour beaucoup de soufis, cette initiation s'apparente à une expérience amoureuse et leur vocabulaire poétique emprunte souvent à la littérature érotique.

Au bout d'un certain temps, les participants se donnent la main et se lèvent. Parfois ils se balancent ou commencent à danser. Des récitants chanteurs déclament des poèmes mystiques et la transe collective s'installe. À la fin, on se calme par le retour à la lecture du Coran.

L'être humain accompli (le soufi) est celui qui accorde une importance égale à tous les niveaux de l'être, chez lui comme chez les autres. Il ne doit donc négliger aucun aspect du réel, notamment économique. Il ne s'agit pas pour lui de refuser le monde, mais de rechercher la beauté de Dieu dans celle du monde. La « retraite intérieure » peut être cultivée même au milieu de la foule, car le temple est toute la terre.

Le *dhikr* silencieux

Certaines confréries, telles que les Naqshbandi, pratiquent le *dhikr* silencieux, pour éviter une extériorisation de la transe qui l'apparenterait à des pratiques chamaniques. En revanche, il est clair que l'invocation à haute voix facilite la concentration car elle mobilise toutes les facultés mentales.

Les séances de *dhikr* se déroulent une ou deux fois par semaine dans le local commun (mosquée ou *zaouia* de la confrérie). Elles peuvent rassembler jusqu'à plusieurs milliers de participants.

Les soufis se rencontrent dans tous les courants de l'islam, tant sunnites que chiites. En revanche, ils sont suspectés d'hétérodoxie (déviance doctrinale) car échappant au contrôle des autorités et du « clergé » (notamment en pays chiite). En Iran safavide, ils furent à l'origine de la dynastie, mais finirent par être persécutés lorsqu'ils échappèrent au contrôle royal.

La voie de l'amour pur

À l'origine, les soufis sont des « retirés du monde » qui contestent l'autorité des califes omeyades et abbassides. Ils vivent souvent en mendiants ascètes et errants. On cite comme exemple Rabi'a al Adaouiyya (714-801) de Basra, surnommée « Mère du bien ».

La légende raconte que, née dans une famille très pauvre, Rabi'a al Adaouiyya est vendue comme esclave. Elle devient joueuse de flûte et chanteuse renommée (et peut-être prostituée), après quoi elle reçoit l'illumination et consacre le reste de sa vie à l'ascèse spirituelle. Plusieurs de ses poèmes ont été traduits sous le titre *Les Chants de la recluse*.

Le seau et la torche

Rabia al-Adaouiyya se promenait dans les rues de Bagdad, un seau à la main et une torche dans l'autre, annonçant qu'elle allait éteindre le feu de l'Enfer et brûler le Paradis. Quand on lui demandait le sens de cette phrase, elle répondait : « Depuis la disparition de Mahomet, les musulmans ne sont croyants que par intérêt, pour obtenir le Paradis et échapper à l'Enfer, alors qu'il faut aimer Dieu pour lui-même. »

La mystique de l'ivresse

La recherche de la perte de soi-même pour s'unir à Dieu connaît son apogée avec le Persan Bistami (mort en 875), à qui on doit cette sentence :

« Je me suis débarrassé de mon moi comme un serpent se débarrasse de sa peau. »

Al-Halladj ira encore plus loin dans la provocation en osant proclamer qu'il est parvenu à ne faire qu'un avec Dieu (le Réel).

« Je suis le Réel ! » (*Ana al-haqq*)

Ce sacrilège lui vaut d'être crucifié, puis brûlé à Bagdad en 922.

Le soufisme donne naissance à une abondante littérature poétique, dont l'un des plus célèbres représentants est Roumi, né dans le Khorassan au début du XIIIe siècle et réfugié en Anatolie lors de l'invasion mongole. Il rencontre au bazar de Konya un derviche errant, nommé « Soleil de la Foi » (Shams ed-din), qui l'initie à l'extase mystique par la musique et la danse.

> **Les derviches**
>
> Ce terme persan signifie « pauvre » ou « mendiant ». Par dérivation, il désigne les membres de plusieurs confréries soufies.

Après la disparition mystérieuse de son maître, Roumi fonde la confrérie des « derviches tourneurs » (*mevlevi* en turc). Il compose une œuvre poétique considérable dans laquelle la quête mystique est souvent décrite en termes d'un érotisme violent évoquant débauche homosexuelle et beuveries – à comprendre évidemment de façon métaphorique.

Roumi écrit à propos de sa rencontre avec Shams : « J'étais cru, j'ai été cuit, puis calciné. »

La mystique de la sobriété

Face à ce courant très provocateur, Djounayd (830-911), le maître d'Al-Halladj, a préconisé la sobriété (extérieure), afin d'éviter tout excès. Il s'efforça de trouver un juste équilibre entre ésotérisme et exotérisme. Ce sera la position de la Shadiliya (voir plus bas).

Deux siècles plus tard, son lointain disciple Ibn Arabi naît en Andalousie (1165-1240). À l'âge de 14 ans, il rencontre Averroës, qu'il revoit par la suite en rêve, ainsi que Mahomet. Il va étudier la philosophie en Orient et devient si savant qu'on le surnomme « Fils de Platon » (Ibn Aflatoun). À La Mecque, il écrit *Les Illuminations de La Mecque* et pense voir Dieu dans une jeune Persane nommée Nizam. Il est emprisonné au Caire pour hétérodoxie, puis va rencontrer les disciples de Roumi à Konya. L'intégriste Ibn Tamiyyah le déclare hérétique.

Ibn Arabi ne craint pas d'écrire que l'image la plus parfaite de Dieu n'est pas dans l'homme, mais dans la femme, car l'homme ne présente qu'un principe actif, alors que la femme présente à la fois un principe passif (corporel) et actif (spirituel), ce qui est le propre du divin. Voici quelques-uns de ses vers :

« Mon cœur est devenu capable
D'accueillir toute forme.
Il est pâturage pour gazelles
Et abbaye pour les moines !
Il est un temple pour idoles
Et la Ka'aba pour qui en fait le tour,
Il est les tables de la Torah

Et aussi les feuillets du Coran !
La religion que je professe
Est celle de l'Amour.
Partout où les montures se tournent
L'Amour est ma religion et ma foi ! »

L'Interprète des désirs, trad. Gloton, Paris, 1996.

Les confréries

À partir du temps des croisades, le soufisme se développe principalement au sein de confréries qui portent les noms de leurs *cheiks* fondateurs. La transmission de maître à élève entraîne au cours des siècles des scissions et des ramifications innombrables qui rendent leur classification malaisée. Parmi les confréries, certaines ont disparu, mais d'autres ont perduré dans différentes régions du monde. Voici les principales.

Qadiriya

Son fondateur, Abdel Kader al-Guilani (nommé au Maghreb Djilani, mort à Bagdad en 1166) s'efforce de concilier la tradition hanbalite (voir plus bas) avec le soufisme. Ses disciples développeront la confrérie jusqu'au Maghreb et en Chine. Sa branche maghrébine, dont fit partie l'émir Abdelkader, est encore très vivace.

Shadhiliyya

Fondée par Sidi Aboul Abbas el Shadhili, la confrérie est née au Maroc mais s'est aussi largement développée dans tout le Maghreb et en Égypte. Elle préconise la « sobriété » et demande à ses adeptes de se fondre dans la société en se gardant de toute ambition sociale ou politique. L'un de ses principaux *cheiks* modernes fut l'Algérien Ahmed al-Alaoui (1869-1934) qui appréciait Bergson et a converti René Guénon et Frithjof Schuon. Il est l'un des premiers en Algérie à avoir une voiture et le téléphone et il interdisait à ses disciples vivant en Europe de porter des habits arabes traditionnels. Le physicien iranien Hussein Nasr (né en 1932) rejoindra cette confrérie. Elle établit une distinction stricte entre l'exotérisme – où règne la pensée rationnelle – et l'ésotérisme – où s'exprime l'intuition primordiale.

Naqshbandiyya

Son fondateur Baha'uddin Naqshbandi (1317-1389) est enterré à Boukhara. La confrérie a surtout fait des adeptes en Turquie et en Asie centrale. Elle préconise une connaissance précise de la charia avant d'en venir à l'approfondissement de la foi. Née dans un moment de désarroi religieux, elle veille à l'intégrité spirituelle des croyants. Ses adeptes sont spécialistes de la « retraite au milieu de la foule » et préconisent le *dhikr* silencieux pour éviter une trop grande extériorisation. Parmi ses membres les plus célèbres, on compte le poète afghan Djami (1414-1492), auteur de *Madjnoun et Leïla* et de *Joseph et Zoulikha*, ainsi que Chamil, le chef rebelle caucasien. Elle est encore très influente en Afghanistan

Khalouatiyya

Cette confrérie d'origine caucasienne a été tenue en grande estime par le sultan ottoman Mehmet II, le vainqueur de Constantinople. Elle est surtout répandue en Afghanistan, en Inde et en Indonésie et connue pour sa pratique des invocations des « sept noms divins », ainsi que pour celle des sciences occultes. La Tidjaniya africaine (fondée en 1782) serait est une de ses branches.

Elle s'est développée à partir du Khorassan et a contribué à l'épanouissement spirituel de plusieurs grands poètes persans. L'un des plus fameux est Attar (1150-1220), l'auteur du *Cantique des oiseaux*, qui raconte sous forme allégorique la quête du soi intime et souverain sous la conduite de guides. Cette confrérie, largement influencée par le bouddhisme, s'est répandue jusqu'en Chine.

Un islam divisé

Les débuts de l'islam sont une histoire de vendetta familiale (voir chapitre 12), qui a abouti à la formation de plusieurs courants religieux, souvent opposés, qui se sont à nouveau ramifiés, suivant les enseignements de maîtres spirituels rivaux. Cependant, la plupart de celles-ci se reconnaissent réciproquement comme authentiquement musulmanes et les cas de véritable excommunication ou de conflits ouverts ont été rares. Leurs fidèles acceptent généralement, en cas de nécessité, de prier dans les mosquées des autres.

Certaines sectes ont disparu sans laisser de traces, d'autres sont encore vivaces de nos jours. Leurs relations avec le pouvoir ont varié au cours des siècles et au gré des alliances.

Les sunnites

Ils sont l'islam majoritaire depuis les origines. Leur nom vient de la *Sounna* (la Voie), que l'on peut comprendre, comme le *Tao* chinois, dans un sens beaucoup plus large que les seules prescriptions rituelles et juridiques.

L'histoire sunnite se confond à celle des grands califats omeyades et abbassides, puis avec celle des divers Empires turcs. Leurs capitales les plus prestigieuses ont été Bagdad, Fès, Cordoue, Istamboul et Le Caire. Leurs écoles juridiques font autorité (voir chapitre 14). Leurs théologiens suprêmes enseignent à l'université Al Azhar (la Splendide) du Caire. Le prochain chapitre leur est globalement consacré. Nous allons donc nous attarder maintenant sur les autres courants et sectes.

Les kharedjites

Leur nom signifie « les sortants ». Ce sont des partisans d'Ali qui n'ont pas admis que leur chef ait pu négocier avec Mou'aouiya après la bataille de Siffyn. Ils contestent qu'un calife puisse être nommé hors de l'assentiment de toute la communauté. Ils sont vaincus l'année suivante (658) à Nahrawan. Un siècle plus tard, ils convertissent des tribus berbères et fondent un califat indépendant au Maghreb. Vaincus par les Fatimides d'Égypte (voir ci-dessous), ils prendront le parti de l'expansion pacifique, notamment par la diffusion de l'instruction. Leurs descendants vivent encore dans les oasis du Sud algérien. Ils pratiquent un islam très rigoriste. Ils se trouvent souvent en rivalité avec les soufis en Afrique.

Le monde chiite

Les chiites refusent l'obéissance aux califes sunnites et se réclament d'Ali, qu'ils considèrent comme le seul successeur spirituel et temporel légitime (*imam*) de Mahomet, donc le seul « commandeur des croyants ».

De plus, les chiites considèrent que la révélation prophétique ne s'est pas arrêtée avec Mahomet, mais qu'elle s'est poursuivie par une lignée d'*imams*, qui ont transmis personnellement le sens caché (*batyn*) du Coran.

Combien d'imams ?

Ces imams (au nombre de trois, sept ou douze) sont considérés comme infaillibles et vénérés — à l'égal des apôtres de Jésus chez les chrétiens. Le douzième et dernier iman serait le Mahdi, c'est-à-dire l'annonciateur de la fin des temps – dans des termes assez proches du Messie des juifs. Pour expliquer son absence, les chiites disent qu'il s'est dérobé (occulté) aux yeux du monde pour réapparaître un jour miraculeusement. Il ouvrira une ère de justice et de paix.

L'immense autorité spirituelle attribuée aux imams fondateurs légitime l'autorité d'un clergé chiite très hiérarchisé. En Iran, les plus hauts dignitaires religieux sont nommés « grands *ayatollahs* ». Ils supervisent les *mollahs*, qui exercent leur activité dans les mosquées auprès de la masse des croyants.

Les chiites célèbrent avec une solennité particulière la fête de l'Achoura (10e jour du mois de *moharram*). Ils y commémorent l'assassinat du second fils d'Ali, l'imam Husseyn, vénéré comme un martyr. Cet événement est célébré par des processions, des lamentations et des flagellations et aussi des pièces de théâtre (*tazieh*), qui détaillent les épisodes les plus tragiques de la bataille de Kerbala. La fête du *ghadir*, le 18e jour du mois du pèlerinage, commémore la déclaration que Mahomet aurait faite à Ali, lui accordant le même pouvoir que lui sur l'ensemble des musulmans. Certains chiites regardent en effet Ali comme égal au Prophète, sinon comme divin.

À plusieurs reprises, les chiites ont réussi à arracher le pouvoir aux sunnites. Certains ont fondé des dynasties séculaires prestigieuses, comme les Bouyides, les Fatimides, les Nizarites, les Almohades et les Safavides.

En revanche, lorsqu'ils se sentent menacés par un pouvoir sunnite intolérant, les chiites se reconnaissent le droit de recourir à la dissimulation (*taqiyya*) pour se protéger, en simulant l'adhésion sincère au sunnisme (par exemple, en priant dans les mêmes mosquées).

Les chiites sont eux-mêmes divisés en nombreux courants, tels que les zaydistes, les ismaéliens et les duodécimains.

Les rebelles zaydites

Retranchés dans les montagnes du Nord-Yémen, les Zaydites considèrent que le cinquième imam est Zayd ben Ali, frère de Mohammed al-Baqir, dont le fils partit pour Nishapour.

Les ismaéliens (septimains)

Les ismaéliens se constituent en secte autonome après la mort du sixième imam, Dja'afar al-Sadiq (le Véridique) en 765. Ils récusent l'autorité de son fils cadet Moussa al-Kazim (Moïse-le-Triste), considérant que la succession devait revenir à l'aîné Ismaïl, mort avant son père et mystérieusement disparu. Ismaïl serait donc l'imam « caché », qui réapparaîtra miraculeusement à la fin des temps, c'est-à-dire le « Mahdi ». On les nomme parfois ismaïliens « septimains », car ils reconnaissent sept imams), par opposition aux « duodécimains » qui en reconnaissent douze. Ils pratiquent un prosélytisme très actif grâce au réseau de leurs missionnaires (*daï*).

Les ismaïliens se sont fait connaître par quatre grandes épopées politico-militaires :

- Les Qarmates

  Ils s'élèvent contre les inégalités et les privilèges du califat. En 930, un groupe armé pille La Mecque, massacre ses habitants et vole la pierre noire sacrée. Ils la rendront vingt ans plus tard contre une énorme rançon versée par le calife abbasside et négociée par le calife fatimide du Caire. Des tribus bédouines très frustes, ayant participé à cette subversion, sont déportées en Égypte, puis envoyées au Maghreb. Ce seront les invasions hilaliennes qui ravageront l'Afrique du Nord.

- Les Fatimides

  Dans les premières années du xe siècle, une dynastie ismaïlienne, dirigée par un Mahdi autoproclamé et soutenue par des Kabyles, prend le pouvoir au Maghreb puis parvient à conquérir l'Égypte avec une armée composée principalement de Berbères. Elle y instaure le brillant califat fatimide, qui durera deux siècles jusqu'à sa destruction par Saladin.

  Les Fatimides, qui s'affirment descendants de Fatima, la fille du Prophète, développent une spiritualité fortement inspirée du néo-platonisme.

- Les Druzes

  Le calife fatimide al-Hakim se prétend l'incarnation (par opération divine) du véritable *imam* et fonde la secte Hakimiyyah. À sa mort (1021), son grand vizir turc Mohamed al-Darazi et le persan Hamza déclarent que le calife est « occulté » et qu'il reviendra comme Mahdi. Leurs disciples sont chassés d'Égypte et se réfugient dans les montagnes du Liban, où ils vivent encore sous le nom de Druzes (sectateurs d'al-Darazi).

  Les Druzes croient en la réincarnation et refusent d'observer les obligations des « cinq piliers », ce qui les oblige à pratiquer la *taqiyya*. Ils sont considérés comme hérétiques tant par les sunnites que par les chiites.

  Depuis deux siècles, leur communauté, très fermée, est dirigée par le clan Joumblatt qui s'est imposé de haute lutte contre celui des Hamadé.

- Les « Assassins » nizarites

En 1094, le *daï* Hassan i-Sabbah refuse de prêter allégeance au fils cadet du calife fatimide Al-Moustansir car il soutient la légitimité de l'aîné Nizar, qui est retenu en prison. Il s'enfuit en Iran avec ses disciples et s'empare par la ruse de la forteresse de « l'Omniscience divine » (Alamout), près de la mer Caspienne, d'où il contrôle un État indépendant. Sa réputation lui vaut le surnom inquiétant de « vieux de la Montagne » (*cheik al-Djabal*) et les croisés nomment les membres de sa milice « assassins » (*haschichin*, c'est-à-dire consommateurs de haschich). Tenants d'un islam mystique très ésotérique et sévère, ils sèment la terreur parmi les émirs seljoukides chez qui ils pratiquent l'exécution politique discrète et efficace. Leur forteresse sera détruite par les Mongols au milieu du XIIIe siècle.

Après la destruction du royaume d'Alamout, la secte se déplace vers l'Inde, où elle survit clandestinement. Elle abandonne toute visée politique et militaire et se lie aux castes commerçantes des Bohras et des Khodjas du Gudjarat, qui constituent aujourd'hui des sectes distinctes, disposant chacune d'un clergé particulier. Leur spiritualité s'inspire toujours des Fatimides.

Au début du XIVe siècle, le shah de Perse reconnaît au quarante-sixième imam nizarite le titre d'agha khan (grand seigneur). Cinq siècles plus tard, à la suite d'une tentative de coup d'État manqué, le lointain successeur de celui-ci se réfugie à Mumbay sous la protection anglaise. Les Khodjas et les Bohras refusent de le reconnaître comme chef spirituel, mais son petit-fils Mohammed Shah deviendra néanmoins l'un des diplomates les plus riches et influents du XXe siècle. Son quatrième successeur, Karim, est depuis 1957, le quarante-neuvième imam de la communauté.

Les chiites « duodécimains »

Les duodécimains regroupent la majorité des chiites, notamment en Iran et en Irak. Leur doctrine affirme que Mahomet a eu douze successeurs spirituels (*imams*) : Ali, Hassan, Husseyn, Ali, Mohammed al-Baqir, Djaafar le-Véridique, Moussa al-Kazim, Ali ar-Ridha, Muhammed al-Djaouad, Ali al-Hadi, Hassan al-Askari, Mohammed le-Mahdi.

- Les Bouyides

  La dynastie princière iranienne des Bouyides (chiites duodécimains), originaire des bords de la mer Caspienne, s'empare du califat de Bagdad en tutelle, à partir de en 945. Ils en seront évincés chassés par les Turcs seljoukides (sunnites) un siècle plus tard, mais laisseront le souvenir de souverains éclairés et tolérants, protecteurs des lettres et des arts.

- Les Safavides

  Les Safavides sont une ancienne confrérie mystique et militaire sunnite d'Azerbaïdjan qui conquiert l'Iran en 1500. Son chef Ismaïl se convertit au chiisme duodécimain pour mieux se distinguer des Ottomans sunnites. La dynastie safavide gouvernera l'Iran pendant deux siècles et demi et contribuera à donner au clergé chiite la structure hiérarchique et la place prépondérante qu'il conservera jusqu'à nos jours, malgré l'intermède laïque des deux souverains de Pahlavi (voir chapitre 12).

Les mouvements marginaux

La grande famille musulmane a produit au cours de son histoire mouvementée de nombreuses autres branches et sectes d'importance variable. Certaines sont considérées comme de simples « tendances », d'autres comme franchement « hérétiques ».

Les Alaouites

Également appelée « Noussayris », car ils affirment se rattacher à Ali, le gendre de Mahomet, par l'intermédiaire d'Ibn Noussayr, qui aurait été le véritable douzième imam. Leur religion très ésotérique comporte des éléments sans doute empruntés à diverses religions proche-orientales (mazdéisme, manichéisme, christianisme), mais reste très marquée par la personnalité d'Ali.

La famille al-Assad, qui dirige la Syrie depuis 1958 est l'une des plus puissantes de la communauté alaouite.

La dynastie régnante marocaine, originaire de la région saharienne du Tafilalet, se qualifie également d'alaouite car elle se réclame de la descendance d'Ali. Le roi porte le titre de « commandeur des croyants », ce qui lui donne le pouvoir d'envisager une évolution doctrinale.

Babisme et Baha'isme

Ali Mohammed, jeune commerçant de Shiraz (en Iran), a la révélation que le Mahdi va réapparaître mille ans après la disparition du douzième imam, c'est-à-dire le 23 mai 1844. Il se prétend lui-même la « porte d'entrée » (*bab*) du Mahdi. Ses disciples, croyant que la fin du monde est proche, se révoltent contre le shah et le clergé chiite. Le Bab est arrêté et exécuté en 1850, mais ses sectateurs poursuivent leurs actions révolutionnaires – et le pouvoir sa répression.

Le mouvement est repris en main par son disciple, le grand aristocrate Mirza Husseyn Ali Nouri, qui se déclare à son tour le Mahdi en 1863, sous le nom de « Gloire de Dieu » (Baha'Ullah). Chassé d'Iran, il se réfugie en Irak, puis en Turquie. Il est finalement emprisonné à Saint-Jean-d'Acre, puis assigné à résidence jusqu'à sa mort en 1892. Baha'Ullah érige le mouvement en religion nouvelle et rédige une œuvre considérable, appelant à la réconciliation entre les religions et les peuples, tout en mettant à profit la science et les techniques modernes. Il réclame l'égalité totale des femmes. Il envoie des lettres à tous les souverains de l'époque (y compris au pape) pour les exhorter à la paix. Il enseigne que la révélation s'est faite progressivement à travers les grandes religions. Dieu se serait successivement manifesté par ses prophètes Adam, Noé, Moïse, Krishna, Bouddha, Jésus puis Mahomet, pour culminer chez Baha'Ullah.

Ses disciples *baha'i* sont souvent persécutés dans les pays musulmans, mais leur communauté s'est développée aux États-Unis. Leur siège se trouve au mont Carmel (Israël).

Ahmadisme

La secte des ahmadistes est dénoncée par les sunnites comme hérétique, surtout au Pakistan, car elle représente une rivale sérieuse. Elle a été fondée au Pendjab par Mirza Ghoulam Ahmad (1835-1908). Il naît dans un milieu soufi sunnite. À la suite d'une révélation reçue en 1876, il se proclame prophète, puis Mahdi (1890) et finalement « Messager universel de la fin des temps », Messie des juifs, réincarnation de Jésus et ultime avatar de Krishna (1904). Son enseignement récuse le *djihad* et accorde une grande place à Jésus, qui aurait été miraculeusement descendu de sa croix en état de coma et transporté au Cachemire où il serait mort à l'âge de 120 ans. Les ahmadistes vénèrent le tombeau de Jésus à Srinagar (Cachemire).

Les Yazidis

Ces populations kurdes vivant dans quelques vallées du nord-ouest de l'Irak et dans le Caucase ont été très récemment victimes de massacres perpétrés par les milices du groupe armé « État islamique/Daesh ». Ils font remonter leur secte à Yazid, le fils de Mou'aouiyya et se considèrent comme les vrais descendants des Omeyades, car leur saint fondateur 'Adi ben Moussafir était un descendant du calife Marouane. Les chiites les considèrent donc également comme des hérétiques absolus.

Les Yazidis pensent qu'Allah a créé le monde et qu'il en a confié la conservation à sept anges divins, commandés par Taous (le Paon), symbole de l'immortalité et du soleil, également idendifié à l'ange primordial déchu puis repenti. C'est la raison pour laquelle leurs ennemis les croient adorateurs du Diable. Leur capitale religieuse, Lalesh dans le Kurdistan irakien, abrite la tombe de 'Adi ben Moussafir.

Rites des Yazidis

Les Yazidis prient quatre fois par jour le soleil et la lune à leur lever et à leur coucher. Ils jeûnent six jours par an, paient un impôt considérable à leurs *cheikhs*, multiplient les pèlerinages aux lieux saints, tombeaux, arbres, sources, souvent situés en altitude ; ils organisent des processions avec leurs sept *sindjaq*, images en bronze du paon ; ils célèbrent les fêtes du soleil, du sultan Yezid, du Nouvel An (en sacrifiant des animaux) et, avec quelques jours de décalage, la fin du Ramadhan ou Pâques. Ils ignorent les interdits coraniques du vin, de la viande de porc, condamnent la polygamie tout en la pratiquant un peu, mais répudient leurs femmes comme les musulmans. Ils sont organisés en castes dont ils ne peuvent sortir, même par le mariage. Très strictement endogames, ils pratiquent des rites de danse mystique et de sacrifices. Ils sont des apôtres de la repentance et du pardon.

Les « Gens de la Vérité » (Ahl e-Haqq)

Les Kurdes de la secte Ahl-e-Haqq (yarsanisme) vivent dans quelques vallées du Nord-Ouest de l'Iran. Leur secte a été fondée au XVe siècle par Soltan Sahak, descendant de Moussa al-Kazim (le septième imam). Après plusieurs siècles de transmission orale « de poitrine à poitrine », sa doctrine a été mise en forme écrite au début du XXe siècle par Hadj Nematollah (1871-1920) dans son *Firqan akhbar.*

Les « Gens de la Vérité » partagent certaines croyances avec les Yazidis : au moment de la création, Dieu a créé les sept archanges, dont un féminin. L'essence de chacun d'entre eux revient sous la forme de saints et de prophètes aux époques successives, afin que la Terre ne soit jamais vide de la guidance divine. Ils croient en la transmigration des âmes, selon un cycle ascendant de mille et une réincarnations, qu'ils conjuguent avec le Paradis et l'Enfer.

Malek Jan Nemati (1906-1993), fille de Hadj Nematollah, a été chassée de son village natal Jeyhounabad par la révolution khomeiniste de 1979, malgré l'aura que lui conférait sa grande compassion. Elle s'est installée en France et elle est encore honorée, sous le nom de « sainte Jani », par les habitants du village de Baillou (Loir-et-Cher), où elle est décédée.

Les intégristes modernes

Ces mouvements intégristes, généralement d'obédience sunnite, défrayent l'actualité car ils attisent les conflits les plus violents de la *fitna*. Ils font prévaloir le devoir d'obéissance sur tout exercice de la liberté (libre arbitre, libre examen). Ils suivent donc une tradition ancienne illustrée par Ibn Hanbal et Ibn Taymiyya, tout en se posant en adversaires irréductibles de la pensée et de la sensibilité occidentale. Leur stratégie est d'occuper le devant des médias pour faire croire au public que tous les musulmans sont dans leur camp.

Les wahhabites

Au milieu du XVIIIe siècle, le prédicateur Mohammed Ibn Abd al-Wahhab, né dans une oasis du désert d'Arabie, juge que l'islam s'est dégradé parmi les populations sédentaires de l'Iran et de l'Empire ottoman, comme parmi les Bédouins revenus à des pratiques animistes préislamiques. Il réclame la destruction de toutes les tombes des saints vénérés – y compris ceux des compagnons du Prophète – et l'application de la charia sunnite la plus puritaine, celle de l'école hanbalite et d'Ibn Taimiyya (voir plus haut). Il convertit à sa doctrine Mohammed Ibn Saoud, un chef tribal arabe du Hedjaz (la région de La Mecque). Le prédicateur et le prince parviennent à réunir autour d'eux de nombreuses tribus.

Au lendemain de la campagne d'Égypte de Bonaparte, le petit-fils de l'émir profitera de la faiblesse des Ottomans pour aller piller le sanctuaire chiite de Kerbala (1801), puis il s'emparera de Médine et de La Mecque (1805-1806). Le pacha d'Égypte Méhémet Ali reprendra le contrôle du Hedjaz et des Lieux saints au bout de dix ans de guerre.

Un siècle plus tard, la situation change radicalement car les Ottomans ont perdu le contrôle du Proche-Orient. Abdelaziz Ibn Saoud (1880-1953) reprend le combat de ses ancêtres avec le soutien des Britanniques et parvient à conquérir toute l'Arabie. Il chasse le chérif de La Mecque en 1924 et se proclame « protecteur des lieux saints ».

LE SAVIEZ-VOUS ?

Depuis cette date, les souverains saoudiens appliquent le wahhabisme dans leur royaume et leurs énormes richesses pétrolières leur permettent de financer les mouvements « sympathisants » dans tous les pays du monde.

Les salafistes

UN PEU DE TECHNIQUE

Strictement parlant, les salafistes sont ceux qui préconisent le retour aux doctrines et aux pratiques des « Anciens » (*salaf*), c'est-à-dire du Prophète et de ses premiers compagnons à Médine. Ils refusent toute innovation religieuse et se font remarquer par le port ostensible de marques vestimentaires extérieures (port de la barbe et de la *djellaba* pour les hommes, du voile pour les femmes).

LE SAVIEZ-VOUS ?

Les mouvements qui se réclament du salafisme radical sont activistes par nature. Leur propagande et leur goût marqué pour la provocation et l'intimidation les rendent visibles à l'excès. Certains se contentent de prêcher pour convaincre leurs coreligionnaires, d'autres préconisent le *djihad* armé.

À MÉDITER

Fondamentalistes ou intégristes ?

Un « fondamentaliste » est un croyant qui veut revenir aux fondements de sa religion, considérant qu'ils ont été dévoyés.

Un « intégriste » réclame l'application intégrale de ses préceptes religieux, y compris à l'égard des personnes qui ne sont pas croyantes.

Les deux revendications se rejoignent souvent car, dans les deux cas, on se targue d'appliquer les textes sacrés « à la lettre ». Or les textes sacrés de la plupart des religions sont écrits dans des langues très anciennes et souvent fort obscures. Il suffit d'ouvrir la Bible ou le Coran pour s'en convaincre (sans parler du Zend-Avesta). Ainsi, la porte est ouverte à toutes les interprétations et c'est l'argument d'autorité qui l'emporte.

Ces deux catégories de croyants manquent totalement d'humour. Quant à l'esprit critique (histoire ou philologie), il est leur pire ennemi. C'est pourquoi les discussions avec les fondamentalistes et les intégristes (ou entre eux) se règlent en général au sabre ou à la kalachnikov. Au Moyen Âge, elles se terminaient sur le bûcher.

Chapitre 14

Le Coran et les textes sacrés de l'islam

Dans ce chapitre :

- Le Coran et les *hadiths*
- La charia

L'islam, dans tous ses courants, se fonde sur un ensemble complexe de textes faisant autorité, mais n'ayant pas tous le même degré de sacralité, car le Coran est supposé avoir été dicté à Mahomet en des moments où l'inspiration divine s'emparait de lui.

Les *hadiths* ne rapportent que les œuvres et dits du Prophète en tant qu'homme, certes remarquable, mais seulement homme. Ils ont été recueillis par ses disciples.

Quant à la charia, elle consiste en un ensemble de textes indicatifs. Elle a pris corps par l'effort interprétatif des savants et n'a été fixée que plusieurs siècles après la révélation prophétique. Les musulmans devraient donc être assez savants pour se repérer dans ce vaste ensemble de textes, dont l'accès est rarement aisé car ils sont tous écrits en arabe et peu d'entre eux sont traduits dans les autres langues du monde musulman.

Le Coran

Le Coran est le livre sacré des musulmans. Son nom signifie « Récitation », car il n'a pas été écrit, mais dicté (récité) à Mahomet qui le récitait à son tour devant à ses disciples. Il contient les révélations que le Prophète disait avoir reçues de l'ange Gabriel pendant une vingtaine d'années.

LE SAVIEZ-VOUS ?

Le Coran se constitue donc progressivement au cours de la vie de Mahomet, et il s'interrompt avant qu'il ait pu en établir l'ordre et le contenu définitif.

Le contenu dogmatique du Coran se ramène à la croyance au Dieu unique, Allah, que les prophètes ont déjà révélée aux juifs, puis aux chrétiens – mais ceux-ci se sont détournés de la vraie religion. Le Coran récapitule le contenu des révélations antérieures.

La tradition rapporte que, du vivant de Mahomet, ses auditeurs apprennaient ses enseignements par cœur et que certains en recopient des passages sur divers supports (on parle de planches de bois, de feuilles de cuir ou même d'omoplates de chameaux). Ainsi, à la mort de Mahomet, ses fidèles n'ont plus eu accès à sa Révélation que par un ensemble de textes très disparates et par la mémoire plus ou moins fidèle de ses disciples.

Or, si le Coran est la parole de Dieu, transmise par l'ange Gabriel, il constitue une référence absolue et incontournable pour la communauté des croyants, sur toute question religieuse, mais aussi sociale ou politique.

Composition du Coran

Le Coran est divisé en 114 chapitres (les sourates), classés par ordre de longueur décroissante, selon le système de classement des bibliothèques antiques. Cette édition (qualifiée de « vulgate » car communément utilisée) sera transmise par copies manuscrites pendant plus d'un millénaire. Son édition de référence (Moushaf, dite de Boulaq) est imprimée en Égypte en 1923, sous le contrôle de l'université Al-Azhar.

Chaque sourate porte un titre : tantôt les premiers mots du texte, tantôt un thème, un personnage ou un épisode central, parfois accompagné de l'indication du lieu de sa révélation.

Il est très difficile d'établir l'ordre de leur révélation. Les *hadiths* (voir plus bas) proposent souvent des chronologies, mais elles sont rarement fiables. Les philologues allemands sont cependant parvenus, grâce à la critique interne et externe à déterminer l'ordre vraisemblable dans lequel Mahomet les a dictées.

Critique interne et externe

La critique interne s'attache à repérer les éléments de style et de vocabulaire susceptibles d'avoir évolué au cours de la vie d'un auteur. La critique externe consiste à comparer le contenu d'un texte (les allusions à des faits connus) avec les autres documents historiques ou archéologiques que nous possédons.

Les sourates de La Mecque

Les sourates révélées à La Mecque (avant l'Hégire) sont les plus nombreuses (90), mais les plus courtes. Elles sont reconnues comme telles par les auditeurs du Prophète. Elles portent principalement sur les grands thèmes de son enseignement, tels que la résurrection des morts et le Jugement dernier. Elles évoquent fréquemment les grands prophètes bibliques, surtout Abraham, Moïse et Joseph. S'y ajoutent quelques sourates d'invocation et de conjuration, très brèves et rythmées : 1 (L'Ouverture), 109 (Les Incrédules), 112 (Le Culte pur), 113 (L'Aurore) et 114 (Les Hommes).

Les sourates de Médine

Ce sont les sourates 2, 98, 64, 62, 8, 47, 3, 61, 57, 4, 65, 59, 33, 63, 24, 58, 22, 48, 66, 60, 110, 49, 9 et 5. Elles sont beaucoup plus longues, notamment la sourate 2 (« La Vache ») et évoquent les problèmes d'organisation de la communauté des musulmans et de leurs rapports avec les chrétiens, les juifs et les païens.

LE SAVIEZ-VOUS ?

Le Coran se caractérise par une très grande unité de style (oral prophétique) mais aussi par de fréquentes ruptures de continuité, y compris à l'intérieur d'une même sourate, en raison de la variété des textes qui ont parfois été rassemblés sans grand souci de cohésion.

Versions et controverses

Les problèmes d'authentification du Coran naissent dès la mort du Prophète (632) car les partisans d'Ali (son plus proche parent masculin) récusent la désignation de ses successeurs, les califes Abou Bakr, Omar et Othman (voir chapitre 11). Ils affirment que Mahomet a désigné Ali comme seul capable de guider les croyants, ainsi que l'attestent plusieurs passages du Coran.

Une version « officielle »

Une quinzaine d'années après la mort du Prophète, le troisième calife, Othman, désireux de faire cesser toute contestation, décide de faire établir une version définitive du texte sacré. Il ordonne de réunir tous les manuscrits en circulation, notamment ceux qui appartenaient aux épouses du Prophète, puis il confie à une commission de quatre savants la charge d'établir une vulgate définitive. Une fois le travail achevé, il fait détruire tous les textes qui n'y correspondent pas. Les partisans d'Ali crient à l'injustice et affirment qu'Othman a fait disparaître les passages du Coran favorables à Ali.

Le texte ainsi défini sera imposé par les califes et il est aujourd'hui accepté par les musulmans de la plupart des obédiences.

LE SAVIEZ-VOUS ?

La Sunna

La Sunna, qui désigne la voie suivie par le Prophète, est devenue parfois synonyme de « coutume majoritaire » en islam. Elle se fonde sur le Coran et les *hadiths* et se développe dans le cadre des quatre grandes écoles juridiques (voir ci-dessous). Dans l'usage habituel, elle s'oppose aux courants chiites et kharedjites. Les croyants appelés « sunnites » se nomment eux-mêmes « gens de la tradition (*sunna*) et de la communauté ».

« Les *hadiths* sont une des sources de la Sunna, mais une *sunna* peut exister sans la sanction d'un *hadith* » (Toufic Fahd).

Les versets abrogés

Les prescriptions du Coran se contredisent parfois entre elles. Par exemple, dans la sourate « Les Femmes », le Prophète dit : « N'approchez pas de la prière quand vous êtes ivre ! » (4, 43). Cette interdiction signifie clairement que le Prophète voulait seulement limiter les dégâts de l'alcoolisme. En revanche, dans la sourate « La Table servie », il généralise l'interdiction, car : « Le vin est une abomination et un œuvre du démon » (5, 70).

Plus grave, du vivant du Prophète, ses amis lui reprochent à plusieurs reprises d'abroger des versets pour arranger ses intérêts personnels, notamment en matière d'épouses (par exemple 33, 50).

LE SAVIEZ-VOUS ?

Après sa mort, les controverses ne pourront plus être alimentées par des versets révélés. Elles le seront en revanche par des *hadiths*, c'est-à-dire par les propos ou les gestes rapportés par des récits de témoins.

Les versets abrogés par une poule

En quelques années, l'empire musulman devient un gigantesque appareil religieux, économique et politique. Les factions rivales n'ont alors de cesse d'interpréter, d'ajouter et d'abroger versets et *hadiths* pour légitimer leurs pouvoirs ou leurs revendications. Un exemple étonnant en est rapporté par Ibn Madjah (*hadith* 1944) et Ibn Djanbal (*hadith* 25784) : le jour de la mort du Prophète, Aysha, son épouse préférée, distraite par les préparatifs des funérailles, laisse la porte de sa maison ouverte. Une poule entre par hasard, tire les feuilles du Coran qui sont sous son lit et en mange malencontreusement plusieurs versets. Or il s'agirait précisément de versets qui prescrivent de lapider les fornicateurs. Étrange coïncidence !

Ainsi, on pourra affirmer que ces versets gardent leur autorité, puisqu'ils ont été dévorés par accident. L'imagination des commentateurs n'a pas de limites.

On voit aisément l'usage que peuvent faire de ce type de *hadiths* des intégristes pervers en mal de justifier leur goût sadique pour la lapidation. De fait, il n'existe dans le Coran aucun verset prescrivant de lapider les « fornicateurs » (des adultes ayant des relations sexuelles consenties hors mariage).

Les versets sataniques

L'historien Tabari (839-923), notre principale source sur la vie de Mahomet, raconte dans son *Histoire des prophètes et des rois* (chapitre 38), que le Prophète alla réciter la sourate 53 (« L'Étoile ») à La Mecque devant les polythéistes. Parvenu au verset 19, il aurait dit :

CITATION

« Que croyez-vous d'Al-Lat et d'Al-Ouzza, et de Manat, la troisième ? Auriez-vous des garçons, et Dieu des filles ? Ce serait une belle répartition des tâches ! Ces idoles sont des divinités illustres et il faut espérer leur intercession. »

Du coup, les polythéistes auraient accepté de se prosterner avec lui, car Al-Lat, Al-Ouzza et Manat étaient les trois grandes divinités féminines adorées dans la Ka'aba de La Mecque.

Mais l'ange Gabriel aurait ensuite réprimandé Mahomet en lui expliquant que ces phrases lui avaient été inspirées par Satan et non par lui-même. Le Prophète aurait alors récité de nouveau la sourate en corrigeant :

CITATION

« Ce serait une belle répartition des tâches ! » par : « Quel partage inique ! » et en supprimant la dernière phrase. Du coup, les polythéistes se seraient éloignés de lui.

LE SAVIEZ-VOUS ?

Cet épisode a fait couler beaucoup d'encre chez les commentateurs, car il rappelle l'impossibilité de savoir si une vision est envoyée par Dieu ou par le Diable (ce « maître en tromperies »). Au final, seule la version expurgée de la sourate figure dans les éditions officielles du Coran.

Salman Rushdie et *Les Versets sataniques*

Cet épisode a provoqué un énorme scandale en 1988, lorsque le grand romancier indien musulman Salman Rushdie publia un extraordinaire roman picaresque intitulé *Les Versets sataniques*. Dans ce roman, il ridiculise cruellement les intégristes musulmans qui se livrent clandestinement à la pornographie alors qu'ils assomment les croyants avec leurs sermons moralisateurs.

La publication de ce livre déclencha une vague de protestations au Pakistan et l'imam Khomeiny, qui cherchait à mobiliser les musulmans autour de la révolution en Iran, lança une *fatwa* (avis juridique sur un point particulier donné par une autorité en loi islamique) condamnant à mort Salman Rushdie, ses éditeurs et ses traducteurs. Depuis ce jour, l'écrivain est condamné à vivre dans la clandestinité.

En 1989, Abdullah Al-Ahdal, le recteur de la grande mosquée de Bruxelles, ainsi que son bibliothécaire, sont assassinés pour avoir défendu le droit de Salman Rushdie à s'exprimer. En 1991, son traducteur japonais Hitoshi Igarashi est également assassiné. Son traducteur italien est poignardé. Son éditeur norvégien est l'objet d'une tentative d'assassinat et trente-sept personnes meurent dans l'incendie d'un hôtel visant son traducteur turc.

Les *hadiths*

La plupart des informations concernant la vie et les enseignements de Mahomet ne se trouvent pas dans le Coran, mais dans les *hadiths*, témoignages supposés transmis par ses disciples directs (notamment ses épouses et ses chefs de guerre) mais rédigés seulement deux siècles plus tard.

UN PEU DE TECHNIQUE

Il en a été répertorié des dizaines de milliers, parmi lesquels deux recueils sont considérés comme « intégralement authentiques » (*sahih*). Leurs auteurs sont Boukhari (810-870) et Mouslim (821-875). Quatre autres, considérés comme « raisonnablement authentiques », sont attribués à An-Nassaï, Abou Daoud, At-Tirmidhi et Ibn Madjah.

L'ensemble forme les « Six livres », tous rédigés dans la seconde moitié du IXe siècle. Leurs auteurs sont originaires du Khorassan (vaste région comprenant la plupart des territoires situés au Nord-Est de l'Iran).

LE SAVIEZ-VOUS ?

Certains considèrent les *hadiths* comme la suite du Coran, puisqu'ils relatent des actes et des paroles du Prophète et ils leur accordent aussi un statut de textes sacrés. Les juristes les utilisent systématiquement pour légitimer leurs jugements. Cependant, étant donné la grande distance de temps séparant l'énonciation des *hadiths* (au temps du Prophète) de leur rédaction (IXe siècle) et les conflits internes à l'islam pendant cette période, leurs rédacteurs devront juger leur degré d'authenticité selon la qualité de la chaîne (*isnad*) de leur transmission. On est donc renvoyé par un cercle vicieux à l'argument d'autorité.

Ainsi, l'élaboration des *hadiths* et leur utilisation juridique rappellent étonnamment l'élaboration des corpus talmudiques chez les juifs, à la même époque.

CITATION

L'authentification de la révélation selon Aysha

Aysha, la « Mère des croyants », a dit :

« Au début, la Révélation commença par des visions pieuses chez le Prophète durant son sommeil, qui ressemblaient à la lueur de l'aurore. Puis le Prophète prit goût à la retraite et il se retira dans la grotte de Hira, où il se mit en adoration pendant plusieurs nuits de suite, sans revenir chez lui. Il emportait des aliments et lorsque ses provisions étaient épuisées, il retournait vers Khadidja et prenait le nécessaire pour une nouvelle retraite. Cela se poursuivit jusqu'au jour où la vérité lui fut révélée dans cette caverne de Hira. L'ange le visita et lui dit :

— Récite (lis) !

— Je ne sais pas réciter, répondit le Prophète.

L'ange m'enserra au point de perdre conscience, raconte le Prophète, puis il renouvela son injonction :

— Récite !

— Je ne sais pas réciter ! Il me saisit une deuxième fois et m'enserra au point de me faire perdre mes forces puis me relâcha en disant :

— Récite !

— Je ne sais pas réciter ! Lui dis-je encore. Il m'étreignit une troisième fois puis desserra son éteinte en récitant :

— Récite ! "Au Nom de ton Seigneur qui a créé. Il a créé l'homme d'un lien. Récite ! Ton Seigneur est le très Généreux."

Le cœur tremblant et en possession de ces versets (Coran, 96, 1-3), le Prophète se précipita chez Khadidja fille de Khouayylid en s'écriant : "Couvre-moi ! Couvre-moi !" On l'enveloppa jusqu'à la disparition de son trouble. Il informa Khadidja de son aventure et ajouta :

— J'ai craint pour ma vie !

— Non, répondit Khadidja, Dieu ne t'infligera jamais de tourments, car tu es solidaire avec les tiens, tu défends les faibles, tu donnes à ceux qui en sont démunis, tu accueilles les hôtes et tu assistes ceux qui sont victimes de l'injustice.

Puis Khadidja l'accompagna chez Ouaraqa Ben Naufal son cousin paternel, qui s'était converti au christianisme avant la Révélation. Ce dernier savait écrire l'hébreu et avait transcrit en cette langue ce que Dieu avait permis de l'Évangile. Ouaraqa était vieux et aveugle. Khadidja lui dit :

— Ô, mon cousin, écoute ce que le fils de ton frère doit te dire.

— Ô, fils de mon frère, que veux-tu ? interrogea Ouaraqa.

...

...

Le Prophète lui raconta son histoire et ce qu'il avait vu.

— Cet ange, c'est le confident que Dieu a déjà envoyé à Moïse, dit Ouaraqa. Quel dommage que je sois vieux ! Comme je voudrais vivre lorsque tes compatriotes te chasseront !

— Comment, s'écria le Prophète, mes compatriotes vont me rejeter ?

Oui, répondit Ouaraqa, aucun homme n'a apporté quelque chose de similaire sans être persécuté. Si je vis encore à ce moment, je t'apporterai toute mon assistance. Quelque temps après Ouaraqa mourut et la Révélation fut interrompue. »

Hadith 3 rapporté par Boukhari.

LE SAVIEZ-VOUS ?

Les chiites contestent l'authenticité des « Six Livres » de *hadiths* car ils considèrent que leurs auteurs, acquis à la cause des califes abbassides, les ont expurgés des témoignages favorables à Ali. En revanche, ils accordent autorité de *hadiths* à « Quatre livres » qui sont, par ordre d'authenticité décroissante : *Le Suffisant* (*Al-Kâfî*) de Al-Kulaynî al-Razî (mort en 941) ; *Celui qui n'a pas de juriste à sa portée*, d'Ibn Babôyeh (al Sadouq, mort en 991) ; *La Contemplation des traditions contestées* et *La Révision des décisions*, d'Al-Toussi (995-1067). Ils en font le même usage que les sunnites pour légitimer leur charia.

La charia

C'est la norme devant inspirer aux dirigeants, aux califes en particulier, la législation qu'ils établissent pour leurs sujets musulmans. Elle est considérée comme « révélée » car elle s'appuie sur le Coran, les *hadiths* et la Sunna et restera la référence des juges (*cadis*) y compris pendant la colonisation.

UN PEU DE TECHNIQUE

Elle est une législation « en puissance » qui n'est « actualisée » que par un effort d'interprétation et de raisonnement exercé par la science juridique (*fiqh*). Le sunnisme en reconnaît quatre écoles, qui sont tiraillées entre l'innovation (*bid'a*) et le retour à la norme des Anciens (*salaf*). Chaque maître juriste favorisera donc l'une ou l'autre tendance, tout comme il donnera une place plus ou moins importante à son interprétation personnelle (*idjtihad*), à la coutume locale ou à la « lettre » du texte.

CITATION

L'origine de la charia, selon les *hadiths*

« Le Prophète (paix et salut sur lui) avait enseigné à Mou'âdh ibn Djabal, avant de l'envoyer au Yémen comme messager des bonnes valeurs de l'islam :

— Selon quoi jugeras-tu lorsque le besoin s'en présentera ?

— Selon le Livre de Dieu, avait répondu Mou'âdh.

— Et si tu ne trouves pas dans le Livre de Dieu ?

— Je jugerai alors selon les *hadiths* du Messager de Dieu, avait répondu Mou'âdh.

— Et si tu ne trouves pas dans les *hadiths* du Messager de Dieu ?

— Je ne manquerai alors pas de faire un effort de réflexion pour formuler mon opinion, avait répondu Mou'âdh. »

Hadith rapporté par At-Tirmidhî et Abou Dâoûd.

Les quatre écoles sunnites

Étant donné l'énorme marge d'interprétation laissée par les rédactions du Coran et des *hadiths*, les califes abbassides décident finalement d'autoriser l'enseignement de quatre écoles juridiques, à l'exclusion de toute autre. Elles sont toutes issues d'anciens élèves du grand juriste médinois Dja'afar-le-Véridique (As-Saddiq, 702-765), qui était par ailleurs le sixième imam des chiites.

On parle alors de « fermeture des portes de l'*idjtihad* ». Beaucoup d'historiens attribueront à cette fermeture le déclin de la pensée islamique. Par la suite, chaque souverain favorisera l'une ou l'autre école, selon l'opportunité politique, si bien qu'elles se répartissent encore aujourd'hui selon des zones géographiques nettement marquées.

Hanafites

PORTRAIT

Son fondateur Abou Hanifa (mort à Bagdad en 767) accorde une grande place au raisonnement personnel du juge et à son adaptation aux conditions locales. Elle recourt souvent à l'analogie (*qiya*) et au principe de la liberté de pensée. Elle est considérée comme plutôt « libérale ». Elle dominera chez les Abbassides, les Seljoukides, les Ottomans et en Asie centrale.

Malékites

Malik Ibn Anas naît et meurt à Médine (711-796). Il accorde une importance primordiale à la coutume médinoise de l'époque de Mahomet, qu'il corrige cependant par la notion d'intérêt général de la communauté et par la référence à la coutume locale. Il préconise la recherche du consensus des docteurs d'une zone donnée, autant que possible. Son école prédominera au Maghreb et en Afrique de l'Ouest. Elle sera notamment représentée par Ibn Khaldoun et Averroës.

Shaféites

Ash-Shafeï, mort en 820 en Égypte, est un élève de Malik. Son école emprunte aux deux précédentes. Elle est répandue en Égypte, en Érythrée, au Yémen, en Indonésie, à Brunei. Elle réserve une place prépondérante au consensus (*idjma'a*) des docteurs et tend à éviter l'usage de l'opinion personnelle.

Hanbalites

Ahmed Ibn Hanbal (780-855) fonde une école très intégriste et littéraliste à Bagdad. Il s'oppose violemment au rationalisme des mou'tazilites (voir plus bas), ce qui lui vaut d'être persécuté par le calife Al-Ma'moun. Son enseignement sera repris au XIVe siècle par Ibn Taymiyyah (mort en 1328 à Bagdad) et restera très influent jusqu'à nos jours. Son idée maîtresse est que ni la pensée ni l'usage ne peuvent fonder une loi. Seule l'écriture révélée le peut.

Le wahhabisme d'Arabie saoudite et les mouvements salafistes actuels se réclament de cette école. Leur fanatisme va jusqu'à détruire les sites archéologiques contenant les tombes des « saints » de l'islam pour empêcher qu'ils deviennent les objets de cultes populaires « polythéistes ». Les groupes talibans afghans qui ont détruit les bouddhas de Bamyan en 2001 se conformaient à cette attitude. Le mollah Omar se déclara « fier de tous les talibans qui ont participé à la destruction de cette horreur impie synonyme d'une religion pour dégénérés ».

La philosophie mou'tazilite

Face à l'intégrisme d'Ibn Hanbal, les mou'tazilites défendent une conception rationaliste de la religion s'inspirant fortement des philosophes Grecs de l'Antiquité. Ils estiment que tout peut être discuté, y compris l'existence de Dieu. Ils soutiennent le libre arbitre de l'homme (donc sa responsabilité) et refusent donc la prédestination. Enfin, ils nient tout miracle et affirment que le Coran a été créé (puisque dicté à Mahomet), ce qui est un scandale majeur pour la plupart des musulmans, car la tradition veut que le Coran existe depuis toute éternité, comme Dieu.

Le calife Al-Ma'moun, puis son frère Al-Mou'tassim et le fils de ce dernier Al-Ouathiq, adhèrent à cette doctrine et l'imposent aux savants (*oulémas*), car elle leur permet de lutter à la fois contre l'opposition des chiites et des hanbalites. Al-Ma'moun va jusqu'à créer une Inquisition qui contraint les opposants à prêter serment à la nouvelle doctrine, sous peine d'emprisonnement, voire de mort. Il était évidemment déraisonnable d'imposer le libre arbitre par la force. Cette intolérance conduira à un rejet du mou'tazilisme par leurs successeurs.

La charia chiite

Les chiites récusent la *sunna* majoritaire, mais ils développent des écoles juridiques s'appuyant sur les « Quatre Livres » (voir plus haut). Ils se réclament surtout de l'enseignement Dja'afar-le-Véridique, qu'ils vénèrent comme leur sixième imam (voir chapitre 13).

Les sunnites leur reprochent principalement deux pratiques qu'ils jugent scandaleuses :

Le mariage temporaire

Cette coutume arabe préislamique, nommée « mariage temporaire » (*zaouadj mouta*), aurait été recommandée par l'imam Dja'afar-le-Véridique.

Elle s'appuie également sur les *hadiths* 1538-1542 de Mouslim, ainsi que sur Boukhari :

CITATION

« Il vous a été permis d'écouter ceci, alors, écoutez ! Et il dit : Quand un homme et une femme se mettent d'accord et passent ensemble trois nuits, ils peuvent ensuite, s'ils le souhaitent, décider de rester ensemble ou de se quitter. J'ignore si ceci s'applique à nous seuls ou à tout le monde » (*hadith* 4827).

Ce type de mariage, quelle que soit sa durée, oblige l'homme à verser une compensation financière à la femme. Leurs enfants éventuels auront tous les droits à l'héritage prévus par le mariage normal. Mais les puritains y voient une légalisation de la prostitution.

La dissimulation

C'est le fait de simuler (*taqiyya*) la soumission aux autorités religieuses qui vous persécutent. Elle est particulièrement répandue chez les ismaéliens, qui sont autorisés à se fondre dans les communautés sunnites (ou chiites) des pays où ils se sentent trop minoritaires et s'estiment menacés.

Application de la charia

Les distinctions légales et les jugements de la charia – quelle que soit l'école juridique considérée – se fondent sur les problématiques et les représentations des sociétés musulmanes du xe siècle, essentiellement agricoles ou nomades, et de leurs classes dirigeantes citadines. Certaines d'entre elles ont pu traverser les siècles sans grande difficulté.

En revanche les transformations sociales des derniers siècles, telles que l'abolition de l'esclavage, l'industrialisation, la scolarisation et l'émancipation politique des femmes sont absolument étrangères au monde de la charia. L'application littérale de la charia interdit l'idée même d'évolution sociale, ce qui la rend inévitablement obsolète, voire dangereuse.

La charia se divise en deux domaines :

1. Le culte (*al 'ibadat*) : ce sont les cinq « piliers » (voir chapitre 12). Ils sont immuables.
2. La vie sociale (*al mu'amalat*), qui couvre le champ du droit pénal privé, civil et familial.

Elle juge les actions humaines selon cinq catégories :

1. le prescrit (*fard*) ;
2. le recommandé (*mandoub*) ;
3. l'indifférent (*moubah*) ;
4. le blâmable (*makrouh*) ;
5. l'interdit (*haram*, qui est le contraire de *hallal*).

La définition des crimes et délits

1. La peine fixe (*hadd*), fixée explicitement par le Coran.
2. L'infraction légère (tazir), variable selon les lois locales.
3. Le crime qui demande vengeance (*qissa*), par exemple : le « prix du sang » (*diya*).

Les punitions

C'est le domaine où la charia porte les empreintes les plus visibles de son origine médiévale, car elle prévoit la peine de mort, la flagellation et les amputations (même si dans la plupart des pays, ces peines ne sont pas appliquées). Les exemples les plus frappants sont :

- la décapitation pour homicide ;

- la lapidation des couples « adultères » (coupables de *fahisha*, « fornication ») ;

  Outre l'Iran, la lapidation est légale en Arabie saoudite, au Pakistan, au Soudan, au Yémen, aux Émirats arabes unis, en Somalie ainsi que dans douze États à majorité musulmane du Nord du Nigeria.

- l'amputation de la main ou du pied pour les voleurs ;
- le fouet pour adultère (cent coups) et pour « abjuration de la religion ».

La situation des femmes

La soumission totale des femmes au pouvoir des hommes (père, mari, frère, crimes d'honneur, etc.), ainsi que le port du voile, n'ont aucune origine religieuse comme l'a montré Germaine Tillion (1907-2008) dans sa magistrale étude *Le Harem et les Cousins*. Or c'est l'un des domaines où les intégristes, tant chiites que sunnites, sont les plus agressifs : à Khartoum, la police des mœurs arrête en moyenne quarante mille femmes chaque année pour « tenue indécente ».

Ces usages ne peuvent être légitimés dans la charia que sur la base de *hadiths* extrêmement contestables, tels que :

« Je suis resté à la porte du Paradis, j'ai vu que la majorité de ses habitants sont des personnes pauvres et pieuses. Je suis resté à la porte de l'Enfer, et j'ai vu que la majorité de ses habitants sont des femmes » (*hadith* 1982 de Mouslim, 3069 de Boukhari, qui rappelle le vieil aphorisme de comédie : « Bats ta femme tous les jours, si tu ne sais pas pourquoi, elle le sait… »).

De tels *hadiths* sont contredits par le Coran lui-même, dans lequel le Prophète ne craint pas d'affirmer : « Comportez-vous convenablement envers vos épouses. Si vous ressentez de l'aversion envers elles, il se peut que vous ayez de l'aversion pour une chose où Allah a déposé un grand bien » (sourate 4, « Les Femmes », 19).

L'avenir de la charia

Depuis plusieurs siècles, de nombreux musulmans ont cherché à mettre la charia en harmonie avec l'évolution de leurs sociétés, mais ils se sont souvent frontalement heurtés aux *oulémas* (savants) sunnites et au clergé chiite, qui répugnent à abandonner leur pouvoir et leurs revenus – comme ce fut le cas en Europe avec le clergé catholique (voir chapitre 8).

Diverses tentatives de créer un droit purement laïc ont eu lieu en Turquie sous Atatürk ou en Iran sous le shah, ainsi que dans les pays décolonisés comme l'Algérie et la Tunisie. Mais les mouvements intégristes inspirés par les Frères musulmans ou les salafistes se sont déchaînés pour tenter de les faire échouer – y compris par l'intimidation terroriste.

La publicité faite autour de ces mouvements très minoritaires empêche la diffusion des analyses critiques de ceux qui s'emploient depuis des décennies à faire sortir le monde musulman de la rancœur et de la peur pour retrouver un rôle de moteur de civilisation dans le monde moderne. Nous en citerons cinq exemples, empruntés à un penseur algérien, à deux Iraniens, à un Irakien et à une Soudanaise.

Mohammed Arkoun

Cet historien kabyle (1928-2010), militant de la laïcité, a passé l'essentiel de sa vie à enseigner dans les plus prestigieuses universités mondiales.

Mohammed Arkoun écrit :

« La question générale du droit dans les pays musulmans doit être repensée de façon radicale en ouvrant des débats qui ont eu lieu durant les trois premiers siècles de l'Hégire, mais qui ont été progressivement arrêtés après le triomphe des cinq écoles théologico-juridiques qui continuent de servir d'instances de l'autorité jusqu'à nos jours. La pensée juridique dans les pays musulmans est loin d'être unifiée : ce qu'enseignent les facultés de droit moderne et séculier est très différent de ce qu'on continue d'inculquer dans ce qu'on appelle abusivement les "facultés de charia". La différence majeure est que la pensée juridique islamique veut ignorer que la Loi divine (confondue avec le droit positif nommé *fiqh*) a aussi une histoire, en ce sens qu'elle n'échappe pas aux pressions des changements imposées par l'histoire. Le cas de la condition juridique des femmes est un exemple de l'urgence ressentie dans le monde contemporain pour assurer aux femmes les pleins droits donnés aux hommes depuis longtemps » (introduction à *Humanisme et islam*).

L'ayatollah Mojtahed Shabestari

Théologien chiite, compagnon d'études l'ayatollah Khomeiny, il enseigne à l'université de Téhéran :

« On ne peut fonder d'organisation sociale qui respecterait l'ensemble des droits humains tant que notre Constitution ne s'appuiera pas sur les droits de l'homme tels qu'inscrits dans la Déclaration universelle des droits de l'homme. [...] Si les droits et libertés politiques et sociaux ne sont pas respectés, nous serons confrontés à différentes formes de violence » (*La Lecture officielle de la religion*).

Abdolkarim Sorush

Abdolkarim Sorush, universitaire iranien né en 1945, chimiste de formation, enseigne depuis 2000 aux États-Unis. Il écrit :

« De nos jours, la liberté de parole, la liberté des partis politiques, la liberté de la presse, la liberté des opposants et des citoyens, etc., peuvent être examinées sous un angle différent. Celles-ci sont inscrites au fronton de la cité et de la modernité. Elles se trouvent en tête des droits de l'homme moderne et le fait de les violer ôte toute légitimité au pouvoir. Elles ne constituent pas uniquement des droits mais sont également une méthode, en l'absence de laquelle gouverner à l'époque moderne est non seulement illégitime mais impossible » (« La liberté comme méthode », *Kiyan*).

Sayyed Ahmed Al-Qabbandji

En Irak, ce professeur réformateur a été condamné par une *fatwa* promulguée par son propre frère Sadr ed-Din. Il lui répond :

« Mon honorable frère a raison, j'ai dévié de sa religion, dont je rejette chaque fragment. Laissez-les dire que je suis un apostat et un hérétique. Il est vrai que je suis un apostat de leur religion, qui ne suscite rien d'autre que la haine d'autrui — une religion dépourvue de beauté, dépourvue d'amour, dépourvue d'humanité… À cause de vous, les gens détestent Allah et l'islam. Vous vous êtes transformés en police d'Allah, déterminant qui est dévoyé et qui est apostat… » (conférence « La métaphysique dans le Coran », février 2011).

Lubna Ahmed Al-Hussein

Le mot de la fin de ce chapitre revient à la féministe soudanaise Lubna Ahmed Al-Hussein, qui connaît bien la question car elle a été condamnée en 2008 à quarante coups de fouets par la police des mœurs de Khartoum pour avoir porté un pantalon dans la rue :

« Le cafouillage entre ordres divins et ordres humains constitue, depuis des siècles, le drame de l'islam » (*Suis-je maudite ?*, p. 22).

Cinquième partie

Le bouddhisme

Dans cette partie...

Le bouddhisme est-il une religion ? Au sens strict, il n'en est pas une, car l'enseignement de Bouddha ne prescrit pas de rendre un culte à une quelconque divinité ; il se préoccupe uniquement de délivrer l'homme du cycle des réincarnations. De ce fait, il ne conteste en aucune façon l'existence des innombrables dieux ou démons qui peuplent l'univers et il s'accorde avec les religions très diverses des pays où il se développe. C'est sans doute une des raisons qui explique son énorme facilité d'adaptation.

En revanche, le développement de communautés monastiques puissantes a rapidement entraîné la formation d'un clergé et la vénération des grands fondateurs – à commencer par Bouddha lui-même – qui sont considérés comme des saints, voire comme des divinités, par les fidèles.

Le bouddhisme est devenu la religion largement majoritaire en Asie, mais sa spiritualité a également fasciné les Occidentaux depuis un siècle et ses fidèles se rencontrent en nombre jusqu'en Amérique.

Chapitre 15

Croyances et rites bouddhistes

Dans ce chapitre :

- Comment est né le bouddhisme
- Les quatre « Nobles Vérités »
- Les textes sacrés
- Les pratiques des moines et des laïcs

Le bouddhisme est profondément marqué par ses origines indiennes. Tous ses fidèles regardent l'Inde comme leur terre sacrée avec autant de ferveur que les religions « abrahamiques » regardent la Palestine.

Le Bouddha historique

Bouddha est né dans un milieu hindouiste de grande piété (voir chapitre 18) et sa vie, autant que ses enseignements en sont profondément marqués.

Histoire de l'Éveillé

Il était une fois un prince hindou qui vivait dans le palais de ses parents, au pied de l'Himalaya. On le nommait Gautama (du nom du clan de sa mère) ou Shakyamouni (« sage du royaume des Shakya »).

Pour lui assurer l'enfance la plus heureuse possible, son père interdit à quiconque de lui montrer la vieillesse, la maladie et la mort. Il donna néanmoins à son fils l'éducation conforme à sa caste, celle des aristocrates *kshatryas*. Ses précepteurs lui enseignèrent donc tous les arts et les sciences nécessaires à un prince – y compris une solide instruction religieuse brahmanique. Le jeune prince épousa à 16 ans Yashodara, une princesse du voisinage. Les époux eurent un fils, nommé Rahoula et ne quittèrent jamais leurs trois palais (en bois l'hiver, en brique pour la mousson et en marbre l'été). Ils vivaient dans un bonheur sans nuage.

La fuite

Un jour, à l'âge de 29 ans, le prince, qui s'ennuyait dans ce bonheur aseptisé, sortit incognito se promener dans le pays. Il ne manqua pas de croiser un vieillard chancelant, puis un pestiféré couvert de pustules, puis une famille qui emportait un cadavre vers le bûcher funéraire et, enfin, un moine mendiant. Il découvrit donc subitement tous les maux de l'existence, que son père avait voulu lui cacher : la vieillesse, la maladie et la mort.

Aussitôt, il abandonna palais, femme et enfant et partit mener une vie d'ascétisme, afin d'essayer de comprendre comment il pourrait vaincre les maux qui le menaçaient, comme tous les humains.

L'illumination

Au bout de six années de mortifications, il finit par accepter un bol de riz au lait des mains d'une jeune paysanne et comprit alors que les rigueurs de l'ascétisme l'avaient écarté de la juste compréhension du monde, autant que le bonheur artificiel de sa vie précédente. Il adopterait dorénavant la voie du juste milieu.

Il s'assit en lotus sous un arbre (un figuier) et décida de ne plus en bouger jusqu'à ce qu'il ait compris comment se libérer de la souffrance. La Mort (Mara), sous la forme du roi des démons, lui envoya alors ses filles, extraordinaires séductrices, pour le détourner de sa méditation.

Mais le prince résista aux tentatrices et finit par atteindre l'illumination. Il devint alors l'« Éveillé » (Bouddha) et accomplit le geste rituel (*moudra*) de « prendre la terre à témoin » en reposant la main gauche devant lui, la paume tournée vers le ciel et en posant la droite sur son genou droit, les doigts pliés vers le sol. C'est souvent l'attitude des statues du Bouddha assis. Bouddha ne retourna jamais au palais royal.

Les croyances

Bouddha naît et vit dans un milieu profondément hindouiste (voir chapitre 18). Il considère donc comme incontestables quelques idées sur l'homme et l'univers que partagent presque toutes les populations asiatiques, mais qui sont radicalement étrangères aux religions occidentales, à savoir :

- l'éternité de l'univers selon des grands cycles cosmiques (*kalpas*) ;
- la loi cosmique qui gouverne tous les êtres (*dharma*) ;
- le cycle des réincarnations perpétuelles de tous les êtres vivants (*samsara*) ;
- l'influence des actions réalisées dans nos vies passées (*karma*) sur nos vies futures.

CITATION

Le cœur du bouddhisme

L'enseignement de Bouddha est très complexe, mais il se résume à une formule fondamentale : « Toute vie est souffrance, car désir inassouvi. Le seul moyen de se libérer de la souffrance est de supprimer le désir. »

Le bouddhisme ne propose pas le salut dans une vie future (Paradis), au contraire, il propose aux rares élus de parvenir à l'arrêt de toute vie. Cependant, ce but n'est accessible qu'au prix d'efforts extraordinaires d'autodiscipline, qui ne sont envisageables que dans une vie monastique.

L'année 523 avant notre ère, Bouddha prononça son premier sermon dans le parc des Gazelles de Sarnath, un village proche de Varanasi (Bénarès), à l'attention de ses cinq premiers disciples. Il leur exposa la voie de la libération en quatre étapes, dans des termes empruntés à la médecine.

Les quatre Nobles Vérités

1. Diagnostic. La vie est souffrance et insatisfaction (*doukkha*).
2. Étiologie. Cette souffrance a des causes (*samoudaya*).
3. Guérison. Il faut arriver à l'extinction (*nirodha*) de cette souffrance.
4. Traitement. Il consiste en l'observation des huit pratiques justes : la vue, la pensée, la parole, l'action, les moyens d'existence, l'effort, la pleine conscience et la concentration. On nomme souvent ce chemin (*magga*) « Noble Sentier à huit branches ».

Par cette révélation, Bouddha met en route la « Roue de la loi » (*dharmashakra*), c'est-à-dire la religion nouvelle.

Les disciples

Les disciples deviennent des centaines puis des milliers. Bouddha les organise en une communauté monastique observant des règles de vie très strictes (*dharma*) qui les aideront à progresser à leur tour vers l'éveil.

Les « Trois Joyaux » (*triratna*) au cœur de leur nouvelle vie seront :

- le Bouddha ;
- la règle (*dharma*) ;
- la communauté (*samgha*).

Ils devront renoncer à toute attache mondaine (famille, propriété) et vivre d'aumônes comme des mendiants (*bhikshous*). Ils pourront séjourner dans les monastères pendant la saison des pluies.

Pendant les quarante dernières années de sa vie, le Bouddha parcourt le royaume de Maghada, dans la basse vallée du Gange, dont le roi se convertit à sa doctrine. Il meurt en – 544, âgé de 80 ans. Il est souvent représenté allongé sur son lit, lors de son départ pour le *nirvana*, couché sur le flanc droit et la tête appuyée sur sa main droite.

Le *nirvana*

Le *nirvana* n'est en aucune façon le Paradis, lieu de félicité et de plaisirs, ni le néant, mais l'absence de douleur, mettant fin au cycle des réincarnations. C'est l'état que l'on atteint lorsqu'on s'est débarrassé de tout le *karma* négatif de ses existences antérieures.

Les laïcs n'ont aucun espoir d'atteindre la libération (*mokhsa*) dans cette vie. Cependant, s'ils font des offrandes aux moines, ils recevront en échange des bons *karmas* qui leur seront comptés pour leurs futures réincarnations.

Les premiers conciles

Dès la mort de Bouddha – ou plus exactement son départ dans le *nirvana* (*parinirvana*) –, des dissensions apparaissent parmi ses disciples. Ses enseignements sont sujets à de multiples interprétations et les moines se regroupent autour de grands maîtres (*gourous*) jusqu'à former des sectes rivales.

Qu'est-ce qu'un *gourou* ?

Ce terme sanskrit très ancien désigne un maître spirituel qui enseigne à des disciples, soit individuellement, soit en collectivité. Il est censé exercer sur eux un pouvoir absolu, tant physique que moral. L'idée de « manipulation » associée à ce terme est due aux dérives qui sont apparues dans de nombreuses sectes (on pense notamment au scandale du Mandarom en France à la fin des années 1990).

Selon la tradition, les disciples se réunissent un concile un an après le *parinirvana* au « Pic du Vautour » pour s'accorder sur les règles de discipline.

Le Pic du Vautour

Le lieu sacré du Pic du Vautour, proche de la capitale du royaume de Magadha, est déjà mentionné dans le *Mahabarata* et le *Ramayana* sous le nom de Radjagriha (l'actuelle Radjgir, au Nord de l'Inde). On y vénère encore les traces du passage des roues du char de Krishna. La tradition veut que Bouddha, ainsi que Mahavira, le fondateur du jaïnisme, y aient enseigné.

Un siècle plus tard, un second concile est réuni à Vayshali pour exclure certains moines, vraisemblablement accusés d'avoir reçu des donations en argent.

Le bouddhisme se développe, malgré l'opposition résolue des brahmanes qui lui reprochent de ne pas respecter leur autorité et de négliger les cultes des divinités hindoues traditionnelles.

Les rois missionnaires

Trois siècles plus tard, après la retraite d'Alexandre le Grand, dont les armées sont parvenues jusqu'à l'Indus, les rois Maurya de la dynastie Goupta réussissent à conquérir tout le nord de l'Inde. Ils disputent aux rois grecs les provinces frontières de l'Indus et du Gandhara (l'Afghanistan actuel), tout en pratiquant avec eux des échanges économiques et culturels à grande échelle. Ils soutiennent vigoureusement les sectes jaïniste et bouddhiste.

Le roi-moine Ashoka

Le roi Ashoka (273-232 av. J.-C.), troisième souverain de la dynastie Goupta, adopte le bouddhisme comme religion d'État. La légende raconte qu'au retour d'une campagne victorieuse dans l'Orissa, il est épouvanté par les cruautés commises lors de sa conquête et décide de se convertir au bouddhisme. Il change totalement sa façon de gouverner, cesse les guerres et impose une administration bienveillante et tolérante aux peuples conquis.

Ashoka développe une intense activité missionnaire, jusque chez les rois grecs d'Égypte, de Syrie et de Macédoine. Il fait édifier des milliers de *stoupas* et réunit un troisième concile dans sa capitale de Patalipoutra (l'actuelle Patna). Il y ordonne la fixation écrite des canons de la doctrine.

Les *stoupas*

Monuments, généralement en forme de bulbes, les *stoupas* sont supposés abriter des reliques – à l'origine, des cendres de Bouddha. Leur taille n'a cessé d'augmenter, jusqu'à devenir de très riches pagodes. Les plus célèbres sont des lieux de pèlerinages.

Ashoka subventionne les clergés de toutes les religions et finit par abdiquer pour se faire moine. Cependant, ses successeurs ne parviennent pas à maintenir l'empire et le bouddhisme perdra rapidement son influence en Inde.

Le roi-novice

Ashoka a fait graver une stèle pour commémorer le fait qu'il a été novice-laïc pendant deux ans et demi et qu'il est devenu moine au cours de la sixième année.

Kanishka

Les fructueux échanges avec les Grecs se poursuivent jusqu'aux premiers siècles de notre ère, notamment sous le règne de la dynastie chinoise des Koutchan. En témoigne le recrutement d'artistes grecs pour la construction des temples et des statues, très reconnaissables à leur style « hellénique », par le traitement réaliste des visages et les drapés.

On nomme leurs œuvres « art du Gandhara ». Le roi Kanishka envoie des moines bouddhistes vers le nord et l'est (Tibet, Chine et Mongolie). Il réunit le concile de Kounnavala, au Cachemire, qui entérine la rupture entre les deux grandes branches bouddhistes du Mahayana et du Theravada (voir chapitre 16).

Theravada et Mahayana

Au cours des siècles suivants, l'influence du bouddhisme a décliné en Inde, alors qu'il s'est développé vers l'Extrême-Orient par le nord (jusqu'au Japon), sous l'appellation de Mahayana et par le sud (à partir du Sri Lanka), sous l'appellation de Theravada.

Lors des conquêtes musulmanes du XIe siècle, les monastères bouddhistes seront systématiquement détruits par les envahisseurs, si bien que leurs fidèles se retrouveront abandonnés et que l'hindouisme retrouvera sa place dominante en Inde.

Les textes fondateurs

Pendant près de cinq cents ans, les enseignements (*dharma*) de Bouddha se transmettent par voie orale.

Ils sont souvent recopiés (sur des feuilles de palme) selon les recensions de chaque monastère, donc dans une grande diversité.

Les trois corbeilles

Selon la tradition, les enseignements du Bouddha ont été rassemblés et classés vers le Ier siècle avant notre ère au Sri Lanka.

L'ensemble représente plus de dix mille textes, réparti en trois corbeilles (Tripitaka) qui se répartissent ainsi :

- les règles de la vie monastique (Vinaya Pitaka) – entre deux cent cinquante et trois cents, selon les sectes – qui contiennent des descriptions très précises des péchés et de leurs punitions, allant de la récitation de quelques prières à l'exclusion définitive du monastère ;

- les sermons du Bouddha (Soutta Pitaka – en pâli, langue sacrée du Sri Lanka, *soutra* se dit *soutta*) qui ont été rapportés après sa mort par Ananda, son disciple préféré qui les connaissait par cœur. Ils sont l'équivalent des *hadiths* pour les musulmans (voir chapitre 14) ;
- les commentaires (Abhidharma Pitaka), traités philosophiques qui précisent les *souttas*.

LE SAVIEZ-VOUS ?

Le contenu des « trois corbeilles » varie selon les traditions. On en distingue principalement trois « canons », selon la langue dans laquelle ils sont rédigés : pâli (Theravada), tibétain et chinois. Le choix de l'authenticité des textes figurant dans l'un ou l'autre canon est évidemment guidé par le souci de se démarquer des sectes concurrentes.

Les sermons (soutras)

Ils sont agencés sous une forme généralement dialoguée et ont été traduits dans la plupart des langues du monde bouddhiste. On les récite dans les monastères, mais ils sont aussi très pratiqués par les laïcs pieux. Parmi les plus connus :

- Le *Soutra du Cœur* et le *Soutra de Diamant* qui portent sur le thème de la vacuité et de la forme, avec des formules fameuses telles que : « Les formes sont le vide et le vide est les formes ». Ils contiennent chacun un *mantra* réputé dissiper les difficultés d'ordre spirituel.
- Le *Soutra du Lotus,* grand manuel complet d'éveil, qui est composé de vingt-huit chapitres (il comporte près de 300 pages).
- Le *Soutra de Vimalakirti* dans lequel on voit le laïc Vimalakirti débattre avec le moine Sharipoutra et finir par l'emporter, ce qui constitue une révolution car les moines ont nécessairement plus d'autorité spirituelle que les laïcs.
- Le *Soutra de la descente à Lanka* où Bouddha répond aux questions de Ravana, le roi du Sri Lanka.
- Le *Soutra de la guirlande de Bouddha* dont l'un des derniers chapitres raconte le voyage mystique en cinquante-deux étapes du pèlerin Soudhana auprès du *bodhisattva* Maytreya. Une célèbre série de bas-reliefs lui est consacrée dans le temple Borobudur en Indonésie.
- Le *Soutra de la Contemplation de la Vie infinie* dans lequel Bouddha enseigne à la reine Vaydehi seize méthodes permettant d'accéder au paradis du *bodhisattva* Amitabha dans le pays de l'Ouest (la « Terre pure », voir chapitre 16).

Le *bodhisattva*

Ce terme sanskrit désigne une personne qui a atteint l'Éveil, mais qui renonce à entrer dans le nirvana pour se consacrer à aider les humains par des actions exemplaires, parfois héroïques.

Les rites

Chaque groupe se distingue par des pratiques particulières, instaurée par son *gourou* fondateur ou réformateur, ou par l'actuel supérieur du couvent auquel le moine doit une obéissance absolue. Cependant, les principes généraux de la vie des moines sont identiques dans l'ensemble du monde bouddhiste.

Les temples

Les temples bouddhistes sont des extensions des *stoupas*, qui peuvent atteindre la dimension de pagodes monumentales à plusieurs étages. Ils sont habités par les moines, mais les fidèles laïcs s'y rendent souvent, soit pour les fêtes, soit pour des retraites spirituelles, soit simplement pour y accomplir des dévotions adressées à des divinités ou à des *bodhisattvas* particuliers à qui ils demandent secours.

Les temples les plus importants sont de vastes ensembles de bâtiments gérés par des confréries de moines, qui accueillent de grands pèlerinages et des festivités nationales, voire internationales.

Nous en prendrons comme exemple un temple chinois, construit sur une pente à l'image d'une « montagne sacrée » (*shan*). Les parties les plus sacrées de l'édifice sont situées au sommet.

Le Bouddha Maytreya

Le visiteur entre par un porche (« porte de la montagne »), puis il monte un escalier qui l'amène dans une salle de « réception ». Elle abrite une statue de Milefo, le Bouddha « bienheureux » (autrement dit Maytreya), représenté par un gros homme ventripotent et rieur.

Le Bouddha Maytreya est entouré de quatre « généraux célestes » (*tianwang*), qui protègent les quatre points cardinaux. Ils sont représentés comme des guerriers menaçants :

- Duo wen, qui entend tout (portant une ombrelle : Nord) ;

- Zeng chang, qui donne la prospérité (portant une épée : Sud) ;
- Chi guo, qui maintient tout (jouant de la *pipa*, une sorte de luth : Est) ;
- Guang mou, qui voit tout (portant un serpent : Ouest).

Le « Grand Trésor »

Un second escalier conduit au bâtiment du « Grand Trésor », qui abrite trois grandes statues de Bouddha. Derrière Bouddha se trouve la statue de Guanyin (voir chapitre 16).

Les visiteurs

Tout autour de la salle s'élèvent les statues des principaux *boddhisattvas*. Des tablettes sont disposées devant les statues pour recevoir les offrandes, fleurs, bougies et encens. Les visiteurs peuvent déposer des offrandes d'argent dans un tronc. Ils peuvent s'asseoir, se recueillir et prier. Des bonzes sont à leur disposition pour accomplir les rites demandés.

LE SAVIEZ-VOUS ?

Le temple comprend encore des petites chapelles dédiées à des dévotions particulières telles que le Bouddha de la médecine. D'autres bâtiments sont réservés pour l'usage des moines et des célébrants.

La journée d'un bonze

L'emploi du temps d'un moine de rite Theravada se déroule de la façon suivante (pour une journée qui ne comporte pas de cérémonie particulière telle que la fête d'un saint local ou la commémoration d'un événement de la vie du Bouddha) :

- Lever : le moine (y compris novice) se lève avant l'aube. Il fait sa toilette, prie le Bouddha, prend une légère collation puis rejoint ses collègues.
- Confession : il se confesse à un moine plus âgé, puis reçoit la confession de ce dernier, selon les prescriptions de la règle.
- Culte du matin : il offre des fleurs, du riz, de l'encens et des cierges. Il se prosterne et récite des textes en langue pâli en l'honneur des « Trois Joyaux » (voir ci-dessus).
- Mendicité : il sort du couvent avec ses collègues en file indienne et va tendre son bol à aumône aux habitants de la localité (généralement des femmes) qui attendent les moines devant leurs maisons.
- Repas : il rentre au monastère, partage la nourriture reçue, puis prend son repas, qui sera le seul jusqu'au lendemain.
- Étude et méditation : après la sieste, il passe son après-midi à étudier les *suttas* ou à enseigner, selon son niveau.

- Coucher : au coucher du soleil, il participe au culte du soir et se confesse à nouveau avant d'aller dormir dans sa cellule.

L'ordination

On s'engage dans la vie monastique par décision personnelle, mais la tradition fait que souvent, les novices sont des enfants confiés par leurs parents au monastère dès l'âge de quatre ou cinq ans et qui n'ont donc pas d'autre choix – comme ce fut longtemps le cas dans les monastères chrétiens. En pays de Theravada, on pratique deux types d'ordination : temporaire ou définitive.

L'ordination temporaire

Elle engage le novice (*shramana*) pour une durée limitée. Elle permet à de nombreux laïcs de faire des séjours dans les monastères (parfois, ce sont les étudiants qui y passent leurs congés scolaires). C'est l'équivalent du noviciat dans les ordres religieux chrétiens. Le postulant s'engage à respecter dix interdits (tuer ; voler ; avoir une vie sexuelle ; mentir ; consommer de l'alcool ou des drogues ; manger entre midi et l'aube suivante ; se distraire – danse, chant, musique, spectacles – ; utiliser des parfums et des cosmétiques ; occuper une place supérieure à la sienne ; utiliser de l'or ou de l'argent).

Pour se délier de son engagement et retourner à la vie laïque, il lui suffit d'en informer le supérieur du couvent.

L'ordination définitive

Elle est accordée après une dizaine d'années de noviciat, en général après l'âge de vingt ans. Le novice est interrogé par un chapitre de dix moines présidés par le supérieur qui le questionnent sur ses motivations. Il prononce à trois reprises ses vœux. Dorénavant, il sera tenu de respecter scrupuleusement les centaines d'interdits de la règle – jusqu'à 366 pour les nonnes !

La confession

Chaque semaine, une journée est consacrée à la confession publique (*ouposatha*). Les moines se réunissent pour écouter la lecture de la règle (*vinaya*) et chacun doit déclarer s'il a enfreint l'un ou l'autre des interdits. Les fautes les plus graves entraînent l'exclusion définitive de la communauté. Les autres sont sanctionnées – donc réparées – par des avertissements, blâmes, renvois temporaires ou périodes de pénitence avec jeûne et dévotions particulières.

Les biens

Au moment de son ordination, le postulant doit s'être débarrassé de tous ses biens, afin de devenir *bhikshu* (mendiant). Il ne pourra plus posséder que :

- un vêtement consistant en trois pièces d'étoffe unie de couleur « terre » (c'est-à-dire ocre ou safran) ;
- une aiguille à coudre et du fil, pour raccommoder ses robes ;
- un bol à aumônes ;
- un rasoir pour se raser le crâne et la barbe ;
- un filtre à eau, pour en éliminer les impuretés ou les petits animaux.

Dans les premiers temps, les moines vivaient la vie errante des mendiants. Avec le développement des grands couvents – certains abritent plusieurs milliers de moines –, il n'a plus été possible de vivre des offrandes directes de nourriture par la population locale. Les autorités de certains pays ont donc développé des systèmes de mainmortes foncières inaliénables, parfois assortis du servage des paysans comme au Tibet, qui assurent aux couvents des revenus directs – avec toutes les dérives et les abus que l'on peut imaginer.

La journée d'un laïc

L'un des paradoxes du bouddhisme est qu'il exclut les laïcs du salut, alors que les moines ont absolument besoin d'eux pour assurer leur subsistance. Les moines doivent donc encourager la piété des populations au milieu desquels ils installent leurs monastères.

Le laïc est entièrement pris par la réalité de la lutte quotidienne pour sa pitance et par la vie sociale. Tout au plus peut-il espérer devenir moine dans une vie future, ce qui lui permettra d'accéder à la libération. Encore faut-il qu'il accumule du *karma* positif en faisant des offrandes aux moines mendiants et en participant aux grandes fêtes et pèlerinages.

L'anniversaire de Bouddha célébré en France

Chaque année, la grande pagode de Vincennes organise une veillée des lumières (*Vesak*), pour commémorer à la fois la naissance, l'éveil et le *parinirvana* du Bouddha, lors de la pleine lune du mois de mai (4e lunaison de l'année). Les principales Églises chrétiennes françaises ne manquent pas d'y envoyer des représentants.

S'il est riche, le laïc fera des donations à des temples, par exemple pour rénover les bâtiments ou repeindre les statues. S'il est de tempérament plus intellectuel, il réservera du temps à la méditation et à la lecture des *soutras*. Il peut aussi aller faire des retraites dans un monastère sous la direction d'un *gourou* de son choix – voire s'engager comme novice temporaire.

Les mantras

Le bouddhiste pieux parsème sa journée d'invocations courtes et mnémotechniques (*mantras*), à la fois prières et formules magiques intérieures. Ces invocations lui permettent de retrouver le calme intérieur, même au milieu de l'agitation de la vie professionnelle. Parfois, il se contente de la syllabe « om ».

L'usage des mantras est particulièrement développé dans le bouddhisme du Mahayana. On les récite habituellement avec un chapelet, qui permet de compter le nombre des récitations.

Il existe des milliers de *mantras*, mais le plus célèbre est celui de la compassion : *Om mani padme hum.*

Il signifie « le joyau du lotus » (*mani padme*), la première et la dernière syllabe n'étant que formulaires. C'est le *mantra* du *boddhisattva* Avalokiteshvara, vénéré sous les noms de Chenrezig au Tibet, de Guanyin en Chine et de Kannon au Japon.

Le *mantra* de la compassion, reproduit ici dans sa version chinoise, rappelle les six états des êtres vivants dans l'univers, et les six défauts liés à ces états. Sa récitation dans la vie quotidienne permet donc de se protéger de ces défauts.

Syllabe	*État*	*Défaut*	*Couleur*
ONG	Immortels	Orgueil, arrogance	Blanc
MA	Asuras (titans)	Jalousie	Vert
NI	Humains	Avidité, désir	Jaune
BEI	Animaux	Ignorance, bêtise	Bleu
MEI	Fantômes affamés	Cupidité	Rouge
HONG	Démons de l'enfer	Colère, haine	Noir

On le trouve très fréquemment gravé dans la pierre au bord des chemins, inscrit sur des bannières ou dans les moulins à prières tibétains. Sa récitation permet de rappeler les vertus principales prescrites à l'homme : générosité, morale, tolérance, persévérance, concentration, discernement.

L'autel domestique

Le laïc bouddhiste entretient sa dévotion en consacrant un petit autel dans un coin de sa maison ou de sa boutique, s'il est commerçant. Il récitera les prières quotidiennes devant les images pieuses (statuettes de Bouddha ou des généraux célestes).

Les Tibétains disposent devant l'autel domestique sept bols contenant les offrandes rituelles :

1. de l'eau à boire (pour apaiser la chaleur des passions) ;
2. de l'eau lustrale (pour laver notre esprit des *karmas* négatifs) ;
3. du riz sur lequel on pose une fleur (pour ouvrir le lotus de la félicité) ;
4. de l'eau parfumée (pour faire naître la sagesse et la compassion) ;
5. du riz dans lequel on plante quelques bâtonnets d'encens qu'on n'allume pas ;
6. du riz sur lequel on pose de la nourriture ;
7. du riz sur lequel on pose un coquillage ou une clochette (qui symbolise la musique).

Entre le quatrième et le cinquième bol, on allume une veilleuse.

Chapitre 16

Les trois familles bouddhistes

Dans ce chapitre :

- Theravada, Mahayana et Vadjrayana
- La double émigration du bouddhisme vers la Chine, par la voie maritime, puis à travers l'Himalaya
- Le bouddha féminin, Guanyin
- Le bouddhisme tantrique

Le bouddhisme, né en Inde, en a pratiquement disparu depuis les premiers siècles de notre ère, mais il s'est en revanche implanté dans le reste de l'Asie, dans trois familles principales, correspondant à trois aires géographiques assez distinctes :

- au sud : la doctrine des Anciens ;
- au nord : le Grand Véhicule ;
- dans l'Himalaya et au Japon : la Voie du diamant.

La doctrine des Anciens (Theravada)

Ce premier courant a été fondé au Sri Lanka par deux enfants du roi Ashoka (voir chapitre 15). Ses ennemis lui attribuent le sobriquet de « Petit Véhicule » (Hinayana). Ses « Trois Corbeilles » sont rédigées en langue pali (proche de celle parlée au temps du Bouddha) et il se considère comme garant de l'orthodoxie.

Le Theravada s'est diffusé dans les monarchies d'Asie du Sud-Est et reste dominant au Myanmar (Birmanie), en Thaïlande, au Laos et au Cambodge. Ses moines ont reçu d'importantes dotations de terres, ce qui leur donne un poids économique et politique considérable, en échange de leur rôle de gardiens de l'ordre social.

LE SAVIEZ-VOUS ?

Bonzes et politique

Au Myanmar, on compte actuellement près d'un million de bonzes, sur une population d'environ 50 millions d'habitants. Depuis 2007, ils se sont posés en porte-parole de la population dans les manifestations anti-gouvernementales contre la vie chère – certains l'ont payé de leur vie. Les militaires au pouvoir ne sont parvenus à les neutraliser qu'en leur ordonnant de ne plus quitter leurs monastères.

Avant la hausse des prix, les bonzes parvenaient à réunir des offrandes de nourriture suffisantes en visitant neuf maisons par jour. Aujourd'hui, ils doivent en visiter trente-cinq !

Sri Lanka, l'origine

La grande île est le berceau du Theravada. La légende dit que Mahinda, le fils de l'empereur Ashoka y a planté une bouture du figuier sacré sous lequel Bouddha avait reçu son illumination.

L'ancienne capitale Kandy abrite un temple qui conserve une dent du Bouddha. Cette relique a longtemps été considérée comme protectrice de la légitimité des rois de l'île. Elle est présentée chaque été au peuple lors de la grande fête de Perahera.

LE SAVIEZ-VOUS ?

Dans les bonnes familles sri-lankaises, il est d'usage d'envoyer les garçons passer quelques mois comme novice dans un monastère avant d'entrer dans la vie active.

Thaïlande, splendeur et décadence

Ce pays est réputé pour la splendeur et l'opulence de ses temples. Mais le nombre des ordinations de bonzes y est en chute libre. La population a été multipliée par sept en un siècle, alors que le nombre des bonzes n'a que doublé.

LE SAVIEZ-VOUS ?

Le bouddhisme y traverse une grave crise de confiance, à la suite de nombreux scandales dans lesquels des moines sont impliqués : viols, trafic de drogue ou détournements de fonds, qui ont fait la une de la presse au cours des dernières années.

Cambodge et Laos, la renaissance

Les religions dominantes ont varié au cours des temps, comme en témoigne le gigantesque ensemble religieux d'Angkor, construit au cours du Moyen Âge. On y voit que les souverains khmers ont d'abord favorisé l'hindouisme (temple-montagne), puis le bouddhisme Mahayana (dont témoignent les tours-visages de Bouddha du Bayon et le temple central d'Angkor Thom), puis Theravada.

En revanche, les Khmers rouges ont exterminé tout le clergé local, si bien que la plupart des moines survivants sont des jeunes très peu instruits, ce qui laisse augurer des difficultés pour l'avenir du bouddhisme au Cambodge.

LE SAVIEZ-VOUS ?

Guerre du temple

Le temple hindouiste de Shiva, construit au IXe siècle par les Khmers à Preah Vinear, s'est vu ensuite dédié au bouddhisme Theravada. Après la conquête française, il se retrouve sur la frontière entre le Siam (devenu Thaïlande) et le Cambodge. Aujourd'hui, les deux États se le disputent âprement. Bien qu'il ait finalement été inscrit en 2008 par l'Unesco au patrimoine mondial de l'humanité, les armées des deux pays s'y affrontent encore.

Au Laos, le régime communiste, au pouvoir depuis 1975, tolère la pratique religieuse, tant qu'elle reste sous son contrôle.

Le Grand Véhicule (Mahayana)

Au début de notre ère, les moines bouddhistes du nord de l'Inde cherchent à reconquérir l'adhésion des populations qui se sentent peu concernées par la voie du salut réservée aux moines. Ils développent alors l'idée des réincarnations anciennes du Bouddha : avant son existence « historique » dans la personne de Gautama et son entrée dans le *nirvana*, il avait déjà connu de multiples réincarnations.

La théologie des bodhisattvas

On en vient alors à concevoir le Bouddha comme une sorte de dieu, qui vit dans le ciel (*toushita*), et s'incarne périodiquement parmi les hommes pour leur enseigner la voie du salut. Il est qualifié d'« Essence de l'illumination » (*bodhisattva*). De là à imaginer que chaque époque reçoit la visite d'une de ses incarnations, il n'y a qu'un pas !

Chaque nouveau *bodhisattva* relance la « roue de la loi », comme l'avait fait Bouddha lors de son discours du parc des Gazelles. On imagine même le prochain *bodhisattva* à venir, comme une sorte de messie, qui doit apparaître à Varanasi sous le nom de Maytreya.

Une abondante littérature pieuse assure la popularité de ces saints personnages, qui accueillent autour d'eux tous les dieux et démons traditionnels des pays gagnés au bouddhisme. Leur culte sera également assuré dans les temples par l'intermédiaire d'innombrables pratiques magiques.

Les trois *bodhisattvas* les plus populaires sont Maytreya (le Bienheureux), Avalokiteshvara (le Compatissant) et Amitabha (le roi du Paradis de la « Terre pure » de l'Ouest, sorte de refuge merveilleux situé hors du cycle des réincarnations).

Le fidèle va ainsi rechercher auprès du *bodhisattva* à la fois la grâce (magique) pour les besoins de sa vie terrestre et celle qui lui est nécessaire pour sa renaissance dans l'au-delà.

Chine

Les missionnaires bouddhistes ont pénétré dès les premiers siècles de notre ère parmi les élites chinoises, mais ils se sont constamment heurtés à la puissante classe des fonctionnaires lettrés confucéens (sauf sous les empereurs Tang). C'est pourquoi les monastères bouddhistes ont connu de nombreuses vicissitudes, allant jusqu'à la confiscation de leurs biens et à la destruction de leurs temples. En revanche, le bouddhisme chinois a imaginé une réincarnation féminine de Bouddha.

Guanyin, Bouddha féminin

L'une des particularités du bouddhisme chinois est l'apparition d'un *bodhisattva* féminin en la personne de Guanyin, alias Avalokiteshvara, la déesse protectrice à qui les Chinois vouent un culte aussi sincère que les chrétiens à la Vierge Marie – avec qui elle est parfois confondue. Dès l'an 400, le pèlerin Fa Xian invoque la déesse lors d'un naufrage en mer, alors qu'il se rend en Inde pour y traduire des textes sacrés.

L'impératrice mégalomane

L'époque glorieuse du bouddhisme chinois est celle de la dynastie Tang, au pouvoir du VIIe au IXe siècle. L'impératrice Wou Zetian (contemporaine de Mahomet) se considère comme une réincarnation du *bodhisattva* Maytreya. C'est sous son règne que le moine Tang Sanzang part en Inde chercher le canon des textes bouddhiques qu'il traduira en chinois.

LE SAVIEZ-VOUS ?

Le voyage en Occident

Le périple de Tang Sanzang a été immortalisé par le célèbre roman du XVIe siècle *Le Singe pèlerin ou le Voyage en Occident.* Dans ce roman, Guanyin intervient à tout moment pour protéger le courageux pèlerin dans ses aventures extraordinaires – au point qu'on a pu la comparer avec Athéna protégeant Ulysse dans l'*Odyssée* d'Homère.

Dans les dernières années de son règne, l'impératrice conçoit le projet (qui ne verra pas le jour) de construire dans sa capitale, Loyang, une statue de Bouddha haute de 300 mètres – le Bouddha assis de Lèshan, érigé peu après sa mort, mesure tout de même 71 mètres de haut.

Le bouddhisme restera jusqu'à nos jours l'une des trois « religions » officielles de Chine, aux côtés du confucianisme et du taoïsme.

Sociétés secrètes

L'histoire des nombreuses sectes bouddhistes croise souvent celle des sociétés secrètes – plus ou moins affiliées au banditisme – qui ont pullulé en Chine jusqu'à nos jours.

LE SAVIEZ-VOUS ?

Le Lotus blanc

La secte du Lotus blanc fut fondée au XIIe siècle par le moine Mao Zi Yuan, ancien adepte de la « Terre pure », qui annonça le retour prochain du *bodhisattva* Miloufo. Ses affiliés participèrent à plus de quatre-vingts soulèvements, depuis celui des « Turbans rouges » qui fit tomber la dynastie mongole des Yuan au milieu du XIVe siècle jusqu'à celui des Nian au milieu du XIXe siècle (contemporain de celui des Taïping).

Le bouddhisme en Chine aujourd'hui

Entre 1950 et 1980 (fin de la révolution culturelle), le bouddhisme, déclaré « opium du peuple » par les marxistes au pouvoir, est pratiquement anéanti en Chine – comme toutes les religions. Les communistes sécularisent les monastères pour les transformer en exploitations agricoles ou industrielles.

LE SAVIEZ-VOUS ?

Depuis le retour du capitalisme, encouragé par Deng Xiaoping, les monastères sont autorisés à renouer avec leur tradition spirituelle, ce qui a pour effet d'attirer des foules de fidèles qui leur font des dons considérables, notamment en payant des cérémonies ou en finançant les restaurations ou des statues.

La cérémonie de l'eau et de la terre (*Shuilou fahui*)

Pour faire célébrer cette cérémonie en l'honneur d'un défunt, la famille verse au temple jusqu'à plusieurs centaines de milliers de yuans (des dizaines de milliers d'euros). On y invoque le grand panthéon des divinités bouddhistes, y compris Zhenwu, le « Guerrier parfait » de la mythologie taoïste.

Le bouddhisme attire beaucoup de jeunes Chinois, traumatisés par la révolution culturelle et désireux de retrouver les voies de la spiritualité et de la méditation. Les statues monumentales témoignent de cette ferveur retrouvée.

LE SAVIEZ-VOUS ?

La plus grande statue du monde

C'est le Bouddha du temple de la Source à Zhaocun, qui mesure plus de 200 mètres de haut (socle compris), érigé en 2008. Pour sa part, la statue de Guanyin, élevée en 2005 au milieu de la mer à l'extrémité sud de la Chine, mesure 108 mètres. La statue de la Liberté du port de New York ne mesure « que » 93 mètres et le Christ du Corcovado 38 mètres.

Corée

La Corée est une terre de vieille tradition chamanique (fantômes et revenants y sont omniprésents). Le clergé bouddhiste, très puissant au Moyen Âge, y fut drastiquement réduit et contrôlé par les pouvoirs centraux d'obédience confucéenne, jusqu'à l'annexion japonaise (1910-1945).

LE SAVIEZ-VOUS ?

Au Nord, depuis la partition de 1953, toutes les religions sont pourchassées – bien qu'officiellement autorisées, à condition de ne pas critiquer le régime.

Au Sud, les missions chrétiennes, surtout protestantes, ont réussi à convertir une importante fraction de la population, notamment dans les classes dirigeantes, ce qui agace les bouddhistes.

Vietnam

La colonisation française a encouragé la pénétration du catholicisme dans le pays, traditionnellement bouddhiste, mais elle n'a pu empêcher le développement de sectes très variées telles que le caodaïsme (voir chapitre 17) et le Hoa Hao (voir encadré ci-dessous).

Au fil des crises qui déchirent le pays (invasion japonaise en 1940, guerre d'indépendance jusqu'en 1954, intervention américaine jusqu'en 1975 puis régime communiste), les fondateurs de ces sectes prennent des positions fluctuantes, qui leur valent inévitablement les persécutions du camp opposé. Ainsi, Ngo Phan Chieu, fondateur du caodaïsme, fait allégeance au gouvernement colonial. Mais ses successeurs se tournent vers les « libérateurs » japonais (contre la France), ce qui leur vaut la prison et la déportation. Après l'indépendance, ils sont exterminés par le dictateur catholique Ngo Dinh Diem, puis à nouveau tolérés par les autorités communistes après 1975.

PORTRAIT

Hoa Hao et le « bonze fou »

Le jeune prophète Huynh Phu So commence, en 1939, à prêcher un nouveau bouddhisme simplifié, qui plaît aux paysans, car il récuse les pagodes et le clergé. Il ne conserve que la récitation des *soutras*, l'abstinence d'aliments gras certains jours du mois lunaire et le culte rendu à Bouddha et aux ancêtres.

Mais sa prédication s'accompagne de thèmes violemment nationalistes et xénophobes, si bien qu'il est envoyé par les autorités françaises en hôpital psychiatrique, d'où il poursuit sa propagande, puis en résidence surveillée.

Pendant la Seconde Guerre mondiale, les Japonais le libèrent et l'aident à armer ses partisans pour lutter contre les Français et les communistes. Ceux-ci le capturent en 1947 et l'exécutent. Les Hoa Hao entrent ensuite en guerre contre le dictateur Diem, puis se battent contre les Américains aux côtés des communistes.

Ce ralliement leur vaudra d'être reconnus comme religion autorisée au Vietnam, tout en restant étroitement surveillés par le régime.

Japon

Le bouddhisme a été importé de Chine et de Corée vers le Japon à l'époque des Tang (VIe au Xe siècle). La majorité de ses adeptes actuels appartiennent à la famille Mahayana, mais un temple de rite Theravada est encore en activité dans l'ancienne capitale Nara, vestige de l'époque où seul ce rite était autorisé dans l'empire (VIIIe siècle).

Le Japon a vu fleurir les sectes bouddhistes, telles que Tendaï, Nichiren, Soka Gakkaï, Obakou et le fameux bouddhisme zen.

Tendaï

Saïcho (767-822) est un disciple de Koukaï (voir plus bas le *shingon*). Il rapporte d'un voyage en Chine les enseignements du Mahayana du *soutra* du Lotus qu'il parvient à imposer malgré l'opposition du clergé Theravada de Nara. Il fait pénétrer le bouddhisme dans les cercles aristocratiques. Par la suite, la plupart des fondateurs de sectes japonais passeront par cet enseignement.

Les ascètes les plus endurcis de la secte Tendaï pratiquent un pèlerinage (*kaihogyo*) de mille jours, répartis sur sept années, au cours duquel ils doivent parcourir une cinquantaine de kilomètres par jour autour du mont Hiei, près de Kyoto. Son moment culminant est une méditation de neuf jours avec jeûne complet, dédiée au *bodhisattva* Amitabha.

Nichiren

Nichiren, moine japonais d'origine modeste (1222-1282), se présente comme le fils d'un pêcheur. Il se fait connaître par sa grande agressivité contre les sectateurs de Tendaï, qu'il accuse d'avoir perverti l'enseignement initial de Bouddha. Au cours d'une vie très aventureuse (menacé de mort, condamné à être décapité, puis gracié), il élabore un enseignement simplifié fondé exclusivement sur le *soutra* du Lotus. Cela lui vaut de recruter de nombreux adeptes qui le vénèrent comme un *bodhisattva*.

Soka Gakkaï

Les disciples de Nichiren, regroupés dans la secte Nichiren-shoshu, dirigent aujourd'hui sept cents temples au Japon. Ils ont fondé en 1930 une branche laïque, nommée Soka Gakkaï, qui a connu un énorme développement après la Seconde Guerre mondiale, notamment aux États-Unis.

À partir de 1991, Soka Gakkaï s'est séparée de la secte monastique et elle confie aux laïcs l'exécution des cérémonies religieuses. Elle prive donc les moines du rôle essentiel qu'ils occupent dans le bouddhisme depuis les origines.

Soka Gakkaï affirme compter douze millions de fidèles à travers le monde. Au Japon, elle contrôle un important groupe de presse et a fondé le parti Nouveau Komeito, qui est devenu le troisième parti du pays.

L'association a été souvent accusée d'obtenir des conversions par des méthodes « musclées », ainsi que par la manipulation mentale, mais il semble qu'elle ait abandonné ces pratiques.

Obakou

Cette secte, fondée au XVIIe siècle par des maîtres chinois, se rattache au culte du *bodhisattva* Amithaba de la « Terre pure ». Elle est connue pour sa pratique de la récitation du *mantra* « Hommage au Bouddha Amitabha » (*Namou amida boutsou*), dont l'invocation incessante permettra d'atteindre le paradis de la « Terre pure » de l'Ouest après sa mort.

Le Zen

Les adeptes de la secte de la Méditation (Dhyana, devenue Chan en Chine et Zen au Japon) font remonter ses origines légendaires au Bouddha lui-même. Pour se targuer d'une origine prestigieuse, ils racontent l'histoire suivante : un jour, le dieu Brahma offrit à Bouddha une guirlande de fleurs et lui demanda son enseignement. Celui-ci ne dit pas un mot, mais cueillit une fleur et la fit tourner entre ses doigts en souriant. Les assistants étaient perplexes. Seul son disciple Kashyapa sourit à son tour, comprenant que le Bouddha voulait signifier par ce geste que son enseignement pouvait se transmettre sans faire appel à l'écriture. Au VIe siècle de notre ère, le moine Bodhidharma, un prince indien, se prétend le vingt-huitième successeur de Kashyapa et fonde la secte Zen.

Histoire du moine Bodhidharma

Comme les moines du monastère de Shaolin en Chine du Sud lui en refusaient l'entrée, le moine Bodhidharma passa neuf années en méditation, assis sans bouger face au mur d'enceinte. Il parvint alors à l'illumination qui lui permit de voir à travers la muraille. Les moines le laissèrent entrer et il les initia à la méditation assise (*zazen*) ainsi qu'aux techniques des arts martiaux qui ont fait leur réputation. Il est souvent représenté sur les peintures comme un vieillard hirsute aux sourcils broussailleux.

Les disciples du moine Bodhidharma essaiment à travers la Chine et la Corée, puis au Japon. Ils y fondent les deux sectes Rinzai et Soto.

- Rinzaï : le zen connaît un grand succès au Japon, notamment à partir de l'enseignement de Myoan Eisaï (vers 1190). Après deux séjours en Chine, celui-ci fonde la secte Rinzaï, réputée pour sa technique de méditation nommée *koan*.

Qu'est-ce qu'un *koan* ?

Il s'agit d'un dialogue aporétique (qui n'a pas de solution logique) entre le maître et le disciple, puis entre le disciple et lui-même. Il permet à l'esprit de se vider pour devenir pleinement réceptif à la contemplation. Un long entraînement à ce type d'exercices conduit à un état d'éveil passager (*satori*), approchant fugitivement ce qu'a pu être l'éveil complet du Bouddha (*nirvana*).

- Soto : Dogen, disciple d'Eisaï (1223), fonde à son tour la secte Soto, qui privilégie systématiquement la pratique de « méditation assise » (*zazen*), à laquelle s'ajoute une « méditation en marche » (*kinhin*).

Zen et *zazen*

Les séances de *zazen* se déroulent face à un mur et sont présidées par un maître qui donne des coups de bâton aux disciples manquant de concentration.

À partir du XVIIIe siècle, les adeptes de Soto abandonneront complètement les exercices de *koan*.

Bien que les adeptes du zen préconisent un éveil sans passer par l'enseignement écrit, ils apprécient particulièrement les quatre *Soutras du Diamant, du Lotus, du Cœur* et *de la Sagesse* et celui *de la descente à Lanka* (voir chapitre 15). S'y ajoute le *Soutra de l'Estrade*, d'origine chinoise.

Les nombreuses branches du zen ont par ailleurs nourri les productions artistiques japonaises depuis des siècles. L'agencement des paysages, des objets et des formes est en effet un support particulièrement riche pour la méditation. On connaît l'étonnante discipline des jardins zen, où chaque caillou et chaque grain de sable a sa place, mais aussi les arts zen de la calligraphie, de la poésie, de la caricature et de la peinture – et même de la céramique. Quant à la cérémonie du thé (dont la consommation aide à maintenir éveillé pendant la méditation), elle a été elle aussi élaborée dans les monastères zen. Enfin, le zen sous-tend les arts martiaux du tir à l'arc (*kyudo*) et du sabre (*kendo*).

MISE EN GARDE

Restez zen !

La « zen attitude », devenue un slogan de publicistes occidentaux en mal d'exotisme, n'a qu'un lointain rapport avec la complexité du bouddhisme zen, de sa philosophie et de ses pratiques. Il réduit la longue et difficile initiation à quelques recettes de « développement personnel ». Ses consommateurs sont dans la posture du badaud regardant le doigt du sage, qui est en train de lui montrer la lune – comme dit avec humour le proverbe chinois.

Le Véhicule du diamant (Vadjrayana)

Cette famille bouddhiste, née au Cachemire et développée au monastère de Nalanda, dans le Nord de l'Inde, s'est largement répandue dans les régions himalayennes (Népal, Tibet), puis au Japon dans la secte Shingon.

LE SAVIEZ-VOUS ?

Elle tire son nom de *vadjra*, qui signifie en sanskrit « foudre » ou « diamant », car elle enseigne qu'il est possible de quitter directement le cycle des réincarnations et de l'illusion, dès notre vie terrestre actuelle, c'est-à-dire sans passer par la longue progression des réincarnations.

Mais cet « Éveil » n'est possible qu'au prix d'un apprentissage très difficile, utilisant notamment des techniques de yoga et des *tantras* particuliers.

UN PEU DE TECHNIQUE

Les *tantras*

Les *tantras* sont les « fils » (de métier à tisser) qui dévoilent la continuité des choses dans leur nature véritable. De fait, ce sont souvent des manuels d'initiation (le terme est alors équivalent à *soutra*). Le Vajrayāna est aussi appelé bouddhisme tantrique ou tantrisme.

Le *gourou* guide la méditation de son disciple en lui enseignant à se fixer sur son *yidam* (image divine) personnel, accompagné de son *mantra* (formule rituelle), de son *mandala* (figure géométrique de l'environnement cosmique de la divinité) et de ses gestes rituels (*moudras*). Ces techniques de méditation très complexes sont un héritage de l'hindouisme. Nous les présentons en détail dans le chapitre 18.

Le terme sanskrit *vadjra* signifie à la fois « foudre » et « diamant ». Il est très présent dans l'hindouisme (voir chapitre 18).

Le *vadjra*

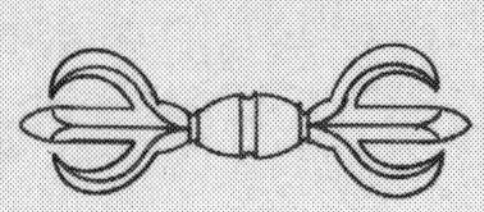

Lors de l'initiation le *gourou* transfère à son disciple ses pouvoirs, matérialisés par le *vadjra*, sorte de sceptre court formé d'une poignée centrale (symbolisant le mont Mérou, c'est-à-dire l'axe du monde) reliant deux groupes d'anneaux réunis en forme de boules. Il était initialement l'arme du dieu Indra dans la religion védique antique.

Le tantrisme dans l'Himalaya

Les monastères bouddhistes de l'Himalaya (Tibet, Népal, Bhoutan, Sikkim et Ladakh) ont développé des pratiques empruntées aux traditions tantriques du Cachemire, familières des cultes hindous de Shiva et de son épouse Shakti (voir chapitre 18).

LE SAVIEZ-VOUS ?

Les Tibétains racontent que le *bodhisattva* Avalokiteshvara (Tchenrézi en tibétain) prit la forme d'un singe-ermite et se rendit au Tibet, où il s'unit à une ogresse séduisante. Leurs enfants devinrent les Tibétains.

Les moines bouddhistes se regroupent en sectes très puissantes, qui exercent un pouvoir quasi féodal sur les pays himalayens. Au Tibet, ils acceptent l'autorité du dalaï lama et du panchen lama, mais tiennent à se distinguer par la couleur de leurs coiffes.

Le dalaï lama

Le courant principal du bouddhisme tibétain se nomme les « Bonnets jaunes » (*guelougpa*). Elle a été fondée au XVe siècle par Tsongkhapa avec le soutien de l'empereur de Chine. Il instaura la fonction de dalaï lama, supposée réincarnation d'Avalokiteshvara, dans la fonction de chef politique de la communauté. Il est également le supérieur du plus important monastère tibétain, celui de Potala, près de Lhassa.

Le dalaï lama se réincarne, après sa mort, dans un enfant de sept ans, que l'on reconnaît grâce à des signes miraculeux (notamment le fait qu'il sache où se trouvent des objets sacrés appartenant au dalaï lama précédent).

L'actuel dalaï lama, Tenzin Gyatso, est le quatorzième. Il a été intronisé en 1950, à l'âge de 15 ans. Depuis l'invasion communiste chinoise, il est exilé à Dharamsala en Inde où il dirige le gouvernement tibétain en exil. Il a reçu le prix Nobel de la Paix en 1989.

Le second dirigeant religieux du pays est le panchen rinpotché, du monastère de Tashi, réincarnation du bodhisattva Amitabha.

Depuis l'annexion du Tibet par la Chine en 1959, le gouvernement communiste essaye de réduire le pouvoir des moines tibétains – tout comme celui des moines chinois.

En 2008, des émeutes ont éclaté au Tibet peu avant l'ouverture des Jeux olympiques de Pékin avec la participation active des bonzes. Elles ont été violemment réprimées par l'armée chinoise et une centaine de bonzes se sont immolés par le feu en signe de protestation contre la répression.

Les « Bonnets noirs »

Au Tibet, les adeptes du Véhicule du diamant portent une coiffe noire (*kagyüpas*), pour se distinguer des « Bonnets jaunes » (*guelougpas*) et des « Bonnets rouges » (*nyingmapas*). Ils sont réputés pour leurs pouvoirs magiques et leurs connaissances en astrologie (indispensables pour déterminer les jours fastes ou néfastes) et en divination.

Leur secte est dirigée par un *karmapa*, qui se réincarne après sa mort. La désignation du *karmapa* actuel (17e de la lignée) est l'objet d'une contestation entre deux prétendants, qui n'est pas résolue à ce jour.

La religion bön

Le bön est la religion traditionnelle tibétaine avant l'arrivée du bouddhisme. Elle a particulièrement développé les techniques de divination et d'astrologie. Son canon comprend près de trois cents ouvrages. Ses principaux monastères ont été détruits par les communistes chinois depuis 1959 et ses adeptes se sont réfugiés à Dolandji en Inde, près de Chandigarh. De nos jours, cette religion n'est plus pratiquée au Tibet que de façon plus ou moins clandestine.

Milarepa, fils de fermiers (1040-1123), est orphelin de père à l'âge de sept ans. Avec sa mère et sa sœur, il se trouve désormais en butte aux mauvais traitements de son oncle qui s'est approprié le domaine familial. Sa mère l'envoie alors étudier la magie noire auprès d'un prêtre *bön*, pour la venger.

Milarepa devient rapidement expert en pratiques occultes et revient à la maison familiale le jour où l'oncle marie son fils. Grâce à ses sortilèges, il fait écrouler la maison sur les trente-cinq convives, puis il fait tomber la grêle sur les champs des voisins qui ne l'ont pas soutenu contre l'injustice.

Pris de remords, le jeune homme demande conseil à son maître en magie, qui lui conseille d'aller étudier auprès du *karmapa* Marpa (1012-1097). Celui-ci lui inflige six années d'épreuves redoutables qui le conduisent au bord du désespoir et du suicide. Enfin, Marpa accepte de l'initier à la « Roue de la Félicité suprême » (*chakrasamvara*) et aux yogas particuliers de la secte.

UN PEU DE TECHNIQUE

Le *mandala* de *chakrasamvara*

C'est une relation puissante (*yidam*) avec l'image d'un *bodhisattva*, à laquelle on s'identifie pour en faire le support de la méditation. Le *yidam* de la Roue de la Félicité suprême figure un dieu masculin au corps bleu et au visage menaçant, pourvu de quatre visages et douze bras. Avec deux bras, il enlace sa partenaire, la « Yogi de diamant » (Vadjrayogini), qui est une jeune fille au corps rouge, pourvue de trois yeux. Elle est couronnée d'une tiare à cinq crânes et danse nue avec une expression passionnée. Elle brandit dans sa main droite une lame tranchante et lève dans sa gauche une coupe de nectar formée d'un crâne humain. Elle est une divinité de la sagesse et de la compassion.

Le jeune homme se fait ermite et prend le nom de Milarepa, qui signifie « vêtu d'un pagne de coton ». Il atteindra l'« Éveil » au bout de neuf autres années de méditation. Il deviendra à son tour le *karmapa*.

LE SAVIEZ-VOUS ?

Les Tibétains le vénèrent comme leur plus grand poète pour avoir composé les *Cent mille poèmes*.

Le shingon japonais

Au IXe siècle, le moine Koukaï, converti au Vadjrayana lors de son voyage en Chine, fonde la secte Shingon, l'école des *mantras* secrets.

Les cérémonies *shingon* comprennent des rituels tantriques secrets et des chants liturgiques. On dispose les *mandalas* autour du Bouddha principal et de son autel sur lequel on dispose les offrandes et les objets rituels. Au milieu des invocations se déroulent des processions et le yoga des trois mystères.

Le yoga des trois mystères

Le *traïguya-yoga* consiste à atteindre l'ultime Bouddha cosmique (Daïnitchi-Nyoraï) par la réalisation des trois mystères du corps, de la parole, et de la pensée. On doit effectuer un geste symbolique avec les mains (*mudrâ*) tout en répétant simultanément un *mantra* et en visualisant devant soi la divinité bouddhique recherchée.

Depuis la mort de Koukaï, les fidèles de sa secte se rendent en pèlerinage sur son île natale de Shikoku où ils visitent à pied pendant deux mois les quatre-vingt-huit temples qui lui sont consacrés, au long d'un parcours de 1 170 kilomètres. Sur le chemin, ils récitent le *Soutra du Cœur*, en égrenant leur chapelet de cent huit grains, le nombre des passions dont l'homme doit se débarrasser.

« Les deux cent soixante-deux caractères du *Soutra du Cœur* sont à la fois le Credo et le « Notre Père » du bouddhisme du Grand Véhicule » (Jean-Noël Robert, professeur au Collège de France).

Chapitre 17

Religions et maîtres proches du bouddhisme

Dans ce chapitre :

- Les jaïns épargnent même les insectes
- « Monseigneur le Maître Livre » des Sikhs
- Victor Hugo vénéré par des spirites vietnamiens
- Les grands *gourous* islamo-hindous

Quelques autres religions sont très proches du bouddhisme, mais leurs effectifs restent très minoritaires. Les deux premières sont indiennes : le jaïnisme remonte à une très haute antiquité alors que le sikhisme a été fondé au XVIe siècle. En revanche, le caodaïsme, né au Vietnam, est une création de l'époque coloniale récente (XXe siècle).

Parmi les innombrables *gourous* indiens, trois personnages ont particulièrement marqué les esprits par leur conception syncrétique de la religion. Leur renommée a largement dépassé les frontières géographiques et religieuses jusqu'à nos jours : Kabir, Ramakrishna et Sri Aurobindo.

Les jaïns

Le jaïnisme n'est représenté que par quelques millions d'adeptes en Inde et dans la diaspora. Cependant, c'est l'une des plus anciennes religions d'Asie, qui a probablement largement inspiré l'enseignement de Bouddha.

Histoire du « Grand Héros »

Son fondateur légendaire, le « Grand Héros » (Mahavira) se nommait Vardhamana. Il aurait été plus âgé de quelques années que le Bouddha. Comme lui, il naît dans une famille princière de la caste *kshatrya* de la région du Gange (Maghada) et les récits de leurs vies présentent de nombreux points communs.

Vardhamana, comme ses parents avant lui, est un Jaïna (« victorieux [de soi-même] ») qui préconise un ascétisme très strict pour atteindre l'illumination de la conscience. Cette secte antique vénère la mémoire de ses quatorze « guides légendaires » (*manou*), suivis des vingt-trois « passeurs » (*tirthamkara*) successifs, chacun étant associé à un animal ou un objet sacré. Le premier *tirthamkara*, nommé Rishabha, a pour symbole le taureau, son successeur Ajita, l'éléphant, Sambhava, le cheval… et le 24e, Mahavira, aura le lion.

La *svastika*

La svastika est le symbole associé à Suparsva, le 7e « passeur » jaïn. Les points entre ses branches représentent les quatre mondes. En partant du haut à gauche et en allant dans le sens des aiguilles d'une montre : le monde des hommes, celui des dieux, des animaux et des plantes, des démons. Seul le monde des hommes est ouvert à la délivrance, grâce aux « Trois Joyaux ».

Les nazis ont fait de la svastika leur logo pour donner une apparence de profondeur « orientale » à leurs délires sur la race supérieure « aryenne », supposée originaire de l'Inde.

Si ces guides ont réellement existé, cela ferait remonter les origines de la secte aux débuts du second millénaire avant notre ère.

Vardhamana vit luxueusement à la cour de son père. Lorsqu'il atteint l'âge de 30 ans, ses parents, appliquant les préceptes extrêmes de la secte, se laissent mourir en jeûnant. Vardhamana abandonne alors femme et enfant pour aller vivre en ermite. Il s'expose aux bêtes féroces, aux privations et au froid le plus intense. Il se dépouille même de ses vêtements, ce qui le conduira à préconiser la nudité totale pour ses disciples.

Au bout de treize mois de méditations, sous un arbre sacré, il atteint l'illumination de la conscience suprême universelle. Il devient alors un saint (*arhat*) et entreprend de réformer la doctrine jaïne. Il réunit une nouvelle confrérie sans distinction de caste, de sexe ni d'âge.

Les croyances

Les jaïns croient à la transmigration des âmes (*samsara*), à laquelle les dieux sont également soumis. On ne rend donc à ceux-ci aucun culte particulier. Le *karma* est la « matière » qui enchaîne l'âme (*djiva*) à son existence actuelle. La délivrance (*moksha*) n'est possible qu'en éliminant tout le *karma* accumulé, par des actions justes.

Les jaïns ont développé une cosmologie, une philosophie et une logique très sophistiquées, afin de déterminer exactement chaque forme du *karma* et les obligations qui en découlent. La philosophie *anekantavada* développe, en outre, un relativisme très particulier, soulignant le fait que la compréhension humaine est limitée par les sens, ce qui lui fait récuser tout dogmatisme doctrinal.

Les « Trois Joyaux » du jaïnisme sont :

- la foi juste ;
- la connaissance juste :
- la conduite juste.

La cosmologie jaïne a pour devise : « Les vies se doivent un mutuel respect. »

Les rites

Pendant les trente années qui lui restent à vivre, Vardhamana parcourt le nord de l'Inde pour y prêcher sa doctrine. Il impose cinq règles à ses disciples :

- Ne pas tuer ni faire violence à aucun être vivant (*ahimsa*).
- Ne pas voler (*asteya*).
- Ne pas mentir sur sa condition (*satya*).
- Ne rien posséder (*aparigraha*).
- N'avoir aucune activité sexuelle (*brahmacariya*).

Ces vœux sont observés de façon rigoureuse par les moines et les moniales. Ils poussent le scrupule de l'*ahimsa* jusqu'à balayer le sol devant eux pour éviter d'écraser des insectes en marchant, et à se couvrir la bouche d'un tissu pour ne pas avaler de moucheron par mégarde.

Popularité de l'*ahimsa*

Ce précepte, traduit en Occident par « non-violence », a été popularisé par Gandhi, qui en a fait une arme efficace de lutte contre les colonisateurs anglais. Il a été repris par d'autres leaders charismatiques tels que Martin Luther King et Nelson Mandela.

Les moines jaïns, comme leurs confrères bouddhistes, se rasent le crâne et pratiquent la confession systématique. En revanche, les laïcs, qui ont la charge d'entretenir les moines, appliquent les règles avec plus de souplesse.

Les rites de passage individuels des jaïns sont identiques à ceux des hindous, sauf la remise du cordon (*oupanayana*). Chaque année, ils fêtent solennellement au printemps l'anniversaire de la naissance de Mahavira et au début de l'hiver celui de sa « libération ». L'été, une semaine de festivités marque la retraite des moines dans les monastères en raison de la mousson.

Les jaïns ont édifié de nombreux *stoupas* et temples à travers l'Inde. Ils ne pénètrent dans leurs temples que pieds nus, la tête couverte et sans aucun objet de cuir, par respect pour les animaux. Leurs statues représentent parfois les anciens « passeurs », assis en méditation dans la posture du lotus, avec un visage ressemblant fort à celui de Bouddha (sauf la protubérance crânienne).

Les Jaïns ont également érigé des statues monumentales des saints nus debout, dans une attitude très hiératique, les bras le long du corps. La plus célèbre représente Bahoubali (le second des cent fils de Rishabha), arborant un sexe non circoncis. Ce monolithe, haut de 17 mètres, est le lieu d'un grand pèlerinage à Shravanabelagola, proche de Bangalore.

Les disciples, les conciles et le schisme

La tradition affirme qu'à la mort de Mahavira, sa communauté réformée aurait compté un demi-million de personnes, dont environ trente mille moines et soixante mille moniales.

La communauté s'est très tôt déchirée entre plusieurs sectes rivales. Une dizaine de schismes sont attestés pendant les six premiers siècles, aboutissant au « Grand Schisme » opposant :

- les « vêtus du ciel », nommés *digambaras*, qui continuent à pratiquer la nudité totale, sauf pour les femmes. Ils pensent que les femmes doivent d'abord se réincarner en hommes avant de pouvoir atteindre la libération. Ils sont surtout présents dans le Sud de l'Inde (Karnataka) ;

- les « vêtus de blanc », nommés *shvetambaras*, qui se vêtent d'un drap blanc et sont surtout présents dans le Nord de l'Inde (Rajastan).

Les jaïns ont réussi, mieux que les bouddhistes, à composer avec les souverains hindous puis musulmans. Leur présence dans les corporations de commerçants et de financiers leur a donné un rôle économique important, qui les mettait relativement à l'abri des persécutions – un peu à la façon des juifs pendant le Moyen Âge occidental. Leurs communautés sont également très présentes parmi les populations indiennes d'Afrique du Sud et de l'Est.

LE SAVIEZ-VOUS ?

Le temple d'Anvers

Le plus grand temple jaïn hors de l'Inde a été construit à Anvers, financé par l'importante communauté des diamantaires, qui regroupe environ quatre cents familles.

Les sikhs

En cinq siècles d'existence, les sikhs ont connu une histoire très mouvementée, tant dans leurs rapports avec les souverains moghols qu'avec les colonisateurs britanniques et avec le gouvernement indien indépendant.

Histoire de Gourou Nanak

PORTRAIT

Le fondateur Gourou Nanak naît dans une famille de commerçants hindous (1469-1539). Il voyage à travers le Moyen-Orient en compagnie d'un musicien musulman nommé Mardana, avec qui il fait sans doute le pèlerinage à La Mecque. C'est certainement la fréquentation de Mardana qui le conduit à donner une importance considérable à la musique. Il fonde avec ses disciples (*sikhs* en langue pendjabi), la communauté de Kartarpour (la ville du créateur) à proximité de l'actuelle Amritsar. Neuf *gourous* lui succéderont :

- Angad, qui est désigné par Gourou Nanak lui-même (son nom signifie « de ma propre chair »), meurt en 1552. Il est l'inventeur d'une écriture sacrée nommée *goumoukhi*, qui permet de restituer les langues populaires du nord de l'Inde, afin de rédiger les textes religieux sans utiliser le sanskrit de l'élite.

- Amar Das, disciple et successeur d'Angad, s'installe à Goïndwal, un village proche de Kartarpour, où il fait construire un temple pour les ablutions sacrées. Il instaure le repas en commun (*langar*) sans distinction de caste, ce qui est un scandale absolu pour les brahmanes obsédés par l'impureté rituelle.
- Ram Das, gendre du précédent, fonde Amritsar (le Bassin du Nectar) et y fait construire le Temple d'or. Il meurt en 1581.
- Ardjan installe le Livre sacré dans le Temple d'or. Il est assassiné en 1606 par les hommes du grand moghol Djahangir.
- Hargobind donne à la secte sa forme militaire et déplace sa capitale de 1 000 kilomètres dans les monts Shivalik, à la limite du Népal. Il meurt en 1644.
- Har Rai est connu pour avoir soigné le fils du grand moghol Shah Djahan. Il meurt en 1661.
- Har Krishan, second fils de Har Rai, devient le huitième *gourou* mais meurt de la variole à l'âge de huit ans.
- Tegh Bahadour, oncle de Har Krishan, sera décapité en 1675 sur ordre d'Aurangzeb, pour avoir refusé de se convertir à l'islam.
- Gobind, fils de Har Krishan, fonde en 1699 la secte militaire des « Purs » (Khalsa Panth) dans laquelle on est admis par un « baptême » (*amrit sanskar*). L'initié boit l'eau bénite (*amrit*) et s'engage à respecter les « Cinq K » :
    - *kesha* : les cheveux et la barbe non coupés ;
    - *kaṇgha* : le peigne qui retient les cheveux ;
    - *kirpan* : l'épée recourbée ;
    - *kaṛa* : le bracelet de métal ;
    - *kashha* : la culotte courte.

Les hommes reçoivent en outre le nom de *singh* (lion) et les femmes de *kaur* (princesse), empruntés à la noblesse du Radjastan.

Gobind décide enfin de mettre un terme au cycle des *gourous*. Le onzième *gourou* sera donc le Livre sacré lui-même, que l'on honore dorénavant du titre de « Monseigneur le Maître Livre » (Gourou Grant Sahib).

Les croyances

Les sikhs croient au *samsara* (transmigration des âmes), mais en un dieu unique. En revanche, ils pensent que les pratiques ascétiques ne donnent qu'une illusion (*maya*) de délivrance. Seule la remémoration et la répétition du nom divin peuvent y conduire. Les « Trois Joyaux » des sikhs sont :

- Accomplis ton travail (*kirt kamao*).
- Partages-en le fruit (*vand chako*).
- Médite sur le Nom (*nam japo*).

Les textes sacrés

Ce sont principalement des hymnes (*shabads*) composés par les premiers *gourous*, classés selon leurs modes musicaux (*ragas*). Le *Premier Livre* (*Adi Granth*), réuni par Gourou Ardjan, compte 1 430 pages dans son édition officielle. Il contient également des poèmes religieux de saints musulmans (Kabir) ou hindous (Namdev, Ravidas). Il est complété par le *Dixième Livre* (*Dasam Granth*) des hymnes de Gourou Gobind.

Les rites

Les sikhs pratiquent les rites de passage hindous traditionnels liés à la naissance, à l'imposition du nom, au mariage et au décès. S'y ajoute le baptême (*amrit sanskar*) qui signe l'entrée dans la communauté (*khalsa*) : l'enfant y boit l'eau bénite, composée d'ingrédients sucrés, mélangés à l'aide d'une épée rituelle (*khanda*), pendant qu'on chante cinq chants sacrés.

Les cérémonies au temple consistent essentiellement en récitations d'hymnes dans les temples (*gourdouara*) où l'on vénère « Monseigneur le Maître Livre », conservé dans une châsse luxueuse. L'office commence par le chant des hymnes.

En certaines occasions, les chants sont entrecoupés de lectures, de poèmes ou d'autres textes mettant en valeur l'histoire des sikhs.

L'office s'achève par la prière (*ardas*) qui invoque les bénédictions de Dieu accordant paix, prospérité et protection à toute l'humanité. Après la prière, un hymne (*shabad*) est lu dans « Monseigneur le Maître Livre », puis on distribue à l'assemblée un pudding fait de semoule, de sucre et de beurre (*karah parshad*).

Parfois, le lecteur (*granthi*) choisit un texte en ouvrant le Livre au hasard. Il fait la lecture de la page de gauche et guide la méditation (*vak*).

Certaines cérémonies consistent en une lecture intégrale du Livre, qui dure 48 heures !

LE SAVIEZ-VOUS ?

Le *khanda*

Le *khanda* rituel, symbole des sikhs, représente une épée à deux tranchants traversant un anneau de combat (*chakram*) entouré de deux dagues courbes (*kirpan*).

Celles-ci symbolisent la double nature temporelle et spirituelle du Gourou Hargobind.

Chaque année, les sikhs commémorent les naissances et décès des *gourous*. Le 13 avril, ils commémorent le premier baptême réalisé par Gobind Singh lors de la Fête des moissons de 1699.

LE SAVIEZ-VOUS ?

Les sikhs récusent absolument le culte des images et s'interdisent la consommation d'alcool et de tabac. Gourou Gobind, dont les trois fils avaient été massacrés par le Moghol Aurangzeb, a ajouté l'interdiction de manger la viande *halal* (abattue selon le rite musulman) et d'épouser un(e) musulman(e).

Les sikhs et la politique

Après le temps des *gourous* historiques, les sikhs entrent en rébellion ouverte contre les Moghols musulmans. Ils trouvent de précieux alliés chez les Jats, habitants des montagnes de Shivalik dévots de la « Déesse à l'épée », qui rejoignent en masse les « Purs » et leur fournissent des troupes aguerries.

LE SAVIEZ-VOUS ?

Randjit Singh (1780-1839), surnommé « le Lion du Pendjab », prend le titre de maharadjah en 1799 et crée un État indépendant au Cachemire. Son fils sera finalement vaincu par les Anglais en 1849. Les Sikhs s'intègrent à l'armée britannique comme force d'élite et ils participent à l'écrasement de la révolte des cipayes, ce qui leur vaut pendant deux générations une situation privilégiée. Cependant, en 1919, plusieurs centaines de manifestants indépendantistes non violents sont massacrées par l'armée coloniale à Amritsar.

Un parti nationaliste est alors fondé, sous le nom d'Armée de l'Éternel (Shiromani Akali Dal ou SAD). Il parvient à prendre le contrôle du très riche comité d'administration des temples (SGPC) et adopte des positions modérées, qui lui permettront de rester majoritaire jusqu'à nos jours.

LE SAVIEZ-VOUS ?

Depuis les années 1980, des groupes extrémistes sikhs se sont illustrés par des actions terroristes qui ont culminé avec l'occupation du temple d'or d'Amritsar en 1984. Le temple a été repris par l'armée indienne au prix d'un bain de sang (plus de quatre cents morts) et quelques mois plus tard, la Première ministre indienne Indira Gandhi, a été assassinée en représailles par deux de ses gardes du corps sikhs.

Depuis 2002, le SAD gouverne en alternance avec le Parti du congrès.

Les caodaïstes

Cette secte a été fondée au Vietnam colonial par un fonctionnaire nommé Ngo Van Chieu (1878-1932), très versé dans le spiritisme taoïste (voir chapitre 19). Il eut en 1921 la vision du Dieu unique nommé « Palais suprême » (Caodaï) sous l'apparence d'un œil céleste. L'être divin lui révéla qu'il s'était déjà manifesté sous la forme de Bouddha, puis de Jésus-Christ et il lui ordonna de réunir toutes les grandes religions en une seule, dont la devise serait : « Dieu et Humanité, Amour et justice ».

Le visionnaire convertit plusieurs autres fonctionnaires coloniaux, parmi lesquels Lê Van Trung, qui l'écarta de la direction de la secte. À partir de 1926, Lê Van Trung recruta plusieurs dizaines de milliers de fidèles et fit construire un temple-cathédrale à Tay Ninh, près de Saïgon (devenue Ho Chi Minh Ville). Après des débuts prometteurs, il fut déchu pour malversations et remplacé en 1935 par Pham Công Tac, qui donna un nouvel essor à la secte. Cependant, ses positions favorables aux Japonais (donc anti-françaises) pendant la Seconde Guerre mondiale provoquèrent les mêmes désastres que dans la secte bouddhiste Hoa Hao.

La religion de Caodaï se targue de réunir le confucianisme, le culte des génies, le christianisme, le taoïsme et le bouddhisme. Ses fidèles se réunissent en « paroisses » organisées selon le modèle pyramidal d'une Église, gouvernée par le Saint-Siège de Tay Ninh.

Les trois missionnaires divins

Dans la cathédrale de Tay Ninh, sous le regard du monumental Œil divin, une grande fresque montre les « trois missionnaires divins envoyés comme guides spirituels de l'humanité pour réaliser la troisième alliance entre Dieu et les hommes ». Les trois missionnaires en question sont : Sun Yatsen (le fondateur de la République chinoise en 1910), Victor Hugo et Nguyen Binh Khiem (un grand prophète-poète vietnamien du XVIe siècle). Ils sont représentés en train d'écrire la devise caodaïste en français et en chinois.

Les caodaistes doivent respecter les cinq interdits bouddhistes :

- ne pas tuer ;
- ne pas être avide ;
- ne pas manger de viande ;
- ne pas boire d'alcool ;
- refuser la luxure et le mensonge.

Lê Van Trung organisa ses adeptes sur le modèle du christianisme, avec un pape (lui-même) entouré de cardinaux, vêtus de robes de couleur différentes selon leur référence (les bouddhistes en jaune, les confucianistes en rouge et les taoistes en bleu). Les fidèles portent des robes blanches. Les prêtres, qui portent des mitres de type iranien, célèbrent chaque jour quatre messes à heures fixes.

Trois gourous indiens remarquables

Autant nous connaissons peu la vie de Kabir, auréolée de légende, autant nous avons de nombreuses sources fiables concernant Ramakrishna et Sri Aurobindo, beaucoup plus proches de nous.

Kabir

Le poète mystique musulman Kabir (1440-1518) était tisserand (donc de basse caste, car les Indiens convertis à l'islam avaient conservé le système des castes) à Varanasi à l'époque de Gourou Nanak. Il fut sans doute le disciple du *gourou* vishnouite Ramanand, puis vécut en famille, sans chercher à se retirer du monde. Les soufis autant que les sikhs et les vishnouistes le vénèrent comme l'un de leurs grands saints.

Sa poésie

Vraisemblablement illettré, il fut le premier grand poète mystique à composer ses poèmes en langue hindi. Son œuvre, intitulée *Paroles* (*Bani*), a été transcrite par ses disciples. Elle comprend deux types de poèmes :

- les *dohas*, couplets rimés qui rapportent l'enseignement d'un saint ou d'un yogi ;
- les *pad*, chants traditionnels collectifs avec refrains, sur les modes musicaux traditionnels des *ragas*. Ce sont des louanges à diverses divinités, mais généralement à Vishnou.

Ses croyances

Kabir renvoie dos à dos les deux religions hindouiste et musulmane, ainsi que leurs livres sacrés (Véda et Coran) et leurs clergés (brahmanes et pandits d'un côté, mollahs et cadis de l'autre). Il persifle l'hypocrisie des « savants » des deux religions, et il se moque autant des yogis *naths*, affublés de leurs amulettes tantriques. Il récuse les castes et les superstitions telles que sacrifices, *mantras* et autres pèlerinages.

Il affirme explicitement qu'Allah et Rama sont les deux noms du même Dieu. Mais pour lui, comme pour les soufis (voir chapitre 13), la seule dévotion acceptable est la *bhakti*, le puissant sentiment d'amour qui unit le croyant à la divinité.

La secte des Kabir panthis lui voue un culte qui a perduré jusqu'à nos jours à Varanasi. Ses œuvres sont réunies dans le livre sacré *Bijak*.

Un poème de Kabir

« Si Dieu est dans la mosquée, alors à qui ce monde appartient-il ?

Pèlerin, si Rama est dans l'image que tu adores, alors que se passe-t-il là où il n'y a pas d'images ?

Hari (Vishnou) est à l'orient ; Allah est à l'occident. Regarde dans ton cœur, tu y trouveras à la fois Karim et Rama.

Tous les hommes et toutes les femmes du monde sont Ses formes vivantes.

Kabir est l'enfant d'Allah et de Rama. Lui est mon Maître, Lui est mon *gourou*. »

Traduction Henriette Mirabaud-Thorens, d'après l'édition de Rabindranath Tagore, 1921.

Ramakrishna

Enfant d'une famille de brahmanes ruinés du Bengale, Gadâdhar Chattopâdhyâya (1836-1886) est orphelin de père à l'âge de six ans. Dès son initiation brahmanique (*oupanayana*), il affirme son indépendance en transgressant la règle coutumière, car il accepte sa première aumône des mains d'une femme de caste inférieure. Son nom Ramakrishna est un hommage aux deux avatars de Vishnou.

Très jeune, il manifeste un goût prononcé pour le travestissement féminin et considère les femmes comme des avatars de la déesse maternelle Kali. Il est en proie à de fréquentes crises extatiques (*bhava*) dans lesquelles il vit le ravissement de la bergère Radha possédée par Krishna (voir chapitre 18) – tout en exprimant une forte angoisse face à la sexualité. Mais il est également très doué pour la transe et la danse.

Devenu prêtre d'un grand temple de Kali proche de Calcutta, il est initié aux cultes tantriques par une prêtresse bhaïravi. Il suivra ensuite l'enseignement de l'ascète nu Tota Pouri, débouchant sur la vision unifiée du monde de la conscience pure, selon la tradition Advaïta Védanta du *gourou* Shankara. Il connaîtra de nouvelles extases au contact de l'islam soufi puis du christianisme.

Sa mère lui fait épouser Sharada Devi, une fillette de cinq ans, qui deviendra sa première disciple, mais avec laquelle il n'aura aucune relation sexuelle. Elle sera la « Mère universelle » vierge de la secte.

Il finit par concevoir une synthèse des religions, qui mènent toutes, par l'extase, à la réalité divine, une et indicible.

La parabole de l'éléphant

Pour expliquer la diversité apparente des religions, Ramakrishna aimait raconter cette vieille histoire jaïne : « Un groupe d'aveugles rencontra un éléphant. Ils commencèrent à le palper et le premier dit : "C'est un pilier", car il n'avait touché que les jambes de l'animal. Le second dit : "C'est un éventail", car il n'avait touché que ses oreilles. Le troisième dit : "C'est un mur", car il avait touché son flanc. Le quatrième, ayant touché la trompe, dit : "C'est un serpent" et le quatrième, qui avait touché la queue conclut : "C'est une corde". »

L'enseignement de Ramakrishna est recueilli par son disciple préféré Narendranath Datta (1863-1902), à qui il donne le nom de « Béatitude du discernement » (Vivekananda). Celui-ci fera édifier, après la mort du *gourou*, le temple de Belur, dans une architecture composite, mêlant les éléments chrétiens, musulmans et hindous. Il fonde en 1897 la Mission Ramakrishna pour diffuser les idées du maître dans le monde.

Il rencontre un écho favorable chez plusieurs grands intellectuels occidentaux, tel Romain Roland ou Bergson. La Mission a surtout essaimé aux États-Unis, en Argentine et en France, où elle a fondé en 1948 une communauté (*ashram*) à Gretz-Armainvilliers.

Ses fidèles vénèrent Ramakrishna, Sharada Devi, son épouse et Mère universelle, ainsi que Vivekananda. Ils se consacrent à la méditation et aux œuvres humanitaires.

Sri Aurobindo

Quelques années plus tard, nous sommes dans la même région du Bengale, mais dans un milieu social tout autre. Fils d'une famille très riche de Calcutta, Aurobindo Ghose (1872-1950) étudie en Angleterre et se familiarise avec la culture classique occidentale. Il découvre les théories biologiques évolutionnistes de Darwin. Revenu en Inde, il se plonge dans la culture sanskrite qu'il avait totalement négligée jusque-là, tout en militant dans des groupes indépendantistes. Ses activités politiques l'obligent à s'enfuir en 1910 à Pondichéry, alors colonie française.

Il élabore une vaste synthèse des philosophies grecque et indienne, en essayant d'y intégrer les découvertes des sciences modernes, notamment de la biologie. Il est en cela proche de son contemporain, le jésuite archéologue Teilhard de Chardin (1881-1955) qui imagine lui aussi un « évolutionnisme spirituel ».

Il fonde un *ashram* dont il confie en 1926 la direction à sa disciple préférée « la Mère » (la française Mirra Alfassar). Lui-même se consacre dorénavant à la méditation et à l'écriture.

En 1968, la « Mère » fondera la cité utopiste d'Auroville, dont la charte stipule :

1. Auroville n'appartient à personne en particulier. Elle appartient à toute l'humanité. Mais pour y séjourner, il faut être le serviteur volontaire de la Conscience divine.
2. Auroville sera le lieu de l'éducation perpétuelle, du progrès constant, et d'une jeunesse qui ne vieillit point.
3. Auroville veut être le pont entre le passé et l'avenir. Profitant de toutes les découvertes extérieures et intérieures, elle veut hardiment s'élancer vers les réalisations futures.
4. Auroville sera le lieu des recherches matérielles et spirituelles pour donner un corps vivant à une unité humaine concrète.

Prévue pour accueillir 50 000 habitants, elle n'en compte à ce jour que quelques milliers, qui ont cependant réussi quelques travaux remarquables comme le reboisement de la région, qui était désertique à leur arrivée. Cependant, dès la mort de la « Mère » (1973), des conflits ont éclaté entre Auroville et l'*ashram* qui en était l'administrateur. L'État indien est intervenu et en assure désormais la tutelle financière.

Sixième partie

Les polythéismes asiatiques

Dans cette partie...

Le bouddhisme s'est répandu dans la quasi-totalité de l'Asie (voir cinquième partie), mais les anciennes religions polythéistes y sont restées très vivaces, notamment l'hindouisme en Inde, le confucianisme et le taoïsme en Chine et le shintoïsme au Japon.

Chapitre 18

L'hindouisme

Dans ce chapitre :

- Les principales divinités hindouistes
- Les castes
- Les voies de la libération

En termes strictement historiques, l'hindouisme précède le bouddhisme. Cependant, nous avons choisi de le présenter en relation avec les autres grands polythéismes asiatiques – le bouddhisme ayant été pour sa part présenté en relation avec les grands monothéismes.

Pratiqué par près d'un milliard de nos contemporains, l'hindouisme constitue le substrat religieux (divinités, rituels) sur lequel le bouddhisme s'est constitué – un peu de la même façon que le judaïsme constitue la source principale du christianisme et de l'islam. Jusqu'à son Éveil, le Bouddha était en effet un hindouiste pieux et son enseignement est imprégné de *kalpa*, *dharma*, *samsara* et *karma*, toutes notions fondamentalement hindouistes, même si leur sens y a été considérablement modifié (voir chapitre 15).

L'origine de l'hindouisme se perd dans le temps. L'importance relative de ses divinités et de ses rituels a beaucoup varié au cours de siècles. Il s'est vu contesté par le bouddhisme, au temps du roi Ashoka (voir chapitre 15), puis par l'islam. La conquête du nord de l'Inde par les Moghols musulmans s'est accompagnée de massacres systématiques des brahmanes (membres de la caste supérieure fournissant le haut clergé des temples) qui refusaient de se convertir, et de la destruction massive de leurs temples. L'hindouisme conserve néanmoins une énorme popularité dans les populations du sous-continent indien, y compris dans les communautés émigrées – notamment dans l'océan Indien et dans les Caraïbes. Il est également resté très vivace à Bali, alors que le reste de l'Indonésie est devenu majoritairement musulman depuis cinq siècles.

Indiens ou hindous ?

L'usage moderne fait nommer « Indiens » les habitants de l'Inde, quelle que soit leur religion, et « hindous » ou « hindouistes », les croyants de la très ancienne religion védique et brahmanique, sous les différentes formes où elle s'est transmise jusqu'à nos jours.

Les dieux

Le panthéon hindou comprend des milliers de divinités – le dicton affirme qu'il y a plus de dieux que d'habitants en Inde.

Les grandes familles divines

La « trinité » (*trimourti*) composée de Brahma, Vishnou et Shiva y tient une place dominante, selon leurs trois fonctions cosmiques primordiales :

- Brahma, créateur du monde ;
- Vishnou, conservateur du monde ;
- Shiva, destructeur, puis re-créateur du monde.

Brahma

Le dieu créateur a pour épouse Sarasvati (fleuve qui descend de l'Himalaya), déesse de la parole, de la sagesse, des arts et des lettres, à qui on doit l'invention du sanskrit et de son écriture *devanagari*. Cependant, malgré son importance « théologique », Brahma reste un dieu lointain et les temples qui lui sont consacrés peuvent se compter sur les doigts des deux mains. La grande majorité des hindous se partage entre dévots de Vishnou et de Shiva.

Vishnou

Il est représenté par un homme bleu ayant quatre bras, qui portent ses attributs principaux : la roue (*chakra*) qui figure au centre du drapeau indien, la conque (permettant d'entendre l'invocation sacrée OM), la massue et la fleur de lotus. Son épouse est Lakshmi, la déesse de la richesse, et il est porté par l'aigle Garouda.

Pour restaurer l'ordre du monde menacé par le chaos, Vishnou s'incarne dans des *avatars*, qui ont été successivement : un poisson, une tortue, un sanglier, un lion, un nain et un guerrier.

La légende raconte que la terre, fatiguée des désordres provoqués par les démons, supplia Vishnou de lui venir en aide. Le dieu s'arracha deux cheveux et les envoya sur terre. Le cheveu clair devient Rama (le Charmant), le sombre devient Krishna (le Noir). Ce dernier est connu pour ses espiègleries d'enfant, puis pour ses exploits amoureux avec les bergères (*gopi*), qui ont inspiré au poète Jayadeva le *Gopi Govinda*, l'un des plus beaux poèmes religieux érotiques médiévaux. Les Grecs de l'Antiquité identifiaient Krishna à Hercule.

Les adeptes de Vishnou se reconnaissent généralement au signe qu'ils portent sur le front (*tilak*), formé d'un point rouge entouré de deux traits jaunes, en forme de flamme.

Hare Krishna

Une secte de dévots de Krishna, fondée au XVe siècle, s'est diffusée en Occident dans les années 1960, à l'époque de l'« indomania », dans les milieux *beatniks* attirés par les psychotropes. On la surnomme Hare Krishna en référence au *mantra* que ses adeptes psalmodient dans leurs séances publiques.

Shiva

C'est le dieu terrifiant et séduisant à la fois. Ses principaux attributs sont un troisième œil (sagesse) au milieu du front et un cobra (énergie) autour du cou. Il porte un croissant de lune dans la chevelure et le Gange prend sa source dans son chignon. Il tient un trident et un petit tambour et chevauche le taureau sacré Nandi.

Shiva est souvent représenté sous les traits d'un ascète et ses adeptes se reconnaissent aux trois traits blancs horizontaux qu'ils se tracent sur le front.

Le lingam

Les Indiens vouent une dévotion omniprésente à Shiva sous la forme d'un phallus en érection (*lingam*) pénétrant un vagin (*yoni*). On le rencontre dans les temples aussi bien qu'à la maison, voire en sautoir autour du cou de ses adeptes. Le *lingam/yoni* est vénéré à l'instar des statues des autres dieux, couvert de fleurs et lavé rituellement lors des cérémonies, ou promené dans les processions. Les Grecs y reconnurent évidemment Dionysos dont les jeunes filles portaient les phallus dans des corbeilles lors des processions des Dionysies.

L'une des représentations les plus célèbres de Shiva en Europe est celle du magnifique « roi de la danse » Nataraja qui a fasciné Auguste Rodin.

L'épouse de Shiva est Parvati (la fille de l'Himalaya), qui devient parfois la destructrice Dourga ou la sanglante Kali, mais aussi la maternelle Shakti. Parvati est la mère de Ganesh (l'éléphant) et de Skanda (le guerrier).

Les dévots de Shiva se regroupent en nombreuses sectes, qui adoptent souvent des pratiques transgressives. Parmi eux :

- les « shivaïtes héroïques » (*virashaïvas*), qui récusent l'autorité des brahmanes et portent en permanence un petit *linga* autour du cou. Ils se font aussi nommer « porteurs de linga » (*lingayat*) ;
- les *naga baba*, qui vivent nus et se couvrent le corps de cendre. Ils forment une confrérie très belliqueuse qui ne craint pas de se bagarrer avec les ascètes des sectes rivales ;
- les « crasseux » (*aghoris*), nus eux aussi, qui consomment ostensiblement de l'alcool et des drogues au cours de leurs cérémonies. Leurs ennemis les accusent même de manger des cadavres.

Les prostituées sacrées des temples shivaïtes

Il arrive que les familles pauvres (surtout « intouchables ») consacrent leur fille très jeune à une divinité, par exemple à la déesse Yellamma-Kali. La famille reçoit en échange la dot (prix de vente) et un prestige social considérable. L'enfant est éduquée par les prêtresses qui lui enseignent le chant, la danse et les rituels religieux. Elle devient alors « servante du dieu » (*devadasi*), mise à la disposition sexuelle des prêtres et des fidèles, notamment pour les rites tantriques (voir plus loin) – les Portugais ont nommé ces femmes « bayadères » (danseuses). L'argent qu'elles reçoivent des fidèles pour leurs services est considéré comme une offrande au temple.

Cette institution fort ancienne a été interdite par les Britanniques ainsi que par la République indienne, mais elle s'est poursuivie clandestinement, au point que certains temples, tel celui de Saundati sont encore de nos jours considérés comme des « marchés aux femmes ».

Un dieu parmi dix mille : Ganesh, le dieu-éléphant

Il est l'un des dieux les plus populaires de l'hindouisme. D'après la légende, sa mère Parvati avait réuni tous les dieux pour fêter sa naissance. Seul Sani (la planète Saturne) refusa de le regarder par crainte de le blesser, mais il finit pourtant par céder si bien que la tête du bébé se brisa immédiatement. Vishnou ordonna de remplacer la tête de l'enfant par celle du premier être vivant qu'il rencontrerait. Il se trouve que ce fut un éléphant…

Ganesh a le pouvoir de résoudre les difficultés. Il est donc vénéré dans toutes les catégories de la société et on lui adresse des demandes d'aide pour mener à bien toutes les entreprises, amoureuses, professionnelles, de santé, etc.

Il a un temple très fréquenté à Paris, dans le quartier tamoul de La Chapelle.

Les textes sacrés

Les principaux textes sacrés auxquels se réfèrent les hindouistes sont les Védas et les Pouranas, ainsi que les deux poèmes épiques du *Mahabarata* et du *Ramayana*.

Les Védas

Ce sont quatre très anciens recueils d'hymnes et de prescriptions liturgiques, rédigés en sanskrit.

Le sanskrit

Langue sacrée des hindous, le sanskrit n'est plus parlé de nos jours, sauf pour le culte. C'est une langue dite « indo-européenne » car sa grammaire et son vocabulaire présentent de nombreuses analogies avec ceux des langues européennes. Son rôle est à peu près équivalent à celui du latin pour l'Europe. Son apprentissage était réservé aux membres des castes supérieures pour les études religieuses, littéraires ou scientifiques.

Les Védas sont complétés par des commentaires appelés « Aux pieds du maître » (Oupanishad) et ne sont accessibles qu'à des brahmanes ayant reçu une longue formation.

Les Pouranas

Ces énormes recueils de légendes et d'explications portent sur l'ensemble de la mythologie hindoue. Le plus célèbre est le *Baghavata Pourana*, dont le dixième livre raconte les exploits amoureux de Krishna. Ils sont écrits dans un sanskrit plus accessible, ce qui leur a valu une large diffusion.

Mahabarata et Ramayana

Enfin, deux épopées antiques fournissent la matière d'innombrables illustrations, peintures, sculptures, danses, pièces de théâtres, romans ou films dont les publics extrême-orientaux raffolent. Elles ont été traduites dans les principales langues modernes de l'Inde (et en persan, sur l'ordre du sultan Akbar) :

- le *Mahabarata* ou la *Grande Histoire des Bharata*, c'est-à-dire des Indiens, est le poème écrit le plus long de toute l'histoire de l'humanité : près de deux cent cinquante mille vers, soit dix fois plus que l'*Iliade* et l'*Odyssée* réunis. Il aurait été rédigé par le dieu-éléphant Ganesh lui-même et raconte en dix-huit livres la guerre entre les deux familles royales, Pandava et Kaurava, pour la conquête de la vallée du Gange.

Le « Bhagavad Gita »

Le sixième livre du *Mahabarata* contient notamment le « Bhagavad Gita » (le « Chant du seigneur »), dans lequel le prince Krishna (incarnation de Vishnou) révèle la voie religieuse du yoga, qui permet au héros Arjouna de se libérer de la peur de la mort.

- le *Ramayana* ou *Parcours de Rama* ne comprend « que » quarante-huit mille vers, attribués au poète Valmiki. Il rapporte les aventures tumultueuses du prince Rama (autre incarnation de Vishnou), luttant pour reconquérir son trône, puis pour retrouver sa femme Sita, qui a été capturée par le démon Ravana. Il est heureusement aidé par son frère Lakhmana et surtout par le célèbre roi des singes Hanuman.

Croyances et castes

Le riche système des croyances hindoues est étroitement lié au système social traditionnel de l'Inde : la société indienne est en effet divisée en une multitude de castes très hiérarchisées et cloisonnées. Leur légitimité se fonde sur la tradition des textes sacrés antiques et les efforts des réformateurs politiques du XXe siècle ne sont pas parvenus à les faire disparaître.

La théologie hindouiste

On dit souvent qu'il y a en Inde autant de dieux que d'habitants, sinon plus. Cela entraîne une extraordinaire profusion de cultes, de rites, de *gourous* et de sectes, qui a impressionné les voyageurs depuis l'Antiquité. Plusieurs croyances très anciennes sous-tendent néanmoins l'ensemble de ces cultes, quelle que soit leur divinité d'élection.

Trois croyances ancestrales

Ce sont trois principes expliquant les rapports entre l'homme et l'univers, que partagent la plupart des hindous. On les trouve déjà exprimées dans les anciens textes des Védas :

- La réincarnation (*samsara*) signifie qu'à sa mort, chaque individu, qu'il soit homme, animal ou dieu, se réincarne en un autre être vivant. Lors de sa naissance, il ne fait donc que poursuivre le cycle de ses vies antérieures.
- La loi cosmique (*dharma*), ordre universel, prescrit à chaque classe d'êtres vivants les comportements « justes » auxquels ils doivent se conformer.
- Les œuvres (*karma*) constituent la somme des actions des vies passées qui forment le patrimoine moral de chaque individu à sa naissance.

En conséquence, l'homme peut espérer se réincarner dans un être supérieur après sa mort, à condition d'observer scrupuleusement son *dharma* dans sa vie actuelle.

L'hindouisme est la religion qui a trouvé la réponse la plus aboutie au problème théologique du mal, car il n'enferme pas Dieu dans le paradoxe de l'impuissance ou de la méchanceté.

Le paradoxe du Dieu méchant ou impuissant

Si le mal (la souffrance des innocents) existe, c'est qu'il a été voulu par Dieu, donc Dieu est méchant. S'il n'a pas été voulu par Dieu, c'est que Dieu est impuissant.

Toutes les religions monothéistes se sont heurtées à cette aporie. Certaines ont tenté de la contourner en supposant que les souffrances sont des « épreuves » envoyées par Dieu, ce qui est une maigre consolation pour les victimes. C'est par exemple la morale du livre de Job, dans la Bible.

Le *karma* explique, lui, les souffrances de la vie actuelle par les mauvaises actions des vies antérieures, c'est-à-dire par la désobéissance au *dharma* de sa caste. Cette croyance produit une angoisse insurmontable à l'idée que le cycle des réincarnations va se poursuivre éternellement, avec son cortège de souffrances (notamment la perte des objets aimés) dans chaque vie.

Le sacré et l'obsession de l'impur

Outre la conception cosmique de l'existence, l'hindouisme transmet à ses fidèles un sentiment très violent du rapport au sacré. Certains lieux, tel de Gange, sont sacrés car ils ont été touchés dans les temps originels par une divinité. Certains animaux le sont également (les vaches).

À l'inverse, le contact avec des personnes ou des objets impurs pose un problème permanent à l'hindou. Il est, par exemple, strictement impossible d'accepter de l'eau ou de la nourriture des mains d'une personne d'une caste ou d'une religion « inférieures » (par exemple, de l'eau apportée par un porteur musulman ou des plats cuisinés dans un restaurant par un cuisinier de basse caste).

Pourquoi les vaches sont-elles sacrées ?

La vénération des vaches est une règle fondamentale de l'hindouisme. Ces animaux, protégés par Krishna, sont considérés comme des « mères universelles » bienfaisantes en raison des produits essentiels qu'elles procurent aux hommes (lait et bouse). Quiconque les maltraite ou les tue commet un sacrilège aussi grave que s'il tuait un brahmane.

Les castes, religion sociale

Les doctrines hindouistes traditionnelles, telles qu'elles apparaissent déjà dans les textes sacrés les plus anciens (Rig-Véda, Oupanishad, Pouranas), postulent une division des humains selon une hiérarchie de quatre niveaux, nommés « couleurs » (*varna*). Les deux groupes sociaux dominants (prêtres et guerriers) s'y réservent logiquement la meilleure part.

Les « Lois de Manou », datant des premiers siècles de notre ère, donnent du système de ces castes une formulation métaphorique parfaitement claire.

« Pour la propagation de la race humaine, l'être suprême produisit de sa bouche, le Brahmane, de son bras, le Kshatrya, de sa cuisse, le Vayshya, et de son pied, le Shoudra » (Lois de Manou, 1, 31).

Les castes supérieures

Elles précisent la répartition des tâches dans la société :

- Aux brahmanes, le Créateur assigna d'enseigner et d'étudier, de sacrifier pour eux-mêmes et pour les autres (comme officiants), de donner et de recevoir des dons.

- Aux *kshatryas*, il donna la fonction de protéger les créatures, de donner, de sacrifier pour eux-mêmes et d'étudier, ainsi que de ne pas s'attacher aux objets des sens.
- Aux *vayshyas*, il enseigna de protéger le bétail, de donner, de sacrifier et d'étudier, de faire commerce, du prêt à intérêt et de cultiver la terre.
- Aux *shoudras*, le Tout-Puissant enjoignit une seule activité, l'obéissance sans murmure aux trois premières classes.

Les deux premières castes naissent des parties pures du corps (au-dessus du nombril), les autres, des parties impures. Les brahmanes, strictement végétariens, seront les prêtres des temples ou des grandes familles et les sages lettrés. La classe militaire des kshatryas leur dispute la prépondérance et se voit réduite au second rang de la hiérarchie, tandis que le gros du peuple forme les *vayshyas* commerçants et paysans. Les populations « tribales » des forêts du Sud de l'Inde sont groupées avec les *shoudras*.

Les intouchables

Reste le résidu de la société, la masse des « hors caste » sans devoirs et sans droits, appelés *chandalas* (mangeurs de chiens). On les désignait autrefois comme « parias » ou « intouchables ». La constitution indienne a interdit cette appellation infamante, si bien qu'on les nomme maintenant *dalits* (opprimés).

Cette division en castes produit des effets directs dans le domaine religieux : la religion officielle appartient aux brahmanes, qui légitiment le pouvoir des aristocrates, lesquels leur garantissent une large rémunération en échange de ce service. Cela explique que seuls les jeunes des trois castes supérieures reçoivent les sacrements de l'initiation religieuse officielle (*oupanayana*, voir plus bas).

De plus, chaque caste ou sous-caste (ou *jati* socio-professionnelle) se protège par une endogamie très stricte et par des interdits alimentaires, pour la raison que les castes inférieures sont impures et qu'on ne peut donc échanger aucune nourriture ni boisson avec elles. On imagine les problèmes que ces coutumes posent dans les restaurants. Certains affichent que leur cuisinier est brahmane, afin que les clients de toutes les castes acceptent d'y manger. Quant à la croyance en l'impureté radicale des *dalits*, elle est si forte que le seul contact de l'ombre d'un intouchable suffit à souiller un brahmane.

Les Européens arrivant en Inde au xve siècle reconnurent dans cette division en « castes » les « états » qu'ils connaissaient chez eux : clergé, noblesse, bourgeoisie et canaille.

LE SAVIEZ-VOUS ?

Gandhi et les castes

Le héros de l'indépendance indienne était un hindou très pieux, mais ses idéaux égalitaristes l'ont conduit très tôt à s'opposer au système de castes. Quand il organisa son premier *ashram* (communauté) en Afrique du Sud, la règle était que les brahmanes eux-mêmes lavent aussi les latrines à tour de rôle – alors que cette fonction incombait évidemment aux « intouchables » dans la société traditionnelle.

La République indienne indépendante a inscrit dès 1947 l'égalité des droits dans la Constitution et elle a eu son premier président « intouchable » en 1997 (Raman Naranayan). Cependant, dans les journaux (et sur Internet), les annonces matrimoniales précisent encore la caste du candidat au mariage.

Les rites

Dans l'Antiquité, la plupart des cultes comportaient des sacrifices d'animaux, notamment de bovins. Ils ont pratiquement disparu (sauf dans les îles de l'océan Indien) et ont été remplacés par des offrandes de fleurs et de fruits.

Les rites individuels

Ce sont les seize rites familiaux de l'hindouisme (*samskaras*) qui marquent les grandes étapes de la vie. En voici les principaux qui concernent l'imposition du nom, l'initiation, le mariage et les funérailles.

L'imposition du nom

La *namakarana* a lieu entre le dixième et le douzième jour après la naissance, sous la direction de la sœur du père. Le nom évoque généralement une divinité. On murmure parfois à l'oreille de l'enfant un autre nom secret, qui le mettra à l'abri des maléfices. L'astrologue consulté proposera également un troisième nom.

L'initiation

L'*oupanayana* ne concerne que le garçon âgé d'une dizaine d'années. Après le bain rituel, il est confié à son *gourou* (maître spirituel, pas nécessairement brahmane) qui lui enseigne l'invocation (*mantra*) à sa divinité tutélaire, puis lui remet le cordon sacré formé de trois fibres nouées, qu'il devra porter toute sa vie entre l'épaule gauche et la hanche droite. Le garçon allume le feu sacré et devient alors un « deux fois né » (*djiva*).

Autrefois, le *gourou* lui imprimait au fer rouge la marque d'un attribut du dieu (roue, trident, etc.).

Le mariage

C'est le rite le plus important de la vie. Il se déroule en famille en présence d'un prêtre. Après les prières requises, le marié passe un collier orné de deux pièces d'or (*thali*) autour du cou de sa femme, puis il lui dessine un point rouge (*tilak* ou *poddou*) sur le front. Les grands-mères conjurent ensuite le mauvais œil. Les mariés tournent sept fois autour du feu sacré (*saptapathy*), puis ils se passent mutuellement des bagues aux orteils. Après les bénédictions, les cadeaux et le repas festif, les jeunes mariés vont prier au temple.

Les funérailles

Il est essentiel que le mourant répète l'invocation rituelle de son initiation avant de rendre l'âme. Son cadavre est considéré comme particulièrement impur et doit être rapidement lavé et déposé sur le bûcher. Après une dizaine d'heures de crémation, on s'assure que le crâne a bien été ouvert afin de permettre à l'âme de s'en échapper. On jette ensuite les cendres dans un fleuve sacré, de préférence dans le Gange à Varanasi (Bénarès).

Le bûcher des veuves

La tradition voulait que la veuve, tenue pour coupable de n'avoir pas réussi à protéger l'âme du défunt, ne puisse se purifier qu'en se jetant spontanément sur le bûcher de son mari – ce sacrifice (*sati*) lui donnant un statut de sainte. Les femmes qui ne s'y soumettaient pas étaient chassées de leurs familles et devenaient mendiantes ou prostituées. Cette coutume a évidemment été rigoureusement interdite par les autorités coloniales britanniques, puis par la jeune République indienne, mais certaines sectes fondamentalistes la poursuivent clandestinement.

Le *sati* a donc pratiquement disparu, mais il a été remplacé par la déchéance sociale des veuves, particulièrement dramatique lorsque l'épouse est une très jeune femme (qu'on avait donnée comme épouse à un vieillard riche). Elle est dorénavant exclue de toutes les réjouissances familiales, on lui rase la tête et elle est condamnée à l'isolement jusqu'à la fin de ses jours.

Les rites collectifs

Comme dans toutes les religions, les rites collectifs de l'hindouisme se pratiquent généralement dans les temples ou dans les lieux sacrés tels que fleuves, bois ou montagnes supposés abriter des divinités.

La pouja

C'est la cérémonie habituellement pratiquée par les prêtres en l'honneur de la divinité, dans son temple ou chez les particuliers (surtout dans les familles riches). Elle a généralement lieu trois fois par jour. On invite la divinité dans sa statue et on la choie avec toutes les attentions dont on entoure et honore un hôte bien-aimé : rafraîchissements, nourriture, vêtements appropriés, divertissements.

Après les invocations et les ablutions de rigueur, on baigne la statue, on la parfume et on l'habille, puis on lui présente les offrandes de nourriture et de fleurs. Si c'est un *lingam*, on verse sur lui les liquides que l'on recueille ensuite dans la rigole d'écoulement du *yoni*. On brûle de l'encens et divers ingrédients sacrés, on tourne autour d'elle avec une lampe. Les fidèles passent les mains au-dessus du feu pour recevoir la bénédiction divine.

Les diverses étapes de la cérémonie sont ponctuées par des prières (*mantras*) et éventuellement des chants et de la musique. Chaque divinité reçoit un type particulier de *pouja* adapté aux demandes qui lui sont adressées.

Les prières

La puissance magique des invocations (*mantras*) est rappelée par ce poème :

« L'univers est au pouvoir des dieux,
les dieux sont au pouvoir des mantras,
les mantras sont au pouvoir des brahmanes,
donc les brahmanes sont nos dieux. »

Les processions

Elles consistent à sortir la statue du dieu de son temple et à lui faire parcourir le territoire avoisinant en la portant sur un chariot richement décoré, au milieu des chants et des danses. La statue est présentée à l'adoration des fidèles et attire sur eux les bienfaits de la divinité qu'elle représente. Les processions se déroulent les jours de fête, généralement une fois par an.

Par exemple, la procession en l'honneur de Ganesh a lieu chaque 1er septembre à Paris.

Les pèlerinages

Les lieux sacrés sont nommés « gués » (*thirtas*), car ils sont des passages entre le monde des humains et celui des dieux. Les plus fréquentés sont Varanasi (Bénarès, sur les rives du Gange), Ayodhya (lieu de naissance de Rama), Mathura (lieu de naissance de Krishna), Kanchipuram (temple de Shiva) et Dwarka (où Krishna devint roi).

Le pèlerinage hindou le plus célèbre est celui de la fête de la Cruche (Kumbh Mela). On raconte que la cruche contenant le nectar divin (*amrit*) avait été dérobée aux dieux par les démons. Au cours de la bataille qui s'ensuivit, quelques gouttes du précieux liquide tombèrent à quatre endroits : Allahabad, Haridwar, Ujjain et Nashik.

Tous les douze ans (à une date fixée par des calculs astronomiques pour chacun des quatre lieux sacrés), les pèlerins viennent se baigner dans l'*amrit*, avec l'espoir d'être libérés (*moksha*) du cycle des réincarnations. Le dernier Kumbh Mela s'est déroulé en 2013 à Allahabad, au confluent de trois fleuves sacrés (le Gange, la Yamuna et la mythique Sarasvati). Les autorités y ont dénombré trente millions de pèlerins.

Pratiques ascétiques

Depuis l'Antiquité, des hindous, insatisfaits par le formalisme des cultes traditionnels, ont essayé de trouver leur salut par des pratiques de dévotion particulières. Ils quittent la vie « mondaine » et les tentations qui les enchaînent aux réincarnations, et s'isolent pour vivre en ascètes.

Ces virtuoses de la maîtrise du corps et de l'esprit ne sont pas des moines vivant en monastères, mais des saints (*sadhous*) menant une vie d'ermite contemplatif. Ils pratiquent des techniques d'extase « apathique », souvent empruntées à l'antique tradition philosophique du yoga.

Le yoga

Le yoga « classique » a été exposé dans le *Yoga soutra* rédigé par Patañjali, dans les premiers siècles de notre ère. Ses techniques consistent principalement à réguler la respiration afin de diminuer l'influx sanguin dans le cerveau et dans les muscles, ce qui conduit les *yogis* à des états d'extase et à des sensations telles que la lévitation ou la connaissance des pensées d'autrui, donc à un état proche de la « délivrance ».

Certains *yogis* laissent pousser leurs cheveux et leurs ongles pendant leur vie entière. D'autres méditent dans l'immobilité totale (parfois dans des postures acrobatiques telles que pendus par les pieds). Ils utilisent fréquemment le haschich pour aider à la méditation.

Chaque secte hindoue a développé son propre yoga, notamment les shivaïtes

Le tantrisme

Cette forme de dévotion ésotérique est pratiquée aussi bien dans l'hindouisme que dans le bouddhisme Vadjranaya (au Tibet et au Japon notamment, voir chapitre 16). C'est une forme de yoga qui ne peut être accomplie que sous la direction d'un *gourou* très expérimenté.

Le tantrisme considère que l'énergie vitale de l'homme est concentrée dans le « serpent primordial » féminin (*koundalini*) lové au bas de la colonne vertébrale. Le rituel consistera à lui faire traverser les six orifices sacrés (*chakras*) du corps (anus, périnée, nombril, cœur, gorge, milieu du front figuré par le « troisième œil » ou *tilak*) pour sortir enfin par la fontanelle (septième *chakra*) et s'unir au divin.

Les sectateurs du tantrisme dit « de la main gauche » poussent la transgression jusqu'à pratiquer les « cinq M », c'est-à-dire les interdits dont les noms commencent par la lettre M en sanskrit, à savoir : viande (*mamsa*) et poisson (*matsya*) – leur consommation viole l'*ahimsa* puisqu'on tue un animal –, alcool (*madya*), graines (*moudra*) et union sexuelle (*maïthouna*). Les quatre premiers sont offerts à la divinité puis consommés par le prêtre. Le dernier, qui vise notamment à maîtriser l'orgasme, se pratique avec une prostituée sacrée.

La bhakti

C'est la dévotion personnelle que le fidèle voue à la divinité, en s'abandonnant à son amour – comme une jeune fiancée dans l'attente de son promis. Elle est décrite en termes féminins et ses modèles sont l'amour de Shakti pour Shiva et celui de Radha pour Krishna. Cette dévotion est très proche de la passion amoureuse mystique cultivée par les soufis ou de celle de la carmélite Thérèse d'Avila.

Les exploits spirituels des *sadhous* ne doivent pas faire oublier qu'ils ne représentent qu'une infime minorité des hindous. La plupart de leurs coreligionnaires vivent au quotidien au milieu des luttes sociales et politiques et ne se privent pas d'y participer activement.

LE SAVIEZ-VOUS ?

Hindouisme, islam et politique

Lors de l'indépendance de l'Inde en 1947, la Ligue musulmane menée par Muhammad Ali Jinnah réclame la partition du pays selon des critères d'appartenance religieuse – contre l'avis de Gandhi et Nehru. Ses miliciens provoquent les extrémistes hindous et mettent le pays à feu et à sang. La séparation du Pakistan musulman de l'Inde laïque (mais à population hindoue) entraîne l'expulsion de six millions de musulmans et de deux millions d'hindous. Les massacres font plus de deux cent mille victimes.

L'assassinat de Gandhi

Pendant la guerre civile de 1947, le Mahatma (Grande Âme) Gandhi, âgé de 78 ans, affiche son attachement à l'hindouisme, mais il donne l'exemple de la conciliation en allant volontairement habiter dans un quartier musulman de Calcutta. Ce type de geste exaspère ses coreligionnaires extrémistes. L'un d'entre eux l'assassine au cours d'une prière publique le 30 janvier 1948.

Le Parti du peuple indien (BJP)

À partir de 1980, l'orateur charismatique Vajpayee forme le parti nationaliste hindou BJP (Bharatiya Janata Party) qui se fait connaître par ses actions terroristes. En 1992, ses partisans détruisent la mosquée de Babour à Ayodhya, construite au temps des empereurs moghols sur l'emplacement d'un temple qui commémorait la naissance de Rama. Ce parti a gouverné l'Inde entre 1998 et 2004. Il est revenu au pouvoir en 2014.

Chapitre 19

Confucianisme et taoïsme

Dans ce chapitre :

- La religion des lettrés et des mandarins
- Les rapports complexes entre politique et religion
- La religion populaire et ses pratiques dérivées

Les Chinois aiment à dire que leurs trois religions (confucianisme, taoïsme et bouddhisme) n'en font qu'une (*San-Jiao-hé-yi*) car leurs dévots n'hésitent pas à s'adresser tantôt à l'une, tantôt à l'autre, suivant les circonstances.

En effet, la vie comporte trois types de problèmes : les rapports avec les hommes, avec le monde et avec la mort. Pour régler les premiers, on suit le confucianisme ; pour les deuxièmes, le taoïsme ; pour les troisièmes, le bouddhisme.

La cosmologie commune

Les trois religions partagent une conception générale de l'univers et de la vie, selon laquelle les mondes matériel et spirituel ne forment qu'un seul système organique, évoluant selon certaines lois.

Le yin et le yang

L'alternance de deux principes entraîne la marche de tout l'univers :

- Le *yin* (féminin) désigne le versant ombragé de la montagne : la Terre, l'obscurité, le froid, la rétraction, le négatif, la douceur, le repos et le néfaste.
- Le *yang* (masculin) désigne le versant ensoleillé de la montagne : le Ciel, la lumière, la chaleur, l'expansion, le positif, la sagesse, l'activité et le faste.

Le symbole de leur union dynamique se nomme le « faîte suprême » (*taiji*). Il est très prisé en Extrême-Orient et se retrouve par exemple dans l'art martial d'inspiration taoïste *taijiquan* (*taichi chuan*).

Le *taiji* figure sur le drapeau de la Corée du Sud, entouré par quatre trigrammes (voir plus bas).

Le qi

C'est l'énergie du souffle vital (prononcé *tchi*) qui traverse tous les vivants. Sa connaissance et sa maîtrise sont des clés de l'ascèse religieuse aussi bien que des arts de la vie sociale.

Les cinq éléments (wuxing)

La distinction entre métal, bois, eau, feu et terre se retrouve dans toutes les classifications, y compris celles que nous nommerions sociales, familiales, psychologiques ou médicales, telles que :

- les cinq couleurs (noir, blanc, rouge, vert, jaune) ;
- les cinq directions (Ouest, Est, Nord, Sud, Milieu) ;
- les cinq Immortels ;
- les cinq montagnes sacrées ;
- les cinq positions sociales (roi, ministre, peuple, communauté, nature) ;
- les cinq planètes visibles à l'œil nu, etc.

La vie après la mort

Tous les êtres possèdent une valeur spirituelle (*ling*) variable. Ils seront jugés après leur mort selon les vertus accumulées au cours de leur vie. En cas de condamnation devant les tribunaux de l'Enfer, ils deviendront des démons.

Les principales règles de morale se trouvent dans les livres *shanshu*, révélés par les dieux, qui sont restés très populaires depuis le Moyen Âge jusqu'à nos jours.

Le confucianisme, religion des lettrés

La tradition plusieurs fois millénaire du confucianisme se confond avec la culture de l'élite politique chinoise, au point que le régime communiste a tenté – sans succès – de l'effacer de la mémoire collective. Les partisans de Mao Zedong en ont fait le symbole du passé détesté, dont le nouveau régime allait faire table rase pour construire les « lendemains qui chantent ». Ils ne sont pourtant pas parvenus à faire oublier le souvenir de Maître Kong.

Maître Kong

PORTRAIT

Kongzi (Confucius selon la transcription française) aurait été contemporain de Pythagore et de Bouddha. Le grand historien Sima Qian a écrit sa biographie, plus de quatre siècles après sa mort.

Histoire de Kongzi

Kongzi est le fils du vieux gouverneur d'une ville du duché de Lou, dans le Shandong et de sa très jeune troisième épouse. Sa naissance (– 551) est entourée de prodiges : une licorne apporte dans sa gueule une tablette de jade portant les mots : « Roi sans sceptre à la décadence des Zhou » (la dynastie régnante de l'époque). L'enfant naît au bout de onze mois de gestation. La nuit de sa naissance, deux dragons entourent sa maison, et les cinq vieillards (esprits des cinq planètes) se montrent dans la cour, pendant qu'une voix céleste annonce : « Le Ciel engendre un saint. » On lit sur la poitrine du nouveau-né : « Sa doctrine fera la loi dans le monde. »

Son père meurt alors qu'il n'a que trois ans. Tout jeune, il aime assister aux cérémonies et apprendre par cœur les textes anciens. Il se marie et a un fils. Il est contrôleur des greniers publics, puis gardien des troupeaux destinés aux sacrifices. Il ouvre ensuite une école dans son village natal. Sa mère meurt quand il a 24 ans

LE SAVIEZ-VOUS ?

Il prend des leçons de luth, dont il jouera tout au long de sa vie. Il estime que la musique, est, avec les rites, un élément essentiel du bon gouvernement, car elle apprend au peuple à contrôler ses émotions – raison pour laquelle aucune cérémonie digne de ce nom ne s'exécute sans musique.

Dix ans plus tard, il demande à rencontrer le vieux maître Laozi (voir plus bas), qui le reçoit fraîchement et lui reproche de faire étalage de sa vertu.

Il parcourt ensuite la Chine, cherchant sans succès à se faire embaucher comme conseiller d'un prince. Il reprend sa vie de maître d'école dans son village. En – 505, il devient sous-préfet. Il est ensuite promu au poste de juge et il rétablit l'ordre dans la région. À 54 ans (– 498), il devient enfin ministre du duché de Lou, mais il démissionne, découragé par la corruption de son prince.

Il commence alors une errance de treize années, accompagné de ses disciples. Même les mendiants se moquent de ses insuccès. Il revient au pays natal et il meurt en – 479, le 18e jour de la 4e lune, à l'âge de 72 ans, après avoir rédigé les « livres canoniques ».

Les œuvres de Confucius

Aucune de ses œuvres ne nous est parvenue intégralement et plusieurs sont apocryphes. Les plus étudiées sont « les Cinq Classiques » (*Wu jing*) :

- le *Livre des mutations* (*Yi Jing*) ;
- le *Livre des poèmes* (*Shi Jing*) ;
- le *Livre de l'histoire, ou des documents* (*Shu Jing*) ;
- le *Livre des rites* (*Li Ji*) ;
- les *Annales des printemps et des automnes* (*Chun Qiu, ou Lin Jing*).

Un sixième Classique a été perdu : le *Canon de la Musique* (*Yo-ki*). On y ajoute souvent un septième : le *Livre de la piété filiale* (*Xiao Jing*) et les « Quatre Livres » (*Si shu*) :

- *La Grande Étude* (*Da Xue*) ;
- *L'Invariable Milieu* (*Zhōng Yong*) ;
- *Les Entretiens familiers* (*Lun Yu*) ;
- *Le Mencius* (*Meng Zi*), qui concerne un de ses principaux disciples.

La connaissance approfondie de ces livres a été exigée pour les concours officiels des fonctionnaires pendant toute la durée de l'Empire chinois (depuis – 124 jusqu'à 1905). Les mandarins recrutés par cette voie devenaient alors des prêtres du culte impérial.

La doctrine confucéenne

L'enseignement de Kongzi vise à développer le *ren* (ou *jen*), c'est-à-dire la vertu d'humanité, qui définit l'homme « de bon sang » (*junzi*) et lui permet d'exercer un gouvernement juste. Elle implique la bienveillance, la loyauté, le respect et la réciprocité.

L'ordre politique et social sera préservé si le supérieur protège son inférieur, lequel lui rend loyauté et respect, selon cinq types de relations :

- gouvernant/ministre ;
- père/fils ;
- mari/femme ;

- frère aîné/cadet ;
- entre amis.

Mais tous les êtres humains sont en dernière instance soumis à la volonté du Ciel qui est la source ultime de l'ordre et de la morale, dont l'empereur est le dépositaire. Pour lui obéir, il faut donc connaître et appliquer strictement les rites religieux, parmi lesquels le culte des ancêtres occupe une place centrale.

CITATION

« Avant Kongzi, on était gentleman (*junzi*) par naissance ; après lui, on l'est par vertu (*ren*) » (René Étiemble).

Dieux et Immortels

Les dieux chinois sont innombrables, depuis les grands dieux des forces de la nature jusqu'aux minuscules divinités locales et familiales.

La cosmogonie

Selon la mythologie chinoise, le monde vient d'un œuf, dont sont sortis le Ciel rond, la Terre carrée et le géant *Pangou*, accompagné d'un dragon, d'un phénix, d'une licorne et d'une tortue. Lorsque Pangou mourut, le Soleil et la Lune naquirent de ses yeux, l'eau des rivières et des mers naquit de son sang, le vent et les nuages naquirent de son souffle, et le tonnerre de sa voix. Enfin, de ses parasites naquirent les ancêtres des êtres humains.

Le Souverain du Ciel

Hoang t'ien chang ti est le régulateur des saisons, donc de la prospérité agricole. L'empereur, qu'il soit légitime ou usurpateur, reçoit de lui son Mandat céleste pour établir le bon ordre dans la nature et parmi les hommes, grâce à sa vertu. Il invoque aussi le dieu, avec force roulements de tambours, pour conjurer son excès de *yin*, par exemple lors d'une éclipse de soleil, d'une inondation – ou son excès de *yang* lors d'une sécheresse.

LE SAVIEZ-VOUS ?

Le temple du Ciel

Ce grand ensemble couvrant 270 hectares s'élève depuis le xve siècle à quelques kilomètres de la Cité interdite. Il contient l'autel principal, le temple de la purification, la demeure du seigneur du Ciel et le temple des Moissons abondantes. Le temple de la Terre a été construit un siècle plus tard au nord de la capitale.

Le dieu des murailles et des fossés

Chenghuang est le dieu de la ville. Il a donc un rôle essentiel pour le maintien de l'ordre politique. Il a sous ses ordres toute une administration. Ses subordonnés les plus célèbres sont « Monsieur Blanc » (Bai lao-ye) et « Monsieur Noir » (Hei lao-ye), qui voient tout ce qui se passe dans la circonscription, le premier pendant le jour et le second pendant la nuit.

Le dieu des Enfers

Yanluowang, gardien et juge terrifiant, est très présent dans les contes, mais aucun temple ne lui est consacré.

Le dieu de la guerre

Guan-yu, chef de mercenaires (les Italiens le nommeraient *condottiere*) brave et romanesque, est mort en 220. Ses exploits l'ont fait honorer sous les dynasties Song, Yuan et Ming. Par décret impérial, il a son temple dans toutes les grandes villes de l'empire. On lui offre des sacrifices le quinzième jour de la deuxième lune et le treizième jour de la cinquième. Il est pour les militaires l'équivalent de Kongzi pour les lettrés.

Le dieu du sol

Tudigong est encore aujourd'hui vénéré dans toute la Chine. Autrefois, à l'image de l'empereur, chaque groupe de familles et division territoriale administrative sacrifiait au dieu de son sol pour obtenir de bonnes moissons. On pratiquait grandes fêtes collectives saisonnières d'automne et de printemps (semailles, moissons), accompagnées de danses et de chants.

Le dieu du fourneau (et sa femme)

Dans chaque foyer, on colle l'image de Zaowangye et de son épouse, la fidèle Ding Xiang, sur le mur au-dessus du fourneau, car il fait chaque année son rapport au dieu du Ciel sur le comportement des habitants de la maison.

On vénère aussi les dieux du puits, de la porte extérieure et des portes intérieures.

On ménageait autrefois dans la maison un lieu au-dessus duquel le toit était ouvert, afin que le sol puisse recevoir la pluie et les forces célestes. Dans les temps modernes, le dieu du fourneau est devenu le petit génie local *tou ti*, auquel chaque famille sacrifie. C'est pour lui qu'on allume encore chaque soir des bâtonnets d'encens pour en obtenir la prospérité.

Les lettrés chinois ont divinisé bon nombre de hauts dignitaires de leur corporation qui s'étaient illustrés dans les temps anciens, à commencer par Kongzi.

Kongzi, le patron tutélaire

Malgré ses déboires, l'idéal social et politique de Kongzi est adopté par les empereurs chinois, dès l'époque des Han. On lui élève un temple dans sa ville en 442, puis dans la capitale en 505. Son image est accrochée dans les écoles en 637. Il est qualifié de « Maître suprême » en 665, de « roi » en 739, de « Suprême Saint » en 1013. Il est revêtu de la robe impériale en 1048 et ses ancêtres sont anoblis en 1330. Un temple lui est dédié dans chaque sous-préfecture. Il est finalement vénéré comme « Maître pour 10 000 générations ».

C'est à ce titre que les Gardes rouges sont allés profaner sa tombe en 1966 et détruire des milliers de textes anciens.

« Très cher Président Mao, cent mille membres des masses révolutionnaires désirent vous informer d'un événement palpitant : nous nous sommes révoltés, nous nous sommes révoltés ! Nous avons abattu la statue de céramique du 2e fils de Kong. Nous avons fait tomber la plaque qui vante le "Maître de 10 000 générations". Nous avons nivelé la tombe de Kongzi » (télégramme des Gardes rouges au président Mao daté du 29 novembre 1966).

Wenchang, le dieu de la littérature

De son vivant, Wen Chang était président du ministère des Rites. On lui attribue treize réincarnations jusqu'au XIVe siècle. Dans ses pagodes, on trouve presque toujours deux autels secondaires, dédiés à Kui Xing et à Zhu Yi.

Kui Xing, distributeur des grades littéraires

On raconte que Kui Xing avait été reçu premier aux examens de la capitale et qu'il devait donc recevoir la récompense de la rose d'or des mains de l'empereur. Malheureusement, il était d'aspect si difforme et repoussant que l'empereur refusa de lui donner sa récompense. Le pauvre garçon alla se noyer dans la rivière, mais un poisson miraculeux, *ao,* l'emporta sur son dos et l'éleva au ciel où il est devenu une étoile de la Grande Ourse. On l'invoque évidemment lors du passage des examens. Son assistant, Zhu Yi, aide à faire réussir les candidats dont le niveau est insuffisant.

Les rites

Comme dans toutes les sociétés agricoles traditionnelles, le souci obsédant de la religion chinoise est de garantir la prospérité de l'agriculture, car le spectre de la famine menace perpétuellement les populations. Le tragique épisode du « Grand Bond en avant » l'a encore montré en pleine période maoïste (plus de dix millions de morts de faim entre 1958 et 1962) – les Coréens du Nord en ont encore fait l'expérience en 1997 (deux millions de morts). Le second souci est de se concilier les esprits des ancêtres.

Le labour impérial

Chaque début de printemps, l'empereur sacrifiait en grand appareil au dieu du sol impérial, sur un autel pourvu d'une cloche de pierre proche d'un arbre sacré. Il traçait ensuite trois sillons avec une charrue en forme de dragon, pour désacraliser le sol et priait le « dieu du sol » dynastique, pour garantir de bonnes récoltes. À l'automne, il le remerciait pour les bonnes moissons et clôturait la saison agricole de l'empire.

Le culte des ancêtres

On installe l'autel des ancêtres où résident les âmes des morts, dans le coin sud-ouest de la maison. C'est une sorte de pagode en miniature. Elle abrite les tablettes portant les noms des ancêtres, pour qui on allume des bougies et des bâtons d'encens tous les 1er et 15e jours du mois lunaire.

LE SAVIEZ-VOUS ?

Les ancêtres légitiment aussi l'autorité religieuse de l'empereur, en tant que Fils du Ciel. Le temple des ancêtres impériaux représente le *yang* et se trouve donc « à gauche », c'est-à-dire à l'est du palais, du côté où le soleil se lève. Après la révolution communiste, il a été transformé en Palais culturel des travailleurs.

Les grandes fêtes

Elles sont liées à l'ancien calendrier lunaire :

- le Nouvel An (*Chun jie*), le 1er jour du 1er mois (en février) ;
- la fête des Lanternes (*Yuanxiao jie*), le 15e jour du 1er mois. On ramène dans l'autre monde les âmes des défunts qui étaient venus visiter leurs familles ;
- l'anniversaire de Guanyin (*Guanshiyin shengri*), le 19e jour de la 2e lune ;
- la fête du Balayage des tombes (*Qingming jie*), le 4 ou 5 avril. On dépose des fleurs et on brûle des billets de banque sur les tombes ;
- l'anniversaire de Ma Zu, la déesse de la mer (*Matsu Shengri*), le 23e jour de la 3e lune, au printemps ;
- la fête des Bateaux-Dragons (*Duanwu jie*), le 5e jour du 5e mois. Elle commémore le suicide du poète Qu'Yuan qui protesta contre la corruption de son roi. On y mange des gâteaux de riz gluant

triangulaires enveloppés dans les feuilles de bambou (*zongzi*) et on organise des courses de bateaux avec des têtes et des queues de dragons, au rythme des tambours ;

- la fête de la Tisserande et du Bouvier (*Qi Xi*), le 7e jour du 7e mois. Elle aura lieu le 20 août en 2015 et le 9 août en 2016. C'est la fête des amoureux ;

LE SAVIEZ-VOUS ?

La Tisserande céleste (*Zhinu*) et le Bouvier (*Niulang*)

Les deux amoureux mythiques – la Tisserande et le Bouvier – ont été séparés par la jalousie de la femme de l'empereur céleste. Chaque année, pendant cette nuit sacrée, les pies célestes construisent un pont au-dessus du fleuve de la Voie lactée, pour permettre au Bouvier de retrouver sa bien-aimée.

- le mois des esprits (*Gui Yue*), qui a lieu les quinze premiers jours du 7e mois. Les portes de l'Enfer sont ouvertes, si bien que les démons peuvent circuler en toute liberté parmi les hommes ;
- l'anniversaire de Confucius (*Kongzi Shengri*), le 28 septembre ;
- la fête de la Lune (*Zhongqiu jie*), le 15e jour de la 8e lune, donc à la pleine lune. On y mange des « gâteaux de lune » (*yue bing*) qui évoquent le soulèvement contre les empereurs mongols (le peuple avait été appelé à la révolte par des petits papiers cachés dans les gâteaux).

Un clergé d'intellectuels

Les prêtres confucianistes (*lisheng*) sont l'ensemble des lettrés qui ont passé avec succès les concours de recrutement de l'administration impériale. En tant que magistrats, ils ont la responsabilité de pratiquer au nom de l'empereur les cultes locaux correspondant à leur circonscription. Ils se forment au rituel dans des académies (*shouyuan*).

La divination par le yijing

Le lettré confucianiste méprise la magie, qu'il laisse aux taoïstes. En revanche, il apprécie hautement la divination par le *yijing* (souvent écrit Yi King) qui repose sur une haute spéculation philosophique. Elle consiste à construire un « hexagramme » (*liushizi gua*) composé de deux *bagua* (voir ci-dessous). Soixante-quatre combinaisons sont donc possibles, figurant chacune une évolution symbolique du monde qui guidera le consultant pour prendre une décision appropriée (depuis ses affaires de cœur jusqu'à la déclaration de la guerre).

Le saviez-vous ?

Pour construire l'hexagramme, on utilise un tirage très sophistiqué de tiges d'achillée millefeuille, ou plus simplement trois pièces de monnaie.

Les huit trigrammes (bagua)

Ce sont des groupes de trois lignes (*gua*), continues ou discontinues, qui ont été observés sur la carapace d'une tortue par Fuxi, le premier homme civilisé. Chacun d'entre eux indique un état de l'univers. Leur combinaison sert de base à la divination du *yijing* (voir ci-dessous).

Bagua	***Nom***	***Élément***
☰	Qian	Le ciel
☷	Kun	La terre
☳	Zhen	Le tonnerre
☴	Xun	Le vent, le bois
☲	Li	Le feu
☵	Kan	L'eau
☶	Gen	La montagne
☱	Dui	Le marais

Le taoïsme et la voie de l'immortalité

La religion officielle confucéenne convenait parfaitement à l'État, mais elle ne satisfaisait pas les besoins individuels de sentimentalité ni de défense contre l'adversité. Ces besoins ont été remplis par le taoïsme, puis par le bouddhisme (voir chapitre 15). C'est la raison pour laquelle ces deux religions ont été combattues par les lettrés confucianistes – qui ne dédaignaient pas de faire appel à elles pour leurs besoins personnels.

Le Vieux Maître (Laozi) et ses disciples

Si Laozi signifie le « Vieux Maître », c'est parce qu'il s'est déjà incarné depuis des milliers de cycles cosmiques. C'est lui qui enseigna aux hommes la civilisation, et il connaissait le secret de la longue vie. Sa biographie est donc largement mythologique.

Sur le dos du buffle

Sa mère le conçoit en avalant une perle magique et sa grossesse dure 81 ans. Il naît sous la forme d'un vieillard-enfant dans la ville de Lou-i-hien au Honan – c'est pourquoi on le représente comme un vieillard, un éventail à la main.

Il est archiviste à la cour des Zhou mais renonce à sa charge à l'âge de 160 ans. Il part alors en voyage sur le dos d'un buffle, vers les terres de l'Ouest. Il remet au douanier de la frontière un exemplaire du *Classique de la voie et de la vertu* (*Daode jing*), puis poursuit sa route vers l'Inde, les mondes des sauvages et des Immortels.

En mission vers l'Occident

Arrivé chez le roi du Khotan (sur la route de la soie), Laozi lui expliqua les défenses et les cérémonies rituelles, les trois parties du canon taoïste, les trente-six sections et les dix-huit mille articles, les devoirs des princes et des sujets, la récompense et les châtiments, les moyens à prendre pour parvenir aux trois degrés des génies : saints, héros, génies terrestres et célestes. Il expliqua aussi l'aérothérapie, la gymnastique respiratoire, la vertu des herbes des génies, le procédé pour se métamorphoser, les incantations par lesquelles on peut appeler les génies, l'art de dessiner les talismans, etc.

Laozi est rapidement devenu un personnage très populaire. À l'époque Tang, on raconta même qu'il était allé convertir le roi du Cachemire et que Bouddha était un de ses avatars. Il apparaît aussi dans le fameux récit populaire, *Le Voyage en Occident*, aux côtés de la déesse Guanyin.

Le fondateur historique

Au second siècle de notre ère, Zhang Daoling reçoit une apparition de Laozi qui le proclame Maître céleste (*tianshi*). Il fonde une secte appelée « des Cinq Boisseaux de Riz » (l'impôt prélevé sur les paysans), fondée sur le *Daode jing*. C'est à partir de lui que nous connaissons la première véritable doctrine taoïste. Ses disciples reçoivent l'initiation dès l'enfance et refusent les sacrifices d'animaux du culte officiel. La secte va bientôt dominer la région du Sichuan et nourrir des mouvements de révolte messianiques tels que la « Voie de la grande paix » (Taipingdao) et les « Turbans jaunes » (Huangjin) en 184, qui ébranleront durablement le pouvoir impérial des Han avant d'être noyés dans le sang.

On dit que Zhang Daoling légua à son fils trois trésors :

- la recette de la pilule d'immortalité ;
- un recueil de talismans et son sceau ;
- une paire de sabres pour chasser les diables.

Le maître céleste Zhang Yuan, soixante-quatrième successeur de Zhang Daoling, vit actuellement à Taïwan.

Les trois textes fondateurs

Le taoïsme est surtout connu par trois textes :

- le *Classique de la voie et de la vertu* (*Daode jing* ou *Tao te king*), attribué à Laozi, aborde dans un style poétique, les principes taoïstes, radicalement opposés à ceux de Kongzi : l'organisation du cosmos et la pratique du « non-agir » (*wu-wei*) pour parvenir à l'immortalité ;
- le *Livre de Maître Zhouang* (*Zhuangzi*) contient d'innombrables contes, fables et dialogues brillants, parmi lesquels le célébrissime « Rêve du papillon » (Zhuangzi rêve qu'il est un papillon, mais en se réveillant, il se demande s'il n'est pas un papillon qui rêve qu'il est Zhuangzi) ;
- le *Vrai Classique du vide parfait* (*Lie Zi*) collectionne les anecdotes sur les mêmes thèmes. On y trouve notamment la fable « Comment Yu kong déplaça les montagnes » qui vante l'efficacité du travail collectif.

La Voie (Dao)

Le Dao est le principe initial de l'univers, produisant le *yin* et le *yang* au cours des cycles des *kalpas* successifs. Mais c'est aussi le chemin de la communication entre les puissances sacrées et les hommes, donc le pouvoir mystérieux des devins et des magiciens.

Zhang Daoling, véritable fondateur historique du taoïsme, a pris le principe de modeler le monde divin sur celui que nous habitons : même système de gouvernement, mêmes rouages administratifs, mêmes roueries politiques.

La bureaucratie céleste

Elle réside dans trente-six Cieux superposés, dominés par la Triade des Purs, qui vit dans le Palais supérieur. Puis viennent les Cieux des saints (*shén*), des héros (*tian jiang*) et des Immortels, qu'on appelle souvent « génies » (*xian*). Les Immortels, ministres et dieux protecteurs, sont des hommes qui ont réussi à prolonger leur vie jusqu'à l'immortalité par l'ascèse. Leur famille s'est considérablement agrandie au cours du temps, chaque dynastie ajoutant des Immortels de son choix.

Les Trois Purs

Ils sont une création du Vᵉ siècle, répondant à la triade bouddhique (Shakyamouni, entouré des *bodhisattvas* Amitabha et Maitreya). Ils règnent respectivement sur les trois catégories d'immortels :

- l'empereur de Jade (Yuanshi Tianzun), premier maître, qui sera le dieu tutélaire de la famille impériale à partir du IXᵉ siècle ;
- le seigneur de la Voie (Daojun) ;
- Laozi.

Les Huit Immortels

Ils sont sept hommes et une femme, célèbres pour leur piété et leur ascétisme. Ils ont été divinisés à l'époque des empereurs mongols. Leur popularité leur a valu de devenir les héros de romans et de pieux récits, souvent contradictoires :

- Zhang Guolao, qui est représenté à califourchon à l'envers sur son âne ; il porte à la main une plume de phénix ;
- Lan Caihe, le flûtiste, symbole des saltimbanques ;
- He Xiangzi, qui porte un bouquet de fleurs ou un panier de pêches d'immortalité ;
- Han Zhongli, grassouillet, armé de son sabre magique pour pourfendre les diables ;
- Cao Guojiu, qui tient à deux mains la tablette l'autorisant à se présenter aux audiences des autorités supérieures ;
- Lü Dongbin, l'alchimiste ;
- Tieguai Li, avec sa jambe de fer et sa gourde contenant des remèdes magiques (ou de l'alcool). Il sert d'enseigne aux pharmacies ;

- He Xiangu, jeune femme qui tient une fleur de lotus magique. Souvent, elle joue du *sheng* (un orgue à bouche) et boit du vin. Elle aurait vécu au temps de l'impératrice Wou Zetian (voir chapitre 16). C'est la « beauté facile », selon les termes de l'érudit jésuite Henri Doré, missionnaire à Shanghaï au début du siècle dernier.

PORTRAIT

Comment He Xiangu est devenue immortelle

Une nuit, alors qu'elle avait 14 ans, elle vit en rêve un esprit qui lui ordonna de manger la pierre « Mère des nuages » réduite en poudre et de ne pas se marier. Elle obéit et obtint ainsi le pouvoir de voler d'une montagne à l'autre, ce qui lui permettait d'apporter à manger à sa mère. Enfin, elle cessa de s'alimenter. L'impératrice l'invita à sa cour, mais elle disparut mystérieusement au milieu du trajet.

Les trois mandarins célestes

Ils se répartissent les provinces du monde, comme les ministres de l'empereur :

- Le gouverneur du Ciel (Tianguan) régit le premier tiers de l'année et gouverne les divinités célestes. Il est assimilé au dieu des remparts et des fossés.
- Le gouverneur de la Terre (Diguan) régit le deuxième tiers de l'année et gouverne les dieux terrestres et les cinq montagnes sacrées.
- Le gouverneur des eaux (Shuiguan) régit le dernier tiers de l'année et gouverne les divinités des mers et des rivières.

Le dieu de la guerre

Le « Guerrier noir » Zhenwu est la 82e incarnation de Laozi. Il a été divinisé au XVe siècle par l'empereur Yonglé, sans doute pour satisfaire les militaires jaloux de l'importance accordée aux dieux des lettrés. On le fête le troisième jour du troisième mois.

Les ministères célestes

Chacun d'entre eux administre un secteur précis de la vie des hommes :

- tonnerre et orages (vingt-quatre dignitaires, équivalents des *asuras* bouddhiques) ;
- médecine (dix médecins célèbres et de divers dieux spécialistes) ;

- variole ;
- eaux (rois-dragons des quatre mers, des quatre fleuves et des autres cours d'eau) ;
- feu (dieux des constellations du Tigre, du Porc, du Singe et du Serpent) ;
- épidémies (dieux des pestes des quatre saisons, cinq musiciens enchantés) ;
- temps (T'ai-soei, dieu maléfique de l'année, assisté de dix esprits et de quatre employés) ;
- cinq monts sacrés ;
- exorcismes.

S'y ajoutent les innombrables dieux des corporations, depuis celui des orfèvres (I-tsiang, qui n'est autre que Mi-lou-fo) jusqu'au dieu des porcheries (Zhou-kiuen-che).

On peut enfin citer, parmi une infinité d'autres, les quatre généraux célestes, les douze esprits Ting (féminins) et Kia (masculins) importants dans la composition des talismans ; le papillon transcendant (disciple de Laozi), le renard transcendant à neuf queues, le Dragon-cheval compatissant ; les trois frères musiciens (à l'origine du rite annuel des bateaux-dragons) ; les neuf frères du lac aux neuf carpes ; les cinq vieillards.

Les Enfers

À l'époque des Tang, on rédigea un code des péchés précisant que les Enfers se trouvent sous la plaine de Hao-li, au pied du mont Taishen (le Pic de l'Est), dans le Shandong. Le temple du dieu du Taishen, souverain des Enfers, est un puissant symbole national car Qin Shi Huangdi y proclama l'unité de l'empire en – 219.

LE SAVIEZ-VOUS ?

On y accède par un escalier de 6 660 marches. Aujourd'hui, il est desservi par deux téléphériques.

Dans chaque ville, le temple du génie local, desservi par les taoïstes, est aussi un temple du Pic de l'Est. On y représente les soixante-quinze cours de justice qui gouvernent le monde des morts.

La princesse des nuages colorés

C'est la fille du dieu du mont Taishan. Elle préside aux naissances, avec ses deux assistantes

« Une Chinoise demande des enfants, ou tout bonheur qui lui fait envie, à la Tisserande céleste, quand c'est sa fête, à Guanyin ou à la princesse des nuages colorés, quand une foire l'attire auprès d'un temple où se voit l'image d'une de ces déesses. Sa dévotion s'exprime uniformément par des génuflexions et des prosternations qui ne diffèrent pas de celles que fait la mendiante à l'Excellence qui passe. Quelle est la confession de la divinité ? Elle ne s'en soucie guère, elle sait seulement que, selon les lieux, il faut, pour brûler de l'encens, s'adresser à un bonze ou à un *daoshi*. Celui-ci fait moins office de prêtre que de sacristain » (Marcel Granet).

Les lieux de culte

Un nombre infini de divinités peuplent les mondes céleste, terrestre et infernal. Il faut donc se les concilier (ou s'en protéger) dans leurs sanctuaires attitrés, mais aussi dans divers lieux « naturels » où ils demeurent.

Les temples

Ils proposent principalement des cérémonies funéraires, telles que le « passage des ponts » (*guoqiao*) pour guider l'âme du défunt vers une bonne réincarnation.

Les rituels de prospérité consistent en récitations de textes sacrés (*jing*), litanies (*chan*) et offrandes au Ciel (*zhaitian*). On vend des monnaies de papier destinées à être brûlées, pendant que l'on présente aux dieux un mémoire au nom des demandeurs.

Les lieux sacrés

Ce sont les soixante-douze montagnes, les trente-six grottes célestes, les cinq capitales terrestres de Laozi, les cinq monts sacrés, etc. On y élève des pagodes et on s'y rend en pèlerinage à l'occasion de fêtes annuelles.

Les pratiques rituelles

Pour devenir immortel, l'homme doit se plier à une purification ascétique en neuf étapes d'une année chacune, ce qui n'est donc pas à la portée de la masse des fidèles. Les dévots aiment se réunir en confréries (*xianghui*), souvent dirigées par des femmes médiums, qui organisent des cultes et des pèlerinages.

Les prêtres ou « maîtres de la Voie » (*daoshi*), à qui l'on s'adresse pour des services particuliers vivent en communautés monastiques, réparties en deux groupes principaux : « Complétude parfaite » (Quanzhen) et « Vérité et Unité »

(Zhengyi). Leur initiation peut commencer dès l'enfance. Ils sont soumis aux mêmes interdits que les moines bouddhistes : tuer les êtres vivants, voler, boire du vin, avoir des rapports sexuels, etc.

L'orientation nettement magique et utilitariste du taoïsme comprend notamment la confection (et la vente fort lucrative) de talismans, ainsi que de nombreuses techniques de maîtrise corporelle et spirituelle, comme la géomancie, le *taijiquan* et le *qi gong*.

La géomancie

Signifiant littéralement le Vent et l'Eau (*feng shui*), la géomancie identifie les flux du *qi* et du *wuxing* des lieux (les cinq éléments) selon l'environnement et l'écoulement cyclique du temps. Elle est donc indispensable pour construire sa maison ou sa tombe.

LE SAVIEZ-VOUS ?

Son usage revient en force y compris lors de la construction des immeubles les plus modernes, tels que la Bank of China de Hong Kong.

Le taijiquan

À la fois gymnastique et art martial, il est connu pour ne pas faire appel à la force musculaire et pour se pratiquer contre un adversaire fictif, ce qui le fait qualifier de « boxe avec l'ombre ».

Le qi gong

Cette gymnastique, fondée sur le contrôle de la respiration *qi*, était bien vue par le régime communiste. Elle a connu un essor inattendu lorsque Li Hongzhi l'a développée en 1992 dans sa « Méthode de la roue du *dharma* » (Falun gong), fortement mêlée de mystique traditionnelle bouddhiste et taoïste.

LE SAVIEZ-VOUS ?

Le mouvement Falun gong a été dénoncé et très violemment réprimé par les autorités chinoises depuis 1999.

Chapitre 20

Le shintoïsme

Dans ce chapitre :

- Rochers et arbres sacrés noués
- Une religion mise au service de l'impérialisme

La religion ancestrale shinto (« la voie de Dieu »), antérieure à la pénétration bouddhiste, est restée très vivace au Japon, tant à la campagne que dans les villes. Elle s'est vue instrumentalisée à la fin du XIXe siècle par le régime impérialiste japonais, jusqu'à l'écrasante défaite de 1945.

80 % des Japonais se déclarent shintoïstes. Or 80 % d'entre eux se disent également bouddhistes. Cette statistique suffirait à prouver, si besoin en était, que contrairement aux Occidentaux – et à l'instar de leurs voisins chinois ou coréens – les Japonais pratiquent sans problème les cultes de plusieurs religions différentes. D'ailleurs, ils aimaient dire naguère qu'ils naissaient shinto, vivaient confucéens et mouraient bouddhistes.

CITATION

Proverbe japonais : « Le Japon est un pays divin (*shinkoku*). »

La religion et les aléas de la politique...

Les pouvoirs politiques japonais, depuis l'empereur jusqu'au seigneur de village, ont toujours cherché à utiliser la religion pour asseoir leur autorité. Ils ont favorisé les monastères bouddhistes mais les ont ensuite combattus, lorsque leurs sectes ont pris trop d'importance politique.

L'aristocratie guerrière japonaise, ainsi que les lettrés de l'administration impériale, se sont d'abord fortement opposés à l'influence du bouddhisme sur la société. Ils le considéraient comme doublement étranger car importé d'Inde *via* la Chine. L'histoire du Japon médiéval a ainsi vu se dérouler des luttes d'influences incessantes entre sectes religieuses et factions politiques rivales.

La masse de la population se soumettait aux changements de maîtres, tout en restant très attachés à ses croyances et aux cultes traditionnels shinto.

À partir du XVIIe siècle, les *shoguns* (dictateurs militaires) de la famille Tokugawa écartèrent la dynastie impériale du pouvoir et instaurèrent le bouddhisme en religion d'État, tout en encourageant le confucianisme comme doctrine de paix sociale (valorisant la piété filiale et la loyauté). Toute la population fut contrainte de s'affilier aux sectes bouddhistes autorisées et à s'inscrire dans un temple.

La révolution de l'empereur Meiji

Cependant, en 1868, l'empereur Mutsuhito (Meiji) parvient à restaurer le pouvoir impérial. Il quitte sa résidence de Kyoto et reprend possession du palais de Tokyo. Son souci majeur est de moderniser le pays pour résister aux avancées coloniales des Occidentaux, qui sont en passe de réduire la Chine à un asservissement humiliant (le régime des traités inégaux et des « concessions étrangères »). Il pense que ce projet est irréalisable si le Japon ne dispose pas d'une religion nationale organisée pour rassembler la population derrière lui dans une obéissance absolue. Le shinto sera cette religion.

LE SAVIEZ-VOUS ?

Comme les *shoguns* se sont appuyés depuis des siècles sur le clergé bouddhiste, Mutsuhito s'attaque au bouddhisme et tente d'imposer le shintoïsme comme religion unique au Japon, au motif qu'il aurait été la religion autochtone du Japon, avant l'arrivée du bouddhisme.

Avec la refonte de la constitution en 1868, le shinto devient la religion de l'État (Kokka Shinto) et l'empereur son grand prêtre. Un département des Affaires shinto est créé, qui ne sera dissous qu'en janvier 1946.

Dès 1872, tous ses prêtres deviennent des fonctionnaires de l'État et la transmission héréditaire de leur fonction est abolie. Leurs sanctuaires sont nationalisés et organisés selon une hiérarchie territoriale, dominée par le sanctuaire impérial d'Ise (la déesse-Soleil Amaterasu étant réputée l'ancêtre de la dynastie impériale). Ils sont tenus d'abandonner complètement les cultes bouddhistes. On lance même des campagnes de destructions des temples bouddhiques et on tente – sans succès – de transférer aux sanctuaires shintos les cérémonies funéraires traditionnellement organisées par les bouddhistes. Enfin, chaque citoyen doit s'enregistrer comme membre de son sanctuaire shinto local (*jinja*).

Cependant, au bout de quelques années, les résistances s'amplifient au point que l'empereur est obligé de garantir la liberté religieuse (1872). Il requalifie alors le Kokka Shinto en « manifestation de civisme national » et non plus en religion. Du coup, aucun citoyen ne peut y échapper.

Les sanctuaires shintos traditionnels sont désormais obligés d'adhérer à l'un des treize courants (Shuha Shinto) reconnus par l'État.

Pendant une quinzaine d'années, l'État confie la propagande du Kokka Shinto à des professeurs d'éthique qui sont envoyés dans près de cent mille établissements pour y enseigner les trois principes :

- l'esprit d'admiration pour les *kamis* (dieux) et d'amour pour l'empereur ;
- la clarification du principe céleste et de la voie humaine ;
- le culte de l'empereur et l'obéissance à la Maison impériale.

L'administration religieuse sera modifiée à plusieurs reprises, mais le shintoïsme fait désormais partie de l'enseignement scolaire obligatoire (on installe de petits sanctuaires dans les écoles, pourvus du portrait de l'empereur « dieu vivant »).

Mutsuhito (Meiji) fait diviniser plusieurs empereurs anciens, à commencer par Jinmu, le fondateur mythique de la lignée impériale. Après sa mort (1912), il sera lui-même objet d'un culte. Son sanctuaire, le plus vaste du pays, est orné de cent mille arbres offerts par les habitants de tout le Japon.

La dérive impérialiste Showa

En 1928, son petit-fils Hiro-Hito (Showa) est intronisé grand prêtre. Il utilisera le shintoïsme d'État pour la « mobilisation générale des esprits » dans une idéologie militariste et impérialiste sans scrupule, qui l'amène à se rapprocher de l'Allemagne hitlérienne. Le shinto devient une sorte d'« identité nationale » japonaise, alors que le gouvernement impérial et le haut commandement de l'armée soumettent la population à un régime quasi fasciste. La fréquentation des temples est obligatoire, ainsi que la salutation quotidienne et collective « dans la direction du Palais ». Quiconque s'y dérobe peut être poursuivi pour crime de lèse-majesté.

La suite est connue : vingt ans après la Corée, la Chine est envahie (à partir de 1931) et soumise à une occupation d'une terrible cruauté. L'impérialisme nippon ne sera stoppé que par l'offensive anglo-américaine pendant la Seconde Guerre mondiale.

LE SAVIEZ-VOUS ?

Le *kamikaze*

Le *kamikase* désigne un « vent divin » qui souffle sur la région du sanctuaire d'Ise. La légende raconte qu'il a miraculeusement provoqué le naufrage de la flotte chinoise de Kubilaï Khan qui venait envahir le Japon à la fin du XIIIe siècle.

En automne 1944, la Marine impériale japonaise, acculée à la défaite par les Alliés, a baptisé de ce nom certains pilotes qui eurent pour mission d'aller écraser leurs avions bourrés d'explosifs sur les navires américains.

En janvier 1946, six mois après les bombardements d'Hiroshima et de Nagasaki et la reddition sans condition du Japon, le général Mac Arthur, commandant suprême des Forces alliées, impose la séparation totale entre l'État japonais et les religions. L'empereur est contraint d'abolir l'article 3 de la Constitution qui stipulait que « l'Empereur est d'essence céleste, divine, et sacrée ». Il déclare publiquement qu'il n'est pas une « divinité incarnée » (*akitsumikami*).

Le shintoïsme, aujourd'hui

L'empereur perd le contrôle du shintoïsme. Ses quatre-vingt mille sanctuaires, y compris celui d'Ise (sur un total de cent mille) seront dorénavant regroupés dans l'association privée Jinja Honcho. Le Kokka Shinto comme religion d'État est définitivement enterré. La religion peut retrouver ses formes populaires spontanées.

LE SAVIEZ-VOUS ?

L'anniversaire de l'État

Le 11 février est la date-anniversaire de l'État japonais (Kenkoku Kinenbi). C'est à cette date que le premier empereur « Puissance divine » (Jinmu), descendant d'Amaterasu, aurait fondé l'empire en 660 avant notre ère. Cette fête est officiellement instituée par l'empereur Meiji en 1872, puis abolie en 1946. Elle a cependant été réintroduite en 1966, sous l'influence des partis nationalistes.

Les fidèles du culte shinto reprennent le rythme des fêtes et des paisibles cultes traditionnels, même si les nostalgiques militaristes de l'Empire s'efforcent de raviver le culte impérial.

Cependant, les sanctuaires de l'ancien culte d'État subsistent en tant que « hauts lieux » vénérés par les Japonais. Outre les innombrables sanctuaires locaux, les deux capitales de la religion impériale sont l'ancestral sanctuaire d'Ise, demeure de la déesse Soleil Amaterasu, que l'on reconstruit tous les vingt ans pour garantir son éternité, ainsi que le moderne sanctuaire Meiji de Tokyo, mausolée de l'empereur Mutsuhito édifié en 1912.

À MÉDITER

Un sanctuaire controversé

À Tokyo, le temple du Pays apaisé (*Yasukuni jinja*) est dédié, en 1869, aux soldats morts pour l'empereur Meiji. À sa fondation, il vénérait les âmes de trois mille cinq cents soldats. Mais, à partir de 1959, ses dirigeants y ont ajouté les noms de 2,5 millions de personnes, parmi lesquels quatorze criminels de guerre avérés. Périodiquement, les Premiers ministres rendent visite à ce temple pour flatter le chauvinisme de leurs électeurs, ce qui provoque toujours un tollé en Corée et en Chine. Le dernier en date est Shinzo Abe, qui s'y est rendu le 26 décembre 2013.

Des croyances imprégnées d'animisme

Parmi les huit cent mille dieux shintos, certains ressemblent étonnamment à ceux des polythéistes occidentaux ou asiatiques, car ils ont forme humaine (ou surhumaine) ou animale. Mais d'autres sont des rochers, des arbres, des vents, des tourbillons, des sources, bref, ce que nous nommerions éléments ou forces naturelles, ou lieux sacrés. Les historiens japonais eux-mêmes ont pris l'habitude de qualifier leurs cultes d'*animisumu*, c'est-à-dire « animisme ». (Voir, à ce sujet, la septième partie du livre.)

UN PEU DE TECHNIQUE

L'animisme

Ce terme est né à la fin du XIXe siècle pour désigner globalement la croyance aux « âmes » (du latin *anima*) ou aux « esprits », supposés avoir une existence autonome et exercer des influences bénéfiques ou maléfiques sur les hommes. L'anthropologue Edward B. Tylor (1832-1917), qui inventa ce terme, pensait que l'animisme était le stade primitif de la religion, auquel avaient succédé le polythéisme, puis le monothéisme. Il pensait que les « primitifs » attribuaient des âmes à tous les êtres de la nature.

Les dieux

On les nomme « êtres supérieurs » (*kami*). Les Japonais disent qu'ils sont huit cents myriades, c'est-à-dire en nombre infini. Ils sont ambivalents et peuvent devenir maléfiques et infliger des châtiments terribles en punition d'une faute ou d'une souillure. Il est donc capital de se concilier leur bienveillance. De plus, ils sont très susceptibles et le moindre manquement à leur égard ne peut être réparé que par des rites très précis de purification, notamment des ablutions.

Tout comme en Chine, les dieux peuvent être d'origine bouddhiste (des *bodhisattvas*, par exemple), naturalisés en *kamis*. Ils se divisent en deux catégories principales : les dieux célestes (*amatsukami*) et les terrestres (*kunitsukami*). Voici les principaux.

L'origine du monde

À l'origine des temps, le dieu Izanagi et sa sœur Izanami ont créé le monde et toutes les divinités. Leur union incestueuse a d'abord produit trois enfants :

- la déesse Soleil (Amaterasu), souveraine de la « Plaine du Haut Ciel », « Grande Divinité qui illumine le Ciel », qui est née de l'œil gauche d'Izanagi ;
- le dieu Lune (Tsukiyomi), fils sorti de l'œil droit d'Izanagi, qui préside au déroulement du temps ;
- le dieu Tempête (Susanoo), qui est, lui, sorti du nez d'Izanagi.

Ils donnent ensuite naissance aux autres divinités anciennes. La fantaisie débridée de cette mythologie n'a rien à envier à celle des Grecs et des Latins ou des hindous, y compris dans les registres sexuels, essentiels aux rites de fécondité. On le constate dans la légende d'Uzume.

LE SAVIEZ-VOUS ?

Le « mythe de la caverne » shinto

Susanoo commet des actes d'une grande insolence contre sa sœur Amaterasu. La déesse Soleil décide alors de disparaître et elle s'enferme dans une caverne, si bien qu'une nuit éternelle couvre la terre. Pour la faire sortir, les *kamis* imaginent une ruse : ils organisent une grande fête et font appel à Uzume, la jeune et séduisante déesse de l'aube, qui exécute une danse obscène et provoque une franche gaîté chez les dieux. Elle place ensuite un miroir devant l'entrée de la caverne et crie qu'une nouvelle déesse est apparue, plus belle qu'Amaterasu. Cette dernière, piquée de curiosité, sort de la grotte et voit une magnifique déesse, qui n'est autre que son reflet dans le miroir. Pendant qu'elle reste stupéfaite, des dieux bloquent avec une corde magique l'entrée de la grotte, et du même coup, sa retraite. Elle accepte alors de ne plus se cacher à condition que Susanoo soit banni du royaume céleste. Pour se racheter auprès de sa sœur, celui-ci lui offrira l'épée magique « Faucheuse d'herbe » (Kusanagi no tsurugi), qu'il avait découverte dans la queue du dragon à huit têtes au cours d'un combat mythique.

C'est ainsi qu'Uzume devint la personnification de la gaîté, de la bonne humeur et de l'érotisme.

Les trois trésors

Amaterasu envoie son petit-fils Ninigi gouverner le Japon. Elle lui donne avant son départ trois objets, symboles de ses prérogatives royales :

- l'épée, récupérée par Susanoo dans la queue du dragon à huit têtes, qui se trouve actuellement dans le sanctuaire d'Atuta, à Wowari ;
- le miroir d'Uzume, qui se trouve actuellement dans le sanctuaire d'Ise ;
- le collier de perles (chapelet ?), qu'elle portait dans la caverne et qui se trouve actuellement au palais impérial.

Son arrière-petit-fils Jimmu sera le premier empereur. Les sujets qui l'accompagnent seront les premiers prêtres shintoïstes.

Les sept dieux de la chance

Ils naviguent dans leur « Bateau aux trésors » (Takarabouné) et débarquent au Nouvel An pour distribuer des cadeaux aux personnes qui le méritent. C'est pourquoi on glisse l'image du Takarabouné sous l'oreiller des petits enfants le soir du Nouvel An. Les sept dieux de la chance sont également représentés par des petits masques qu'on accroche aux murs des maisons ou des boutiques, comme porte-bonheur :

- Le dieu des pêcheurs et des marchands, Ebisu, porte un poisson. On dit qu'il est dur d'oreille, c'est pourquoi il faut le célébrer bruyamment.
- Le dieu du commerce, Daikokou, d'origine bouddhiste, qui est assis sur un sac de riz. Il porte sur l'épaule un sac de sagesse et arbore un maillet. Son image accompagne souvent celle d'Ebisu sur les murs des boutiques.
- Le guerrier Bishamonten, gardien céleste du Nord, le dieu bouddhique de la guerre.
- Benzaïten, forme japonaise de la Sarasvati hindoue, déesse du savoir, de l'art et de la beauté, de l'éloquence, de la musique, de la littérature, des arts et des sciences.
- Le vieillard chauve Fukurokuju, entouré de grues, dieu du bonheur, de la richesse et de la longévité, de la virilité et de la sagesse.
- Le dieu ventru et rieur Hoteï (identique au *bodhisattva* chinois Milufo) procure l'abondance.
- Jurojin, dieu de la longévité, accompagné d'un cerf.

LE SAVIEZ-VOUS ?

On remplace parfois ce dernier par la déesse Kichijoten, forme de la Lakshmi hindoue (l'épouse de Vishnou), qui procure la fertilité et la beauté.

Deux autres *kamis* sont particulièrement vénérés par les Japonais :

- Inari, le dieu du riz et de la fertilité, représenté par un renard ou une femme ensorceleuse. Des chapelles innombrables lui sont consacrées, y compris en pleine ville, sur des terrasses d'immeubles ou dans des coins de parkings ;
- le dieu guerrier Hachiman, à qui plus de trente mille temples sont dédiés à travers le pays.

Les diables

Une catégorie de divinités inférieures, les Onis (sortes de diables), exerce des influences particulièrement malfaisantes sur terre et en Enfer. Ils pénètrent dans les édifices par le nord-est, si bien qu'il est recommandé de disposer dans cette direction des stèles ou des tablettes votives adressées aux *kamis* protecteurs, qui serviront de boucliers – on peut aussi les écarter en leur lançant des haricots.

La variété des lieux sacrés

Pour le shintoïsme, le sacré habite d'innombrables lieux parfois très modestes et à peine repérables pour les passants, mais aussi des sanctuaires dont les plus prestigieux abritent de vraies forêts, des stèles et de multiples bâtiments, parfois distants de plusieurs kilomètres. Il faut y ajouter les chemins sacrés de pèlerinages, tel celui du temple d'Ise, d'une longueur de 160 kilomètres.

Les sanctuaires

Ils mêlent de façon très étroite la nature, les divinités et les hommes. On pénètre dans l'enceinte sacrée d'un temple (*jinja*) par un portique (*torii*) peint en rouge dont les piliers sont très profondément enfoncés dans le sol. On y trouve des arbres sacrés entourés de leurs cordes *shimenawa* (voir ci-dessous), des stèles et des oratoires dédiés à diverses divinités par des donateurs, telles qu'Inari ou le « *kami* des trois sommets ». Les donateurs font inscrire leur nom sur une colonne. En revanche, on n'y voit pas les statues des dieux qui pullulent dans les temples bouddhistes.

Le bâtiment principal (*honden*), interdit au public, abrite les dieux. En face de lui se trouve souvent un oratoire (*haïden*) destiné aux cérémonies et réservé aux prêtres, ainsi que le bâtiment où l'on range le palanquin (*mikoshi*) du dieu, que l'on sortira en grande pompe pour les processions. On peut y trouver d'autres bâtiments tels que le « pavillon réservé aux danses, musiques et mimes sacrés » (*kaguraden*).

Les temples sont édifiés dans des sites exceptionnels qui mettent en valeur la beauté naturelle de l'environnement et incitent au recueillement.

Les arbres

Les sanctuaires sont généralement entourés d'arbres, tels des forêts miniatures destinées au confort des dieux. Les arbres représentent en effet un élément essentiel du « naturisme » shinto. Les « arbres des dieux » (*shinmoku*) sont entourés d'une corde de paille de riz (*shimenawa*) qui les sépare du monde profane.

Le *shimenawa* en paille de riz a une origine mythique : c'est la corde avec laquelle les dieux ont fermé l'entrée de la caverne d'Amaterasu pour l'empêcher d'y retourner.

Les dévots accrochent dans les arbres des bandelettes divinatoires de papier pliées (*goheï*) contenant des formules magiques. S'il arrivait le moindre accident à de tels arbres, la malédiction frapperait sûrement les temples auxquels ils sont attachés…

Le nouage

Nouer le *goheï* à un arbre sacré établit un lien avec la divinité. Il est vrai que, si le présage est favorable, on préfère généralement le garder sur soi. Sinon, on s'en débarrasse par le nouage.

Les rochers

On les rencontre dans les parcs des temples, mais parfois aussi au milieu de la mer. Les plus célèbres sont le couple des deux rochers « mariés » (représentant Izanami et Izanagi) de Meoto iwa, dans la baie d'Ise. Le *shimenawa* qui les relie pèse plus d'une tonne et on le remplace plusieurs fois dans l'année au cours d'une cérémonie.

Les montagnes

Elles sont presque toutes sacrées, tant pour les bouddhistes que pour les shintoïstes. Le fameux volcan Fuji-Yama, par exemple, est habité par la déesse des arbres fleuris (Konohana) qui garde la source de l'éternelle jeunesse. On trouve fréquemment dans les sanctuaires des stèles dédiées aux « kamis des trois montagnes » qui sont le mont Ontaké, le mont Hakkaï et le mont Mikasa. Citons aussi les trois monts sacrés du Dewa : Gassan, Yudono et Haguro.

Les textes fondateurs

La tradition shintoïste repose principalement sur des recueils médiévaux de mythes et de chroniques historiques :

- le *Kojiki* (*Notes sur les faits anciens*) et le *Nihon Shoki* (*Chroniques du Japon*), rédigés tous les deux au VIIIe siècle ;
- le *Rokkokushi* (*Six histoires nationales*), qui date du IXe siècle ;
- le *Shotoki Jinno* (*Chronique de la lignée authentique des divins empereurs*), du XIVe siècle, qui a été largement utilisé pour nourrir l'idéologie nationaliste du shintoïsme d'État.

Des rites discrets

La dévotion personnelle shinto est généralement discrète – parfois une simple inclinaison de la tête en passant devant un temple. En revanche, les manifestations collectives, pèlerinages ou processions lors des grandes fêtes, sont de véritables démonstrations de liesse populaire.

Les cultes individuels

L'identité de la divinité à laquelle le temple est dédié n'est pas visible aux yeux du passant. S'il ne la connaît pas auparavant, il se renseignera dans les brochures vendues par les prêtres. Les temples de quartier ou de village sont des lieux de recueillement pour les passants, par exemple lorsqu'ils se rendent au travail ou quand ils font leurs courses.

Autrefois, les fidèles se baignaient entièrement pour se purifier avant d'entrer dans le temple. Maintenant, ils trouvent dans l'enceinte, généralement au pied de l'escalier menant au *honzen*, un petit pavillon pour les ablutions (*chozuya*) où ils se contentent de se laver la bouche et les mains, en puisant l'eau dans le bassin d'ablutions, ou à la fontaine, à l'aide d'une louche en bambou (*hishaku*).

On dépose de l'argent dans une boîte à offrandes, puis on sonne une cloche ou des grelots, ou bien on frappe dans ses mains afin d'attirer l'attention de la divinité. Enfin, on s'incline pour réciter son invocation.

Pendant que les adultes se recueillent, les enfants jouent à jeter des cailloux sur la traverse du portique. Si les cailloux restent dessus, leur vœu sera exaucé.

LE SAVIEZ-VOUS ?

L'entraide des enfants par-delà la mort

Les enfants qui jettent des cailloux sur les traverses des *torii* perpétuent – sans doute sans le savoir – une vieille croyance bouddhique selon laquelle les enfants morts en bas âge doivent franchir la rivière des Enfers. Ils s'efforcent donc d'amonceler des cailloux pour traverser à gué. Les enfants vivants les aident en entassant des cailloux sur les portiques des temples.

Comme partout en Asie, l'une des activités les plus lucratives des temples est la fabrication et la vente de talismans, tablettes votives, horoscopes et autres amulettes, pour se protéger contre les génies malfaisants, les mauvais sorts ou pour réussir dans les entreprises commerciales ou amoureuses. Certains temples possèdent même des distributeurs automatiques d'horoscopes (*omikuji*), que l'on va nouer aux arbres sacrés. Devant certains temples, certaines places de parkings sont entourées par quatre bambous reliés par des *shimenawas*. Elles sont destinées à accueillir des voitures qui vont être bénies par le prêtre.

Les prêtres

Le « maître du dieu » (*kannoushi*) est responsable du sanctuaire et des cérémonies. Il est souvent assisté d'une femme (*miko*) qui jouait traditionnellement le rôle de médium et qui danse pour les *kamis* les jours de fête.

LE SAVIEZ-VOUS ?

La fonction de *kannoushi* est souvent héréditaire et peut être exercée par une femme.

Il porte un costume rituel inspiré de celui des anciens fonctionnaires de la cour impériale. Le nombre des *kannoushis* varie évidemment selon l'importance du sanctuaire

Les fêtes

Elles sont organisées par les prêtres des temples ou par les confréries shintos. Leur organisation peut coûter des millions de yens. Ce sont des réjouissances locales liées à un *kami* particulier qui peuvent durer plusieurs jours. Leur rythme est généralement annuel et elles se déroulent dans ses sanctuaires. Leurs programmes comprennent chants, danses, processions, banquets et spectacles. Les plus importantes attirent par millions des pèlerins venus de tout le pays.

Le Nouvel An

Le soir du Nouvel An (Ganjitsu), des millions de personnes se rendent dans les sanctuaires pour y accomplir leur première dévotion.

À Tokyo, dans la forêt qui entoure le sanctuaire de Meiji, la foule est si nombreuse que la police doit la canaliser et laisser entrer les pèlerins par groupes de cent.

On se purifie en brûlant de l'encens, on récite la première prière, on boit le premier verre de saké et on tire au sort le présage (*omikuji*) pour la nouvelle année.

La fête de l'homme nu

Le troisième samedi de février, pour le Hadaka Matsuri, les fidèles, vêtus seulement du pagne traditionnel, se livrent à un combat rituel pour tenter de ramasser des objets sacrés jetés par les prêtres. C'est aussi l'occasion de se rouler dans la boue d'une mare sacrée et d'y baigner les bébés pour leur assurer une vie heureuse.

La fête des poupées

C'est la fête des petites filles (*hina matsuri*), qui a lieu le 3 mars. Les petites filles y exposent des poupées magnifiques, qui leur sont transmises de grand-mère à mère et à fille, représentant les personnages de la cour à l'époque Heian (vers le xe siècle de notre ère). Les poupées sont installées sur les estrades. Elles représentent l'empereur, l'impératrice, les dames de la cour, des musiciens et des personnages officiels. À défaut de poupées, on peut disposer des origamis représentant le couple impérial.

Ces poupées protègent contre les mauvais esprits. Il faut les ranger le soir du 3 mars, sans quoi la fille de la maison ne trouvera pas de mari pendant l'année à venir.

La fête d'Inari

C'est la grande fête agraire qui accompagne le début de la culture du riz, le 1er juin. Dans les quartiers, les fidèles arborent des masques de renards pour défiler dans les rues, ce qui en fait aussi une grande fête pour les enfants. Son sanctuaire principal se trouve à Kyoto, entouré par plusieurs milliers de *torii* offerts par les fidèles. Des millions de visiteurs s'y rendent chaque année pour la fête.

La fête des étoiles (Tanabata matsuri)

La 7e nuit du 7e mois lunaire. C'est la réplique de la fête chinoise du Bouvier et de la Tisserande (voir chapitre 19).

La fête du feu (nachi no hi matsuri)

Le 14e jour du 7e mois (soit le 14 juillet). On y danse au temple de Kumano nachi une danse sacrée ancestrale (*nachi no dengaku*) au son des flûtes et des tambours, afin d'assurer une bonne récolte de riz.

La fête de Hachiman

La Fukagawa Hachiman matsuri de la mi-août voit défiler en procession trente mille fidèles, danseurs et musiciens, qui transportent à dos d'homme les palanquins sacrés (*mikoshis*) pesant plusieurs centaines de kilos. Chaque année, elle rassemble près d'un demi-million de spectateurs qui lancent de l'eau sur les participants afin de les purifier (et de les rafraîchir).

Quelques spectacles rituels

La religion n'est pas qu'une affaire de cultes et de sanctuaires. Elle est omniprésente dans toutes les activités sociales symboliques, notamment les sports et les arts.

Le sumo

Il provient d'un ancien rituel honorant les *kami*. Le baldaquin au-dessus du ring rappelle un sanctuaire shintoïste, l'arbitre est habillé d'une robe semblable à celle d'un prêtre shinto, et l'aspersion de sel (censé avoir des propriétés magiques) avant un combat est un rite purificatoire.

Le théâtre nô

Ses représentations, mêlant dialogues, chants et danses d'une lenteur hiératique, sont organisées par des confréries héréditaires liées à des temples shintos. Les pièces jouées sont empruntées aux anciennes épopées de la mythologie shinto.

Septième partie

Le monde des chamanes et de l'animisme

Dans cette partie…

Nous avons présenté dans les parties précédentes les principales religions qui se sont développées dans les grands États d'Europe et d'Asie. Leurs fidèles sont généralement sédentaires, tout comme leurs clergés attachés à des sanctuaires.

Nous abordons maintenant l'immense domaine des religions de type chamanique et animiste. Elles sont pratiquées sous des formes très variées par des populations beaucoup moins nombreuses, autrefois nomades, qui occupent des espaces périphériques, notamment les régions inhospitalières des extrêmes Nord et Sud.

Retrouvons les religions disparues des Empires aztèque et inca, qui marquent encore puissamment l'imaginaire collectif. Le chamanisme proprement dit se profilera alors, au gré d'exemples pris dans tous les continents, et un détour par l'Australie où les formes les plus frappantes du totémisme ont été observées chez les Aborigènes. Le chapitre final sera consacré au grand ensemble vaudou, dont les racines sont africaines et qui s'est largement développé dans les populations afro-américaines des Caraïbes.

Chapitre 21

Religions disparues des Aztèques et des Incas

Dans ce chapitre :

- Les sacrifices humains
- L'apocalypse aztèque
- Chamanisme et tradition *nagual*
- Le Temple du Soleil de l'Inca

Les grands Empires précolombiens d'Amérique centrale et du Sud entretenaient des clergés nombreux, pratiquant des rituels très spectaculaires (notamment les sacrifices humains) qui ont totalement disparu depuis la conquête espagnole au XVIe siècle. En revanche, les prêtres avaient aussi des activités de type chamanique, dont certaines ont subsisté jusqu'à nos jours. Nous présenterons en détail le chamanisme au chapitre 21. Rappelons que le chamane est un individu qui parvient, au prix d'une initiation exceptionnelle, à sortir de son corps et à entrer en contact avec un esprit auxiliaire, généralement animal. Il peut ensuite voyager dans le monde des esprits et rencontrer les ancêtres au cours de transes extatiques, ce qui lui donne de grands pouvoirs au sein de la population.

Les sacrifices humains des Aztèques

Les conquistadors espagnols, débarquant aux Caraïbes en 1492, y découvrirent des peuples qui adoraient les éléments naturels tels que le soleil, la pluie et l'orage, mais aussi les montagnes et les sources.

Une génération plus tard, les hommes de Cortès pénétraient dans l'Empire aztèque et s'emparaient de Mexico. Ils furent horrifiés d'apprendre que leurs ennemis pratiquaient des sacrifices humains : au cours de grandes fêtes, on arrachait le cœur des prisonniers de guerre, afin de nourrir les dieux de leur sang, puis on les écorchait et on les mangeait au cours de festins rituels.

Le témoignage de Fray Bernardino

Nous ne possédons aucun récit de témoin oculaire ayant assisté à leurs cultes, car les conquistadors les ont immédiatement interdits – leur horreur face aux sacrifices humains s'ajoutant à celle du « paganisme ».

Cependant, Bernardino de Sahagun, débarqué d'Espagne quelques années après la prise de Mexico, a consacré sa vie à réunir des témoignages historiques et ethnographiques extrêmement précieux sur la vie des Aztèques, notamment sur leur religion.

Le franciscain humaniste

Né vers 1500, Fray Bernardino arrive au Mexique en 1529. Il y restera jusqu'à sa mort en 1590. Il est nommé, en 1536, professeur au collège Santa Cruz, fondé à Tlatelolco, le quartier de Mexico qui avait vu la défaite finale de Cuauhtemoc face à Cortès (aujourd'hui place des Trois-Cultures). Ce collège est destiné à instruire les fils des seigneurs aztèques dans la religion chrétienne.

Fray Bernardino, qui a appris la langue indigène nahuatl, fait réaliser pendant une vingtaine d'années par ses élèves une enquête très détaillée auprès de leurs familles sur leur culture traditionnelle, qu'il intitule *Histoire générale des choses de la Nouvelle Espagne*. L'ouvrage, rédigé en nahuatl, est une véritable encyclopédie, illustrée de 2 500 images. Il y décrit en 12 volumes : 1) Les dieux ; 2) Le calendrier et les fêtes religieuses ; 3) L'origine des dieux ; 4) L'astrologie judiciaire ; 5) Les augures ; 6) Rhétorique, philosophie et théologie ; 7) L'univers, le soleil, la lune, les étoiles ; 8) Histoire, civilisation, vie sociale ; 9) La vie économique ; 10) La vie quotidienne et familiale, pathologie… ; 11) Histoire naturelle, zoologie, botanique et minéralogie ; 12) La conquête de Mexico.

Son projet initial était une rédaction bilingue nahuatl-espagnol, mais il n'eut pas le loisir d'achever la partie espagnole.

Enfin, en 1577, le roi d'Espagne Philippe II ordonne la saisie de l'œuvre, mais le manuscrit est transporté clandestinement en Espagne et finit dans la bibliothèque des grands-ducs de Toscane à Florence. Il a été publié pour la première fois en 1979.

Fray Bernardino évoque un nombre considérable de divinités, qu'il compare souvent à leurs homologues latins, tels que les dieux du soleil et de la pluie Huitzilopochtli et Tlaloc (voir ci-dessous), Tezcatlipoca (Jupiter), Chicome coatl (Cérès), Chalchiuhtlicue (Junon), Tlacolteotl (Vénus), Xiuhtecutli (Vulcain), etc.

Le soleil

Selon les termes de Fray Bernardino, « le dieu principal des Aztèques, appelé Huitzilopochtli, fut un autre Hercule, de taille élevée, de force considérable, très belliqueux, grand destructeur de villes et vivant de carnage. Il entreprenait les guerres comme un feu dévorant, toujours redoutable pour le parti qui lui était opposé. Il portait sur son écusson une tête épouvantable de dragon vomissant des flammes. Il était nécromancien ou ami des déguisements et se transformait souvent en oiseau ou en bêtes diverses. Les Mexicains en firent grand cas pendant sa vie, à cause de sa force et de son adresse. Après sa mort, ils lui rendirent les honneurs d'un dieu et lui sacrifièrent des esclaves en offrande. Ils choisissaient pour cela des hommes grassouillets, et ils prenaient soin, pour mieux honorer cette divinité, d'orner les victimes des oreillons et des mentonnières dont ils faisaient habituellement usage ».

La pluie

« Le premier jour du premier mois de l'année, poursuit Fray Bernardino, on célébrait une fête en l'honneur des dieux de la pluie Tlaloc. On y tuait un grand nombre d'enfants sur le sommet des montagnes, en leur arrachant le cœur, pour honorer les dieux de l'eau, afin d'en obtenir des pluies abondantes.

Ceux qu'on devait tuer étaient couverts de riches vêtements pour être conduits au sacrifice. On les portait sur les épaules dans des litières enrichies de plumes et de fleurs, tandis qu'au-devant d'eux, d'autres marchaient en chantant, dansant et jouant des instruments.

Si, pendant le trajet, les enfants pleuraient et versaient des larmes abondantes, ceux qui les emportaient s'en réjouissaient, parce qu'ils y puisaient la conviction qu'il y aurait de grandes pluies cette année-là.

On tuait aussi dans ce même mois un grand nombre de captifs en l'honneur des mêmes dieux. On les criblait d'abord de coups d'épée, en combattant contre eux tandis qu'ils étaient attachés sur une grande pierre comparable à une pierre de meule, et, après les avoir terrassés, on les apportait au temple appelé Yopico, pour qu'on leur arrachât le cœur.

Lorsqu'on tuait ces captifs, leurs maîtres se couvraient de riches habits ornés de belles plumes et faisaient parade de leur valeur en dansant devant les victimes. Il était fait de même tous les jours de ce mois. »

Créations et destructions du monde

Plusieurs chroniques aztèques relatent par ailleurs la doctrine d'un Paradis initial dont les dieux ont été chassés à la suite d'une faute originelle et qu'ils n'ont pu regagner qu'en s'immolant eux-mêmes. De ce fait, les hommes ont contracté une « dette de sang » à l'égard des dieux car ils leur doivent leur propre vie.

LE SAVIEZ-VOUS ?

De plus, le monde a connu une succession de quatre grands cycles de créations et de destructions. Le cinquième cycle est entamé et les dieux Soleil et Terre ont un besoin permanent d'offrandes sans quoi ils menacent de faire disparaître l'humanité.

Pour toutes ces raisons, les hommes vivent dans l'angoisse de la destruction (une terrible famine a décimé l'Amérique centrale au milieu du XVe siècle) et se doivent d'offrir aux dieux d'innombrables victimes végétales, animales et humaines – le sang humain étant la substance la plus nourrissante pour les dieux.

Les sanctuaires

Ils étaient innombrables, tant dans les villes qu'à la campagne, notamment sur les montagnes sacrées.

Le Templo Mayor

Le temple appelé Yopico (« Arrache-le-cœur »), dont parle Fray Bernardino dans le texte ci-dessus, n'est autre que le *Templo mayor*. Ce sanctuaire immense était situé au centre de Tenochtitlan (rebaptisée Mexico), la capitale aztèque. Il comportait une quarantaine de bâtiments, parmi lesquelles dix pyramides de tailles variées. Les deux temples de Huitzilopochtli et de Tlaloc s'élevaient au sommet de la plus grande d'entre elles. C'est là que se déroulaient la plupart des sacrifices humains, qui étaient souvent suivis par des festins rituels où l'on consommait les victimes.

Le roi Ahuitzol (mort en 1503) agrandit le temple de Huitzilopochtli et l'inaugura par des fêtes somptueuses au cours desquels, selon certaines chroniques aztèques, pas moins de quatre-vingt mille prisonniers furent sacrifiés.

De la difficulté de faire confiance aux sources historiques

L'historien Michel Graulich a observé un curieux détail concernant le roi Ahuitzol : les chroniques aztèques racontent qu'il est mort en 1503 des suites tardives d'une blessure à la tête qu'il se serait faite cinq ans auparavant en heurtant le linteau d'une porte de son palais. Or le roi de France Charles VIII est mort en 1498 au château d'Amboise en se cognant la tête au linteau d'une porte.

Même s'il faut diviser par dix le nombre des victimes sacrifiées pour l'inauguration du *Templo mayor*, il reste énorme ! C'est sans doute seulement à une époque précédant de peu la conquête espagnole que les souverains aztèques ont multiplié les sacrifices humains à une échelle aussi démesurée.

Le *Templo mayor* a été rasé par les Espagnols et la ville de Mexico s'est agrandie au cours des siècles suivants sans qu'on en garde trace. Ses fondations ont pourtant été repérées quatre cents ans plus tard et son site a été exhumé à partir de 1980.

L'obligation de capturer des milliers de prisonniers à sacrifier donnait aussi aux souverains aztèques une justification commode à leurs incessantes guerres de conquêtes – ce qui causa aussi leur perte car les peuples soumis se rangèrent facilement aux côtés des « libérateurs » espagnols.

Les pyramides

Ces édifices à étages au sommet desquels se pratiquaient les sacrifices, se comptent par centaines et un grand nombre sont encore enfouies dans les forêts du Sud mexicain. Les plus anciennes ont été édifiées longtemps avant les Aztèques, près de 2000 ans avant notre ère. La plus célèbre, qui était en activité au VIIe siècle, est celle de Palenque en pays Maya, dans la jungle du Chiapas.

Les jeux sacrés

Le calendrier divinatoire aztèque et maya est construit en cycles solaires et vénusiens combinés de cinquante-deux ans, à partir de séquences de treize jours consécutifs, ce qui donnait l'occasion de multiples festivités, mais nécessitait l'entretien d'une armée de spécialistes d'astrologie à travers tout le pays.

Les innombrables fêtes religieuses étaient toujours accompagnées de processions, danses, chants et musiques. On y pratiquait aussi des jeux particuliers en l'honneur des dieux. Parmi les plus connus, citons le *patolli*, le « jeu du volant » et le jeu de paume.

Le patolli

C'est une sorte de jeu de l'oie divinatoire comportant cinquante-deux cases, sur lequel les joueurs déplacent des haricots. Fray Bernardino le compare au jeu des osselets.

Le « jeu du volant » (juego del volador)

Quatre danseurs costumés en oiseaux grimpent à un grand mat et se laissent descendre jusqu'au sol, accrochés par les pieds à des cordes fixées à un tourniquet. Ils tournent chacun treize fois, ce qui fait un total de cinquante-deux révolutions. Ce jeu très populaire se pratique encore les jours de fêtes catholiques. Le mat installé en face de l'église de Papantla a une hauteur de près de 40 mètres, celui d'El Tajin, de 27 mètres.

Le jeu de paume (ulama)

On doit frapper la balle de caoutchouc sauf avec les mains et les pieds. On en a retrouvé treize terrains pour la seule ville de Chichen Itza, dans le Yucatan. C'étaient les prisonniers de guerre qui s'y affrontaient et le capitaine de l'équipe perdante était sacrifié.

Pratiques chamaniques

Les prêtres aztèques pratiquaient des rites officiels que nous nommerions « chamaniques », tels que le jeûne et l'autosacrifice pour offrir leur sang aux dieux. Ils consommaient des plantes psychotropes et communiquaient avec les esprits dans des temples-pyramides dont les chambres secrètes communiquent avec l'Au-delà. Sur les montagnes sacrées, ils sacrifiaient des enfants aux dieux de la pluie.

Des « sorciers » nommés *nahualli* possédaient le pouvoir de se transformer en animaux (esprits auxiliaires) grâce auxquels ils pouvaient se transporter au pays des esprits et y exercer des influences bénéfiques ou maléfiques sur les humains (notamment des guérisons). Les *naguals* qui exercent de nos jours leurs talents en Amérique centrale prétendent avoir hérité de leurs pouvoirs (voir chapitre 21).

L'empereur Moctezuma lui-même savait voyager en rêve jusqu'au Paradis et en revenir.

L'organisation du clergé

Le clergé aztèque était constitué d'une façon assez similaire à celui de l'Église catholique. À sa tête se trouvait « une sorte de patriarche » (*mexicatl teohuatzin*), qui gouvernait une hiérarchie comptant au moins trente-sept échelons de dignités de prêtres, parmi lesquels plusieurs étaient occupés par des femmes.

Il existait aussi des « monastères » (*calmecac*) où l'on recevait des adolescents garçons et filles. Ce clergé très nombreux avait évidemment la charge de l'organisation et de l'exécution de toutes les cérémonies, y compris des sacrifices humains.

La vierge de Guadalupe pas « catholique » ?

Dix ans à peine après la conquête espagnole, un Indien converti nommé Juan Diego Cuauhtlatoatzin annonce à l'évêque de Mexico qu'il a rencontré la Vierge Marie sur la colline de Tepeyac (aujourd'hui absorbée par la capitale). Elle lui a demandé (en nahuatl) de faire construire une église à cet endroit – où se trouvait auparavant un sanctuaire de la déesse Tonantzin.

Après une série de miracles complémentaires, l'église est bâtie et dédiée à la vierge de Guadalupe, vénérée depuis le Moyen Âge en Estremadure, et très populaire chez les conquistadors. Elle devient rapidement le pèlerinage le plus fréquenté de toute l'Amérique catholique – elle l'est encore de nos jours. L'édifice abrite notamment la tunique de Juan Diego, sur laquelle s'est imprimée miraculeusement une image de la Vierge debout sur un croissant de lune et piétinant un serpent.

Coïncidence frappante : Tonantzin (dont le nom signifie « Notre Mère ») était une déesse bienfaitrice, dont un autre nom était Cihuacoatl (femme-serpent). Selon Fray Bernardino, « elle faisait souvent des apparitions, croyait-on, sous les dehors d'une grande dame richement vêtue à la manière des cours [...] On dit aussi qu'elle portait un berceau sur ses épaules comme si elle y eût soigné son enfant. »

Les Incas et le culte du Soleil

Une dizaine d'années après Cortès, les troupes de l'aventurier Pizarro pénétrèrent au Pérou dans le puissant Empire inca. Son empereur contrôlait également un système religieux complexe, contrôlé depuis la capitale Cuzco par un clergé nombreux.

Le Soleil et la Lune

Le dieu Soleil (Inti) et sa sœur-épouse la déesse Lune (Mama Quilla) étaient vénérés comme ancêtres de la lignée impériale. Selon certaines traditions, ils étaient les enfants de Viracocha, le créateur de l'humanité (selon d'autres, c'est l'inverse).

Viracocha

Le grand humaniste Garcilaso de la Vega (1539-1616), fils d'un conquistador et d'une princesse indienne, estime dans son *Histoire des Incas* que le vrai dieu suprême des Incas était Viracocha, présumé fils du Soleil et de la Lune. L'empereur Pachacutec Inca Yupanqui (mort en 1471) l'aurait élevé au statut de divinité suprême, à la place du dieu Soleil, de façon à l'imposer aux peuples conquis. Sa statue en or pur fut érigée dans le temple du Soleil de Cuzco.

Le temple du Soleil

Dans la capitale Cuzco, le temple du Soleil, Coricancha (« Magasin de l'or ») comprenait l'ensemble des temples de la Lune et des Étoiles, entourés d'un magnifique jardin. Leurs murs étaient entièrement recouverts d'or et d'argent, tout comme les ustensiles sacrés et les outils. Les dépouilles momifiées des Incas et de leurs épouses y étaient placées sur des trônes d'or. Le temple fut entièrement pillé et détruit par les conquistadors de Pizarro. Il en existait un autre aussi important auprès du lac Titicaca.

L'empereur, à l'image du dieu, ne pouvait épouser que sa sœur (comme les pharaons égyptiens). À son avènement, on sacrifiait deux cents enfants et quelques « vierges choisies » pour consolider son pouvoir. À sa mort, c'étaient ses épouses favorites et ses serviteurs qui étaient sacrifiés.

Les « vierges choisies »

Le haut clergé était recruté dans la famille impériale. De plus, chaque temple important possédait son couvent de vierges sacrées (*aqlla*), issues des familles nobles et vouées au culte du Soleil. Leur maison-mère se trouvait proche du temple du Soleil à Cuzco. Elles passaient l'essentiel de leur temps à participer aux cérémonies et à tisser et à brasser de la bière sacrée, sous la direction de « mères supérieures » (*mamacunas*). Le seul homme autorisé à pénétrer dans leurs maisons était l'Inca lui-même, pour qui elles formaient aussi une réserve de concubines. Les couvents les plus importants pouvaient abriter jusqu'à plusieurs milliers de jeunes filles.

Autres divinités

Le panthéon des Incas, comme celui des Aztèques, était composé de plusieurs strates historiques. Les anciennes divinités, de rang supérieur autant qu'inférieur, se sont maintenues dans les dévotions locales, même si elles avaient perdu leur primauté hiérarchique.

Pachacamac

La très ancienne divinité primordiale à laquelle les habitants des Andes s'adressaient de préférence était Pachacamac (l'âme de l'univers) créateur du monde, ainsi que son épouse Pachamama, la Terre-Mère. Ces divinités n'étaient les objets d'aucun culte extérieur (offrandes, sacrifices, sanctuaires, statues), mais c'était eux que l'on invoquait « au fond de son cœur ». Pachamama a été rapidement assimilée à la Vierge Marie.

Huacas

Les peuples conquis par les Incas rendaient, avant leur soumission, des cultes à une foule de dieux qu'ils nommaient *huacas*, c'est-à-dire choses sacrées, telles que « les rochers, les pierres, les sources, les arbres où le Diable entrait pour leur parler et leur faire croire qu'il était Dieu ». Ils désignaient par le même nom les montagnes et tout être d'apparence étrange ou surnaturelle. Les paysans leur érigeaient de grandes pierres au milieu de leurs champs, nommées *paccariscas*. Ces cultes ont persisté jusqu'à nos jours.

Chapitre 22

Le chamanisme, de la Finlande à la Terre de Feu

Dans ce chapitre :

- Le chamanisme : qu'est-ce que c'est ?
- Totem, tabou et *mana*
- Comment on devient chamane

Le terme « chamane » est emprunté à des tribus sibériennes toungouzes. Il désigne les personnes capables d'entrer en contact avec les êtres surnaturels qui leur fournissent des pouvoirs inaccessibles au commun des mortels.

Le concept de « chamanisme » a permis aux historiens et aux ethnologues de relier des cultes très divers et éloignés, tant dans le temps que dans l'espace, présentant des constantes remarquables.

Une forme originale de religion

La capacité de fréquenter (parfois même d'épouser en rêve) les esprits des animaux est particulièrement importante dans les sociétés de chasseurs dont la survie est liée à la capture quotidienne du gibier.

Chez les cultivateurs, il en va de même avec les esprits des éléments naturels et des végétaux, car le manque de pluie ou le mauvais vouloir des esprits des graines entraînent la famine assurée.

Une extension mondiale

S'ils se plient aux rigueurs de l'initiation, de tels individus, prédisposés au surnaturel, peuvent devenir « hommes-médecines » (*medicine-men*), sorciers, magiciens ou médiums... Dans d'autres sociétés, ils sont décrits comme inspirés, saints, marabouts, fakirs, prophètes, mystiques, *nazirs*, soufis ou *saddhous*.

On rencontre de tels « chamanes » dans tout le Grand Nord, depuis les Saami de Norvège jusqu'aux Inuit du Canada, en passant par les peuples sibériens. De là, on suit leur trace chez les Indiens d'Amérique du Nord et du Sud jusqu'aux Mapuche du Chili et en Terre de Feu. On les rencontre largement dans tout l'océan Pacifique et en Afrique. Ils ont bien sûr des noms différents dans chaque culture, mais leurs fonctions sont globalement les mêmes chez tous ces peuples.

Enfin, si l'on se réfère aux migrations connues depuis l'Antiquité, il est vraisemblable que le foyer de naissance de ce type de religiosité soit l'Asie centrale.

Un univers participatif

L'univers chamanique distingue clairement le sacré du profane. En revanche, il postule que les distinctions entre les genres (animal, humain, divin, mort, vivant, etc.) sont mouvantes et leurs frontières susceptibles de déplacements, pour qui sait maîtriser leurs correspondances.

Ainsi, les catégories « rationnelles » occidentales, qui se fondent sur le fantasme d'une logique binaire d'exclusion empruntée à Aristote (A ne peut être B) et une langue univoque (un concept équivaut à un nom, et un nom à une chose) sont fatalement impuissantes à décrire le monde chamanique, dans lequel la métaphore et l'ambiguïté sont reines. En revanche, le système de représentations et d'actions « inclusives » du chamanisme est clairement à l'œuvre dans le soufisme, le yoga, le taoïsme ou le shinto, comme nous l'avons vu dans les parties précédentes.

LE SAVIEZ-VOUS ?

Le chamanisme a toujours été violemment combattu par les missionnaires chrétiens,qui ont systématiquement décrit les chamanes comme des sorciers et leurs esprits « auxiliaires » comme des diables.

Les fondamentaux

Trois éléments de croyances fondamentaux œuvrent, à des degrés variables, dans toutes les religions de type chamanique : totem, tabou et *mana*. Les premiers anthropologues qui les observèrent ont rapidement compris qu'on les trouvait également, à peine dissimulés, dans les religions polythéistes et monothéistes.

Totem

Ce terme est emprunté aux tribus amérindiennes ojibwas, vivant au nord des grands lacs canadiens). C'est généralement un animal ou une plante, considéré comme l'ancêtre du clan. Chaque clan de la tribu porte le nom de son totem et le représente par des peintures ou des sculptures, parfois « non figuratives ». Il est interdit aux membres d'un clan de tuer et de consommer son totem. Dans certaines tribus, il existe également des totems individuels, dont le nom est révélé au cours des rites d'initiation.

Tabou

Ce terme, emprunté aux Polynésiens, désigne un interdit sacré, dont la transgression provoquerait un châtiment immédiat. L'exemple le plus connu est l'interdiction de tuer l'animal ou la plante du totem de son clan.

Mana

Ce terme d'origine mélanésienne désigne le moyen par lequel les esprits exercent leur pouvoir à travers l'espace et le temps.

Le célèbre anthropologue Marcel Mauss (1872-1950) a donné du *mana* la définition suivante :

« C'est un mot technique adopté par les Mélanésiens de l'île Banks. *Mana* veut dire autorité, en même temps que chose spirituelle : est *mana* la chose ou l'esprit qui exerce un pouvoir sur l'individu, mais cet esprit est considéré comme un peu matériel. Idée qui nous paraît contradictoire, parce que nous sommes arrivés à la notion de contradiction entre l'esprit et la matière ; mais il faut songer que le concept de la matière n'a pas toujours existé (*Manuel d'ethnographie*, 1926).

Ces observations ont amené les Européens à se demander si les mêmes présupposés ne gouvernaient pas leurs propres croyances religieuses et leur vie sociale (relations de parenté, imposition du nom, etc.).

Mariage mystique chez les Inuit...

Les Inuit, que l'on nommait autrefois Eskimos, vivent dans les régions les plus hostiles du Grand Nord américain. Ils sont ethniquement très proches des Sibériens qui vivent de l'autre côté du détroit de Behring. Ils attribuent une grande importance aux esprits des animaux, mais pensent qu'il existe aussi des esprits invisibles d'apparence humaine, que les chamanes sont susceptibles de rencontrer. Une vieille femme de la région d'Igloulik raconte : « Mon premier mari Amarualik était chamane. Jadis, sa première femme mourut, le laissant triste et désemparé. Il partit alors tout seul vers les régions inhabitées où il rencontra deux femmes invisibles (*ijiraït*) très séduisantes, qui l'entraînèrent vers les montagnes de l'île de Baffin. Il devint leur époux et demeura des années dans leur campement qui regorgeait de viande et de graisse de caribou (les mets préférés des Inuit). Il oublia totalement sa famille. Un jour, cependant, il se rappela qu'on l'attendait et demanda à ses épouses invisibles l'autorisation de repartir. Elles le lui permirent en lui faisant promettre de revenir le plus vite possible. Il retourna donc dans sa famille et la vie reprit son cours, à la différence qu'il ne se souvenait de rien et qu'il était devenu un chasseur hors pair. Périodiquement, il retournait au pays des *ijiraït*, jusqu'au jour où sa famille décida de le remarier avec moi. Alors, ses épouses-esprits commencèrent à le tourmenter, au point qu'il tomba malade et mourut [dans les années 1920]. Quelques années plus tard, je me remariai et j'eus un fils à qui je donnai le nom de mon mari, le chamane défunt, comme le veut la coutume. Mon fils grandit et se maria. Il se mit à faire des rêves où les épouses *ijiraït* de son homonyme lui faisaient des avances amoureuses, qu'il refusa. Elles se vengèrent en provoquant des maladies chez ses enfants » (récit recueilli par Bernard Saladin d'Anglure).

...et chez les Indiens d'Amazonie

Les Indiens shipibos vivent dans la forêt équatoriale péruvienne, autour du fleuve Ucayali, affluent de l'Amazone. Le grand chamane Questem Betsa raconte ses aventures avec des esprits *chaïconi* (descendants des derniers fidèles de l'Inca primordial) :

« J'étais dans ma pirogue sur un lac, lorsqu'une pirogue s'approcha avec deux jeunes filles à bord, habillées comme des femmes shipibo et parfumées avec du *huaste* [sorte de papyrus souvent hallucinogène]. Elles m'abordèrent et me dirent que je ne devais pas avoir peur. Elles me firent passer dans leur pirogue. Elles avaient leur pipe et l'une des jeunes filles souffla sur moi la fumée du tabac. Alors, ce fut comme si la pirogue coulait, s'enfonçait dans l'eau, comme si nous étions entrés dans une immense hutte. Trois personnes s'approchèrent qui me dirent vouloir entrer en contact avec moi. » Les belles *chaïconi* lui proposent une relation plus intime, mais il refuse au motif qu'il n'est pas suffisamment initié. Par la suite, après un long séjour initiatique en forêt, il est à nouveau abordé par un garçon *chaïconi*, qui le prend en amitié et lui propose d'épouser sa sœur. L'affaire se conclut par un mariage, mais le chamane explique que sa vie se complique singulièrement parce que son épouse-esprit, qui a le pouvoir de vision à distance, est très jalouse de son autre épouse-femme (récit recueilli par Françoise Morin).

Religions secrètes

Si tous les rituels religieux sont en général réservés à leurs fidèles, les religions chamaniques y ajoutent un degré de secret supplémentaire car leurs cérémonies initiatiques sont, par définition, strictement réservées aux novices et aux initiés – et les profanes en sont donc rigoureusement exclus. De plus, les initiés jurent solennellement de ne jamais divulguer les secrets qu'ils ont appris au cours de leur initiation, sous peine d'encourir les pires malédictions.

À MÉDITER

Comment peut-on donc les connaître ? La question n'est pas nouvelle et on sait par exemple que les anciens cultes grecs « à mystères » d'Éleusis ou ceux qui étaient pratiqués par les Bacchantes n'ont jamais été divulgués par quiconque, si bien que nous ignorons encore en quoi ils consistaient.

Les curieux et les historiens, ne pouvant pas assister eux-mêmes aux cérémonies secrètes, en sont donc réduits à faire confiance aux récits d'« informateurs », parfois rémunérés (ce qui complique encore leur fiabilité) qui acceptent de révéler les secrets les plus intimes de leur tribu ou de leur secte. Dans le cas où ils ne comprennent pas la langue de l'informateur, il faut encore tenir compte des inévitables interprétations des traducteurs.

PORTRAIT

Le sorcier yaqui tombé du ciel

En 1968, Carlos Castaneda, anthropologue américain, issu de la prestigieuse Université de Los Angeles, publie *L'Herbe du diable et la Petite Fumée* (*The Teachings of Don Juan*), un ouvrage qui lui assure aussitôt une renommée mondiale. Le livre sera suivi d'une douzaine d'autres, tous des best-sellers.

Il y raconte comment il s'est rendu quelques années plus tôt dans une ville-frontière entre le Mexique et l'Arizona, où il a rencontré par hasard un sorcier appartenant au peuple yaqui. L'homme, nommé Don Juan Matus, était le dernier d'une lignée de chamanes (*nagual*) remontant aux temps précolombiens de la civilisation toltèque. Il reconnut en Castaneda un disciple potentiel et l'initia à ses techniques de modification de perception, dont le premier stade consistait en l'utilisation du peyotl (*mescalito*), un hallucinogène puissant provenant d'un cactus de la région. Au fil de ses livres, Castaneda met en scène ses rencontres avec Don Juan et dévoile ainsi au public occidental la sagesse ancestrale des Indiens qui offre une contre-culture à la « société de consommation » que dénoncent les jeunes de l'époque (vagues beatnik et hippy).

Don Juan meurt en 1973 et Castaneda, au faîte de la gloire, se proclame officiellement le nouveau *nagual*. Il réunit autour de lui trois « sorcières » également initiées par Don Juan, avec qui il créera une association vulgarisant une technique de « passes magiques ». Il meurt en 1998 en laissant à ses disciples une entreprise prospère et des droits d'auteur colossaux.

Une fois le premier enthousiasme passé et l'admiration pour le travail scientifique retombée (qui valut néanmoins à Castaneda un doctorat en anthropologie), ses collègues examinèrent de plus près les sources et les affirmations du *nagual*. Il apparut que Don Juan n'avait jamais existé et que les « enseignements du sorcier yaqui » n'étaient que le produit de l'imagination fertile de leur auteur – ce qui ne retirait rien à leur séduction sur un public crédule.

Devenir chamane

N'importe qui ne peut pas être chamane. On le devient principalement par trois modes différents :

- Par transmission héréditaire des esprits « auxiliaires » : dans certains peuples, on est chamane de père en fils (plus rarement de mère en fille). Cependant, cela ne dispense pas d'être initié selon les règles.

  À MÉDITER

  On peut supposer que la transmission héréditaire des esprits auxiliaires a pu finir par créer des dynasties de chamanes, devenant finalement des castes, à l'origine des castes de prêtres.

- Par « vocation » : à la suite d'un rêve, d'un accident ou d'une rencontre avec un être surnaturel.
- Par choix du groupe, en cas de force majeure. Il arrive néanmoins que l'heureux élu refuse cet honneur en raison des charges énormes que cela représente. Il lui faudra alors négocier avec le groupe, ce qui n'est pas toujours possible.

L'activité de chamane procure un prestige social exceptionnel et elle dépasse largement ce que nous qualifions habituellement de religion.

De fait, les chamanes exercent principalement leurs talents dans le domaine de la médecine. Les populations parmi lesquelles ils vivent considèrent en effet que la plupart des maladies, tant physiques que mentales, sont des punitions infligées aux humains par des esprits ou des divinités qui s'estiment offensées.

On ne fait d'ailleurs appel à eux que dans des cas graves, pour lesquels les rites religieux ou la médecine courante sont inefficaces ; par exemple, dans les nombreux cas où les morts refusent de quitter le monde terrestre et terrorisent les vivants parce qu'ils n'ont pas reçu les honneurs funèbres requis.

L'initiation

Le chamane commence par subir une expérience violente de mort et de renaissance symboliques, qui débute par une période de retrait de la vie sociale. Il se retire alors dans un lieu désertique, au fond d'une forêt ou dans une grotte, ou tout autre lieu écarté, réputé communiquer avec les mondes célestes ou infernaux.

La vocation

L'épisode se produit parfois au cours d'une maladie ou d'un état de type profondément dépressif, qui peut durer plusieurs semaines, des mois, voire des années.

Au sortir de cet épisode, le chamane retrouve un comportement normal. Il raconte souvent qu'il a senti son esprit sortir de son corps pour aller rencontrer les esprits. Parfois, il a vu son corps découpé en morceaux, puis recomposé par les esprits et il a ressenti une violente chaleur intérieure.

L'instruction

L'apprenti chamane doit désormais être instruit des secrets du monde des esprits par un maître chamane confirmé. Cette période d'enseignement peut durer plusieurs années au cours desquelles il se soumet corps et âme aux directives de son maître. Celui-ci lui apprend à connaître l'extraordinaire complexité des mondes des divinités supérieures et inférieures. Il l'emmène dans des voyages lointains, soit réels, soit induits par l'ingestion de produits psychotropes (champignons hallucinogènes, fumées de tabac ou de chanvre, etc.). Il le soumet à toutes sortes de mortifications, telles que des jeûnes, des veilles, voire des maltraitances physiques allant jusqu'à la torture. Le novice devra mémoriser les noms des divinités, leurs mythes et tous les rites destinés à les neutraliser ou à les rendre bienveillantes.

En définitive, il devient un virtuose du sacré, au prix de souffrances physiques et psychiques considérables. Souvent, il doit aussi faire face à des dépenses importantes pour fournir les offrandes et tout le matériel rituel, costumes, ornements, masques, instruments de musiques ou tout autre objet sacré indispensable à la fréquentation des êtres supérieurs.

La maîtrise

Après cette expérience, l'initié est doué du pouvoir d'entrer en transe et de communiquer avec les esprits. Il peut les convoquer, leur parler et même, si le besoin se présente, sortir à nouveau de son corps et voyager jusqu'à leurs contrées pour leur demander conseil.

Les attributs du chamane

La fonction de chamane n'est pas seulement une vocation, c'est aussi un métier très complexe qui exige de vastes connaissances (récits mythologiques, langue secrète, techniques de voyage mystique) et un arsenal d'instruments sans lesquels les rites seraient inefficaces.

Le costume

Le chamane porte un costume de cérémonie généralement fabriqué avec des peaux d'animaux (dans le Grand Nord, des peaux de rennes) et une coiffe particulière comportant presque toujours des plumes, car les oiseaux sont en contact avec les esprits célestes, et parfois des bois de cervidés. Il arbore aussi des colliers, médailles, dents d'animaux, pierres ou talismans divers (y compris écrits, dans les sociétés connaissant l'écriture).

Les instruments

Le chamane est musicien car la musique est la langue des esprits. Ses instruments de musique privilégiés sont le tambour et les sonnailles (grelots, cymbales, gongs). Le grand tambour lui sert aussi parfois d'embarcation pour rejoindre l'au-delà.

Il utilise aussi, bien sûr, divers ustensiles tels que des couteaux et des récipients contenant matières et liquides sacrés. Il fait grand usage de parfums à brûler et de lampes.

Les masques et fétiches

Les masques sont les incarnations des esprits, tout comme les peintures rituelles ou tatouages en sont les signes.

Les fétiches s'apparentent aux statues et aux diverses images habitées par les divinités. Lorsqu'ils représentent des humains, leur pouvoir magique est énorme. C'est la raison pour laquelle tant de gens craignent de perdre leur « âme » lorsqu'on les prend en photo.

LE SAVIEZ-VOUS ?

D'où vient le mot « fétiche » ?

Ce mot (*feitiço*) a été employé par les Portugais au cours de leurs explorations de l'Afrique pour désigner des objets magiques « factices ». On dit encore au Brésil : *Ele lançou-me um feitiço* ! (« Il m'a jeté un sort ! »).

Le voyage

Au cours d'une transe réelle ou feinte, l'esprit du chamane quitte son corps et voyage vers les régions où habitent les esprits – parfois sous terre, au pays des démons ou des morts. Il entreprend de tels voyages pour trois raisons principales :

- offrir aux divinités célestes des offrandes de la part de la communauté ;
- retrouver l'âme égarée d'un malade qui lui a été volée par des démons et la ramener dans son corps ;
- aider l'âme d'un défunt à trouver le chemin du pays des morts (de gré ou de force), afin qu'elle cesse d'importuner les vivants.

De tels voyages extatiques peuvent se dérouler en public et donner lieu à de véritables spectacles. Le principal moteur de la transe est la musique, surtout de percussion. Le chamane peut jouer lui-même pendant des heures du tambour et des sonnailles ou bien se faire accompagner par des percussionnistes ou d'autres musiciens. Il danse et chante ou psalmodie des invocations répétitives, souvent reprises en chœur par le public.

Lorsqu'il entre en contact avec les esprits, le chamane profère des appels, des réponses, des cris, il gesticule, mime et récite des dialogues en empruntant successivement les voix des divers protagonistes (esprits masculins, féminins, animaux ou démons). Parfois, il s'exprime dans une langue secrète, qu'il traduit éventuellement au public.

À la fin de la séance (qui peut durer jusqu'à plusieurs jours et nuits), le chamane tombe d'épuisement et dit ne pas se souvenir de ce qu'il a dit ou fait pendant sa transe.

L'énergie exceptionnelle qu'il doit dépenser pour mener de telles séances explique qu'il fasse payer très cher ses services et qu'il ne soit pas toujours désireux de multiplier ses consultations – sauf lorsqu'il intervient pour le salut de la communauté entière, auquel cas il travaille gratuitement. Si le cas est particulièrement grave, il peut officier avec des collègues.

Du côté des Aborigènes

Jusqu'à la colonisation du XIXe siècle, les Aborigènes d'Australie ont vécu dans un isolement presque complet. Ils ont transmis des traditions millénaires qui sont peut-être les ultimes vestiges des religions telles qu'on pouvait les pratiquer dans des sociétés préhistoriques anciennes.

En 1896, un naturaliste australien du nom de Baldwin Spencer (1860-1929) décide d'enquêter auprès des Aborigènes de la région d'Alice Springs, en plein centre du pays. Il se lie d'amitié avec le chef de la station de télégraphe du lieu, Francis Gillen, qui protège depuis de nombreuses années les Aborigènes contre les exactions des colons. Les deux hommes entrent en contact avec les chefs de la tribu Arunta (nommée Arrernte de nos jours), qui les invitent à assister durant sept semaines à leurs cérémonies secrètes et leur expliquent un très grand nombre de coutumes, de pratiques et de croyances de leur tribu. C'est sans doute la première fois que des Blancs assistent à d'authentiques cérémonies religieuses d'hommes vivant à l'âge de la pierre.

Les deux hommes racontent ce qu'ils ont vu et entendu dans leur volumineux ouvrage *Les Tribus indigènes de l'Australie centrale* (1898). Ce livre, qui contient également une centaine de photographies, fait une énorme impression en Europe. Le grand anthropologue James Frazer y trouve une confirmation éclatante de sa thèse de la survivance des formes anciennes de religion.

James George Frazer et *Le Rameau d'or*

Ce grand helléniste écossais (1854-1941) a publié à la veille de la Première Guerre mondiale un énorme ouvrage proposant une recension comparative de la totalité des mythes et des cérémonies connus à son époque, depuis les Sumériens et les Égyptiens jusqu'aux paysans français modernes. Son titre *Le Rameau d'or* fait allusion à la branche magique qu'Énée et la sibylle offrent à Charon pour être autorisés à visiter le royaume des morts (*Énéide*, chant 6).

Frazer montre que les mythes de tous les peuples du monde conjuguent les principes de totem, de tabou et de *mana* selon quelques modèles récurrents, tels que le dieu qui meurt, le roi magicien, le bouc émissaire, etc.

En outre, Frazer révolutionne la grille de lecture habituelle de ses lecteurs européens : au lieu de chercher si les « sauvages » ont les mêmes schémas de pensée que nous (par exemple : trouve-t-on chez eux une idée d'un Dieu unique et créateur ?), il demande si nous ne retrouvons pas leurs formes de pensée dans les nôtres (par exemple : la cérémonie du repas totémique dans la messe des chrétiens).

La religion des Aruntas représente typiquement ce que les anthropologues nommeront dorénavant « animisme » et « totémisme ».

Totems et chamanes

Pour les Aruntas, les « esprits » sont omniprésents, notamment ceux des ancêtres. Chaque clan porte le nom d'un ancêtre commun (totem animal ou végétal) qui vivait sur terre dans le mythique « Temps du rêve » (*Alcharinga*). Ces esprits vivent encore actuellement dans de nombreux lieux sacrés (rochers ou arbres *nanja*), si bien que, si une femme se découvre enceinte à proximité d'un tel lieu, son enfant sera la réincarnation de l'ancêtre en question, dont il portera le nom.

Les ancêtres habitent également des objets sacrés (*churinga*) tels que les rhombes, des pierres ou planchettes de bois plates de forme oblongue, que l'on fait tourner au bout d'une corde, pour leur faire émettre un son vrombissant : la voix des esprits.

Seuls les hommes initiés, les « chamanes », ayant développé des facultés paranormales après une formation dangereuse et une longue quête spirituelle, possèdent des *churingas*. Ils doivent les conserver dans des lieux secrets, d'où ils ne les sortent que pour les cérémonies les plus importantes.

Les chamanes sont aussi des guérisseurs, qui savent extirper la maladie du malade car ils la voient à travers le corps.

Rites de l'excès

Les Aruntas consacrent un temps et une énergie considérables à leurs cérémonies, qui donnent lieu à des multitudes de danses, de chants et de récitations de poèmes. Pour ces occasions, ils se décorent le visage et le corps de peintures et d'ornements variés, tels que des coiffes qui peuvent atteindre plusieurs mètres de hauteur (par exemple les *nurtunja* lors des rites de sub-incision). Les commémorations des temps mythiques consistent en d'immenses processions le long des itinéraires sacrés, parfois sur plusieurs milliers de kilomètres à travers le pays.

L'intichiuma

C'est une série de longues cérémonies visant à assurer la reproduction et la prospérité du totem du clan. Sa périodicité est liée aux cycles de vie de l'animal ou de la plante totémique. On y raconte les récits des âges *alcharinga*. Elle culmine par des repas sacrés au cours desquels les participants consomment l'animal ou la plante totémique.

La « Grande Mère » et le « Serpent Arc-en-Ciel »

Chez les Aborigènes australiens, Kounapipi est la divinité maternelle initiale qui apporte les totems aux êtres vivants et la fertilité à la nature. Elle est toujours associée au Serpent Arc-en-ciel primordial (Yourlounggour), principe créateur masculin.

Son culte dure plusieurs semaines, réunissant hommes et femmes dans un lieu sacré où sont dressés de grands mâts phalliques. Les jeunes initiés sont jetés dans une fosse simulant l'utérus de Kounapipi. Ils en sortiront barbouillés d'ocre rouge et du sang tiré des bras des hommes, au milieu d'une profusion de chants et de danses, signant ainsi leur entrée dans l'âge d'homme. La cérémonie est ponctuée de rites sexuels tels que des danses érotiques homosexuelles des femmes (simulant les mœurs des opossums) et les orgies avec échange des partenaires masculins et féminins.

Ces cérémonies secrètes ont évidemment été vigoureusement combattues et interdites par les autorités civiles et religieuses coloniales particulièrement puritaines, mais elles ont connu une recrudescence après la Seconde Guerre mondiale, depuis que les Aborigènes ont commencé à faire reconnaître leurs droits sur certains territoires sacrés et à diffuser internationalement leur culture – comme l'atteste la vogue des peintures sur écorce ou de leur instrument de musique sacrée, le *didjeridou*.

Les rites de passage

Ils accompagnent principalement la naissance, la puberté, le mariage et la mort.

Les cérémonies d'initiation des garçons comprennent plusieurs degrés, de l'âge de 12 ans jusqu'à la trentaine. Le premier degré est la peinture rituelle du corps et un « lancer en l'air ». Plus tard viendront la circoncision et la subincision, acte qui consiste à fendre le pénis depuis la base du gland, le long de l'urètre jusqu'au milieu de la verge.

L'initiation s'achève par une épreuve du feu (*illpongwurra*), au cours de laquelle les garçons doivent rester allongés pendant plusieurs minutes au milieu d'un grand feu. C'est au terme de ces cérémonies d'initiation que les garçons sont admis à titre d'adulte dans le clan et qu'ils reçoivent leurs noms secrets et leurs *churingas*.

Initiation, circoncision et excision en Afrique

En Afrique, les rites d'initiation de la puberté sont généralisés. Pour les garçons, ils impliquent la circoncision, effectuée collectivement au cours de la période d'initiation. Pour les filles, dans de nombreux pays, c'est l'excision (ablation du clitoris) souvent accompagnée d'infibulation (couture des lèvres du vagin), généralement au moment des premières règles.

À la limite de la religion

Ces coutumes sont pratiquées tant par des animistes que par des musulmans et des chrétiens (surtout coptes et éthiopiens). Elles ne sont pas « religieuses », dans le sens où elles ne reposent sur aucune prescription explicite de ces religions – sinon que, selon la Bible, Dieu aurait ordonné à Abraham de se circoncire pour marquer son alliance privilégiée avec lui.

Une origine mythique

On peut penser que ces pratiques sont la persistance d'une conception archaïque de la sexualité, selon laquelle le prépuce serait un élément « féminin » chez l'homme et le clitoris un élément « masculin » chez la femme. Ainsi, leur ablation seule permettrait à l'enfant d'accéder à un statut sexuel clairement défini et de quitter l'androgynie infantile.

Coutumes et droits des femmes

Quoi qu'il en soit, ces pratiques sont imposées par les parents sans échappatoire possible. Ils estiment que la mutilation doit être infligée à leur enfant comme ils l'ont subie eux-mêmes – c'est le prix qu'ils ont payé pour être admis comme adultes dans le groupe. Enfin, l'excision reste une arme de la domination masculine, puisqu'elle est censée supprimer la jouissance de la femme, incontrôlable par les hommes. Quant à l'infibulation, elle empêche évidemment d'avoir des rapports sexuels.

Le grand leader indépendantiste kényan Jomo Kenyatta écrivait lui-même en 1929 : « Pas un seul Kikuyu [l'ethnie à laquelle il appartenait] digne de ce nom ne souhaiterait épouser une femme non excisée » (*Au pied du mont Kenya*). En d'autres termes, une femme non excisée ne trouvera jamais de mari, ce qui la condamne à la mort sociale.

La mort

Chez les Aruntas, la mort n'est jamais considérée comme « naturelle », mais toujours provoquée par un maléfice envoyé par un ennemi. Certains hommes, nommés *kurdaitcha* (parfois des femmes), ont la charge de venger les morts. Ils le font souvent par des pratiques magiques à distance, telles que le pointage d'un os dans la direction du coupable présumé, ce qui a pour effet de provoquer sa mort dans un délai plus au moins long.

C'est seulement quand la vengeance sera exécutée et tous les rites du deuil accomplis, que l'esprit du mort pourra rejoindre le monde des ancêtres.

Madagascar : comment les morts deviennent des ancêtres

Les Malgaches sont connus pour une pratique religieuse très particulière, qu'ils partagent avec quelques populations de Bornéo : « le retournement des morts » (*famadihana*). Précisons qu'il ne s'agit pas de « retourner » les morts, mais de fêter leur « retour » au village.

À son décès, le défunt est enseveli dans une tombe familiale provisoire, mais c'est seulement après un délai de quelques années que sa famille (prévenue par un rêve) va lui accorder son statut définitif d'ancêtre protecteur. La cérémonie a lieu pendant la saison sèche, après la fin des travaux agricoles (entre juin et octobre), à une date précise déterminée par un astrologue. On invite toute la parenté et les voisins, ce qui peut représenter plusieurs centaines de personnes. C'est donc une festivité très coûteuse - d'autant que chaque famille voudra faire étalage de sa générosité.

La veille de la date choisie, on se rend à la tombe provisoire pour prévenir les morts qu'on viendra les chercher le lendemain. Le jour dit, toute la compagnie se rend en procession au tombeau. Après le discours de cérémonie, on ouvre les cercueils et on en retire les ossements de chaque défunt que l'on emballe dans un linceul neuf. On les rapporte au village en dansant et en chantant. Chacun vient toucher le « regretté » et glisser un cadeau dans son linceul : une bouteille de rhum, des billets, une photo…

L'organisateur du *famadihana* tue rituellement zébus et porcs. Le festin et le bal durent plusieurs jours. Le rhum coule à flots et nul ne doit pleurer ni montrer sa tristesse. On offre des grands spectacles traditionnels de *mpihira gasy* et *vako-drazana*, accompagnés de leurs orchestres. Enfin, les morceaux de nattes et de l'ancien linceul sont découpés et emportés par les femmes en gage de fécondité.

Chapitre 23

Le vaudou

Dans ce chapitre :

- Le vaudou d'Afrique de l'Ouest en pleine expansion
- Les innombrables *orishas*
- La diffusion chez les Afro-Américains

Le vaudou est connu pour ses terribles initiations et ses cérémonies très spectaculaires au cours desquelles les prêtres et les fidèles, possédés par leur divinité, entrent en transe. Il est de ce fait proche parent du chamanisme.

Dès le XVIIe siècle, les rois du Dahomey, connus pour leur brutalité et leur fructueux commerce d'esclaves avec les Blancs, firent du vaudou leur religion d'État – ses fidèles cultivent encore aujourd'hui le souvenir de sa gloire passée. Son foyer historique s'étend du Ghana au Nigeria, en passant par le Togo et le Bénin, principalement chez les peuples Yorouba, Fon et Ewé.

Il a été exporté en Amérique en même temps que les esclaves pendant tout le temps de la traite négrière et s'y est pratiqué clandestinement jusqu'au milieu du XIXe siècle. Méprisé par les Blancs autant que par les « élites » politiques africaines, il connaît néanmoins un remarquable regain d'activité depuis quelques dizaines d'années.

LE SAVIEZ-VOUS ?

Le mot vaudou (ou *vodoun*) signifiait « divinité » en langue fon, équivalent à *orisha* (en yorouba) ou à *loa* (en créole haïtien). Sa signification est assez proche du *mana* polynésien. Parfois, il s'agit d'un ancêtre divinisé, par exemple dans les familles royales.

Le très riche panthéon

Dans le monde du vaudou, aucun événement n'est fortuit et tout accident est nécessairement provoqué par une force maléfique. Aucune mort n'est donc naturelle. L'homme vit dans un univers entièrement soumis à des forces dont les seuls maîtres sont les *orishas*, leurs prêtres et leurs initiés.

Un dieu créateur et lointain

Manwou (Olorun) domine le panthéon, avec son épouse Lissa – les chrétiens éwés et fons nomment Dieu : Manwou. C'est un *deus otiosus*.

Deus otiosus

Mircea Eliade a proposé d'appliquer ce terme latin (dieu inactif) à tous les dieux « suprêmes » mais relativement indifférenciés, à qui l'on attribue la création initiale du monde. Une fois sa création achevée, ce dieu s'est retiré du monde « historique » habité par les hommes et les animaux pour laisser la place à des dieux « inférieurs » (que l'on qualifie d'hypostases, terme signifiant en grec « ce qui se situe au-dessous ») qui sont chargés des relations quotidiennes avec les humains. C'est seulement à ces derniers que les hommes rendent véritablement des cultes. Ce schéma se rencontre dans la quasi-totalité des religions, tant polythéistes que monothéistes.

Manwou et Lissa ont engendré quatorze enfants, dont descendent la plupart des *orishas*.

Les dieux intermédiaires constituent le vrai panthéon des dieux à qui les hommes s'adressent dans leurs prières et leurs cérémonies. Leurs noms varient d'une langue à l'autre, mais leurs statues trônent à l'entrée des villages.

La trinité

Elle comprend d'abord Papa Legba (alias Eshou), dieu des carrefours et des portes, représenté par un homme au phallus en érection peint en rouge. Il sert d'intermédiaire entre les dieux. Il est à la fois le gardien du village et le dieu personnel de chaque individu. Si une femme casse sa cruche en allant chercher de l'eau, c'est qu'elle a mécontenté son Legba.

Legba est accompagné de Minon-Nan (Notre Mère), la fécondité féminine, représentée par une pièce de bois creuse évoquant un vagin. Elle est entourée de mystère car on raconte que ses adeptes (seules des femmes) forment une confrérie secrète remontant aux anciennes reines du Dahomey, douées de pouvoirs de sorcellerie extrêmement puissants.

Le troisième membre de la trinité est Fa, la divination.

La divination Fa

On fait appel à Fa pour toute circonstance de la vie exigeant de faire un choix difficile.

Ses techniques évoquent le Yi jing (voir chapitre 18). Son prêtre (*bokonon*) fait passer dix-huit noix de palme divinatoires d'une main dans l'autre jusqu'à ce qu'il ne lui en reste qu'une ou deux dans la main gauche. Il trace alors les traits correspondants dans de la sciure de bois ou sur une calebasse, et répète l'opération à quatre reprises, jusqu'à déterminer l'une des 256 combinaisons possible (*odou*). Chaque *odou* est associé à un poème (*ese*) se rapportant à la mythologie yorouba, dont le *bokonon* décryptera la signification divinatoire en rapport avec la demande du consultant.

LE SAVIEZ-VOUS ?

Les *bokonon* sont également marchands d'amulettes variées assurant la protection contre tous les mauvais sorts possibles.

Les orishas

Les « esprits » habitent des pots de terre cuite ou des statues (fétiches). Les plus célèbres sont :

- Ogoun (Gou), dieu de la guerre ; il est aussi le dieu des forgerons, c'est pourquoi on le nomme souvent Ogoun-Ferraille ;
- Il est le frère de Hébiéso (Shango), dieu du tonnerre et de la foudre, dont le symbole est la hache double de la justice ;
- Oshoun, déesse de la beauté et de la fécondité, dont le mari Oroula est le cocu bienheureux ;
- Damballah-Wèdo (Dangbé), dieu de la prospérité et de la connaissance, qui vit dans les sources, tantôt couleuvre arc-en-ciel, tantôt boa constrictor. Son épouse est Aïda-Wèdo, la déesse du ciel ;
- Erzulie, déesse de l'amour, représentée en femme à la beauté irrésistible, couverte de bijoux et de parfums ;
- Obatala (Oshala), dieu de la justice, créateur ;
- Nana Bouloukou, déesse de la terre, de la nuit et des mystères ;
- Sakpata, dieu de la variole, donc des maladies infectieuses ;
- Iémanja, déesse de la mer, qui attire les marins au fond de l'océan. Chez les anglophones, elle se nomme Mamy Ouata (Mammy Water).

Tous ces *orishas* sont les héros de mythes généalogiques et de contes dont la variété inépuisable ne le cède en rien aux anciens mythes grecs ou indiens.

La religion de la transe : initiés et possédés

Les cultes vaudou comprennent de nombreuses prières, invocations et sacrifices. Ses prêtres et ses fidèles entrent en contact avec les divinités par des techniques extatiques généralement provoquées par la musique et les substances hallucinogènes.

Le clergé et les sanctuaires

La religion vaudou n'a pas de clergé organisé, mais les liens des prêtres (*hounsi*) avec les *orishas* se transmettent par la chaîne initiatique de maître à disciple, au long des générations. Ils organisent des fêtes en l'honneur de leur dieu dans les sanctuaires, qui sont souvent leur propre maison, où ils réservent une pièce pour abriter les images et objets sacrés. Dans la cour, ils élèvent des animaux destinés aux sacrifices (poules, coqs, moutons). Les plus grands sanctuaires sont considérés comme des « couvents », abritant outre la famille du *hounsi*, les initiés de sa confrérie.

Initiation, couvents et sociétés secrètes

Le futur initié est un enfant choisi par le dieu lors d'un événement extraordinaire (une maladie par exemple). Il entre dans la confrérie attachée à son *orisha* d'élection et deviendra *vodounsi*, c'est-à-dire épouse du dieu (qu'il soit homme ou femme), sous le contrôle étroit d'un prêtre – les jeunes filles pouvant devenir des prostituées sacrées.

LE SAVIEZ-VOUS ?

Parfois, l'enfant est offert par ses parents en expiation d'une faute. Dans tous les cas, la famille devra payer les frais considérables de son initiation.

UN PEU DE TECHNIQUE

L'initiation commence par une transe simulant la mort, au cours de laquelle l'initié devient le « cheval » du dieu qui le possède. Il reçoit son nouveau nom d'initié, puis, plusieurs mois durant – parfois plusieurs années – il apprend la langue secrète de son dieu, les mythes, les chants, les danses, les tatouages et les amulettes. Après sa « renaissance » finale, il devient à son tour desservant du culte, capable de reconnaître les divinités contenues dans les vases de terre. L'initiation est évidemment secrète et fermée aux profanes (sauf pour le terrible dieu de la variole Sakpata).

Les cérémonies publiques

Ce sont principalement les fêtes des *orishas*, organisées en grande pompe par les prêtres, avec transes, processions et présentation des objets sacrés. Mais ce sont aussi des cérémonies familiales ou individuelles, prescrites par le Fa et destinées à obtenir l'aide du dieu (notamment pour les guérisons) ou à se protéger de ses malédictions. Elles se déroulent au milieu des bougies et des fumigations.

Le retour de Mamy Wata

« Mammy Water », déesse de l'eau, est le nom d'Iémanja dans les anciennes colonies britanniques. Depuis une dizaine d'années, le culte de cette belle déesse marine s'est popularisé dans toute l'Afrique centrale, jusqu'au Congo. En échange d'offrandes variées (parfois son propre enfant), elle accepte de sortir de l'eau sous la forme d'un serpent pour assurer à son dévot la richesse et la gloire. Son rôle est donc très ambivalent, d'un côté terrifiant, de l'autre bienveillant et maternel, ultime secours que l'on invoque lorsque les rapports sociaux et familiaux se disloquent en raison de la pénétration du libéralisme sauvage.

La forme brésilienne Yémanja de cette déesse maternelle connaît également un grand regain de popularité, tout comme la Kounapipi des Aborigènes australiens (voir chapitre 21).

Avant de débuter tout rituel, on demande son autorisation à Papa Legba, qui transmettra (ou pas) aux autres dieux. On sacrifie poulets, chiens, chats ou moutons, selon ses moyens financiers. On récite les prières et les invocations requises et les danses extatiques peuvent commencer.

LE SAVIEZ-VOUS ?

Autrefois, lors des cérémonies importantes impliquant notamment les familles royales, on pratiquait des sacrifices humains pour se concilier les grands dieux dangereux.

Vaudou et politique

Aucun militant politique – ni chef de guerre – n'imaginerait se lancer dans la carrière politique sans utiliser les pouvoirs d'un *orisha* et le soutien de sa confrérie. Il est vrai que les régimes issus des indépendances ont généralement cherché à discréditer les cultes vaudous, au nom de la rationalité occidentale ou socialiste. Mais leur faillite politique et sociale a permis au vaudou de retrouver une reconnaissance officielle.

Au Bénin, le gouvernement militaire « révolutionnaire marxiste-léniniste » de Mathieu Kérékou a interdit toute cérémonie vaudou de 1972 à 1990. Mais en 1994, le nouveau gouvernement a instauré la fête nationale du vaudou le 10 janvier.

La diffusion afro-américaine

Le vaudou s'est répandu dans toute l'Amérique noire, véhiculé par les esclaves depuis les débuts de la traite au XVIe siècle. Il y porte des noms variés : Vaudou (Haïti et Louisiane), Santeria et Lucumi (Cuba), Kumina (Jamaïque), Quimbois (Martinique), Candomblé, Umbanda ou Macumba (Brésil). Malgré son interdiction (car assimilé à la sorcellerie), il n'a cessé d'être pratiqué clandestinement.

Syncrétisme forcé

Les esclaves, coupés de l'Afrique depuis plusieurs siècles (sinon par les arrivées de nouvelles cargaisons de captifs), ont été contraints de se soumettre à tous les rites extérieurs de la religion catholique, si bien qu'ils en ont intégré de nombreux éléments – supposés porteurs d'une grande force magique – à leurs propres cérémonies vaudou clandestines. Un adepte du vaudou peut donc allumer pieusement un cierge à saint Antoine dans une église, tout en priant Ogoun Ferraille.

Religion nationale en Haïti

LE SAVIEZ-VOUS ?

La grande insurrection des esclaves haïtiens en 1791, qui conduisit à l'indépendance du pays, a débuté par une cérémonie secrète vaudou à Bois-Caïman, sous la direction de Dutty Boukman, chef des esclaves « marrons » (échappés des plantations). Les participants racontèrent qu'ils avaient sacrifié un cochon noir et bu son sang pour se rendre invulnérables aux balles des Blancs.

Au milieu du XXe siècle, le dictateur Duvalier a officiellement soutenu le vaudou comme symbole de l'identité nationale. Il se prétendait lui-même *hougan* (prêtre). Les dons financiers qu'il faisait aux confréries lui permettaient d'asseoir son pouvoir sur les réseaux de sorcellerie capables de terroriser la population. (En Afrique, la plupart des dictateurs n'ont pas agi autrement.)

LE SAVIEZ-VOUS ?

À Haïti, Papa Legba est assimilé à saint Pierre (porteur des clés du Paradis). À Cuba, Oshoun, déesse de la beauté, est associée à la vierge du Cuivre, patronne de l'île (car sa couleur est l'or). Au Brésil, Obatala est Jésus-Christ et la sirène Yemanja est la Vierge Marie (piétinant un serpent sur un croissant de lune).

Le vévé de Papa Legba

À Haïti, chaque *loa* (*orisha*) est invoqué par un dessin particulier (*vévé*) qui remplace son image. Voici celui de Papa Legba qui veille sur la frontière entre le monde des humains et le monde surnaturel, à l'entrée des temples et aux carrefours.

Certains sorciers haïtiens particulièrement malfaisants savent voler les âmes des mourants pour les faire ensuite revenir sous forme de *zombis* (revenants-esclaves) qu'ils vendront comme main-d'œuvre à des gangsters ou à des propriétaires peu scrupuleux.

Support des arts

La richesse rythmique et harmonique des musiques vaudous s'est transmise dans les musiques populaires afro-américaines, qui ont elles-mêmes conquis le monde, comme le montre la vogue du *gospel* (paroles de Dieu) d'Amérique du Nord, que Ray Charles a mis au service de la musique profane – au grand scandale des bigots.

Plus au sud, la célébrissime chanteuse cubaine Célia Cruz n'a pas manqué d'ajouter à son répertoire discographique des « hymnes aux saints » Elegua et Oshun. Au Brésil, Clémentina de Jesus en a fait autant avec ses louanges à Shango, à Yémanja, et à tout le panthéon, avec la bénédiction du grand pontife de l'Umbanda.

Back to Africa

La diffusion du vaudou vers les Caraïbes ne doit pas faire oublier le phénomène symétrique d'attirance des Afro-Américains pour l'Afrique fantasmée de leurs origines. Cette nostalgie s'est manifestée dans plusieurs courants religieux, d'inspiration chrétienne, puis musulmane, suivant les grands courants idéologiques du XXe siècle.

Marcus Garvey

Le jeune ouvrier typographe noir jamaïcain Marcus Garvey (1887-1940) voyage à travers l'Amérique centrale dans les premières années du XXe siècle et y constate l'énorme exploitation dont sont victimes les Noirs. Il se rend ensuite en Angleterre où il étudie l'histoire des civilisations africaines. Revenu en Jamaïque en 1914, il fonde l'Association universelle pour l'émancipation et la défense des Nègres et la Ligue des communautés africaines (UNIA-ACL : Universal Negro Improvement and Conservation Association and African Communities League).

Son programme n'est pas religieux, mais se rapproche de celui des sionistes désireux de remédier à la situation désastreuse des juifs en Europe centrale : créer un mouvement d'émigration hors des pays d'oppression pour s'installer sur la terre des ancêtres – en l'occurrence l'Afrique. Il fonde à Harlem le journal *The Negro World* pour diffuser ses idées, puis une compagnie de navigation (Black Star Line) destinée à relier États-Unis et Antilles à la « Mère Afrique ». Il se fait financer par souscriptions et l'UNIA s'implante à travers le monde. L'énorme entreprise idéaliste échoue cependant devant les tribunaux américains pour escroquerie et Garvey est emprisonné à Atlanta.

La fascination pour l'Éthiopie

Gracié par le président Coolidge en 1927, Garvey retourne en Jamaïque et adopte une formule lancée quelques années plus tôt par un prédicateur noir : « Regardez vers l'Afrique, où un roi noir sera couronné, qui mènera le peuple noir à sa délivrance. » Or, dans la Bible anglaise (*King James Version*), l'Afrique est généralement nommée Éthiopie, selon l'ancienne formule grecque. Si bien qu'en 1930, Garvey salue le couronnement de Haïlé Sélassié *négus* (empereur) d'Éthiopie comme l'avènement du Messie. Le *négus* est censé être un descendant de Salomon et de la reine de Saba et il bénéficie de la gloire de son prédécesseur Ménélik qui avait vaincu les Italiens à Adoua en 1896.

Les rastafaris

Leonard Percival Howell (1898-1981), grand ami de Garvey, imprime au mouvement son caractère religieux. Il pousse la vénération de Haïlé Sélassié « Roi des Rois, Seigneur des Seigneurs, Lumière du Monde, Lion conquérant de la tribu de Juda » jusqu'à ses conséquences extrêmes.

Howell (surnommé Gong) enseigne dorénavant que les Noirs ne sont plus des sujets de Sa Majesté le roi d'Angleterre mais du négus d'Éthiopie, ce qui lui vaut trois ans d'emprisonnement, puis un internement psychiatrique. Il fonde, en 1940, la communauté agricole autarcique de Pinnacle qui sera finalement détruite par la police coloniale en 1958. Ses membres se baptisent Rastas en hommage au négus dont le nom familial était Ras Tafari Makonen.

L'Église rastafarienne adore Dieu sous le nom de Jah (Iahvé). Ses fidèles sont strictement végétariens et ne coupent jamais leurs *dreadlocks*. Ils s'habillent en rouge, jaune et vert et considèrent le cannabis comme une plante sacrée. ...

■ ■ ■

Haïlé Sélassié, visitant officiellement la Jamaïque en 1966, a tenté de rallier les rastas à l'Église éthiopienne et il leur a offert un refuge à Shashamané, au sud d'Addis-Abeba. Une petite communauté y vit encore.

Le chanteur Bob Marley (1945-1981) donne une nouvelle impulsion au mouvement en faisant du reggae la musique des rastafariens, notamment par ses chansons cultes : « Selassie Is the Chapel » (1968), puis « Rastaman Chant » (1973), « Positive Vibration » et « War » (1976) et « Forever Loving Jah » (1980).

Nation of Islam

Les années de la grande crise économique de 1929 virent se développer d'autres mouvements identitaires de Noirs américains qui rejetaient le christianisme, parce que religion des Blancs. Ils revendiquaient une filiation avec l'islam, selon eux la seule véritable religion des Noirs (Bilal Al-Habashi, compagnon de Mahomet et premier muezzin, n'était-il pas un Noir ?).

Le métis Wallace Fard Muhammad (1891-1934) fonda en 1930 Nation of Islam à Detroit. Ses successeurs Elijah Poole (1897-1975, devenu Elijah Mohammad, le « messager de Dieu »), puis L.E.Walcott (né en 1933, devenu Farrakhan) renforcèrent le mouvement et lui assurèrent une reconnaissance internationale jusqu'à l'ONU. Cependant, le mouvement ne fut jamais reconnu comme « orthodoxe » dans le monde musulman (sauf par le dictateur libyen Khaddafi).

Nation of Islam gagna à sa cause des personnalités marquantes, tel le champion de boxe Cassius Clay, qui fut baptisé Mohammed Ali par Elijah Mohammed en 1965. D'autres artistes ou intellectuels se convertirent et affichèrent dorénavant des noms musulmans.

Mais Nation of Islam est également connue pour ses positions racistes anti-Blancs et antisémites. Elijah Mohammed s'est même opposé à Martin Luther King et à la revendication des droits civiques, au motif que les Noirs risquaient de perdre leur identité s'ils se mélangeaient aux Blancs.

L'un des plus célèbres militants de Nation of Islam fut Malcolm Little, qui abandonna son nom pour prendre celui de Malcolm X, car il estimait que sa véritable identité (africaine) lui avait été volée et échangée contre un nom d'esclave. Sa popularité porta ombrage à Elijah Mohammed et Farrakhan, d'autant qu'il participait au mouvement des droits civiques aux côtés de Martin Luther King. Il fut assassiné en 1965 par trois membres de Nation of Islam, au retour de son pèlerinage à La Mecque – il venait de se convertir à l'islam sunnite.

Huitième partie

La partie des Dix

Dans cette partie...

Les religions proposent mille manières d'envisager les rapports entre les hommes et leurs dieux et manifestent la richesse de l'imaginaire des sociétés. Mais elles sont également objets d'étude et de critiques, aussi anciennes qu'elles-mêmes.

Nous vous invitons, pour finir, à réfléchir autour de dix questions qui n'ont pas fini de provoquer le débat : Que les religions pensent-elles des sciences ? Que les sciences pensent-elles des religions ? Quelles relations entretiennent les religions entre elles ?

Découvrez aussi le point de vue de dix grands philosophes et dix « petites » croyances populaires.

Chapitre 24

Dix questions qui fâchent

Dans ce chapitre :

- La Terre tourne-t-elle autour du Soleil ?
- Le « procès du singe »
- L'origine des religions
- Combien de monothéismes ?
- Sectes et laïcité

Les religions monothéistes ont entretenu avec les sciences des rapports mouvementés, d'attirance et de rejet. En effet, si Dieu sait tout, que peut savoir l'homme ? Si la Bible et le Coran disent tout, que peut dire la science ?

Nous terminons ce parcours en observant les religions sous des angles variés et volontairement critiques afin d'en avoir la vision la plus complète possible.

La science vue par la religion

En Occident, les conflits sérieux entre religion et science sont apparus à partir de la Renaissance, à propos des mouvements de la Terre et du Soleil. Trois siècles plus tard, ils ont redoublé à propos de l'apparition de l'homme sur terre et, finalement, de la création du monde.

Le procès de Galilée

Le fameux mathématicien et astronome italien Galilée fut condamné deux fois par l'Inquisition pour avoir défendu publiquement les théories de Copernic, selon lesquelles la Terre tourne autour du Soleil, alors que la Bible enseigne que Dieu a créé la terre au centre du monde.

Un premier procès eut lieu en 1616. Les livres de Copernic furent mis à l'Index avec interdiction faite à Galilée d'enseigner l'astronomie copernicienne. Il fut condamné une seconde fois en 1633 pour avoir persisté dans ses enseignements contraires aux enseignements de l'Église.

Galilée se soumit, mais on raconte qu'en sortant du procès, il aurait dit : *Eppur si muove !* (« Et pourtant, elle tourne ! »)

Darwin et le procès du singe

En 1859, Darwin publiait *L'Origine des espèces*, dans lequel il affirmait que les ressemblances entre les espèces animales s'expliquaient par des origines communes. Il soutenait que les hommes et les primates (les singes et l'homme) avaient sans doute des ancêtres communs remontant à plusieurs millions d'années. Le récit biblique de la création ne pouvait donc plus être accepté comme vérité scientifique, mais seulement comme un texte symbolique.

Le scandale fut gigantesque dans les milieux catholiques autant que protestants. On accusa Darwin de soutenir que l'homme descendait du singe. Les milieux traditionnalistes firent campagne pour qu'on n'enseigne pas sa théorie de l'évolution dans les écoles. Les idées nouvelles, confirmées par des milliers de découvertes de fossiles, se répandirent chez les scientifiques, mais leurs opposants ne désarmaient pas.

En 1925, aux États-Unis, l'État du Tennessee promulgua une loi (Butler Act) interdisant de « nier la création divine ». Les scientifiques décidèrent alors de riposter et de provoquer les conservateurs sur leur propre terrain. John Thomas Scope, professeur de l'école publique de Dayton, se dénonça volontairement aux autorités pour avoir enseigné les théories de Darwin. Le procès attira les journalistes et la foule. On ne parlait plus que du « procès du singe » dans toute l'Amérique.

Les conservateurs se prirent à leurs propres contradictions et leur avocat dut admettre qu'il ne croyait pas « littéralement » que le monde avait été créé en six jours comme il est écrit dans la Bible, les « jours » en questions étant plutôt des « périodes ».

Finalement, le professeur Scope fut condamné à une amende symbolique de cent dollars, mais la loi ne fut abrogée qu'en 1967.

Aujourd'hui, de puissantes organisations intégristes chrétiennes, juives ou musulmanes financent la publication de livres qui expliquent avec sérieux que le soleil tourne autour de la terre et que les premiers pas des hommes sur la lune en 1968 n'ont été qu'un film habilement tourné dans les studios de la CIA par les services de propagande américains infiltrés par les communistes athées.

La religion vue par l'histoire

On sait aujourd'hui, grâce aux techniques de datation des fossiles, que les hommes vivent sur terre depuis plusieurs millions d'années. Les scientifiques se sont demandé quelles pouvaient avoir été la vie et les croyances de nos ancêtres lointains. En effet, si nous possédons de très nombreux textes (hiéroglyphes, cunéiformes, etc.) concernant les croyances et les rites des peuples de l'Antiquité, nous ignorons à peu près tout des religions des hommes « préhistoriques » qui ont vécu avant l'invention de l'écriture.

Darwin fit le tour du monde vers 1830 et il eut l'occasion à plusieurs reprises de rencontrer des hommes vivant dans les régions les plus reculées de l'Amérique et de l'Océanie, que les Européens exploraient pour la première fois. Il eut, le premier, l'intuition que ces hommes « primitifs » vivant encore à l'âge de pierre, étaient les derniers témoins des âges préhistoriques.

Darwin et les Fuégiens

Darwin écrit dans les dernières pages de *La Filiation de l'homme* : « Je n'oublierai jamais la surprise dont je fus saisi quand je vis pour la première fois une troupe de naturels de la Terre de Feu sur une côte abrupte et sauvage, car la pensée qui me vint tout d'abord à l'esprit fut celle-ci : voilà nos ancêtres ! Ces hommes étaient absolument nus et barbouillés de peinture, leurs longs cheveux en désordre, leurs bouches couvertes d'écume, leurs physionomies farouches, effarées, défiantes ; comme des bêtes fauves, ils vivaient de leur proie, n'avaient aucune espèce de gouvernement, et se montraient sans pitié pour tout ce qui n'était pas de leur tribu. Lorsqu'on a vu des sauvages chez eux, on n'éprouve pas grande honte à se sentir obligé de reconnaître que le sang de quelque créature encore plus humble coule dans nos veines… »

Pour des raisons identiques, les anthropologues imaginèrent ensuite que les hommes préhistoriques avaient pratiqué des religions chamaniques dont on pouvait observer les survivances chez les Aborigènes d'Australie et les autres peuples vivant encore à l'âge de pierre (voir chapitre 22).

Le chamane de la grotte des Trois-Frères

Dans les années qui suivirent le voyage de Darwin, la paléontologie et l'archéologie se développèrent considérablement. On découvrit de nombreux sites préhistoriques qui contenaient parfois des peintures ou des sculptures datant de plusieurs dizaines de milliers d'années et représentant des personnages ou des animaux. S'agissait-il de peintures magiques ? Les personnages étaient-ils des divinités ?

Ces images avaient peut-être eu des significations religieuses. Malheureusement, l'absence de tout commentaire écrit interdisait de les comprendre. Toutes les interprétations qui en ont été proposées sont donc des purs produits de l'imagination des modernes.

Une seule peinture préhistorique, parmi les centaines découvertes, semble explicitement religieuse. Elle se trouve sur les parois de la grotte des Trois-Frères, en Dordogne. Un homme y est représenté avec une queue d'animal et la tête surmontée de bois de renne. Il est barbu (peut-être porte-t-il un masque) et son visage est tourné vers l'observateur. Sa posture évoque une danse. Il est difficile de ne pas penser qu'il s'agit d'un chamane revêtu de son costume rituel en train de danser – les hommes de cette époque étaient chasseurs de rennes, comme les Sibériens chez lesquels on a observé le chamanisme.

Une religion remplace-t-elle la précédente ?

Les religions monothéistes ont affirmé qu'elles apportaient de nouvelles formes religieuses qui éliminaient radicalement les anciennes (magie, polythéisme). Elles se considéraient donc comme un progrès par rapport aux temps anciens d'ignorance du « vrai » Dieu. Les historiens et les philosophes modernes leur ont longtemps emboîté le pas, considérant que l'humanité était progressivement passée de formes primitives de la religion (animisme, chamanisme) à des formes plus évoluées (polythéisme) et, enfin, à une forme supérieure (monothéisme).

L'enquête que nous avons menée au cours de cet ouvrage montre qu'il n'en est rien et que les formes religieuses primitives subsistent vigoureusement dans les formes récentes, même si elles sont soigneusement maquillées et dissimulées par le discours théologique officiel. Il n'y a pas succession, mais plutôt sédimentation. De même que les langues conservent en elles les traces évidentes de leurs formes plus anciennes (l'étymologie).

La religion vue par la sociologie

À la fin du XIXe siècle, les premiers sociologues supposèrent que les religions étaient des croyances et des pratiques destinées à renforcer la cohésion des sociétés humaines.

Les formes de croyance élémentaires

CITATION

Émile Durkheim écrivait : « Une religion est un système solidaire de croyances et de pratiques relatives à des choses sacrées, c'est-à-dire séparées, interdites, croyances et pratiques qui unissent en une même communauté morale [...] tous ceux qui y adhèrent » (*Les Formes élémentaires de la vie religieuse*, 1912)

À MÉDITER

En suivant son analyse, on pourrait dire que tout groupe social produit « de la religion ».

Toutes les religions se composent en effet - dans des proportions variables - d'éléments communs : des divinités, des lieux et des objets sacrés, des cérémonies d'initiation ou de renforcement, des prêtres (parfois chamanes), une langue secrète (parfois des textes sacrés), des repas (souvent précédés de sacrifices) et des fêtes, des chants, danses et costumes, des images et des récits concernant les divinités protectrices et les fondateurs (mythiques ou historiques), enfin un culte des morts et des grands ancêtres.

Les religions sans dieu

On peut appliquer ces observations à la plus petite des sociétés : la famille, dont les petits enfants considèrent leurs parents comme des dieux bienfaiteurs et attendent avec impatience d'être initiés au statut d'adulte. On se réunit cérémonieusement pour les repas (manger des « McDo » devant la télévision est considéré comme un manquement à la règle familiale). Dans les familles croyantes, la journée est ponctuée par les prières rituelles. On a soin d'accrocher au mur les portraits des ancêtres protecteurs. Enfin, on donne à l'enfant qui naît le nom d'un ancêtre, ce qui est une forme à peine déguisée de croyance en la réincarnation (le rituel demande d'ailleurs de s'extasier devant le nourrisson en disant : « Il a le nez du grand-père, ou les yeux de sa mère »).

On ne s'attardera pas sur les groupes de taille intermédiaire tels que les équipes sportives ou les chorales.

Les « sociétés secrètes » ont une tendance marquée à adopter des rituels de style religieux, en raison leur caractère initiatique. L'exemple le plus frappant en est la franc-maçonnerie. Cette société fut fondée en Angleterre au début du XVIIIe siècle, précisément pour tenter de dépasser les clivages religieux qui avaient ensanglanté le pays depuis deux siècles, et elle accueille aujourd'hui des membres de toutes croyances aussi bien que des athées. Elle s'est constitué une symbolique ésotérique antique (outils, appellations, costumes, grades) d'initiation (par le silence, comme chez les pythagoriciens), et d'étude. Sa théologie rationaliste inspirée de l'esprit des Lumières (le Grand Architecte de l'univers, la Déclaration des droits de l'homme) est censée amener à une meilleure compréhension du monde, donc à la tolérance. Les « loges » maçonniques ont été pourchassées par les monarchies absolues (car lieux de critique du pouvoir) et ont fourni leurs contingents de penseurs et de militants aux premières Républiques américaine et française - il est vraisemblable que le libérateur d'Haïti, Toussaint Louverture, ait été franc-maçon. Hitler considérait d'ailleurs les francs-maçons comme des ennemis dangereux dont il fallait absolument se débarrasser, au même titre que les juifs et les communistes.

Enfin, les plus grands groupes, tels que l'État n'échappent pas à l'analyse de Durkheim : la République ne peut se concevoir sans ses défilés et fêtes chômées (14 juillet), sans ses bustes de Marianne dans les mairies, sans les âmes de ses héros fondateurs (enterrés au Panthéon) et les récits de ses origines glorieuses, enseignés en cours d'histoire dans les écoles. Un président de la République qui n'assisterait pas au défilé perdrait sa légitimité, car la République ne vénère pas de dieu, mais rend un culte à la Mère-Patrie, c'est-à-dire à la nation.

Les régimes dictatoriaux, quant à eux, sont les plus grands consommateurs de « religions d'État ». Ils utilisent sans vergogne les rites collectifs pour soumettre leurs sujets. Leurs services de propagande sont experts en culte de la personnalité et en manifestations de masse. Les symboles du régime doivent être affichés dans tous les espaces publics et privés. Ils ont leurs prophètes, leurs martyrs et leurs livres sacrés, supposés rédigés par le grand dirigeant du parti unique. Enfin, leurs chefs sont évidemment infaillibles. Ils ne voient et n'entendent pas tout, comme Dieu, mais leurs espions et leurs polices politiques s'en chargent.

Érasme disait : « Les rois ont beaucoup d'oreilles et d'yeux » (Adage 102).

La religion vue par la psychanalyse

Sigmund Freud, inventeur de la psychanalyse, mit en lumière des mécanismes psychologiques qui éclairent singulièrement diverses croyances et pratiques religieuses.

Le rite comme remède à l'angoisse

Freud recevait de nombreux patients souffrant de névrose obsessionnelle. Ces personnes se sentaient contraintes par une force incontrôlable d'exécuter des gestes dont elles ne comprenaient pas le sens, et elles étaient saisies d'une angoisse irrépressible si elles ne les accomplissaient pas.

Il eut l'idée de comparer ces symptômes à l'extrême lourdeur des prescriptions rituelles juives qu'il avait pu observer dans sa propre famille (son père était rabbin). Il en tira l'idée que les rites religieux avaient la même fonction que ceux des névrosés : apaiser l'angoisse de l'individu face aux forces qui le dépassent, notamment les incontrôlables pulsions sexuelles (la libido) qui se transforment souvent en pulsions agressives et qui sont donc des dangers permanents pour la vie en société.

L'enfant dans l'adulte

Freud mit également en évidence le phénomène psychologique de la « régression », par lequel une personne en situation difficile a tendance à revivre les sentiments qu'elle a connus face à des situations similaires pendant sa petite enfance. Le sentiment de la toute-puissance paternelle en est un exemple frappant. Tous les petits enfants croient réellement que leurs parents ont une force sans limite (« Mon papa est le plus fort du monde ! »). Les parents savent tout, y compris les pensées secrètes de leurs enfants.

Il est difficile de ne pas reconnaître des sentiments similaires dans la croyance au Dieu des religions monothéistes, explicitement qualifié de « Père éternel et tout-puissant ». Le Dieu de la Bible est masculin et créateur, comme les parents qui sont capables de donner la vie. Il voit tout et entend tout, y compris les pensées cachées au fond du cœur. L'homme se trouve donc, comme l'enfant, entièrement à la merci de ce père céleste et impitoyable, même s'il est parfois bienveillant.

Esprits fragiles

Le même phénomène de régression amène les esprits angoissés et fragiles (surtout les adolescents en crise face à l'autorité des parents) à tomber sous la coupe de *gourous* manipulateurs, qui jouent l'image paternelle et réduisent leurs adeptes à une soumission totale, y compris financière et sexuelle.

La famille monothéiste

Les juifs, les chrétiens et les musulmans sont frères (ou au moins cousins), mais refusent de l'admettre. Ils croient chacun être l'enfant préféré de leur père. Ils croient chacun adorer un Dieu différent, alors que c'est le même.

Chaque religion « abrahamique » (juive, chrétienne, musulmane) se considère jalousement comme la seule détentrice de la « vraie » révélation divine. Leur intolérance mutuelle a fait couler beaucoup d'encre et de sang au cours des deux derniers millénaires.

Pourtant, leurs points communs sont si nombreux qu'il est tentant de les considérer comme des branches successives d'un même arbre. Elles sont en outre reliées par un puissant lien généalogique à une quatrième religion, le mazdéisme, à qui elles doivent plusieurs de leurs conceptions fondamentales (voir chapitre 6).

Mazdéens et juifs

Le dieu principal des mazdéens est Ahura-Mazda (Ormuzd), dieu du bien, principe de la lumière et du feu, opposé à Ahriman, le dieu mauvais. Leur lutte incessante traverse l'histoire du monde, la victoire définitive du premier devant annoncer la fin des temps.

Les âmes des morts doivent traverser le pont du « Séparateur » (Shinvat). Pour l'âme du juste, le pont est large et conduit au Paradis. Pour l'âme pécheresse, il est étroit comme une lame de sabre et mène aux froides ténèbres de l'Enfer. Celui dont les mérites et les fautes sont équivalents est dirigé vers l'*hamestakan*, zone intermédiaire dans laquelle il patientera jusqu'au Jugement dernier.

Les mazdéens considèrent que seuls leurs coreligionnaires sont « purs » et ils préconisent une stricte endogamie. La consommation d'aliments préparés par des « infidèles » est interdite. Leurs principales purifications sont des bains rituels. Ils entretiennent un feu sacré dans leurs sanctuaires et prient Ahura Mazda cinq fois par jour.

Juifs et chrétiens...

On ne peut comprendre une ligne du Nouveau Testament si l'on n'est pas familier de l'Ancien. Les Évangiles et les épîtres sont en effet littéralement « truffés » d'allusions et de citations de la Bible et de ses prophètes. Le christianisme, dès ses origines, s'est présenté comme une rénovation du judaïsme et l'accomplissement des prédictions de ses prophètes.

Il en va de même pour les rituels. La principale cérémonie chrétienne, l'eucharistie, s'inspire du repas de Seder, célébré lors de la Pâque juive. Ce repas solennel est précédé du lavage rituel des mains et ponctué de prières, d'invocations et de lectures des textes sacrés. Les convives partagent du pain azyme et boivent du vin dans un calice commun. Les chrétiens ne font pas autre chose pendant la messe. En revanche, la signification symbolique de la messe est totalement différente.

Les chrétiens ont conservé (en hébreu) quelques invocations rituelles juives : *Amen ! Hosannah !* et *Alleluia !* Ils observent, en outre, les deux principales fêtes annuelles juives du printemps : Pâques et la Pentecôte. La date du dimanche chrétien de Pâques se calcule selon des observations astronomiques compliquées, afin de ne pas coïncider avec la Pâque juive. La Pentecôte est naturellement célébrée quarante jours plus tard.

… et musulmans

Avant la prédication du Prophète, la population de La Mecque était vraisemblablement composée de près d'un quart de juifs et d'autant de chrétiens. Cela explique la proximité de leurs pratiques avec celles de la nouvelle religion musulmane.

Quel jour de repos ?

Judaïsme, christianisme et islam imposent le jour sacré de repos hebdomadaire en souvenir du repos biblique de Dieu le septième jour de sa création. En revanche, chaque religion marque catégoriquement sa différence en ne l'observant pas le même jour que les deux autres (samedi pour les juifs, dimanche pour les chrétiens et vendredi pour les musulmans).

La circoncision

Les juifs pratiquent la circoncision à l'âge de sept jours. Chez les musulmans, elle est effectuée lorsque le garçon est en âge de parler (entre trois et sept ans). À sept jours, ils rasent la tête du nouveau-né et on donne au pauvre le poids équivalent (des cheveux coupés) en or ou en argent.

Les ablutions

Les ablutions sont soumises, chez les musulmans comme chez les juifs, à un rituel très précis qui conditionne la pureté du croyant, donc l'efficacité de la prière. Elles concernent le visage, les mains et les pieds.

L'interdit des images

Commun aux juifs et aux musulmans, il repose sur le premier « commandement » de la Bible, concernant les images divines, donc l'idolâtrie :

« Tu ne feras pas d'idole, ni aucune image de ce qui est dans les cieux d'en haut, ou de ce qui est sur la terre en bas, ou de ce qui est dans les eaux sous la terre » (Exode, 20,4).

Hallal et casher

Les techniques d'abattage rituel par égorgement (*dhabiha*) sont communes à l'islam et au judaïsme. Ainsi, *hallal* et *casher* sont à peu près équivalents en ce qui concerne la viande. Ils donnent lieu à des commerces très lucratifs dans les deux religions (par la vente des licences).

L'abattage rituel, généralement d'un mouton, commémore celui d'Abraham sacrifiant son fils, tel qu'il est raconté dans la Genèse, à cette différence près que, selon la tradition musulmane, c'est Ismaël et non pas Isaac qui est sacrifié par son père pour obéir à Dieu.

Ce sacrifice a lieu à La Mecque pendant le pèlerinage. Les musulmans qui ne peuvent pas faire le pèlerinage se contentent de sacrifier un mouton chez eux.

Le sacrifice d'Isaac/Ismaël

La Genèse (chapitre 22) raconte que Dieu, désireux d'éprouver l'obéissance d'Abraham, lui ordonne de sacrifier son propre fils. Abraham s'apprête à égorger l'enfant, mais un ange arrête sa main et remplace le garçon par un bélier. Dans le Coran, le sacrifice d'Ismaël est évoqué dans la sourate 37, 100-109.

LE SAVIEZ-VOUS ?

L'interdiction du porc, commune aux deux religions, trouve une justification dans l'hygiène mais recouvre un tabou ancestral : de nombreuses populations du Proche-Orient considèrent que le porc est habité par les démons.

Les références du Coran

On ne peut comprendre une page du Coran si l'on n'est pas familier du Nouveau Testament et de l'Ancien. D'où Mahomet pouvait-il connaître Abraham, Joseph ou Jésus, sinon par la fréquentation de juifs et de chrétiens pieux ? Quant à ses auditeurs, ils devaient nécessairement connaître tous les personnages et les récits auxquels il fait sans cesse référence, car le Coran ne les explique jamais : il les considère comme connus.

Le Coran rappelle fréquemment la parenté mythique entre les Arabes et les Hébreux, les deux peuples étant supposés avoir Abraham comme ancêtre commun et adorer le même Dieu. Ce Dieu n'a pas le même nom dans les deux traditions et il n'est pas adoré dans la même langue, mais il est le même.

La Genèse raconte ainsi de manière circonstanciée l'engendrement des deux fils rivaux d'Abraham : Ismaël et Isaac. Abraham, parvenu à un âge très avancé, n'a pas d'enfant de son épouse Sarah. Celle-ci lui donne alors sa servante Hagar, pour qu'il lui fasse un fils, lequel est nommé Ismaël (« Dieu entend »). Par la suite, il a également un fils de Sarah, nommé Isaac (« Il rit »). Mais Sarah est jalouse de Hagar et la fait chasser dans le désert avec Ismaël. Dieu promet ensuite une postérité glorieuse à chacun des deux fils : les descendants d'Ismaël seront les Arabes et ceux d'Isaac, les Hébreux.

Le Coran désigne aussi explicitement les prophètes juifs, y compris Jésus, comme annonçant le vrai Dieu :

« Suivez la religion d'Abraham, un vrai croyant qui n'était pas au nombre des polythéistes. Dites : Nous croyons en Dieu, à ce qui nous a été révélé, à ce qui a été révélé à Abraham, à Ismaël, à Isaac, à Jacob et aux tribus, à ce qui a été donné à Moïse et à Jésus, à ce qui a été donné aux prophètes, de la part de leur Seigneur. Nous n'avons de préférence pour aucun d'entre eux ; nous sommes soumis à Dieu » (sourate 2, « La Vache », 135-136).

Joseph l'Égyptien

Le Coran consacre une sourate entière (sourate 12) à l'histoire de Joseph (Youssouf en arabe), le fils de Jacob. Elle suit globalement le récit des chapitres 37 à 50 de la Genèse, tout en y apportant quelques précisions, telles que les noms d'Al Aziz, l'intendant du pharaon qui recueille le jeune homme, et de son épouse Zulikha, qui tente de le violer.

Il est clair que Mahomet aimait beaucoup cette histoire, car il y ajoute un détail très romanesque : Zulikha invite ses amies à venir chez elle et elle leur donne des couteaux pour préparer les fruits de la collation. Lorsqu'elle fait enfin entrer Joseph, les femmes sont tellement impressionnées par sa beauté qu'elles se tailladent les mains sans s'en rendre compte.

Les sectes

Il est souvent difficile de distinguer une Église d'une secte (selon l'analyse de Max Weber), car l'une comme l'autre se réclament de valeurs religieuses. Quant à leurs chefs (*gourous*, prophètes, clergé), ils exercent en tant que « directeurs de consciences » une autorité considérable sur leurs fidèles. Il est donc impossible d'éviter que certains d'entre eux n'abusent de cette autorité pour leur profit personnel, matériel ou moral. Les plus pervers recruteront parmi leurs ouailles leurs esclaves sexuels, d'autres les fanatiseront pour en faire des tueurs, liés par la complicité du sang versé.

Quand la secte devient gang

Depuis l'invasion russe en Afghanistan (1979), des mouvements islamistes armés, financés par des fonds d'origine variable (arabes, mais aussi américains ou saoudiens), ont sévi dans la plupart des pays musulmans, de l'Algérie à la Tchétchénie et aux Philippines. Leurs actions ont abouti à des massacres en série et au renforcement des régimes militaires répressifs (en Algérie et en Égypte notamment).

Après la disparition du bloc soviétique (1989), plusieurs mouvements de rébellion armée des pays du tiers-monde ont quitté l'idéologie marxiste dominante depuis les années 1920 pour se convertir en sectes soi-disant religieuses permettant une propagation missionnaire et une rhétorique exaltée. On recrute plus facilement aujourd'hui des partisans prêts au martyre au nom de Mahomet que de Lénine ou Mao Zedong.

La référence au *djihad*, traduit communément par « guerre sainte », est pour eux une facilité de langage qui permet de fanatiser des esprits désorientés en leur faisant miroiter les vieilles imageries d'héroïsme et de martyre n'ayant de récompense que dans l'Au-delà et affublant d'oripeaux religieux les classiques exactions de droit commun (pillage, viols, assassinats). Cette rhétorique se retrouve aussi bien chez les Chebab de Somalie ou Boko Haram que chez Daesh en Irak.

À MÉDITER

L'attentat-suicide, le martyre et la pulsion de mort

On torture, on égorge, on crucifie devant les caméras des téléphones portables. La fascination pour la mise en scène d'horreur est apparue dans l'Iran chiite et au sein du Hezbollah, mais aussi chez les sunnites, atteignant son extrême lors des attentats du 11 septembre 2001 et chez Daesh.

On voit aussi le retour de l'antique pulsion de mort de la vendetta : des « martyrs » croient gagner le Paradis en se tuant eux-mêmes avec le maximum de civils « infidèles » ou appartenant à la secte opposée.

CITATION

Le vrai *djihad* est la lutte morale contre soi-même

« À l'issue des combats que le Prophète a menés contre ses ennemis, il a dit : "Nous avons fini le petit *djihad*, celui du combat, et nous entrons dans le grand *djihad*, qui est celui de revoir en nous ce qui doit être corrigé, ce qui doit nous apprendre le chemin de la vérité. Et vous savez qu'il est long et qu'il n'est pas toujours facile, qu'il faut beaucoup de résistance, de patience, de souffrance, pour monter petit à petit vers la connaissance pour finalement aboutir à l'amour d'Allah et à l'illumination." »

Dalil Boubakeur, recteur de la grande mosquée de Paris et président du Conseil français du culte musulman, interview parue dans *Algerparis*, n° 4.

La lutte française contre les dérives sectaires

Les années 1980 ont vu se dérouler plusieurs drames spectaculaires liés à des sectes : 914 morts dans un soi-disant suicide collectif en Guyana et 74 morts dans l'Ordre du temple solaire, escroqueries à la scientologie et viols organisés au Mandarom.

Le gouvernement français a décidé en 2002 de créer un organisme chargé de lutter contre les dérives sectaires. La Miviludes (Mission interministérielle de vigilance et de lutte contre les dérives sectaires) « coordonne l'action préventive et répressive des pouvoirs publics à l'encontre des dérives sectaires et informe le public sur les risques et les dangers auxquels il est exposé. »

Selon les termes de la Miviludes, la dérive sectaire « se caractérise par la mise en œuvre, par un groupe organisé ou par un individu isolé, quelle que soit sa nature ou son activité, de pressions ou de techniques ayant pour but de créer, de maintenir ou d'exploiter chez une personne un état de sujétion psychologique ou physique, la privant d'une partie de son libre arbitre, avec des conséquences dommageables pour cette personne, son entourage ou pour la société ».

En 1996, la Commission d'enquête sur les sectes de l'Assemblée nationale avait publié une liste de cent soixante-douze sectes jugées dangereuses. Cette liste présentait malheureusement l'inconvénient de donner une sorte de caution de moralité à toutes les sectes qui n'y figuraient pas, mais aussi à tous les groupes civils ou religieux qui auraient pu être inquiétés, mais qui jouissent d'une grande respectabilité traditionnelle, notamment l'Église catholique, qui a été récemment au cœur de très graves affaires de pédophilie. Certains estiment qu'il serait nécessaire d'ouvrir d'autres dossiers brûlants tel que celui des enlèvements d'enfants dans les orphelinats, notamment en Irlande et dans les colonies.

La scientologie

Cette secte a élaboré des méthodes très efficaces de manipulation, mettant ses adeptes en état de dépendance psychologique, avant de s'attaquer à leurs comptes en banques, puis à ceux de leurs familles et de leurs amis. Elle les plonge dans une atmosphère de bienveillance paradisiaque qui endort leur esprit critique, avant de leur faire signer « l'engagement d'un milliard d'années ». L'adepte se trouve alors dans un état proche de l'addiction dont il ne pourra plus sortir.

En France, la secte est soupçonnée d'avoir infiltré l'administration de l'État à son plus haut niveau, suite à la disparition opportune de dossiers judiciaires la concernant. Elle est condamnée en 2009 pour escroquerie en bande organisée (amende de 600 000 euros pour avoir soutiré de l'argent à des adeptes en état de vulnérabilité psychologique). En 2012, la condamnation est confirmée par la cour d'appel et l'année suivante par la Cour de cassation.

La laïcité

La laïcité est un concept français. La Révolution française avait déjà aboli les privilèges du clergé catholique et nationalisé son immense patrimoine foncier. Cependant, dès la Restauration (après la défaite de Napoléon), l'Église a rétabli sa mainmise sur la politique française. C'est seulement en 1905, après l'affaire Dreyfus, que l'État français est parvenu à imposer la séparation de l'Église et de l'État.

La laïcité a fini par être acceptée dans l'ensemble du pays (sauf l'Alsace et le département de la Moselle), mais le domaine où elle provoque le plus de résistances est celui de l'éducation publique. En effet, la loi Debré de 1959 a permis un large financement des écoles privées (catholiques à 90 %), alors que l'enseignement public se voit aujourd'hui victime de réductions budgétaires drastiques.

Le modèle français

La loi de 1905 de « séparation de l'Église et de l'État » stipule :

CITATION

« *Article 1er* – La République assure la liberté de conscience. Elle garantit le libre exercice des cultes [...] ».

Article 2 – « La République ne reconnaît, ne salarie ni ne subventionne aucun culte. [...] »

Le modèle américain

Outre-Atlantique, le régime de séparation dans le domaine scolaire est beaucoup plus radical que ses équivalents européens, y compris en France. Ce régime trouve sa source dans le premier amendement de la Constitution américaine, ratifié en décembre 1791, qui interdit l'établissement d'une Église d'État.

CITATION

Cet article stipule que « le Congrès ne promulguera pas de loi relative à l'établissement d'une religion, ou de loi qui empêcherait le libre exercice (d'une religion) ». La séparation entre les Églises et l'État en découle, bien qu'elle ne soit pas explicitement mentionnée.

C'est au nom de ce « mur de séparation » (*wall of separation*) qu'en 1962, la Cour suprême a déclaré inconstitutionnelles la prière et les lectures religieuses dans les écoles publiques (arrêt Engel *versus* Vitale), suscitant la fureur d'une partie des Églises chrétiennes américaines, à commencer par les Églises évangéliques, fortes de leur culture prosélyte et moralement conservatrice.

Le « mur de séparation » est si solide qu'un financement d'établissements scolaires chrétiens privés, tel qu'on le pratique dans plusieurs pays d'Europe, serait impensable outre-Atlantique.

L'athéisme

À première vue, l'affaire semble claire : est athée toute personne qui « ne croit pas en Dieu ». Cependant, cette définition n'a de sens que si l'on considère que le Dieu en question est le seul et le « vrai », c'est-à-dire dans le sens des monothéistes. Les philosophes des Lumières l'avaient bien compris lorsqu'ils disaient qu'on ne pouvait pas imaginer la grande mécanique du monde sans supposer qu'elle ait été conçue par un « Grand Horloger ».

Il est éclairant de retourner la question et se demander ce que signifie « croire ». De ce point de vue, la plupart des « croyants » pensent sans doute que Dieu existe et qu'il a créé le monde, mais cette création est assez lointaine et n'a pas grand rapport avec leurs préoccupations quotidiennes. En cas de gros souci (maladie principalement), on s'adresse surtout à ses saints (à la Vierge Marie si on est catholique ou orthodoxe). A-t-on jamais vu un chrétien prier le Saint-Esprit ? La plupart d'entre eux n'ont aucune idée des arcanes de la théologie, et la religion se résume pour eux à assister à la messe le dimanche, à faire baptiser les enfants et à se marier à l'église. La plupart reconnaissent honnêtement qu'ils « pratiquent » par identification familiale.

On pourrait en dire autant des croyants de la plupart des religions.

En revanche, ils rejoignent les « athées » dans les innombrables pratiques et croyances quotidiennes, que l'on ne considère pas comme de la « religion », mais comme des « superstitions » : on « touche du bois » pour conjurer le mauvais sort, on évite de passer sous une échelle et on s'embrasse sous le gui au nouvel an (en se rappelant peut-être que le gui était une plante sacrée chez les druides).

Finalement, aujourd'hui comme autrefois, on se montre surtout attaché à la « religion de ses pères » et l'athéisme, comme la conversion, est considéré comme un abandon des traditions.

À qui appartiennent les textes sacrés ?

Les textes sacrés des grandes religions sont écrits dans des langues archaïques et ils se présentent sous forme généralement fragmentaire. Ils ne fournissent qu'une partie de la doctrine du fondateur. Leur authentification et leur explication occupent donc, jusqu'à nos jours, une place essentielle dans l'enseignement des doctrines.

Or, dans toutes les religions, la transmission des textes et des commentaires « autorisés » n'a été fixée qu'au bout de plusieurs siècles, au cours desquels les interprètes ont établi leur autorité respective selon les rapports de forces entre leurs diverses écoles et les protections politiques dont ils disposaient. Ainsi, le fidèle d'aujourd'hui ne peut avoir accès aux textes sacrés qu'en se soumettant au filtre des interprètes « autorisés ». Le schéma est à peu près similaire dans les quatre principales grandes religions :

Religion	*Bouddhisme*	*Judaïsme*	*Christianisme*	*Islam*
Textes	Soutras	Torah	Évangiles	Coran
Commentaires « autorisés »	Abhidharma	Talmud	Les Pères de l'Église	*Hadiths*

De plus, les commentaires « autorisés » de chacune des religions remplissent des centaines de volumes et une vie ne peut suffire à les parcourir – à supposer qu'ils soient édités et traduits. Ainsi, le croyant moyen n'osera jamais discuter les affirmations d'un « savant » moine bouddhiste, rabbin, prêtre ou imam.

Quel rapport entre Tierno Bokar et Jean Kammerer ?

Qu'est-ce qui relie le vieux soufi africain au curé de Besançon ? Sans doute une idée de la religion comme élévation spirituelle et tolérance.

Le soufi de Bandiagara

Tierno Bokar (1875-1939), proche de la famille d'El Hadj Omar Tall, fonde en 1908 une école soufie (*zaouïa*) à Bandiagara, en pays dogon (au Mali). Des rivaux, jaloux de son audience, le dénoncent aux autorités coloniales comme dirigeant d'une société secrète révolutionnaire, au motif qu'il tient à conserver un rite traditionnel de récitation du *ouird* « Perle de perfection » avec un chapelet de onze grains, selon l'enseignement de Chérif Hammalah, alors que la majorité des soufis tidjanis utilisent un chapelet de douze grains.

Son disciple, l'écrivain malien Amadou Hampatè Bâ (1901-1991), a raconté comment Chérif Hamallah fut soumis à trente années de vexations, culminant avec sa déportation. Tierno Bokar fut à son tour victime des persécutions de l'administration coloniale et il mourut abandonné de tous.

Tierno Bokar aimait citer ce verset du Coran : « Point de contrainte en religion ! » (sourate « La Vache », 256), qu'il commentait ainsi : « Je souhaite de tout mon cœur la venue de l'ère de réconciliation entre toutes les confessions de la terre, l'ère où elles reposeront en Dieu par trois points d'appui : amour, charité, fraternité » (Amadou Hampatè Bâ, *Vie et enseignement de Tierno Bokar*).

Le curé résistant

Jean Kammerer naît en Alsace en 1918. Il est ordonné prêtre catholique le 24 juin 1943 et arrêté par la Gestapo pour fait de résistance en octobre 1944. Il est déporté au camp de concentration de Dachau.

Jean Kammerer raconte cinquante ans plus tard :

« La vie dans le camp amène un sentiment de déshumanisation et d'angoisse. Tout le système est conçu pour que le déporté soit dégoûté de lui-même et perde son identité.

À Dachau, le contact avec la mort était tout à fait curieux. Il y avait tellement de morts que l'on n'y prêtait plus attention.

La question de l'enfer nous préoccupait cependant : Dieu peut-il vouloir pire que Dachau après la mort, alors que les camps ont été inventés par les nazis, ennemis de Dieu ? Il y avait quelque chose de scandaleux dans la notion d'enfer. Mais l'enfer n'est qu'une nécessité de logique théologique. À mon avis après cette expérience du camp, l'enfer ne peut pas exister. L'amour de Dieu est tel qu'il ne peut pas souffrir que des hommes souffrent, l'enfer est incompatible avec la bonté de Dieu. Deux logiques se heurtent et il faut donner la priorité à l'amour infini de Dieu.

Après le camp, j'ai poursuivi mon engagement dans le monde : pour la réconciliation franco-allemande et la paix ; je suis particulièrement sensible aux amitiés judéo-chrétiennes, solidaire de mes frères qui ont tant souffert.

L'ancrage de mes convictions est biblique : les prophètes se moquent des rois et des chefs. Ceux qui détiennent l'autorité dans l'Église ne sont pas nécessairement des prophètes. »

Chapitre 25

La religion vue par dix grands philosophes

Dans ce chapitre :

- Religion et philosophie…
- … de Socrate à Nietzsche

Les philosophes de l'Antiquité - à l'exception des cyniques qui ne respectaient rien, pas même les dieux et pissaient sans vergogne sur leurs statues ! - recommandaient tous de pratiquer scrupuleusement les cérémonies des cultes civiques, afin de participer à la vie de la cité en citoyen responsable.

Ces penseurs très instruits eurent très tôt l'idée que les hommes adoraient les forces de la nature pour se concilier leur bienveillance. Les formes particulières des divinités (statues et récits mythologiques) n'étaient, à leur avis, que des contes à l'usage du peuple ignorant. Certains, tel Protagoras (philosophe grec né vers 480 avant J.-C.), osèrent dire qu'ils ignoraient si les dieux existaient ou non - ce qui lui valut d'être chassé d'Athènes après avoir été condamné dans un procès pour impiété.

Socrate, l'impie

Le plus célèbre philosophe accusé d'impiété fut, bien sûr, Socrate (470-399 avant J.-C.). Au cours d'un procès mémorable en - 399, il fut accusé de ne pas reconnaître les dieux d'Athènes, d'avoir introduit des divinités nouvelles et, enfin, de démoraliser la jeunesse. Il fut finalement condamné à mort et accepta de se suicider pour obéir aux lois de la cité, c'est-à-dire à son propre idéal. Ses derniers mots furent, si l'on en croit le récit de Platon, pour s'inquiéter de savoir si le sacrifice d'un coq qu'il avait promis au dieu Asclépios, serait bien effectué.

LE SAVIEZ-VOUS ?

Cependant, son procès avait été largement biaisé par le fait qu'Athènes venait de vivre une période de tyrannie et que Socrate appartenait notoirement au clan des tyrans (les « Trente »), dont faisaient partie ses disciples Critias et Alcibiade.

Platon et le divin Bien

Platon (427-348/347 avant J.-C.) était disciple de Socrate et lui vouait une admiration sans bornes. Dans son grand ouvrage politique *Les Lois*, il affirme catégoriquement que quiconque conteste les cultes de la cité doit être puni et expulsé sans ménagement.

Par ailleurs, on lui doit une conception de l'univers dans lequel le monde terrestre n'est que le reflet dégradé d'un monde supérieur et parfait, le monde des « idées », lesquelles sont toutes dérivées de l'idée du souverain Bien, qui n'est autre que l'unité mathématique originelle. Son enseignement devint le modèle dont s'inspirèrent toutes les philosophies occidentales.

CITATION

Nietzsche (1844-1900) affirma même que le christianisme était « le platonisme à l'usage du peuple ».

Les épicuriens et la recherche du bonheur

Les Grecs Démocrite (460-370 avant J.-C.) et Épicure (342/341-270 avant J.-C.) développèrent la fameuse conception « atomique » d'un cosmos strictement matériel, ce qui leur valut d'être très violemment condamnés par les juifs, puis les chrétiens et les musulmans comme « athées » et immoraux. De fait, ils enseignaient avec beaucoup de sagesse qu'il faut dominer ses passions et ses désirs afin d'éliminer la souffrance et de vivre agréablement dans la société des dieux et des hommes. Ils partageaient donc l'opinion commune des intellectuels de leur temps sur la religion.

CITATION

Épicure écrivait à son disciple Ménécée : « Les dieux existent. Nous les connaissons de manière évidente. Mais tels que la foule les imagine communément, ils n'existent pas. »

Cicéron, bien que très opposé à l'épicurisme, ne disait pas autre chose. Lucien de Samosate (voir chapitre 3) admirait Épicure au-dessus de tout.

Les scholastiques et la théologie

Après la prise du pouvoir par les chrétiens dans l'Empire romain, les écoles philosophiques furent interdites au motif de paganisme ou d'athéisme.

À partir du XIIe siècle, plusieurs grands théologiens catholiques tentèrent néanmoins d'adapter la logique d'Aristote (384-322 avant J.-C.) aux dogmes chrétiens. Ils créèrent sur cette base les écoles de théologie nommées « scholastiques », dont les plus grands maîtres furent le dominicain Thomas d'Aquin (1225-1274) et les franciscains Jean Duns Scot (1266-1308) et Guillaume d'Ockham (1285-1347).

Spinoza : la liberté de critique

Le philosophe d'origine juive Baruch Spinoza (1632-1677) provoqua le scandale (et fut accusé d'athéisme) en étudiant la Bible à la lumière de la critique historique. Il dénonça les cérémonies religieuses comme « théâtre » et expliqua que les religions n'avaient aucune valeur de vérité en matière de connaissance, mais seulement comme guide moral. Il affirmait que la liberté de conscience était seule garante de la paix sociale, alors que son interdiction conduisait à la discorde autant qu'à l'impiété. Seule une religion universelle est utile à la société. Elle enseignerait uniquement l'existence de Dieu et la nécessité de l'amour du prochain.

Les Lumières contre la superstition

Les philosophes des Lumières eurent des mots très durs contre la crédulité populaire, qu'ils qualifiaient de superstition.

CITATION

Voltaire (1694-1778) écrit dans son *Dictionnaire philosophique* : « Qu'est-ce donc que le sang d'un saint Janvier que vous liquéfiez tous les ans quand vous l'approchez de sa tête ? Ne vaudrait-il pas mieux faire gagner leur vie à dix mille gueux, en les occupant à des travaux utiles, que de faire bouillir le sang d'un saint pour les amuser ? Songez plutôt à faire bouillir leur marmite. »

Voltaire déploya aussi une grande énergie à publier des pamphlets pour dénoncer l'intolérance religieuse catholique qui conduisit fréquemment au supplice les protestants (l'affaire Calas) ou les libres-penseurs (le chevalier de La Barre).

Hegel : le progrès vers l'Esprit universel

Hegel (1770-1831) enseignait, au temps de Napoléon, que les religions traditionnelles polythéistes représentent des stades inférieurs de la pensée humaine, qui a ensuite progressé vers le monothéisme universaliste chrétien, lui-même désormais dépassé par l'universalité et la rationalité de la philosophie. Cette conception a eu beaucoup de succès au cours des deux siècles passés, car elle légitimait la supériorité de l'homme « moderne » occidental en pleine période d'expansion coloniale, tout en dévalorisant les antiques civilisations des Indiens ou des Chinois. Quelques années plus tard, Arthur Schopenhauer (1788-1860) construisait sa philosophie du « Monde comme représentation » sur la découverte du bouddhisme.

Feuerbach : l'aliénation

CITATION

On attribue à Ludwig Feuerbach (1804-1872) l'aphorisme célèbre : « L'homme créa Dieu à son image. » Il voulait montrer par là que la religion détournait l'homme de la conscience de lui-même et le mettait donc dans un état d'aliénation (soumission à autrui).

Marx : l'opium du peuple

Karl Marx (1818-1883) était convaincu que la religion n'était qu'une construction idéologique utilisée par les classes dirigeantes pour faire accepter aux opprimés leur asservissement. Il en trouvait la démonstration facile dans les liens unissant le clergé et l'État dans la plupart des sociétés. Le clergé enseigne au peuple que l'ordre actuel du monde a été voulu par Dieu de toute éternité et qu'une révolte contre cet ordre équivaut à une révolte contre Dieu.

CITATION

On lui attribue cet aphorisme : « La religion, c'est l'opium du peuple. »

Nietzsche : la mort de Dieu

CITATION

Dans *Ainsi parlait Zarathoustra*, Nietzsche (1844-1900) écrit : « Dieu est mort » (le Dieu chrétien), voulant engager les hommes à ne plus compter que sur leurs propres forces, c'est-à-dire à devenir eux-mêmes des dieux (ou des « surhommes »).

CITATION

Il ajoutait : « Nous voyons sous le Dieu chrétien la recherche toute humaine de se donner une divinité protectrice et pourvoyeuse de sens pour l'insignifiante poussière qu'est l'homme. »

Chapitre 26

Dix croyances de tous les jours

Dans ce chapitre :

- Connaître l'avenir
- Cultiver le passé
- Croire à l'amour… et au Père Noël

Nous avons jusqu'ici décrit les « grandes » religions, dont les adeptes se comptent par millions. Cependant, il existe des milliers d'autres cultes, souvent humbles, que l'on qualifie de « populaires ». Ils drainent la piété de millions de personnes depuis la nuit des temps et restent étonnamment vivaces.

Les Français se vantent d'être les champions du rationalisme et de l'esprit critique. Pourtant, ils sont de grands adeptes de la divination !

L'horoscope

La foule des travailleurs qui se rue dans les transports en commun chaque matin ne manque pas d'attraper au passage le journal gratuit du jour. Est-ce pour se tenir au courant des dernières nouvelles de politique nationale ou internationale ? Je ne le pense pas. C'est surtout pour faire les « mots fléchés » et lire l'horoscope.

Nos concitoyens attendent anxieusement les conseils « personnalisés » prodigués par un texte imprimé à plusieurs millions d'exemplaires. Il faut que leur besoin d'être aimé et pris en considération soit puissant. Dans les conversations de comptoir, on ne manque pas de demander aux nouveaux arrivant « De quel signe es-tu ? » et si la réponse laisse sur sa faim, on demandera de préciser quel est l'ascendant.

De plus, la croyance dans l'astrologie contredit strictement l'éducation scientifique que la République dispense dans les écoles. Il est fort possible que les astres exercent une quelconque « influence » (*mana*) sur nous. En revanche, on peut douter qu'une conjonction de planètes (effet d'optique dans le ciel nocturne) ou la présence de Saturne ou de Jupiter dans un des signes du zodiaque puisse nous aider à réaliser nos projets professionnels ou amoureux. En effet, les planètes sont des astres très proches de la Terre à l'intérieur de notre système solaire. Les étoiles, pour leur part, se trouvent dans des galaxies lointaines et leur configuration en constellations (le Lion, le Sagittaire, la Vierge…) n'est, elle aussi, qu'un effet de notre vision du ciel nocturne.

Au final, le lecteur d'horoscope croit, au même titre que les anciens Babyloniens (et sans doute les hommes préhistoriques), que les astres sont des sortes de divinités au caractère imprévisible, qui s'intéressent à notre vie personnelle.

Si la lecture de l'horoscope ne nous satisfait pas, reste la solution d'aller consulter un spécialiste. Autrefois, ils tenaient boutique dans des roulottes sur les champs de foire. Aujourd'hui, ils reçoivent dans des appartements en ville. Ils ont tous les attributs du chamane, sauf la capacité de voyager dans l'au-delà. En revanche, ils « lisent » le passé et l'avenir !

Les lignes de la main

Leur lecture était autrefois la spécialité des Gitanes dans les foires. Main droite ou gauche ? La question est d'importance car le côté gauche est défavorable, comme chacun sait. La dénomination des « lignes » correspond à une conception sommaire des préoccupations de la vie humaine : vie, cœur, tête, chance, santé, enfants (les petites lignes dessinées sur le bord extérieur de la paume). Les doigts sont gouvernés par les planètes-dieux Jupiter (index), Saturne (majeur), Apollon (le Soleil, annulaire) et Mercure (auriculaire). Le grand coussinet de la base du pouce est celui de Vénus. La Lune est reléguée aux confins obscurs de l'extérieur de la paume (avec les enfants). Le grand absent est Mars, sans doute parce que les consultants sont généralement plus préoccupés par l'amour que par la guerre.

La boule de cristal

Elle est l'attribut de la « voyante extralucide » dans sa caravane. Elle lui permet de convoquer les esprits des absents (être aimé, défunt). C'est un instrument hautement symbolique, évoquant la profondeur des éléments primordiaux (le cristal) et le mystère des sphères du cosmos (selon l'astronomie antique).

Le tarot

Il doit être « divinatoire » de préférence, mais un tarot de Marseille fera l'affaire, avec ses lames mystérieuses, telles que la Mort (un squelette avec sa faux), le Diable, le Pape, la Papesse, la Maison-Dieu (qui évoque la destruction de la tour de Babel) ou le Jugement dernier, toutes images dont les symboles peuvent provoquer n'importe quel commentaire, aussi contradictoire soit-il.

Les cartomanciens se vantent de connaître les règles d'interprétation fort ésotériques de ces images. La raison de leur efficacité tient sans doute à un tout autre phénomène, purement psychologique et très commun.

Dans mes années de jeunesse, il m'est souvent arrivé de « tirer les tarots » à mes amis pour occuper nos longues soirées de vacances. Un jour, une jeune et jolie « consultante » tira la carte intitulée « La roue de la fortune ». Je lui annonçai alors, d'une voix pleine de mystère, qu'elle était en train de vivre un changement radical dans sa vie sentimentale. Quelle ne fut pas ma surprise quand la donzelle me demanda : « Comment l'as-tu deviné ? » Je n'avais évidemment rien deviné du tout et j'étais à mille lieues d'imaginer que son petit ami l'avait quittée la semaine précédente. Mais une jeune fille de vingt ans a vraisemblablement une vie sentimentale agitée.

Nous serions bien en peine de trouver une personne qui n'ait pas de soucis avec son propriétaire, son travail ou sa famille. Ainsi, quel que soit le commentaire du tireur de cartes (Je vois une mort proche ! Je vois un homme qui vous veut du mal ! Je vois une bonne nouvelle ! etc.), c'est le consultant qui établit spontanément le lien avec sa vie personnelle. Puisqu'il cherche, il trouve nécessairement. Le cartomancien s'est contenté de lui annoncer des généralités fort banales.

Le spiritisme

Certaines personnes ont même les capacités proprement chamaniques de faire venir les esprits des morts et de les faire parler, par exemple en leur faisant frapper des coups dans le plafond. D'autres entrent en transe en réunion et parviennent à faire déplacer des meubles grâce à un « fluide » qui se transmet lorsque les participants appuient leurs mains au bord d'un guéridon.

Le tarif de la prédiction

Aucune divination n'est crédible si le devin ne se fait pas payer au prix fort. Le tarif élevé est le signe évident de la qualité du praticien. Dans les « grandes » religions, il en va de même et les dieux aiment qu'on leur fasse des cadeaux de prix (des sacrifices).

En revanche, le devin ou le chamane travaille gratis lorsqu'il fait acte de défense de la communauté. C'est par exemple le cas de la *signadora* qui conjure une *imbuscada* (voir plus bas).

Les cultes des cimetières

Le passant qui se promène dans le magnifique cimetière du Père-Lachaise à Paris sera sans doute surpris de voir la grille entourant la tombe d'Héloïse et Abélard, les fameux amants tragiques du Moyen Âge, ornée de bouquets de violettes fraîches, attestant que de pieux visiteurs les ont déposés récemment. Cette coutume est d'autant plus surprenante que l'on sait que les deux amants avaient été séparés tout le reste de leur vie, reclus l'un et l'autre dans des monastères lointains. La légende veut en effet que leurs dépouilles aient été réunies dans une tombe commune, plusieurs fois déplacées et finalement transportées au Père-Lachaise en 1817.

Plus haut dans le cimetière, le visiteur trouvera la tombe de Victor Noir, un journaliste républicain assassiné en 1870, à l'âge de 21 ans par un parent de Napoléon III. La tombe est surmontée par un beau gisant de marbre blanc, représentant le jeune homme allongé dans un beau costume trois-pièces. S'il s'avance très discrètement, notre visiteur risque de surprendre un manège inhabituel et voir une silhouette féminine s'enfuir derrière les monuments proches. La femme était venue s'étendre sur le gisant, ou tout au moins le caresser, comme en témoigne la brillance du marbre à l'emplacement de sa braguette. Il s'agit sans l'ombre d'un doute d'un culte de la fécondité.

Encore plus haut se trouvent les tombes de Jim Morrisson et d'Alan Kardec. Plus de quarante ans après sa mort, le chanteur des *Doors*, idole de la musique Pop et *sex-symbol* d'une génération, est encore couverte de fleurs fraîches déposées par ses admiratrices, qui sont maintenant en âge d'être grand-mères.

La tombe d'Alan Kardec (1804-1869) est plus « religieuse ». On y voit le buste en bronze du fondateur de la religion « spirite » entouré de fleurs fraîches et surtout brillant à la suite des attouchements des visiteurs (et visiteuses). Les médiums adeptes du spiritisme affirment que les objets en bronze peuvent se recharger de fluide au contact du buste de Kardec, ce qui leur permet de faire tourner les tables et d'entrer en contact avec toutes sortes d'esprits.

Au cimetière du Montparnasse, enfin, la tombe du chanteur Serge Gainsbourg est l'objet d'une dévotion qui ne se dément pas depuis 1991. On lui adresse fleurs, photos et poèmes en tout genre, qui prouvent qu'il reste présent dans les cœurs des jeunes et des moins jeunes.

Le mauvais œil

Dans les villages de la Corse profonde, on sait que le « mauvais œil » (*innochju*), peut être envoyé par les vivants mais aussi par les morts (*imbuscada*) - par exemple, quand on passe près d'un cimetière sans se signer. Le second est particulièrement dangereux. Pour conjurer, il faut demander l'aide d'une spécialiste (*signadora*), qui va verser de l'eau dans une assiette, puis y faire couler quelques gouttes d'huile qu'elle aura prises dans une bouteille en y trempant son auriculaire de la main gauche. L'huile composera des dessins que la *signadora* interprétera, tout en prononçant des invocations qui feront disparaître le mal.

La *signadora* est généralement une vieille femme. Elle ne peut transmettre le secret de ses invocations à une nouvelle initiée que la nuit de Noël, pendant les douze coups de minuit, qui ont le pouvoir d'écarter les démons, comme chacun le sait.

Les cadenas du pont des Arts

Depuis une dizaine d'années, le promeneur qui traverse le pont des Arts à Paris voit des grappes de cadenas accrochés aux grillages des balustrades du pont. Ces cadenas y sont fixés par des amoureux qui y écrivent leurs initiales, puis jettent la clé dans la Seine.

Sympathique rite magique qui attribue au cadenas la faculté (*mana*) d'attacher l'affection de l'être aimé. C'est le même symbolisme qui fait offrir bagues, bracelets et chaînes (de colliers) à l'être aimé, qui les portera sur lui. Pourquoi le pont des Arts ? Sans doute parce que le pont des Arts a été chanté par Georges Brassens, grand protecteur des amoureux.

La religion du Père Noël

Le 24 décembre 1951, l'évêque de Dijon a provoqué le scandale en brûlant en grande pompe un Père Noël sur le parvis de sa cathédrale. Il entendait dénoncer par ce geste la dérive commerciale qui faisait négliger le « vrai » culte de l'Enfant Jésus et de sa Nativité le 25 décembre.

L'anthropologue Claude Lévi-Strauss (1908-2009), au-delà de l'amusement provoqué par ce fait divers, eut l'idée de mettre le Père Noël en relation avec une série de rites qui concernent les enfants pendant l'hiver : Halloween, la Saint-Nicolas, et Noël. On peut y ajouter sans doute la Chandeleur et la Fête des Rois, et peut-être Pâques.

Il observa que le Père Noël était un symbole idéal du phénomène psychologique de la croyance sociale. Ne dit-on pas justement à une personne crédule : « Tu crois encore au Père Noël ! » Les adultes et les grands enfants « savent » bien que le Père Noël n'existe pas. Pourtant, ils déploient de grands efforts pour le faire croire aux petits enfants.

Pour les petits enfants, le fait de découvrir que le Père Noël n'existe pas signifie précisément qu'ils ne sont plus des petits enfants et qu'ils passent dans la classe d'âge des « grands ». Or, à partir de ce moment crucial, ils vont au contraire « faire semblant d'y croire » pour les petits qui y croient encore. La croyance au Père Noël accompagne donc un rite de passage entre l'état de « petit » enfant et celui de « grand ». On sait l'importance que ce moment revêt pour l'enfant.

Du côté des rites, Lévi-Strauss rappelle que, lors de la fête des morts du 1er novembre, la tradition populaire croit que les morts sortent de leurs tombes et viennent persécuter les vivants. Or, dans les pays anglo-saxons (pays du Nord, d'où vient également le Père Noël avec son traîneau et ses rennes), c'est la fête d'Halloween, pendant laquelle les enfants se déguisent en morts (squelettes, sorcières) et viennent visiter les « grandes personnes », qui ne s'en débarrassent qu'en leur offrant des friandises. On a donc apaisé momentanément les âmes des morts.

À la Saint-Nicolas, dans les pays germaniques, on offre des cadeaux aux enfants « sages », en souvenir du saint évêque qui avait miraculeusement ressuscité du saloir les trois petits enfants tués par le méchant boucher. Les enfants « pas sages » auront affaire au Père Fouettard !

À Noël, tous les enfants sont comblés de cadeaux, au pied de l'arbre sacré nordique, façon, pense Lévi-Strauss de fêter le triomphe de la vie et de les aider à grandir.

À la fête des Rois, on se partage la galette et un enfant attribue la fève au convive qui deviendra roi. Dans les croyances antiques, manger des fèves faisait expulser des vents qui aidaient les âmes des morts à monter au ciel. À la Chandeleur, on fait des crêpes pour les enfants, qui leur garantiront la prospérité – à condition de tenir un louis d'or dans l'autre main pendant qu'on les fait sauter de la poêle.

Les enfants sont encore les héros de Mardi-Gras (où ils se déguisent pour le carnaval) et de la Mi-Carême. Enfin, à Pâques, les adultes cachent des œufs décorés (symboles de fécondité) que les enfants joueront à découvrir.

Au total, le cycle de ces huit fêtes d'hiver, où les enfants jouent un rôle majeur, a pour fonction d'apaiser les esprits des morts et de renforcer la vie et la fécondité.

La vogue planétaire du Père Noël, depuis la Seconde Guerre mondiale, est ainsi interprétée par Lévi-Strauss comme l'apparition d'une véritable nouvelle religion populaire, qui complète les anciens rites d'appel et d'apaisement des morts, joués par les enfants.

Index

A

D

E

F

G

H

K

L

M

N

O

Q

R

S

T

U

V

W

Y

Z